Nachhaltigkeit als shopperseitig wahrgenommener Qualitätsfaktor im filialisierten, stationären Lebensmitteleinzelhandel in Deutschland

Strategisches Marketingmanagement

Herausgegeben von Roland Mattmüller

Band 39

Zu Qualitätssicherung und Peer Review der vorliegenden Publikation

Die Qualität der in dieser Reihe erscheinenden Arbeiten wird vor der Publikation durch den Herausgeber der Reihe geprüft.

Notes on the quality assurance and peer review of this publication

Prior to publication, the quality of the work published in this series is reviewed by the editor of the series.

Julia Elspaß

Nachhaltigkeit als shopperseitig wahrgenommener Qualitätsfaktor im filialisierten, stationären Lebensmitteleinzelhandel in Deutschland

Eine theoretische und empirische Konkretisierung

PETER LANG

Berlin - Bruxelles - Chennai - Lausanne - New York - Oxford

Bibliografische Information der Deutschen Nationalbibliothek
Die Deutsche Nationalbibliothek verzeichnet diese Publikation in der Deutschen Nationalbibliografie; detaillierte bibliografische Daten sind im Internet über http://dnb.d-nb.de abrufbar.

Zugl.: EBS Universität für Wirtschaft und Recht, Diss., 2024

D 1540
ISSN 1860-062X
ISBN 978-3-631-91896-8 (Print)
E-ISBN 978-3-631-91899-9 (E-PDF)
E-ISBN 978-3-631-91900-2 (EPUB)
DOI 10.3726/b20789

Verlegt durch:

Peter Lang GmbH, Berlin, Deutschland

info@peterlang.com http://www.peterlang.com/

Diese Publikation wurde begutachtet.

Vorwort der Herausgeberreihe

Der dem Angelsächsischen entlehnte Begriff des Marketing steht in Theorie und Praxis synonym für die systematische und zielgerichtete Gestaltung von Transaktionsprozessen. Aus diesem Grund ist letzterer als zentraler Untersuchungsgegenstand der Marketingwissenschaft und Ziel ihrer praktischen Ausgestaltung zu bezeichnen.

Die Transaktion bzw. die Transaktionsprozesse können aus verschiedenen Blickrichtungen und ausgehend von theoretischen Bezugsrahmen analysiert werden. Einen Ansatzpunkt hierfür bietet die Neue Institutionenökonomik, die das Denken der Wirtschaftswissenschaftler in letzter Zeit auf vielen Feldern geprägt und verändert hat. So eignen sich beispielsweise das Verständnis von Verfügungsrechten (Property Rights) als eigentliche Tauschobjekte, die Annahme unvollkommener Information oder opportunistischen Handelns dazu, Anbieter-/Nachfragerbeziehungen auf der Grundlage eines theoretischen Fundaments praxisnah abzubilden. Maßgeblich begründet jedoch die Transaktionskostentheorie mit ihrer Zerlegung einer Transaktion in ihre einzelnen Phasen und mit der Zuordnung entsprechender Kosten und Erträge die konstitutiven Phasen eines Tauschprozesses. Darüber hinaus ergeben sich hier weitere Möglichkeiten zur Einbindung verschiedener theoretischer Ansätze, wie etwa der Verhaltenswissenschaften, Economic Behavior und anderer. Unter Berücksichtigung weiterer Bezugsgruppen einer Einzelwirtschaft (wie etwa der Wettbewerber, Mitarbeiter, Anteilseigner, etc.) ist damit ein wesentliches Fundament des Marketingverständnisses am Lehrstuhl für Strategisches Marketing an der EBS Business School der EBS Universität für Wirtschaft und Recht gelegt – der Integrativ-Prozessuale Marketingansatz (IPM).

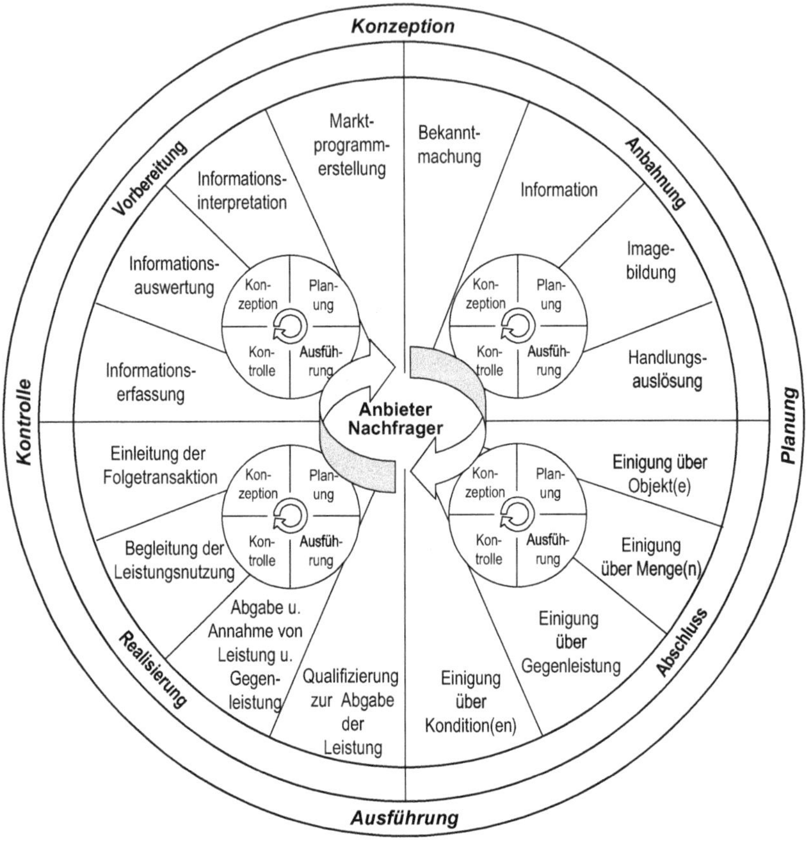

Darüber hinaus forciert der Prozessgedanke die konsequente Ausrichtung der betroffenen unternehmerischen Aktivitäten an einem durchgängigen Marketingprozess, um somit Schnittstellen, wie sie in der Praxis beispielsweise oftmals zwischen Marketing und Vertrieb bestehen, weitgehend zu vermeiden. In der Umsetzung führt dies auch zu einer Entscheidungsorientierung, die sich in einer Zerlegung der Marketingaufgaben in Konzeption, Planung, Ausführung und Kontrolle niederschlägt.

Aufgrund der weitreichenden und langfristigen Implikationen stellt insbesondere die Formulierung von Marketingstrategien eine wichtige und überaus anspruchsvolle Aufgabe für Entscheidungsträger in Unternehmen, also für das Management von Marketingprozessen, dar. Die vorliegende Herausgeberreihe „Strategisches Marketingmanagement" trägt daher praxisorientierte Arbeiten zusammen, die sich dieser Herausforderung stellen und somit einen wissenschaftlichen Beitrag zu einer entscheidungs- und marktorientierten Unternehmensführung leisten wollen. So sind als Zielgruppe dieser Herausgeberreihe gleichermaßen Wissenschaftler als auch Entscheidungsträger verschiedenster Marketingsysteme zu bezeichnen. Letztere erstrecken sich dabei von tradierten Systemen wie dem Hersteller-, dem Handels- oder dem Dienstleistungsmarketing bis hin zu verhältnismäßig jüngeren Marketingdisziplinen wie beispielsweise dem Marketing von Politikern und Parteien sowie dem Social Media- und Mobile Marketing.

Mein Dank geht an dieser Stelle vor allem auch an den Peter Lang Verlag GmbH, Europäischer Verlag der Wirtschaftswissenschaften, für die Betreuung dieser Herausgeberreihe.

Prof. Dr. Roland Mattmüller
Schloss Reichartshausen

Vorwort des Herausgebers

Die Diskussion über Nachhaltigkeit in ihren verschiedenen Ausprägungen und über die sich daraus ergebende Bedeutung als eines der zentralen Transformationsthemen ist vehement und offenkundig. Nachhaltigkeit gilt als „Grand Societal Challenge" und damit als eines der fundamentalsten Leitsymbole gesellschaftlichen, politischen und wirtschaftlichen Handelns. Gleichzeitig gilt sie als äußerst komplexes und mehrdimensionales Konstrukt bzw. Phänomen und erfordert eine kontextspezifische Operationalisierung.

Dies zeigt sich auch und gerade im Zusammenhang mit der Verwendung von Nachhaltigkeit als kaufbeeinflussende und -entscheidende unabhängige Variable. Im Besonderen geht es um das Verständnis von Nachhaltigkeit als käuferbezogener Qualitätsfaktor bei der Beurteilung von Einkaufsstätten (bzw. Betriebsformen) im Einzelhandel (in der vorliegenden Arbeit fokussiert auf den deutschen Lebensmitteleinzelhandel). Eine fundierte Aufarbeitung des Nachhaltigkeitsbegriffes als shopperseitig zu verstehendes Qualitätsmerkmal und eine entsprechende Überführung eines solchen Verständnisses in konkrete Handlungsempfehlungen für das Handelsmanagement wurden in der entsprechenden wissenschaftlichen Literatur jedoch bisher vernachlässigt. Dies gilt im Besondern auch für das „Wechselspiel" zwischen einem shopperseitigen Verständnis von Nachhaltigkeit als Qualitätsmerkmal einerseits und der Interpretation dieses Verständnisses durch die Handelsentscheider andererseits. Eine eventuelle maßgebliche Abweichung dieser Perspektiven muss zwangsläufig unternehmerische Fehlentscheidungen auf Handelsseite nach sich ziehen. Auch dieser Aspekt wurde bisher nur unzureichend analysiert.

An diesem Defizit setzt Julia Elspaß mit ihrer vorgelegten Studie an. Ihr übergeordnetes Erkenntnisziel liegt entsprechend „*… in einer ersten Ergründung von Nachhaltigkeit als shopperseitig wahrgenommenem Qualitätsfaktor im dt. LEH*", welches in einer forschungsleitenden Frage konkretisiert wird. Weitere Partialziele dienen der Strukturierung der Arbeit und charakterisieren das deskriptive, theoretisch-deduktive, explikative sowie praktisch-normative Ziel.

Elspaß geht in ihrer Arbeit anhand einer theoretisch-deduktiven Herleitung und einer begrifflichen bzw. konzeptuellen Spezifizierung sowie einer anschließenden explorativ-empirischen Anreicherung bzw. Überprüfung an die Beantwortung ihrer forschungsleitenden Fragestellungen heran. Dies wird vor allem mittels einer sehr fundierten Modellbildung erreicht. Die Verfasserin greift hierzu im Sinne eines Brückenschlages auf eine analoge Problemstellung der wissenschaftlichen Forschung aus dem Bereich des Dienstleistungsmanagements bzw. des Dienstleistungsmarketing der 1980er Jahre zurück. Die Konzeptualisierung der Dienstleistungsqualität als Konstrukt, ihre Abgrenzung von ähnlichen Konstrukten (insbesondere von der Kundenzufriedenheit) sowie die finale Bestimmung und Operationalisierung bildeten zentrale Schwerpunkte der damaligen Forschung. Herausragende Ergebnisse dieser Periode sind bis heute maßgeblich in theoretischer Fundierung und praktischer Anwendung gleichermaßen zu finden. Dies gilt im Besonderen für das Verständnis von Qualität als zentralem, dabei aber eben stets subjekt-bezogenen und individuell-spezifizierten Beurteilungsmaßstab durch den Empfänger einer Dienstleistung (Externer Faktor). Hierauf basieren entsprechende handlungsgerichtete Modelle zur Steuerung einer so verstandenen Dienstleistungsqualität durch den Anbieter (und seinen Mitarbeitern als Interne Faktoren der stets zweiseitig ablaufenden Erstellung von Dienstleistungsqualität). Herausragend ist an dieser Stelle etwa das GAP-Modell zu nennen, das im Kern die Abweichungen aus Kundenerwartungen einerseits, deren Einschätzungen durch das Management andererseits und die aus einer dabei entstehenden GAP resultierenden (Fehl-) Entscheidungen bei der Erstellung der Dienstleistungsqualität modelliert.

Elspaß begründet im Kern ihres theoretisch-konzeptionellen Teils der Arbeit eben diese Analogie aus dem Qualitätsverständnis von Dienstleistungen einerseits und eines shopperbezogenen Nachhaltigkeitsbegriffes andererseits und entwickelt damit das Konstrukt der Nachhaltigkeitsqualität – bezogen auf das Kaufverhalten im filialisierten, stationären deutschen Lebensmitteleinzelhandel. Nachhaltigkeitsqualität wird somit zum Bestandteil der shopperseitig wahrgenommenen und beurteilten Leistungsqualität insgesamt.

Diese Herleitung, ihre theoretische und durch umfangreiche Literaturverarbeitung gestützte Fundierung anhand des Analogieschlusses sowie die Konzeptualisierung und „Weiterverarbeitung" führen im Ergebnis zum eigenständig erstellten bzw. modifizierten GAP-Modell der Nachhaltigkeitsqualität durch Elspaß.

Das erstellte Modell dient im Weiteren dann einer explorativ-empirischen Anreicherung bzw. Konkretisierung. Als Methodik wurden Fokusgruppendiskussionen und Experteninterviews zum einen und eine Website-Analyse zum anderen verwendet. Die Fokusgruppendiskussionen dienten dabei der Herleitung der shopper-spezifischen Erwartungen an Nachhaltigkeitsqualität und der Erfassung möglicher betriebsformenspezifischer Unterschiede. In der Bündelung der Merkmale zeigen sich insgesamt fünf inhaltliche Dimensionen (ökologisch, sozial, ökonomisch, gesundheitsbezogen, qualitätsbezogen) und weitere sechs Dimensionen der Handlungsfelder aus Sicht der Shopper (Sortiment, Mitarbeiter, Einkaufsstätte, Handelsunternehmen, Shopperverhalten, Lieferkette). Gespiegelt wurden diese Ergebnisse (gemäß des GAP-Modells und dessen initialer GAP 1) an den Einschätzungen der Shoppererwartungen durch das Handelsmanagement, wozu die Website-Analyse führender deutscher, filialisierter Unternehmen des LEH sowie die Experteninterviews dienten. Methodologisch wurde hierfür eine Qualitative Inhaltsanalyse mittels MAXQDA durchgeführt. Es zeigen sich dabei eine induktive Kategorienbildung und eine deduktive Kategorienanwendung (je nach Methodik in unterschiedlicher „Reihenfolge").

Die von Julia Elspaß auf diesem Wege erzielten Ergebnisse sind vielfältig. Einerseits gelingt es ihr, stringent und valide das Konstrukt der Nachhaltigkeitsqualität zu konzeptualisieren und einen ersten Entwurf einer Operationalisierung auf Ebene der Dimensionen zu generieren. Im Ergebnis zeigt sich das von Elspaß geschaffene „GAP-Modell der Nachhaltigkeitsqualität" mit Erweiterungen um POS-Mitarbeiter (GAP 1a bzw. 1b) und Attitude-Behavior-GAP (GAP 6). Andererseits wurden über die empirischen Methoden insgesamt elf Dimensionen shopperseitiger Erwartungen an das Nachhaltigkeitsmanagement von Handelsunternehmen erhoben.

Zugleich konnten die reale Existenz von GAP 1 anhand der Gegenüberstellung der elf Dimensionen aus Shopperperspektive sowie aus Händlersicht belegt und somit auch die Kausalkette zu den anderen GAPs des Modells belegt werden.

Für Entscheidungsträger in Handelsunternehmen bieten die Ergebnisse der vorgelegten Arbeit eine Fülle konkreter Aufgabenstellungen und Handlungsempfehlungen gleichermaßen, die sich u.a. wiederum auf das zentrale GAP-Modell zurückführen lassen (u.a. gegliedert in die Hauptbereiche „Professionalisierung", „Shopper Education", „Nachbesserung" und „Weiterentwicklung des Nachhaltigkeitsverständnisses"). Elspaß bietet hierzu – neben vielfältigen weiteren Empfehlungen – auch praxisorientierte Vorlagen zur zielgerichteten Analyse und Gestaltung einer nachhaltigkeitsorientierten Shopper Journey im LEH. Für Forschung und praktische Anwendung gleichermaßen interessant sind zudem etwa die Erkenntnisse zu den weitgehend eher homogenen Erwartungen der Shopper mit Blick auf unterschiedliche Retail Brands zum einen und deren differenziert wahrgenommene Glaubwürdigkeit hinsichtlich der Nachhaltigkeitsimplementierung zum anderen.

Somit zeigt die vorliegende Arbeit im besten Sinne sowohl eine fundierte Weiterentwicklung der relevanten theoretisch-wissenschaftlichen Literatur als auch, darauf basierend, innovative und konkrete Hilfestellungen für Entscheidungsträger in Unternehmen der untersuchten Branche.

Prof. Dr. Roland Mattmüller
Schloss Reichartshausen

Vorwort der Autorin

Ökologisches Gleichgewicht, soziale Gerechtigkeit und ökonomisches Wachstum sind entscheidend für die Zukunft von Wirtschaft und Gesellschaft. Nachhaltigkeit ist somit nicht nur ein zentrales Transformationsthema im allgemeinen gesellschaftlichen Diskurs, schon länger verstehe ich Nachhaltigkeit auch als zentralen Wert meines eigenen Lebens. Daher war es mir von Beginn an ein Anliegen, mich im Rahmen meiner Dissertation mit diesem Thema tiefergehend auseinanderzusetzen, um diesbezüglich sowohl einen forschungs- als auch einen praxisbezogenen Mehrwert zu generieren.

Die vorliegende Arbeit entstand zwischen 2019 und 2023 im Rahmen meiner Tätigkeit als Wissenschaftliche Mitarbeiterin am Lehrstuhl für Strategisches Marketing von Prof. Dr. Roland Mattmüller an der EBS Universität für Wirtschaft und Recht in Oestrich-Winkel. Sie wurde im September 2023 vom Promotionsausschuss der EBS Business School als Dissertationsschrift angenommen.

Die Zeit an der EBS, sowohl im Rahmen der Promotion als auch im Rahmen meiner Tätigkeit als Wissenschaftliche Mitarbeiterin, war für mich eine ganz besondere. Mit der Entscheidung das Corporate Umfeld zu verlassen und wieder ins universitäre Umfeld zu wechseln, dort aber nicht nur zu forschen und meine Dissertation zu verfassen, sondern gleichermaßen aktiv im Hochschul- und Lehrstuhlbetrieb mitzuarbeiten, stellte den zuvor gewohnten Alltag in vielerlei Hinsicht auf den Kopf. Aber wie sagt man: Neue Perspektiven ergeben sich nur durch eine Veränderung des Blickwinkels. Und das bedarf manchmal eben eines Kopfstandes. Aber genau das habe ich mir gewünscht, als ich 2019 die Entscheidung für diesen Weg getroffen habe: Neue Perspektiven, Wachstum, Herausforderung und meinen eigenen Weg gehen. Auch wenn der Weg manchmal steinig und steil und der Gipfel nicht immer in Sichtweite war, bin ich überglücklich, diese Entscheidung getroffen und den Weg nun gestärkt und reich an Erfahrungen beschritten zu haben. Die Promotion und die Zeit am Lehrstuhl brachten mir so viele Erfahrungen und Momente, für die ich unglaublich dankbar bin und die ich in meinem Leben und meiner Entwicklung auf gar keinen Fall mehr missen möchte. Sie haben in besonderem Maße zu meinem fachlichen und persönlichen Wachstum beigetragen sowie meinen Horizont erweitert.

Ohne den Zuspruch und die vielfältige Unterstützung einer Vielzahl an Weggefährten wäre dieser Weg jedoch kaum möglich gewesen. Daher möchte ich mich an dieser Stelle von ganzem Herzen bei diesen Weggefährten bedanken.

Allen voran gilt mein herzlicher Dank meinem Doktorvater Prof. Dr. Roland Mattmüller, sowohl für die Begleitung als Erstbetreuer meiner Dissertation als auch für die Zeit als Wissenschaftliche Mitarbeiterin an seinem Lehrstuhl. Ich durfte nicht nur in so vieler Hinsicht von ihm und seinen fachlichen, aber auch von seinen Lebenserfahrungen lernen, sondern hatte gleichermaßen stets die Möglichkeit, mich in vielfältiger Weise einzubringen, selbstständig zu arbeiten, mich fachlich und persönlich zu entwickeln und dabei jederzeit sein vollkommenes Vertrauen im Rücken zu spüren. Ein solches nicht nur von ausgeprägtem Fachwissen, sondern auch von Wertschätzung, Unterstützung und Menschlichkeit geprägtes Arbeitsumfeld ist etwas ganz Besonderes.

Herzlich danken möchte ich darüber hinaus auch meiner Zweitbetreuerin Prof. Dr. Julia Hartmann für die Zeit, die sie sich für mich genommen hat. Der Austausch mit ihr hat mir dabei geholfen, meine Ideen und Ansätze auch aus anderen Perspektiven zu betrachten.

Weiterhin gilt mein Dank meinen externen Gutachtern Prof. Dr. Julia Naskrent und Prof. Dr. Tobias Schäfers sowie den Mitgliedern meines Disputationskomitees Prof. Dr. Jenny Kragl und Prof. Dr. Franziska Krause. Auch ihnen danke ich für ihre Zeit, für die konstruktiven Hinweise und Anmerkungen sowie für die gleichermaßen herausfordernde wie spannende wissenschaftliche Aussprache im Rahmen meiner Disputation.

Des Weiteren danke ich Petra Kaufhold und Lisi de Jong, die meine Promotionsreise aus der Perspektive des Promotionsamtes begleitet haben. Sie standen mir immer mit Rat, Tat und Engagement zur Seite und haben stets an mich geglaubt.

Geprägt wurde meine Zeit an der EBS darüber hinaus besonders durch meine Lehrstuhlkollegen. Mein herzlicher Dank gilt daher dem (ehemaligen und aktuellen) Team des Lehrstuhls für Strategisches Marketing: (in chronologischer Reihenfolge) Sebastian Grüner, Alexandra Fiedler, Fabian Schmitz, Christian Segiet, Linda Rinke, Schahrzad Natascha Graffe, Julia Matheis, Marco Querfurth, Sara Funk und Tim Fröde. Danke für die immer wertschätzende und vertrauensvolle Zusammenarbeit, aus der auch Freundschaften entstanden sind. Danke für viel Spaß bei der täglichen Arbeit. Danke für die Motivation und die Unterstützung, speziell im letzten Jahr meines Dissertationsweges. Ein weiterer besonderer Dank gilt Beate Wenzl, der guten Seele des Lehrstuhls. Danke auch dir für diese Zeit, den Austausch und deine immer wohlwollenden und wenn nötig auch aufmunternden Worte. Auch danke ich allen Kollegen aus den anderen Abteilungen der EBS Universität für die immer sehr gute Zusammenarbeit und die Hilfsbereitschaft.

Vielen Dank an meine Freundin Johanna Helmes für die immer aufbauenden Worte und den freundschaftlichen Austausch sowie für das Vorablektorat, für das sie sich trotz knapp bemessener Zeit uneingeschränkt zu Verfügung gestellt hat. Gleichermaßen geht mein Dank an Prof. Dr. Stephan Elspaß – nicht nur für diverse Wochenenden in Augsburg, an denen ich die Dissertation mal Dissertation sein lassen konnte, sondern auch für das finale Lektorat und somit den wesentlichen Beitrag zum letzten „Finish" meiner Arbeit.

Mein weiterer Dank gilt meinen Eltern, die mir die Wurzeln gegeben haben, aus denen ich wachse und meinen Weg gehe und ohne die ich heute nicht die Person wäre, die ich bin.

Darüber hinaus danke ich meinen Freunden Anna, Celina, Christian und Daniel. Ihr habt mich nicht nur durch alle Etappen mit steilen Steigungen entlang meines Dissertationsweges begleitet, sondern auch alle Bergplateaus mit schöner Aussicht gemeinsam mit mir genossen. Danke, dass ihr schon seit so vielen Jahren immer für mich da seid und an mich glaubt. Danke für eure Freundschaft.

Mein abschließender und größter Dank gilt meinem Mann Christian. Wir gehen nun schon 21 Jahre gemeinsam durch unser Leben. Danke, dass du mir immer bedingungslos den Rücken stärkst, mich bei allen meinen Plänen und Ideen unterstützt und gemeinsam mit mir wächst. Danke für deine Geduld, die während der letzten Jahre sicher das ein oder andere Mal hart auf die Probe gestellt wurde. Mit niemand anderem an meiner Seite möchte ich meinen oder besser unseren Weg weitergehen und allen zukünftigen Abenteuern, Herausforderungen und Erfahrungen begegnen, die das Leben bereithält.

Dr. Julia Elspaß
Wiesbaden, Dezember 2023

Inhaltsübersicht

Abkürzungsverzeichnis 25

Abbildungsverzeichnis 27

Tabellenverzeichnis 31

1. Zur Notwendigkeit der Konkretisierung von Nachhaltigkeit als shopperseitig wahrgenommener Qualitätsfaktor im filialisierten, stationären Lebensmitteleinzelhandel in Deutschland 33
   1.1 Einführung in die Problemstellung der Untersuchung 33
   1.2 Nachhaltigkeit als shopperseitig wahrgenommener Qualitätsfaktor im filialisierten, stationären Lebensmitteleinzelhandel in Deutschland – ein unzureichend untersuchtes Forschungsfeld 45
   1.3 Erkenntnisziele der Arbeit 50
   1.4 Wissenschaftstheoretische Einordnung des Forschungsvorhabens ... 52
   1.5 Aufbau der Arbeit und Gang der Untersuchung 57

2. Konzeptioneller Bezugsrahmen und theoretische Grundlagen von Nachhaltigkeit als shopperseitig wahrgenommener Qualitätsfaktor im filialisierten, stationären Lebensmitteleinzelhandel in Deutschland 61
   2.1 Nachhaltigkeit im Kontext des filialisierten, stationären Lebensmitteleinzelhandels in Deutschland 62
   2.2 Grundlagen der Qualitätsforschung 142
   2.3 Zwischenfazit zum konzeptionellen Bezugsrahmen von Nachhaltigkeit als shopperseitig wahrgenommenem Qualitätsfaktor im dt. LEH 173

3. Theoretische Konkretisierung von Nachhaltigkeitsqualität im filialisierten, stationären Lebensmitteleinzelhandel in Deutschland 177
   3.1 Begriffliche Spezifizierung von Nachhaltigkeitsqualität im dt. LEH 177

3.2 Konzeptuelle Spezifizierung der Entstehung von Nachhaltigkeitsqualität im dt. LEH mittels Adaption und Erweiterung des GAP-Modells der Dienstleistungsqualität 179

4. Explorativ-empirische Konkretisierung von Nachhaltigkeitsqualität im filialisierten, stationären Lebensmitteleinzelhandel in Deutschland: Entwicklung eines Untersuchungsdesigns zur Analyse der GAP 1 des GAP-Modells der Nachhaltigkeitsqualität 191

4.1 Methodik und Durchführung der Datenerhebung 191

4.2 Methodik und Durchführung der Datenauswertung 206

5. Ergebnisevaluation: Die GAP 1 zwischen Shoppererwartungen an Nachhaltigkeit und deren Wahrnehmung durch das Handelsmanagement im filialisierten, stationären Lebensmitteleinzelhandel in Deutschland 219

5.1 Shoppererwartungen an Nachhaltigkeit im filialisierten, stationären Lebensmitteleinzelhandel in Deutschland 219

5.2 Shoppererwartungen an Nachhaltigkeit im filialisierten, stationären Lebensmitteleinzelhandel in Deutschland in der Wahrnehmung des Handelsmanagements 243

5.3 Vergleich der Shoppererwartungen an Nachhaltigkeit im filialisierten, stationären Lebensmitteleinzelhandel in Deutschland mit deren Wahrnehmung durch das Handelsmanagement 250

5.4 Zwischenfazit zum explorativ-empirischen Teil: Die Beurteilung der GAP 1 des GAP-Modells der Nachhaltigkeitsqualität im dt. LEH 257

6. Implikationen für Theorie und Praxis 261

6.1 Forschungstheoretische Implikationen: Ableitung richtungsweisender Empfehlungen für die aktuelle marketingorientierte Handels- und Nachhaltigkeitsforschung 261

6.2 Praktisch-normative Implikationen: Ableitung richtungsweisender Empfehlungen für das nachhaltigkeitsorientierte Handelsmanagement im filialisierten, stationären Lebensmitteleinzelhandel in Deutschland 264

7. Zusammenfassende Schlussbetrachtung 277
7.1 Zentrale Untersuchungsergebnisse 277
7.2 Kritische Reflexion und Anknüpfungspunkte für zukünftige Forschungsvorhaben 286

Literaturverzeichnis 291

Inhaltsverzeichnis

Abkürzungsverzeichnis 25

Abbildungsverzeichnis 27

Tabellenverzeichnis 31

1. Zur Notwendigkeit der Konkretisierung von Nachhaltigkeit als shopperseitig wahrgenommener Qualitätsfaktor im filialisierten, stationären Lebensmitteleinzelhandel in Deutschland 33

1.1 Einführung in die Problemstellung der Untersuchung 33

1.2 Nachhaltigkeit als shopperseitig wahrgenommener Qualitätsfaktor im filialisierten, stationären Lebensmitteleinzelhandel in Deutschland – ein unzureichend untersuchtes Forschungsfeld 45

1.3 Erkenntnisziele der Arbeit 50

1.4 Wissenschaftstheoretische Einordnung des Forschungsvorhabens 52

1.5 Aufbau der Arbeit und Gang der Untersuchung 57

2. Konzeptioneller Bezugsrahmen und theoretische Grundlagen von Nachhaltigkeit als shopperseitig wahrgenommener Qualitätsfaktor im filialisierten, stationären Lebensmitteleinzelhandel in Deutschland 61

2.1 Nachhaltigkeit im Kontext des filialisierten, stationären Lebensmitteleinzelhandels in Deutschland 62

2.1.1 Grundlagen des Handelsverständnisses 62

2.1.1.1 Begriffliche Grundlagen des stationären Handels 62

2.1.1.2 Der filialisierte, stationäre Lebensmitteleinzelhandel in Deutschland 70

2.1.2 Grundlagen des Nachhaltigkeitsverständnisses im Unternehmenskontext 88

2.1.2.1 Begriffliche Grundlagen und Modelle der Nachhaltigkeit 89

2.1.2.2 Stakeholder-Theorie zur Untermauerung der Relevanz der Integration von Nachhaltigkeit in unternehmerischem Handeln ... 98

2.1.2.3 Nachhaltigkeit als Bestandteil marktorientierter Unternehmensführung ... 107

2.1.2.4 Nachhaltiger Konsum ... 116

2.1.2.5 Bestandsaufnahme der Forschung zur Bedeutung von Nachhaltigkeit im Kontext marktorientierter Unternehmensführung ... 124

2.1.3 Nachhaltigkeit im filialisierten, stationären Lebensmitteleinzelhandel in Deutschland ... 132

2.2 Grundlagen der Qualitätsforschung ... 142

2.2.1 Der Qualitätsbegriff ... 144

2.2.1.1 Das Qualitätsverständnis im Unternehmenskontext ... 146

2.2.1.2 Dienstleistungsqualität als Bestandteil unternehmerischer Leistungsqualität ... 152

2.2.1.3 Erlebnisqualität als Bestandteil unternehmerischer Leistungsqualität ... 161

2.2.2 Der Zufriedenheitsbegriff ... 164

2.2.3 Der Zusammenhang von Qualität und Zufriedenheit in der Erfolgskette von Kundenbeziehungen ... 168

2.3 Zwischenfazit zum konzeptionellen Bezugsrahmen von Nachhaltigkeit als shopperseitig wahrgenommenem Qualitätsfaktor im dt. LEH ... 173

3. Theoretische Konkretisierung von Nachhaltigkeitsqualität im filialisierten, stationären Lebensmitteleinzelhandel in Deutschland ... 177

3.1 Begriffliche Spezifizierung von Nachhaltigkeitsqualität im dt. LEH ... 177

3.2 Konzeptuelle Spezifizierung der Entstehung von Nachhaltigkeitsqualität im dt. LEH mittels Adaption und Erweiterung des GAP-Modells der Dienstleistungsqualität ... 179

4. Explorativ-empirische Konkretisierung von Nachhaltigkeitsqualität im filialisierten, stationären Lebensmitteleinzelhandel in Deutschland: Entwicklung eines Untersuchungsdesigns zur Analyse der GAP 1 des GAP-Modells der Nachhaltigkeitsqualität ... 191

4.1 Methodik und Durchführung der Datenerhebung ... 191

4.1.1 Datenerhebung durch Fokusgruppendiskussionen ... 195

4.1.2 Datenerhebung durch Website-Analyse ... 202

4.1.3 Datenerhebung durch Experteninterviews ... 202

4.2 Methodik und Durchführung der Datenauswertung ... 206

4.2.1 Datenauswertung mittels Qualitativer Inhaltsanalyse nach Mayring und MAXQDA ... 206

4.2.2 Durchführung der Datenauswertung ... 210

5. Ergebnisevaluation: Die GAP 1 zwischen Shoppererwartungen an Nachhaltigkeit und deren Wahrnehmung durch das Handelsmanagement im filialisierten, stationären Lebensmitteleinzelhandel in Deutschland ... 219

5.1 Shoppererwartungen an Nachhaltigkeit im filialisierten, stationären Lebensmitteleinzelhandel in Deutschland ... 219

5.1.1 Dimensionen und Merkmale der Nachhaltigkeitserwartungen ... 220

5.1.2 Erwartungen an die Implementierung von Nachhaltigkeit ... 230

5.2 Shoppererwartungen an Nachhaltigkeit im filialisierten, stationären Lebensmitteleinzelhandel in Deutschland in der Wahrnehmung des Handelsmanagements ... 243

5.3 Vergleich der Shoppererwartungen an Nachhaltigkeit im filialisierten, stationären Lebensmitteleinzelhandel in Deutschland mit deren Wahrnehmung durch das Handelsmanagement ... 250

5.4 Zwischenfazit zum explorativ-empirischen Teil: Die Beurteilung der GAP 1 des GAP-Modells der Nachhaltigkeitsqualität im dt. LEH ... 257

6. Implikationen für Theorie und Praxis 261

6.1 Forschungstheoretische Implikationen: Ableitung richtungsweisender Empfehlungen für die aktuelle marketingorientierte Handels- und Nachhaltigkeitsforschung 261

6.2 Praktisch-normative Implikationen: Ableitung richtungsweisender Empfehlungen für das nachhaltigkeitsorientierte Handelsmanagement im filialisierten, stationären Lebensmitteleinzelhandel in Deutschland 264

7. Zusammenfassende Schlussbetrachtung 277

7.1 Zentrale Untersuchungsergebnisse 277

7.2 Kritische Reflexion und Anknüpfungspunkte für zukünftige Forschungsvorhaben 286

Literaturverzeichnis 291

Abkürzungsverzeichnis

bspw.	beispielsweise
bzw.	beziehungsweise
C/D-Paradigma	Confirmation/Disconformation-Paradigma
CSR	Corporate Social Responsibility
d.h.	das heißt
dt. LEH	filialisierter, stationärer Lebensmitteleinzelhandel in Deutschland
DBHDC	Du bist hier der Chef – Die Verbrauchermarke
et al.	et alii
f.	Folgende
ff.	Fortfolgende
FMCG	Fast Moving Consumer Goods
i.e.S.	im engeren Sinne
LEH	filialisierter, stationärer Lebensmitteleinzelhandel (ohne Bezug zu Deutschland)
MHD	Mindesthaltbarkeitsdatum
POS	Point of Sale
S.	Seite
SDGs	Sustainable Development Goals
u.a.	unter anderem
USP	Unique Selling Proposition
vgl.	vergleiche
z.B.	zum Beispiel
z.T.	zum Teil

Abbildungsverzeichnis

Abbildung 1: Zusammenfassung der angestrebten Erkenntnisziele und zugehöriger forschungsleitender Fragestellungen 51
Abbildung 2: Ontologische, epistemologische, menschenbildbezogene und methodologische Einordnung des Forschungsvorhabens 55
Abbildung 3: Schematischer Überblick über Aufbau der Arbeit und Gang der Untersuchung 60
Abbildung 4: Die Lieferkette des dt. LEH im Kontext ihres Umfelds 73
Abbildung 5: Die relevantesten Retail Brands des dt. LEH 79
Abbildung 6: Grundlegende Struktur einer Shopper Journey im dt. LEH mit beispielhaften Kontaktpunkten 86
Abbildung 7: Basisstrategien zur Professionalisierung der Shopper Journey 87
Abbildung 8: Abgrenzung und Zusammenhang der Konzepte Nachhaltigkeit, unternehmerische Nachhaltigkeit und unternehmerische Verantwortung 95
Abbildung 9: Integrierte Perspektive unternehmerischer Stakeholder-Gruppen 100
Abbildung 10: Prozess des Stakeholder-Managements 101
Abbildung 11: Beispielhafte Wesentlichkeitsmatrix unternehmerischer Nachhaltigkeit 106
Abbildung 12: Entscheidungsorientierter Ansatz der Implementierung einer nachhaltigkeits- und marktorientierten Unternehmensführung 110
Abbildung 13: Nachhaltiger Konsum 117
Abbildung 14: Die Entstehung von nachhaltigem Konsum 119
Abbildung 15: Vorgehen zur Bestandsaufnahme der Forschung 126
Abbildung 16: Bedeutung von Nachhaltigkeit im Kontext marktorientierter Unternehmensführung 128
Abbildung 17: Beispiele für die Bedeutung von Nachhaltigkeit im Kontext LEH & FMCG 131
Abbildung 18: Stakeholder als Nachhaltigkeitstreiber im dt. LEH 132
Abbildung 19: Nachhaltigkeitsthemenfelder der relevantesten Händler des dt. LEH 140
Abbildung 20: Grundstruktur der Erfolgskette von Kundenbeziehungen 143

Abbildung 21: Entstehung von kundenseitig wahrgenommener Leistungsqualität ... 148
Abbildung 22: Zusammenhang der Bestandteile kundenseitig wahrgenommener Leistungsqualität ... 152
Abbildung 23: Transfer der Entstehung von kundenseitig wahrgenommener Leistungsqualität auf die Entstehung von Dienstleistungsqualität ... 153
Abbildung 24: GAP-Modell der Dienstleistungsqualität ... 157
Abbildung 25: Erlebnisqualität als Gesamtwahrnehmung aller Kundenerlebnisse ... 163
Abbildung 26: C/D-Paradigma der Kundenzufriedenheit ... 165
Abbildung 27: Das Qualitative Zufriedenheitsmodell ... 167
Abbildung 28: Zusammenhang von Qualität und Zufriedenheit im Kontext der Erfolgskette von Kundenbeziehungen ... 172
Abbildung 29: Schematische Darstellung des konzeptionellen Bezugsrahmens von Nachhaltigkeit als shopperseitig wahrgenommenem Qualitätsfaktor im dt. LEH ... 176
Abbildung 30: Shopperseitig wahrgenommene Leistungsqualität eines Handelsunternehmens im dt. LEH ... 178
Abbildung 31: Transfer der Entstehung von kundenseitig wahrgenommener Leistungsqualität bzw. Dienstleistungsqualität auf die Entstehung von shopperseitig wahrgenommener Nachhaltigkeitsqualität im dt. LEH ... 179
Abbildung 32: GAP-Modell der Nachhaltigkeitsqualität ... 181
Abbildung 33: GAP 5 als zentrale Lücke für die Entstehung von Nachhaltigkeitsqualität ... 184
Abbildung 34: Die Entstehung von Nachhaltigkeitsqualität im Rahmen des Entscheidungsorientierten Ansatzes der Implementierung einer nachhaltigkeits- und marktorientierten Unternehmensführung ... 186
Abbildung 35: Der Einfluss shopperseitig erwarteter Nachhaltigkeit auf die Entstehung von Nachhaltigkeitsqualität ... 189
Abbildung 36: Integrierte Betrachtung der angewandten Datenerhebungsmethoden ... 195
Abbildung 37: Integriertes Ablaufmodell Qualitativer Inhaltsanalyse nach Mayring ... 209
Abbildung 38: Vorgehen der Datenauswertung ... 210
Abbildung 39: Dimensionen der shopperseitigen Nachhaltigkeitserwartungen im dt. LEH (ungestützt) ... 220

Abbildung 40: Dimensionen der shopperseitigen Nachhaltigkeitserwartungen im dt. LEH (gestützt) 228
Abbildung 41: Dimensionen der shopperseitigen Nachhaltigkeitserwartungen in der Wahrnehmung des Handelsmanagements im dt. LEH 244
Abbildung 42: Dimensionen von Nachhaltigkeit im dt. LEH aus Händler- und Shopperperspektive 251
Abbildung 43: Gegenüberstellung der fünf shopper- und händlerseitig am häufigsten erfassten Merkmale inhaltlicher Dimensionen von Nachhaltigkeit im dt. LEH 252
Abbildung 44: Gegenüberstellung der fünf shopper- und händlerseitig am häufigsten erfassten Merkmale der Dimensionen der Handlungsfelder von Nachhaltigkeit im dt. LEH 254
Abbildung 45: Schematische Darstellung der aus der Analyse der GAP 1 resultierenden Dimensionen und zugehöriger Merkmale shopperseitiger Nachhaltigkeitserwartungen und deren Wahrnehmung durch das Handelsmanagement 259
Abbildung 46: Prozess zur systematischen Professionalisierung von shopperseitig wahrgenommener Nachhaltigkeitsqualität im dt. LEH 266
Abbildung 47: Prozessmodell der nachhaltigkeitsorientierten Erlebnisqualität im dt. LEH 273
Abbildung 48: Template zu Schaffung einer nachhaltigkeitsorientierten Shopper Journey im dt. LEH 275

Tabellenverzeichnis

Tabelle 1: Einflussfaktoren des Makroumfelds der Lieferkette des dt. LEH ... 74
Tabelle 2: Betriebsformen und Retail Brands im dt. LEH ... 75
Tabelle 3: Modelle und Dimensionen der Nachhaltigkeit ... 92
Tabelle 4: Typologien von Strategien zur Implementierung einer nachhaltigkeits- und marktorientierten Unternehmensführung ... 112
Tabelle 5: Typologie nachhaltigkeits- und marktorientierter Unternehmen ... 114
Tabelle 6: Einflussgrößen des Bewusstseins für nachhaltigen Konsum ... 120
Tabelle 7: Formelle Anreize für nachhaltigkeitsorientiertes unternehmerisches Handeln ... 133
Tabelle 8: Gängige Modelle zur Analyse von Dienstleistungsqualität ... 154
Tabelle 9: Zusammenfassung der relevantesten Inhalte des konzeptionellen Bezugsrahmens von Nachhaltigkeit als shopperseitig wahrgenommener Qualitätsfaktor im dt. LEH ... 174
Tabelle 10: Übersicht über die durchgeführten Fokusgruppendiskussionen ... 196
Tabelle 11: Zugrundeliegendes Gerüst für die Leitfäden der Fokusgruppendiskussionen ... 199
Tabelle 12: Gesprächspartner der Experteninterviews ... 203
Tabelle 13: Zugrundeliegendes Gerüst für die Leitfäden der Experteninterviews ... 204
Tabelle 14: Einordnung des Materials in die jeweilige Kommunikationssituation ... 212
Tabelle 15: Selektionskriterien und Abstraktionsniveaus der induktiven Kategorienbildung ... 213
Tabelle 16: Kategorien und Kodierleitfaden der deduktiven Kategorienanwendung ... 215
Tabelle 17: Ungestütztes, hierarchisches Kategoriensystem: Inhaltlicher Dimensionen (Oberkategorie) und zugehörige Merkmale (Subkategorien) der shopperseitigen Nachhaltigkeitserwartungen im dt. LEH ... 222

Tabelle 18: Ungestütztes, hierarchisches Kategoriensystem: Dimensionen der Handlungsfelder (Oberkategorie) und zugehörige Merkmale (Subkategorien) der shopperseitigen Nachhaltigkeitserwartungen im dt. LEH 225
Tabelle 19: Hierarchisches Kategoriensystem: Inhaltliche Dimensionen (Oberkategorie) und zugehörige Merkmale (Subkategorien) von Nachhaltigkeit in der Wahrnehmung des Handelsmanagements im dt. LEH 245
Tabelle 20: Hierarchisches Kategoriensystem: Dimensionen der Handlungsfelder (Oberkategorie) und zugehörige Merkmale (Subkategorien) von Nachhaltigkeit in der Wahrnehmung des Handelsmanagements im dt. LEH 248
Tabelle 21: Matrix zur systematischen Ableitung grundlegender Handlungsoptionen 268

1. Zur Notwendigkeit der Konkretisierung von Nachhaltigkeit als shopperseitig wahrgenommener Qualitätsfaktor im filialisierten, stationären Lebensmitteleinzelhandel in Deutschland

„Die beste Weise, sich um die Zukunft zu kümmern, besteht darin, sich sorgsam der Gegenwart zuzuwenden." – Thích Nhất Hạnh[1]

Einführend zeigt die vorliegende Arbeit auf, dass eine tiefergehende Auseinandersetzung mit der Konkretisierung von Nachhaltigkeit als shopperseitig wahrgenommenem Qualitätsfaktor im filialisierten, stationären Lebensmitteleinzelhandel in Deutschland[2] (im Folgenden kurz dt. LEH) nicht nur den Grundstein für den unternehmerischen Erfolg von Handelsunternehmen, sondern auch für die Transformation hin zu einer nachhaltigen Entwicklung legt.

Zu Beginn des Kapitels werden die Relevanz von Nachhaltigkeit im dt. LEH aufgezeigt und die zugehörige Problemstellung einer stimmigen Verankerung von Nachhaltigkeit ins Handelsmanagement erläutert. Danach erfolgt ein kurzer Einblick in das Forschungsfeld „Nachhaltigkeit als shopperseitig wahrgenommener Qualitätsfaktor", bevor auf dieser Basis das Forschungsdesiderat aufgezeigt und anknüpfend daran die Erkenntnisziele der Arbeit sowie zugehörige forschungsleitende Fragen abgeleitet werden. Das Kapitel schließt mit der wissenschaftstheoretischen Einordnung des Forschungsvorhabens sowie einer Skizzierung von Aufbau der Arbeit und Gang der Untersuchung.

1.1 Einführung in die Problemstellung der Untersuchung

„Nachhaltigkeit [im Sinne positiver Auswirkungen auf Umwelt und Gesellschaft] gehört neben der Digitalisierung zu den zentralen Transformationsthemen,

---

1 HẠNH (2002): Frei sein, wo immer du bist, S. 78.

2 Der filialisierte, stationäre Lebensmitteleinzelhandel in Deutschland umfasst Händler mit einem überwiegend auf Lebensmittel ausgerichteten Sortiment, die dieses über physische Einkaufsstätten vertreiben, und die filialisiert organisiert sind. Weitere Informationen dazu finden sich in Kapitel 2.1.1.

denen sich alle Industrien und Branchen stellen müssen"[3] und wird heute als „Grand Societal Challenge" im Sinne eines wichtigen gesellschaftlichen Leitsymbols verstanden[4]. Das impliziert, dass es sich um ein äußerst komplexes, mehrdimensionales und daher heterogenes Phänomen handelt, dessen erfolgreiche Bewältigung nur im Rahmen eines orchestrierten Handelns möglich ist[5]. Erst die Summe der Beiträge einer jeden beteiligten Partei ermöglicht es, einen wirklichen Fortschritt hin zu einer Bewältigung der Herausforderung zu erreichen[6]. Die Realisierung von Nachhaltigkeit ist daher eine Querschnittsaufgabe, an der verschiedene Akteure[7] unterschiedlicher Handlungsebenen beteiligt sind. Allerdings gibt es unterschiedliche interessens- und positionsspezifische Vorstellungen davon, was Nachhaltigkeit bedeutet[8].

Da das Zusammenspiel von Produktion und Konsum große Auswirkungen auf ökologische und soziale Probleme wie den Klimawandel oder Arbeitsbedingungen hat, kommt Unternehmen und ihren Konsumenten neben Regierung und Politik bei der Realisierung von Nachhaltigkeit eine besondere Rolle

---

3 VOGEL (2022): Nachhaltige Lieferkettengestaltung im Lebensmitteleinzelhandel, S. 69.

4 Vgl. HENKE (2022): Die Bedeutung von Nachhaltigkeit in einem strategischen Kontext, S. 1. Vgl. dazu auch VOEGTLINA et al. (2022): Grand Societal Challenges and Responsible Innovation, S. 1: „*GSCs are massive social and environmental issues that transcend national borders – such as climate change, inequality, disruptive migration, and global pandemics – and that have potential or actual negative effects on large numbers of people, communities, and the planet as a whole. They need to be addressed through collaborative efforts because the development and implementation of effective responses depends on contributions from a wide range of state and non-state actors.*"

5 Vgl. ebd., S. 2.

6 Vgl. ebd., S. 2.

7 Aus Gründen einer vereinfachten Lesbarkeit wird in dieser Arbeit das generische Maskulinum verwendet, mit dem alle Geschlechter gleichermaßen gemeint sind. Dies soll weder eine Verletzung des Gleichheitsgrundsatzes noch eine Geschlechterdiskriminierung zum Ausdruck bringen.

8 Vgl. BUNDESREGIERUNG (n.d.-a): Nachhaltigkeit als Querschnittsaufgabe. Vgl. dazu auch LUTHJE/ THIELE (2018): Nachhaltigkeit ist ein Omnibus, in dem jeder mitfahren darf!, S. 151 f.: Auch wenn sich mittlerweile viele unterschiedliche Akteure intensiv mit dem Themenfeld Nachhaltigkeit befassen, unterscheiden sich Begriffsverständnis und Verwendung aus Alltags-, Experten-, Unternehmens-, politischer und wissenschaftlicher Perspektive und auch innerhalb dieser Perspektiven häufig. Ergänzend kann zudem Dusseldorp (vgl. DUSSELDORP (2017): Zielkonflikte der Nachhaltigkeit, S. 244) angeführt werden: Es darf als Nachhaltigkeit gelten, was immer von beteiligten Akteuren unter Nachhaltigkeit verstanden wird.

zu[9]. Speziell Konsumenten können durch bewusste Konsumentscheidungen zu einem echten Wandel hin zu einer nachhaltigeren Entwicklung beitragen und so Unternehmen unter Zugzwang setzen, nachhaltige Praktiken zu verfolgen[10].

Konsumenten werden sich der ökologischen und sozialen Auswirkungen ihrer Konsumentscheidungen immer häufiger bewusst. Sie erwarten vermehrt von Unternehmen, dass diese nicht nur ihren Anforderungen entsprechend nachhaltige Produkte oder Dienstleistungen anbieten, sondern auch ein ethisches und umweltbewusstes Managementverhalten zeigen[11]. Unternehmen werden zunehmend unter Aspekten der Nachhaltigkeit beurteilt[12]. Einhergehend mit einer verstärkten politischen Regulierung und gesetzlichen Verankerung[13] führt das dazu, dass Nachhaltigkeit mittlerweile zu einem selbstverständlichen Bestandteil unternehmerischen Handelns im Sinne von *„companies' status and activities with respect to their perceived societal obligations and key stakeholders' interests“*[14] geworden ist. Eine solche grundlegende und an den Erwartungen ihrer Anspruchsgruppen, allen voran ihrer Kunden[15], ausgerichtete

---

9 Vgl. LUDIN/ WELLBROCK (2021): Verbraucherökonomische Grundlagen eines nachhaltigen Konsums, S. 4 & WELLBROCK/ LUDIN (2021): Nachhaltiger Konsum, S. V. Eine reale Belastung des Öko- und Sozialsystems entsteht erst dann, wenn Produktion und Konsum aufeinandertreffen (vgl. HOMBURG/ MATTHIES (2010): Nachhaltiger Konsum, S. 4). Unternehmen, Konsumenten und Regierung werden zusammen auch als „Triangle of Change“ bezeichnet (vgl. SUSTAINABLE DEVELOPMENT COMISSION (2008): Green, Healthy and Fair, S. 27).

10 Vgl. LUDIN/ WELLBROCK (2021): Verbraucherökonomische Grundlagen eines nachhaltigen Konsums, S. 4 & BUNDESMINISTERIUM FÜR UMWELT – NATURSCHUTZ – NUKLEARE SICHERHEIT – VERBRAUCHERSCHUTZ (2019): Nationales Programm für nachhaltigen Konsum, S. 8.

11 Vgl. STEINBIß/ FRÖHLICH (2021): Zur Steuerung nachhaltigen Konsums, S. 130 & HAZEL/ KANG (2018): The Contributions of Perceived CSR, S. 65.

12 Vgl. SIGNORI et al. (2019): Sustainable Customer Experience, S. 137.

13 Vgl. OSRANEK (2017): Nachhaltigkeit in Unternehmen, S. 92 f.

14 SWAEN/ DEMOULIN/ PAUWELS-DELASSUS (2021): Impact of Customers' Perceptions Regarding Corporate Social Responsibility and Irresponsibility in the Grocery Retailing Industry, S. 709. Stakeholder bezeichnen die Anspruchsgruppen eines Unternehmens im Sinne interner und externer natürlicher und juristischer Personen, die aktuell oder zukünftig sowie direkt oder indirekt von dessen unternehmerischer Tätigkeit betroffen sind (vgl. THOMMEN (n.d.): Anspruchsgruppen).

15 Kunden gehören zu den relevantesten Stakeholdern von Unternehmen, da sich ihre Kaufentscheidungen direkt auf deren ökonomischen Erfolg auswirken (vgl. SCHRAMM-KLEIN et al. (2016): Retailer Corporate Social Responsibility Is

Integration von Nachhaltigkeit in unternehmerisches Handeln hat zunehmend einen positiven Effekt auf Image und Reputation der Unternehmen[16],

---

Relevant to Consumer Behavior, S. 551 f.). An dieser Stelle ist es wichtig, den Begriff des Kunden von den, häufig fälschlicherweise synonym verwendeten, Begriffen des Konsumenten bzw. Verbrauchers abzugrenzen. Übergeordnet lassen sich alle Begriffe der Nachfragerseite eines Tauschprozesses zwischen Anbieter und Nachfrager zuordnen. Speziell ist dabei zwischen letztem Nachfrager und letztem Verwender zu unterscheiden. Der letzte Nachfrager *„entnimmt ein Tauschobjekt zum letzten Mal dem Vermarktungs- und Tauschprozess. [...] die erworbenen Objekte als solche [werden] nicht mehr Gegenstand eines weiteren Tauschprozesses, sondern verbleiben zum Zwecke der Versorgung bzw. zur Benutzung innerhalb der erwerbenden Einzelwirtschaft"* (MATTMÜLLER (2012): Integrativ-Prozessuales Marketing, S. 33 f.). Es kann sich dabei entweder um einen Privathaushalt handeln, der Lebensmittel einkauft oder um ein Unternehmen, das Rohstoffe zur Weiterverarbeitung oder Arbeitsgeräte für Mitarbeiter erwirbt (vgl. ebd., S. 34). Letzte Verwender dagegen konsumieren oder verwenden das erworbene Gut. Letzte Verwender können den letzten Nachfragern entsprechen, dies ist jedoch nicht zwingend der Fall, bspw. wenn Eltern Süßigkeiten oder Spielzeug für ihre Kinder einkaufen (vgl. ebd., S. 34). Die Begriffe Konsument bzw. Verbraucher sind somit den letzten Verwendern zuzuordnen und vom Kunden als letzten Nachfrager eindeutig abzugrenzen. Da im Kontext dieser Arbeit die Stakeholder-Perspektive relevant ist (siehe dazu auch Kapitel 2.1.2.2), wird im Folgenden der Begriff des Kunden bzw. im Kontext des dt. LEH der Begriff des Shoppers (siehe dazu auch Fußnote 28) im Sinne des Privathaushaltes genutzt. In direkten Zitaten kann die Begriffsnutzung abweichen. Auch hierbei ist grundsätzlich der Begriff des Kunden gemeint. Sollte an bestimmten Stellen der Begriff des Konsumenten bzw. Verbrauchers gemeint sein, wird dies entsprechend gekennzeichnet. Die Anbieterseite des Tauschprozesses kann nach ersten Anbietern, Händlern und Absatzmittlern unterschieden werden. Erste Anbieter erstellen die jeweiligen Austauschobjekte und bringen sie erstmalig auf einen Markt. Vertreiben Hersteller die Austauschobjekte regelmäßig direkt, d.h. ohne Zwischenanbieter, an Letztnachfrager, wird dies als Direktvertrieb bezeichnet (vgl. ZENTES/ SWOBODA/ FOSCHT (2012): Handelsmanagement, S. 347 f.). Händler dagegen fungieren als Zwischennachfrager und Zwischenanbieter zwischen ersten Anbietern und letzten Nachfragern (siehe dazu auch Kapitel 2.1.1). Auch Absatzmittler vertreiben Tauschobjekte an letzte Nachfrager, erwerben im Gegensatz zu Händlern jedoch kein Eigentum an diesen, sondern agieren im Auftrag erster Anbieter oder der Händler (vgl. ebd., S. 31 f.).

16 Vgl. LÜDEKE-FREUND (2018): Unternehmerische Verantwortung und Nachhaltigkeit, S. 40 & LIN-HI/ MÜLLER/ MEIER (2018): Unternehmerische Verantwortung und Nachhaltigkeit, S. 155. Vgl. dazu auch SWAEN/ DEMOULIN/ PAUWELS-DELASSUS (2021): Impact of Customers' Perceptions Regarding Corporate Social Responsibility and Irresponsibility in the Grocery Retailing Industry,

Kaufentscheidungen und Loyalität der Kunden[17] und letztendlich auf den ökonomischen Erfolg der Unternehmen[18]. Allerdings wird dieses Zusammenspiel stark vom kundenseitigen Vertrauen in das jeweilige Unternehmen beeinflusst[19].

S. 709: „*Corporate reputation is a perceptual construct that represents stakeholders' overall evaluation of a company and reflects the degree to which stakeholders perceive a company as 'good' or 'bad'.*" Aus Sicht der Anspruchsgruppen eines Unternehmens ist dessen positive Reputation im Sinne eines guten Rufs bzw. Ansehens ein Glaubwürdigkeitssymbol (vgl. MAISENBACHER (2008): Die Verantwortung des Marketing für Bezugsgruppen, S. 83 f.).

17 Vgl. HEINRICH/ CHRIST-MÜLLER (2021): Unternehmen kommunizieren Suffizienz, S. 198 f., MOISESCU (2018): From perceptual corporate sustainability to customer loyalty; STATISTA (2023): Relevanz von Nachhaltigkeit als Kaufkriterium in Deutschland, S. 56 & ISLAM et al. (2020): The Impact of Corporate Social Responsibility on Customer Loyalty, S. 132 f.

18 Vgl. LINGNAU/ FUCHS/ BEHAM (2021): Die Status quo-Falle – Oder: It Can Kill You Not Being 'Good' Enough, S. 47, WILLERS (2016): CSR in der Lebensmittelwirtschaft, S. 4, ENGERT/ RAUTER/ BAUMGARTNER (2016): Exploring the Integration of Corporate Sustainability Into Strategic Management: A Literature Review, S. 20 & LÜDEKE-FREUND (2018): Unternehmerische Verantwortung und Nachhaltigkeit, S. 40.

19 Vgl. STEINBIß/ FRÖHLICH (2021): Zur Steuerung nachhaltigen Konsums, S. 147, STEFFEN/ DOPPLER (2019): Building Consumer Trust and Satisfaction Through Sustainable Business Practices With Organic Supermarkets, S. 208 & ISLAM et al. (2020): The Impact of Corporate Social Responsibility on Customer Loyalty, S. 132 f. Vgl. dazu auch IRION (2007): Vertrauen in Transaktionsbeziehungen, S. 134: „*Vertrauen ist das freiwillige interaktionale Handeln zwischen einer leistungsanbietenden Einzelwirtschaft und einer leistungsnachfragenden Einzelwirtschaft im Rahmen einer Transaktionsbeziehung zur Entlastung von komplexem, interaktional-determiniertem äußerem Zukunftsverhalten durch die indirekte Interdependenz zu einem nicht zwingend reziproken, subjektiv-inneren Zustand einer erwarteten aktiven Nicht-Schlechterstellung jenseits einer expliziten rechtlichen Gebundenheit.*" Dementsprechend wird Vertrauen wird hier als kundenseitige Überzeugung verstanden, dass ein Unternehmen sich in gutem Glauben und ehrlich verhält sowie keinen übermäßigen Vorteil ergreift, selbst wenn es die Gelegenheit dazu hätte (vgl. CUMMINGS/ BROMILEY (1996): The Organizational Trust Inventory (OTI): Development and Validation, S. 303). Vertrauen in Transaktionsbeziehungen wird, in Übereinstimmung mit IRION (vgl. IRION (2007): Vertrauen in Transaktionsbeziehungen, S. 176 f.), überwiegend von Einflussgrößen bestimmt, die den zugesprochenen Eigenschaften und Charakteristika der vertrauensnehmenden Partei, dem Unternehmen, zuzuschreiben sind. Als Beispiele führt er u.a. Kompetenz, Integrität, Gesinnung und Reputation an. Weitere Einflussdimensionen (und zugehörige

Nichterfüllung von Erwartungen kann zum Entzug dieses Vertrauens führen[20].

Die stimmige Integration von Nachhaltigkeit in unternehmerisches Handeln ist zu einem kundenseitig wahrgenommenen Qualitätsfaktor im Sinne eines Gütekriteriums geworden[21], welches wiederum über traditionelle Qualitätsmerkmale hinaus impliziert, dass auch Nachhaltigkeitsaspekte im Sinne ökologischer und sozialer Auswirkungen in die kundenseitige Bewertung der Qualität von Produkten, Dienstleistungen, Prozessen oder ganzen Unternehmen einbezogen werden[22]. Das macht Nachhaltigkeit zu einer relevanten Wettbewerbsdeterminante[23].

Der Diskurs über Nachhaltigkeit im Unternehmenskontext hat sich demnach von der Frage, ob Unternehmen Verantwortung übernehmen sollten, hin zu der Frage verlagert, welche Risiken für Unternehmen bestehen, die sich nicht um Nachhaltigkeit bemühen[24]. Daraus ergibt sich die Frage, wie Unternehmen dieser Verantwortung, allem voran aus Sicht ihrer Kunden, umfassend gerecht werden können. Die Realisierung von Nachhaltigkeit als kundenseitig wahrgenommener Qualitätsfaktor und damit verbundene Potenziale für Unternehmen hängen von deren Fähigkeit ab, die Nachhaltigkeitserwartungen der

---

Einflussgrößen) sind die vertrauensgebende Partei (bspw. Vertrauensbereitschaft oder Erfahrung) und die kontextspezifische Situation (bspw. Beziehungsdauer oder Beziehungserfahrung) (vgl. ebd., S. 177).

20 Vgl. LINGNAU/ FUCHS/ BEHAM (2021): Die Status quo-Falle – Oder: It Can Kill You Not Being 'Good' Enough, S. 41.

21 Ein Gütekriterium ist ein Maßstab, der verwendet wird, um die Qualität, Genauigkeit oder Effektivität einer bestimmten Sache zu beurteilen. Es dient dazu, die Leistung oder den Wert der Sache zu bewerten und ermöglicht einen Vergleich mit ähnlichen Sachverhalten (vgl. STERNAD/ MÖDRITSCHER (2018): Qualitatives Wachstum, S. 9).

22 Der aus diesen drei Säulen bestehende theoretische Nachhaltigkeitsbegriff wird in Kapitel 2.1.2.1 genauer erläutert.

23 Vgl. STERNAD/ MÖDRITSCHER (2018): Qualitatives Wachstum, S. 19. Vgl. dazu auch WILLERS (2016): CSR in der Lebensmittelwirtschaft, S. 3: *„Nachhaltigkeit ist nicht ‚nur' als neue moralische Instanz aufzufassen, sondern aufgrund eines geänderten Anspruchskonstrukts unserer Gesellschaft auch als ein Wandel im Denken zu beobachten. Von einer ursprünglich ‚grünen Idee' hat sich das Konzept zu einem klaren Managementthema entwickelt. Nachhaltiges Handeln ist damit zu einem Wettbewerbsfaktor geworden – der ‚social case' wird dabei Teil des ‚business case'."*

24 Vgl. GLANZE/ NÜTTGENS/ RITZRAU (2021): Unternehmenserfolg durch Nachhaltigkeit, S. 158 & HULTMAN/ ELG (2018): Developing CSR in Retail-Supplier Relationships: A Stakeholder Interaction Approach, S. 341.

Kunden zu erkennen, sie ganzheitlich zu verstehen und mit nachhaltigen Maßnahmen umfassend und glaubwürdig zu erfüllen[25].

Das Verständnis der Nachhaltigkeitserwartungen ist jedoch nicht nur anspruchsgruppen-spezifisch, es variiert auch branchenindividuell[26]. Gerade im filialisierten, stationären Lebensmitteleinzelhandel (im Folgenden kurz LEH) verhält es sich besonders komplex[27]. Im aufgezeigten Gefüge der Nachhaltigkeitsdebatte nehmen die Händler in zentraler Position der Lebensmittellieferkette zwischen Herstellern und Kunden (im weiteren Verlauf dieser Arbeit aus Händlerperspektive als Shopper bezeichnet[28]) eine besondere Position ein. OOSTERVEER[29] beschreibt deren daraus resultierende Rolle wie folgt: *„Retailers take up a position in connecting innovations upstream with downstream dynamics and vice versa. They have to translate the consumer demand for sustainable food into changes that fit the configuration at the supply side and program a configuration of food products and related services that fit consumer concerns and their lifestyles"*. Diese Aufgabe ist mehr als passives Übermitteln der beidseitigen Impulse, sie wird als *„interpreting, shaping and repackaging"*[30] der Impulse verstanden. Vor diesem Hintergrund ist die unternehmerische Integration von Nachhaltigkeit im LEH nicht nur in Bezug auf intraorganisatorische Prozesse, sondern als strategische und integrative Koordination aller interorganisatorischen Prozesse entlang der gesamten Lebensmittellieferkette zu verstehen. Lebensmitteleinzelhändler haben nicht nur Einfluss auf und damit Verantwortung für die Nachhaltigkeit eigener bspw. transport-, verpackungs-, sortiments-,

25 Vgl. PÉREZ/ DEL BOSQUE (2014): Customer CSR Expectations in the Banking Industry, S. 3.

26 Vgl. HANDELSBLATT RESEARCH INSTITUTE (2022): Mehr ökologische Nachhaltigkeit im Einzelhandel, S. 37 f.

27 Vgl. LEHNER (2015): Sustainability in Store, S. 19 f.

28 Im Kontext des Handels wird der Kunde auch als Shopper bezeichnet. Der Begriff Shopper meint die Person, die den Einkauf tätigt. Da Händler, speziell über die Einkaufsstätte, den Point of Sale (POS), in direktem Kontakt mit den einkaufenden Personen stehen, sollten sie diese in den Fokus ihrer Tätigkeit rücken, gleichzeitig jedoch auch ein Verständnis der Verwender nicht unberücksichtigt lassen (GS1 (2011): Shopper Marketing).

29 OOSTERVEER (2012): Restructuring Food Supply – Sustainability and Supermarkets, S. 159. Vgl. dazu auch CHKANIKOVA et al. (2013): Sustainability Landscape of Swedish Food Retailers in the European Context, S. 9.

30 Ebd., S. 9. Vgl. dazu auch BÄUMLER (2022): The Role of Large Retailers in Scaling Up Sustainable Food Systems Solutions, S. 4: *„Retailers therefore occupy the pole position for shaping food system sustainability."*

einkaufsstätten- oder eigenmarkenbezogener Aspekte, sondern auch für das Verhalten von Zulieferern, produzierenden Unternehmen oder Transporteuren sowie Shoppern entlang der gesamten Lieferkette[31]: *„As gatekeepers of the food system, [they] are in a powerful position to create a greener, healthier, fairer food system through their influence on supply chains, consumer behaviour and their own operations“*[32]. Werden Unternehmen allgemein von ihren Kunden auch für nicht nachhaltige Praktiken ihrer Zulieferer in die Verantwortung genommen[33], so gilt dies für den LEH im besonderen Maße: Lebensmitteleinzelhändler werden, gemäß ihrer einschlägigen Gate Keeper-Position, von ihren Shoppern über ihre eigenen Aktivitäten hinaus für die Nachhaltigkeit aller Prozesse und Aktivitäten entlang der gesamten Lieferkette in die Verantwortung genommen[34]. Dazu kommt, dass das Sortiment der Händler, abgesehen

31 Vgl. SABER (2019): Sustainable Retailing, S. 4.

32 SUSTAINABLE DEVELOPMENT COMISSION (2008): Green, Healthy and Fair, S. 6. Vgl. dazu auch BÄUMLER (2022): The Role of Large Retailers in Scaling Up Sustainable Food Systems Solutions, S. 4.

33 Das Phänomen, dass Kunden in Bezug auf nachhaltiges Verhalten keinen Unterschied zwischen den einzelnen Akteuren einer Lieferkette machen und die „Focal Firm“ in die Hauptverantwortung für die gesamte Lieferkette nehmen, wird auch als „Chain Liability Effect“ bezeichnet (vgl. HARTMANN/ MOELLER (2014): Chain Liability in Multitier Supply Chains? Responsibility Attributions for Unsustainable Supplier Behavior, S. 281). Vgl. dazu auch HARTMANN et al. (2022): A Consumer Perspective on Managing the Consequences of Chain Liability, S. 58. Die Autoren untersuchen hier unter Anwendung der Psychological Contract Theory die Triade zwischen Unternehmen, Zulieferern und Kunden auf mögliche zugehörige unternehmensseitige Reaktionen („recovery efforts“), um negatives Kundenverhalten bei Fehlverhalten der Zulieferer abzufangen. Psychologische Verträge entstehen vor diesem Hintergrund dann, wenn eine Partei, in diesem Fall die Kunden, Überzeugungen hinsichtlich Verpflichtungen oder Bedingungen in Bezug auf die Austauschbeziehung, in diesem Fall nachhaltiges Verhalten der Zulieferer, mit einer anderen Partei, in diesem Fall dem Unternehmen, hat (vgl. ebd., S. 61). Konkret werden in der Studie folgende unternehmensseitige Reaktionen untersucht: keine Reaktion, kommunikativ-erklärende Reaktion (nicht substanziell) und Kündigung, Überwachung oder Entwicklung der Beziehung zum Zulieferer (substanzielle Reaktion) (vgl. ebd., S. 64). Zusammenfassend zeigt die Studie, dass speziell substanzielle Reaktionen dazu beitragen können, die Kundenbeziehung (gemessen an der „purchase intention“) zumindest teilweise auf das alte Niveau zu bringen (vgl. S. 61). Unternehmen sollten sich demnach nicht nur ihrer „Chain Liability“ bewusst sein, sondern auch angemessen auf negative Vorfälle reagieren.

34 *„Schon der Markt verlangt, dass jedes Handelsunternehmen heute deutlich zeigt, dass es sich um Nachhaltigkeitsthemen in allen Facetten kümmert“*, sagt MICHAEL

von ihren Eigenmarken, überwiegend durch die Produktmarken der Hersteller geprägt ist[35]. Auch für all diese im jeweiligen Sortiment befindlichen Produkte und Marken nehmen die Shopper den Händler in die Verantwortung[36]. Die Einkaufsstätte, speziell das angebotene Sortiment, fungiert dabei als zentraler Interaktionspunkt zwischen Händler und Shopper[37].

Speziell im dt. LEH sind das shopperseitige Bewusstsein über die ökologischen und sozialen Auswirkungen ihrer Kaufentscheidungen, die daraus resultierenden Erwartungen an das unternehmerische Handeln und das damit einhergehende „In-die-Verantwortung Nehmen"' der Händler für alle Aktivitäten entlang der gesamten Lieferkette besonders ausgeprägt[38]. Dies lässt sich zum einen dadurch erklären, dass Lebensmittel der Befriedigung menschlicher Grundbedürfnisse dienen und durch ihre Körpernähe und den daraus resultierenden Einfluss auf Gesundheit und Wohlbefinden einen besonderen Stellenwert einnehmen[39]. Zum anderen führt die hohe Einkaufshäufigkeit von durchschnittlich ein Mal pro Woche dazu, dass der Kontakt zu den Händlern und den angebotenen Sortimenten besonders häufig und regelmäßig ist[40].

GERLING, Geschäftsführer des EHI Retail Institutes (HANDELSBLATT RESEARCH INSTITUTE (2022): Mehr ökologische Nachhaltigkeit im Einzelhandel, S. 13). *„Kundenwünsche steuern nicht nur die Sortimentspolitik [der Händler], das geht weiter bis zur Gestaltung der Läden, hinein in den Onlineauftritt, und bis zu einer nachhaltigen Strategie aller Geschäftsprozesse – über den Einkauf und die Logistik hinaus"*, bekräftigt STEFAN GENTH, Hauptgeschäftsführer des Handelsverbands Deutschland (HANDELSBLATT RESEARCH INSTITUTE (2022): Mehr ökologische Nachhaltigkeit im Einzelhandel, S. 10).

35 Vgl. SCHRAMM-KLEIN (2018): Corporate Social Responsibility in the German Food Retailing Industry, S. 49.

36 Vgl. ebd., S. 29.

37 Vgl. LEHNER (2015): Sustainability in Store, S. 158.

38 Vgl. KPMG (2020): Auf dem Weg zum super Markt. So agieren Händler, die Kunden lieben, S. 36 f. Die Relevanz von Nachhaltigkeit allgemein sowie die Relevanz einzelner Nachhaltigkeitsdimensionen unterscheidet sich nach Produktgruppen. Nur in Bezug auf Lebensmittel, Kosmetik und Pflegeprodukte ist der Anteil derjenigen, die vermehrt auf Nachhaltigkeit achten größer, als der Anteil derjenigen, die nicht darauf achten. Nur für Lebensmittel konnte dieser Unterschied als signifikant nachgewiesen werden (vgl. HANDELSBLATT RESEARCH INSTITUTE (2022): Mehr ökologische Nachhaltigkeit im Einzelhandel, S. 37).

39 Vgl. LEHMANN/ DRENZ/ HUBER (2022): Nun sag', wie hast du's mit der Nachhaltigkeit?.

40 Vgl. HANDELSBLATT RESEARCH INSTITUTE (2022): Mehr ökologische Nachhaltigkeit im Einzelhandel, S. 38.

Nicht zuletzt durch die im Rahmen der Corona-Pandemie ausgelöste Entwicklung hin zu achtsamerem Konsum- und Einkaufsverhalten ist diese ohnehin schon hohe shopperseitig wahrgenommene Relevanz von Nachhaltigkeit weiter gestiegen[41]. Auch im dt. LEH erweist sich die an den Shoppererwartungen ausgerichtete Integration von Nachhaltigkeit in unternehmerisches Handeln demnach als zunehmend relevant für ein starkes Image der Händler[42], für Einkaufsstättenwahl[43], Zahlungsbereitschaft[44], Zufriedenheit und Loyalität[45] der Shopper und damit für den ökonomischen Erfolg der Händler[46].

Nachhaltigkeit ist auch hier zunehmend ein shopperseitig wahrgenommener Qualitätsfaktor und damit eine relevante Determinante zur Differenzierung gegenüber dem Wettbewerb[47]. Nur wenn Lebensmitteleinzelhändler die

41 Vgl. ebd., S. 38 & HANDELSVERBAND DEUTSCHLAND (2021): Konsummonitor Nachhaltigkeit – Fleisch und Fashion, S. 35.

42 Vgl. MARÍN-GARCÍA/ GIL-SAURA/ RUIZ-MOLINA (2021): How Does Sustainability Affect Consumer Satisfaction in Retailing?, S. 240 f.

43 Vgl. SCHRAMM-KLEIN (2018): Corporate Social Responsibility in the German Food Retailing Industry, S. 53 & KPMG (2020): Auf dem Weg zum super Markt. So agieren Händler, die Kunden lieben, S. 16.

44 BENOIT et al. (vgl. BENOIT et al. (2022): The Differential Effects of CSR and CSI on Consumer Willingness to Pay: Implications for Service Providers and Retailers, S. 92 f.) zeigen diesbezüglich zusammenfassend auf, dass sich die Zahlungsbereitschaft der Shopper unterscheidet, wenn sie verschiedene Fast Moving Consumer Goods (FMCG) zur Auswahl haben. Bei nachhaltigen Artikeln lassen sich Aufschlagseffekte und bei nicht nachhaltigen („irresponsible") Artikeln Abschlagseffekte der Zahlungsbereitschaft feststellen.

45 Vgl. MARÍN-GARCÍA/ GIL-SAURA/ RUIZ-MOLINA (2021): Do innovation and sustainability influence customer satisfaction in retail?, S. 6 & 13 f., KUMAR/ SING (2022): Does a Retailer's Performance Depend on CSR Practices?, S. 2616 & 2631, MARÍN-GARCÍA/ GIL-SAURA/ RUIZ-MOLINA (2021): How Does Sustainability Affect Consumer Satisfaction in Retailing?, S. 240 & MARÍN-GARCÍA et al. (2021): Sustainability, Store Equity, and Satisfaction, S. 1022.

46 Vgl. MARÍN-GARCÍA et al. (2023): Relationship sustainability-store equity across segments of retail customers, S. 370 f. & 378, MAURI et al. (2022): How Do Consumers Perceive the Sustainability of Their Habitual Retailer?, S. 4, KUMAR/ SING (2022): Does a Retailer's Performance Depend on CSR Practices?, S. 2616 & 2629, MARÍN-GARCÍA et al. (2021): Sustainability, Store Equity, and Satisfaction, S. 1022 & SABER (2019): Sustainable Retailing, S. 101.

47 Vgl. KELLER et al. (2022): Wie nachhaltig sind die deutschen Supermärkte?, S. 149, MARÍN-GARCÍA et al. (2023): Relationship sustainability-store equity across segments of retail customers, S. 368 & 378 & BUDDENDIEK (2020): LEH setzt verstärkt auf das Qualitätsmerkmal Nachhaltigkeit.

Nachhaltigkeitserwartungen ihrer Shopper erkennen, verstehen und glaubwürdig erfüllen, können sie sowohl die aufgezeigten Potenziale ausschöpfen als auch die entsprechende gesellschaftliche Anerkennung ihrer Nachhaltigkeitspraktiken stärken[48] und so zur Förderung nachhaltigen Konsums[49] sowie einer nachhaltigen Entwicklung beitragen[50]. Auch wenn deutsche Shopper eine der weltweit längsten Traditionen haben, sich ökologisch und sozialverträglich zu verhalten und dies auch in ihrem Konsum zu berücksichtigen, gehören sie gleichwohl zu den preissensibelsten Shoppern[51]. Somit sind Lebensmitteleinzelhändler in Deutschland damit konfrontiert, stark preisorientierte Shopper zufriedenzustellen, die zusätzlich ein Nachhaltigkeitsengagement erwarten[52]. Vor diesem Hintergrund erscheint es zunehmend relevant, dass Händler die Nachhaltigkeitserwartungen ihrer Shopper umfassend verstehen und einbeziehen. Nur so können sie sich auf die präferierten Verhaltensweisen fokussieren und eine stimmige Integration von Nachhaltigkeit in das eigene unternehmerische Handeln vornehmen.

Die Berücksichtigung shopperseitiger Nachhaltigkeitserwartungen wird jedoch dadurch erschwert, dass Nachhaltigkeit ein komplexes, mehrdimensionales und kontextabhängiges sowie anspruchsgruppenindividuelles Konzept darstellt, welches zusätzlich von vielfältigen und sich dynamisch entwickelnden gesellschaftlichen Einflüssen geprägt ist[53]. Das wiederum kann zu einer mangelnden oder verfälschten handelsseitigen Wahrnehmung der Shoppererwartungen führen, mit der Folge, dass Handelsmanager falsche strategische und

48 Vgl. LEHNER (2015): Sustainability in Store, S. 34: „*By identifying the right stakeholder concerns and engaging in a collective sensemaking process to achieve a common understanding of sustainable consumption and production the outcomes of a retailer's effort gain social legitimacy.*"

49 Speziell filialisierte Lebensmitteleinzelhändler haben aufgrund ihrer Größe und ihrem regelmäßigen und häufigen Kontakt mit den Shoppern ein großes Einflusspotenzial auf deren nachhaltigen Konsum (vgl. SABER (2019): Sustainable Retailing, S. 5).

50 Vgl. LEHNER (2015): Sustainability in Store, S. 156. „*[...] for business to foster sustainable consumption it is necessary to create the right 'habitat' in which sustainable consumption can strive.*"

51 Vgl. SCHRAMM-KLEIN (2018): Corporate Social Responsibility in the German Food Retailing Industry, S. 45 & BÄUMLER (2022): The Role of Large Retailers in Scaling Up Sustainable Food Systems Solutions, S. 5.

52 Vgl. SCHRAMM-KLEIN (2018): Corporate Social Responsibility in the German Food Retailing Industry, S. 45.

53 Vgl. MEIER (2014): Nachhaltigkeitsbewertung, S. 6.

operative Entscheidungen zur Integration von Nachhaltigkeit in ihr unternehmerisches Handeln treffen[54]. Trotz der Relevanz einer stimmigen Verankerung von Nachhaltigkeit haben Händler häufig Schwierigkeiten, Nachhaltigkeit als shopperseitig wahrgenommenen Qualitätsfaktor umfassend zu verstehen und zu managen[55]. Die händlerseitigen Entscheidungen zur Integration von Nachhaltigkeit ins Handelsmanagement und die Implementierung im Tagesgeschäft beruhen häufig auf Trial-and-Error-Entscheidungen mit Richtungswechseln anstatt auf einem tiefgreifenden Verständnis des Konzepts Nachhaltigkeit als shopperseitig wahrgenommener Qualitätsfaktor in Abstimmung mit der eigenen strategischen Positionierung[56]. Dies kann dazu führen, dass sich das Nachhaltigkeitsengagement der Händler nicht in deren ökonomischem Erfolg widerspiegelt, und birgt die Gefahr, Shopper zu verlieren, sollten die eigenen Nachhaltigkeitsbemühungen nur den Anschein erwecken, sich mit einem nachhaltigen Image zu schmücken, ohne dass dieses substanziell gerechtfertigt ist[57].

Da Nachhaltigkeit als shopperseitig wahrgenommener Qualitätsfaktor im dt. LEH, wie zuvor handlungspraktisch aufgezeigt, einen relevanten Einfluss auf den ökonomischen Erfolg der Lebensmitteleinzelhändler haben kann und ein wichtiges Ziel der Marketingforschung in der „*Entwicklung, Prüfung und theoretischen Integration vorökonomischer Konstrukte*“ besteht[58], hat ein umfassendes Verständnis dessen zusätzlich eine hohe forschungstheoretische Relevanz.

---

54 Vgl. ÖBERSEDER et al. (2014): Consumers' Perceptions of Corporate Social Responsibility: Scale Development and Validation, S. 102.

55 Vgl. LEHNER (2015): Sustainability in Store, S. 43. „*Sustainable retailing remains […] 'messy', with retailers struggling to reach their intended audiences. […] It remains challenging for retailers to construct the material-symbolic artefacts that make sense to consumers and fit into their lives and their practices.*“

56 Vgl. LEHNER (2015): Sustainability in Store, S. 9. Vgl. dazu auch KELLER et al. (2022): Wie nachhaltig sind die deutschen Supermärkte?, S. 5 & 149. Eine in 2022 durchgeführte, vom Bundesumweltministerium in Auftrag gegebene Studie untersucht und bewertet das Nachhaltigkeitsmanagement ausgewählter Einzelhändler des dt. LEH und kommt zu dem Resultat, dass diese ihr Nachhaltigkeitsmanagement insgesamt nicht systematisch genug gestalten.

57 Vgl. EVANS/ PEIRSON-SMITH (2018): The sustainability Word Challenge, S. 254.

58 KENNING/ BLUT (2006): Vertrauen: Ein Objekt des Marketing-Managements?!, S. 4. Vgl. dazu auch NASKRENT (2010): Verhaltenswissenschaftliche Determinanten der Spenderbindung, S. 13.

1.2 Nachhaltigkeit als shopperseitig wahrgenommener Qualitätsfaktor im filialisierten, stationären Lebensmitteleinzelhandel in Deutschland – ein unzureichend untersuchtes Forschungsfeld

Aus der aufgezeigten handelspraktischen und forschungstheoretischen Relevanz des Konzepts Nachhaltigkeit als shopperseitig wahrgenommener Qualitätsfaktor im dt. LEH ergibt sich die Notwendigkeit, diesen genauer zu untersuchen. Die Kontext- und Anspruchsgruppenabhängigkeit von Nachhaltigkeit erschwert dieses Vorhaben. Die damit einhergehende Vielzahl unterschiedlicher interessens- und positionsspezifischer Vorstellungen von Nachhaltigkeit weist zwar oftmals Überschneidungen, aber auch sehr unterschiedliche Auslegungen und Akzentuierungen auf: *„Sustainability is often implicitly or explicitly associated with many different words and attributes […]. […] sustainability can take idiosyncratic forms and from the same perspective, one can write or discuss [different] aspects“*[59].

Diese Vielschichtigkeit und Fluidität des Konzepts Nachhaltigkeit lässt sich damit erklären, dass die von der Politik rahmengebend zugrunde gelegte Definition der Brundtland-Kommission[60] Nachhaltigkeit als *„die Sicherung der Grundlagen dauerhafter menschlicher Zivilisation auf dem Planeten Erde, [als] Zukunftsverantwortung und Gerechtigkeit“* entlang der drei Säulen Ökologie, Soziales und Ökonomie bezeichnet[61]. Das allem zugrunde liegende Nachhaltigkeitsverständnis ist reflexiver und nicht operativer Natur. Das bedeutet, dass es keine konkreten Aussagen zu Strategien und Inhalten nachhaltiger Entwicklung beinhaltet, sondern lediglich als Beurteilungsvorschrift im Sinne eines Kompasses mit normativem Charakter handlungsleitend fungiert[62]. Dieses rein rahmengebende Verständnis von Nachhaltigkeit im Sinne einer

---

59 MAURI (2020): What Comes to Mind When You Think of Sustainability?, S. 460. Vgl. dazu auch SCHWARTZ (2016): Nachhaltigkeit als Komplexitätsfalle, S. 460: *„Bei einem unscharfen Konzept wie dem der Nachhaltigkeit ist es nahezu unvermeidlich, dass unterschiedliche Akteursgruppen interessen- und positionsspezifische Vorstellungen entwickeln […]. Nachhaltigkeit ist in diesem Sinne ein soziales Konstrukt par excellence, das je nach betrachtender Akteursgruppe ganz unterschiedliche Akzentuierungen aufweisen kann.“*

60 Siehe dazu Kapitel 2.1.2.1.

61 GRUNWALD (2016): Nachhaltigkeit verstehen, S. 13.

62 Vgl. ebd., S. 22 & CHRISTEN/ SCHMIDT (2012): A Formal Framework for Conceptions of Sustainability, S. 404.

Umformulierung des „neuen Kategorischen Imperativs" nach JONAS[63] verursacht eine Mehrdimensionalität in der Bedeutung von Nachhaltigkeit. Statt eines konkreten, einheitlichen Verständnisses eben dieser herrschen komplexe und konzeptionelle Unterschiede vor[64].

Um einen konkreten Handlungsrahmen für Nachhaltigkeit zu schaffen, ist das rahmengebende Verständnis mit konkreten Inhalten und Beurteilungskriterien zu füllen[65]. Gleichzeitig hat ein so erlangtes Verständnis jedoch nie langen Bestand, da Nachhaltigkeit, *„wie jedes sprachliche Symbol [...] einem ständigen Bedeutungswandel unterworfen"*[66] ist, der mit dem jeweilig vorherrschenden gesellschaftlichen Nachhaltigkeitsdiskurs einhergeht. Ein abschließendes Verständnis von Nachhaltigkeit als shopperseitig wahrgenommener Qualitätsfaktor im dt. LEH kann es somit nie geben. Auch wenn die grundsätzliche Notwendigkeit von nachhaltigem Handeln und dessen übergeordnete Bedeutung unumstritten sind, ist die regelmäßige Erarbeitung eines konkreten Verständnisses im Sinne kontextspezifischer organisatorischer Strategien und Maßnahmen, die sowohl den Erwartungen der Shopper als auch dem ökonomischen Erfolg der Händler Rechnung tragen, händlerindividuell zu betrachten[67].

Speziell Lebensmitteleinzelhändler müssen dabei mit einer Reihe unterschiedlicher, häufig konkurrierender Auffassungen von Nachhaltigkeit zwischen und innerhalb ihrer vielfältigen Anspruchsgruppen umgehen[68]. Mit Blick auf die Shopper lässt sich festhalten, dass diese, im Gegensatz zu den Händlern, die den Begriff entlang des theoretischen Nachhaltigkeitsbegriffs interpretieren, Nachhaltigkeit weniger als Ganzes, sondern als einzelne, inhaltlich konkrete

---

63 JONAS (1979): Das Prinzip Verantwortung, S. 36. *„Handle so, daß die Wirkungen deiner Handlungen verträglich sind mit der Permanenz echten menschlichen Lebens auf der Erde."*

64 Vgl. GRUNWALD (2016): Nachhaltigkeit verstehen, S. 22 f.

65 Vgl. ebd., S. 31 f.

66 LUTHJE/ THIELE (2018): Nachhaltigkeit ist ein Omnibus, in dem jeder mitfahren darf!, S. 151.

67 Vgl. AGUINIS (2011): Organizational Responsibility: Doing Good and Doing Well, S. 855. Vgl. dazu auch OOSTERVEER (2012): Restructuring Food Supply – Sustainability and Supermarkets, S. 158: *„[...] definitions and dimensions of sustainability are not homogenous, standard, universal or given, but dynamic, evolving and depending on specific contexts [... and have to be] translated into forms of responsible action for retailers."*

68 Vgl. LEHNER (2015): Sustainability in Store, S. 32 & ELG/ HULTMANN/ WELINDER (2021): Competing Corporate Sustainability Perceptions in a Global Retail Organization, S. 449 f.

Aspekte verstehen[69]. Die soziale Säule differenzieren Shopper bspw. in auf Menschen bezogene soziale Projekte und Tierwohl[70]. Gleichzeitig können manche für Shopper wichtige Themen (bspw. Regionalität) nicht überschneidungsfrei den einzelnen Säulen zugeordnet werden[71] Das kann dazu führen, dass diese für sie relevanten Themen nicht korrekt von den Händlern thematisiert werden. Erschwerend kommt hinzu, dass Shopper einzelne Aspekte unterschiedlich priorisieren[72]. Gerade beim Lebensmitteleinkauf achten Shopper nicht zuletzt aufgrund der in Subkapitel 1.1 erwähnten Körpernähe der Produkte vermehrt auf ökologische Aspekte[73]. Hierbei gilt: Auch der Begriff „ökologisch" ist nicht bedeutungsgleich definiert. Einige bevorzugen biologische, andere regionale, wieder andere saisonale Waren oder verstehen unter ökologischer Nachhaltigkeit hauptsächlich die Reduktion von Verpackungen oder den Kauf passender Verpackungsgrößen, um die Verschwendung verderblicher Waren zu reduzieren[74]. Oft geht diese Priorisierung mit der Komplexität der jeweiligen Nachhaltigkeitsaspekte einher. Leicht verständliche Themen (bspw. Tierwohl oder Regionalität), die zudem in der jeweils vorherrschenden gesellschaftlichen Debatte häufig thematisiert werden, sind greifbarer und haben für Shopper eine höhere Relevanz als abstrakte Aspekte (bspw. CO_2-Emissionen, Weltklima oder Arbeitsbedingungen der Beschäftigten), die eher undurchsichtig erscheinen[75]. Hinzu kommt, dass die shopperseitige, kategoriale Wissensstruktur über Einzelhandelsgeschäfte Erwartungen darüber beinhaltet, welche Eigenschaften die Geschäfte einer Kategorie[76] besitzen, was die typische Konfiguration der

---

69 Vgl. JOERß et al. (2017): Conzeptualizing Sustainability From a Consumer Perspective, S. 20.

70 Vgl. ebd., S. 20.

71 Vgl. KPMG (2020): Auf dem Weg zum super Markt. So agieren Händler, die Kunden lieben, S. 51.

72 Vgl. JOERß et al. (2017): Conzeptualizing Sustainability From a Consumer Perspective, S. 20.

73 Vgl. HANDELSBLATT RESEARCH INSTITUTE (2022): Mehr ökologische Nachhaltigkeit im Einzelhandel, S. 37 f. Vgl. dazu auch MAURI (2020): What Comes to Mind When You Think of Sustainability?, S. 460: *„Each of [these] terms should have its own meaning, but this meaning is often uncertain and ambiguous."*

74 Vgl. HANDELSBLATT RESEARCH INSTITUTE (2022): Mehr ökologische Nachhaltigkeit im Einzelhandel, S. 37.

75 Vgl. HANDELSVERBAND DEUTSCHLAND (2021): Konsummonitor Nachhaltigkeit – Fleisch und Fashion, S. 17.

76 Kategorie meint in diesem Zusammenhang die Betriebsform. Siehe dazu Kapitel 2.1.1.1.

Eigenschaften ausmacht und welches Leistungsniveau erwartet werden kann[77]. Vor diesem Hintergrund kann sich Nachhaltigkeit als shopperseitig wahrgenommener Qualitätsfaktor nicht nur kontext- und shopperspezifisch, sondern auch nach den Betriebsformen des dt. LEH unterscheiden. Dies stützt auch Lehner[78], der im Ausblick seiner Ausarbeitung zu Nachhaltigkeit im LEH aufzeigt, dass aufgrund ihrer Funktion als Stellvertreter für die Gesamtleistung eines Handelsunternehmens untersucht werden sollte, wie die Vielfalt der shopperseitigen Bedeutungen von Nachhaltigkeit speziell mit unterschiedlichen Retail Brands[79] interagiert.

Eine konkrete Untersuchung ist allerdings nur schwer objektiv realisierbar[80], da es bisher keine einheitliche Definition oder gar Standards gibt, nach denen das Handeln eines Lebensmitteleinzelhändlers im Hinblick auf seine Nachhaltigkeitsbemühungen aus der subjektiven Shopperperspektive bewertet werden kann[81]. Dies sollte jedoch kein Hinderungsgrund sein, sich systematisch mit Nachhaltigkeit auseinanderzusetzen, da *„die Tatsache, dass ein Thema schwer zu quantifizieren ist, [nicht bedeutet], dass das Thema nicht wesentlich ist“*[82].

---

77 Vgl. UUSITALO (2001): Consumer Perceptions of Grocery Retail Formats and Brands, S. 217 & 224.

78 Vgl. LEHNER (2015): Sustainability in Store, S. 2 & 93.

79 Retail Brands dienen zur einheitlichen Markierung einer Gruppe von Einkaufsstätten einer bestimmten Betriebsform. Siehe dazu Kapitel 2.1.1.1.

80 Vgl. STERNAD/ MÖDRITSCHER (2018): Qualitatives Wachstum, S. 146. Wie in anderen Bereichen der Qualität gibt es auch in Bezug auf die Qualität unternehmerischer Nachhaltigkeit harte Qualitätsmerkmale, anhand derer bestimmte Merkmale (bspw. Energieverbrauch, Emissionen) objektiv gemessen werden können. Ein solcher Einsatz von KPIs ist jedoch nur im Rahmen der unternehmensbezogenen inside-out, nicht aber in der shopperseitigen outside-in Perspektive möglich. Zudem lassen sich auf diese Art die wenigsten Nachhaltigkeitsaspekte erfassen. Die überwiegenden Aspekte, bspw. das Wohlbefinden von Mitarbeitern, soziales Engagement oder faire Beziehungen zu Lieferanten, entziehen sich einer solchen objektiven Messbarkeit. Das Verständnis von Nachhaltigkeit aus Shoppersicht entzieht sich einer solchen Messbarkeit zudem gesamthaft. Vgl. dazu auch SCHWARTZ (2016): Nachhaltigkeit als Komplexitätsfalle, S. 155: Gerade Nachhaltigkeit ist ein Konzept das *„mit einer unendlichen Zahl an Konzeptionen hinterlegt ist“* und gleichzeitig omnipräsent verwendet wird, was dazu führt, dass es nicht leicht zu operationalisieren ist.

81 Vgl. LEHNER (2015): Translating Sustainability: The Role of the Retail Store, S. 387.

82 GLOBAL REPORTING INITIATIVE (2015): Leitlinien zur Nachhaltigkeitsberichterstattung, S. 36.

Sternad und Mödritscher[83] schlagen vor, in einem ersten Schritt die *„relevantesten Themen für Qualitätsentwicklungsinitiativen zu identifizieren"*. Dabei sind ihrer Meinung nach die Themenfelder zu erfassen, die *„aus Sicht wesentlicher Anspruchsgruppen eine besonders hohe Bedeutung haben"*. Erst durch eine solche Erfassung shopperseitig relevanter Merkmale von Nachhaltigkeit als Qualitätsfaktor wird es möglich, eine shopperseitig wahrgenommene hohe Qualität händlerseitiger Nachhaltigkeitsbemühungen zu erreichen[84]. Dies stützt auch Lankoski[85], die es als essenziell für Auseinandersetzungen mit Nachhaltigkeit ansieht, kontextspezifische, konstituierende Merkmale und Dimensionen zu ermitteln, anhand derer unterschiedliche Konzeptionen manifestiert werden können. Erst mittels so entwickelter „shared mental models" wird es möglich, Nachhaltigkeit als shopperseitig wahrgenommenen Qualitätsfaktor im dt. LEH umfassend zu verstehen und zu managen.

Zusammenfassend lässt sich festhalten, dass die aktuelle Forschung zwar den Bedarf aufzeigt, Nachhaltigkeit als shopperseitig wahrgenommenen Qualitätsfaktor im dt. LEH zu untersuchen, jedoch ein Defizit nachhaltigkeitsspezifischer Ansätze zur Analyse und Sicherstellung shopperseitig wahrgenommener Qualität besteht. Aktuelle marketingorientierte Handels- und Nachhaltigkeitsforschung im Kontext des dt. LEH hat Nachhaltigkeit bisher nicht vor dem Hintergrund des Qualitätsbegriffs betrachtet. Daher gibt es noch keine Konkretisierung, die dieses Konzept ganzheitlich abbildet, um Entstehung, Analyse und Management zu verstehen und praktische sowie forschungstheoretische Implikationen zu generieren. Durch diese bisher vernachlässigte Eingliederung in die wissenschaftlich fundierte marketingorientierte Handels- und Nachhaltigkeitsforschung sowie in das praktische, nachhaltigkeitsorientierte Handelsmanagement des dt. LEH ergibt sich sowohl aus praktischer als auch aus theoretischer Perspektive ein relevantes Forschungsdefizit, das es in der vorliegenden Arbeit zu schließen gilt.

---

83 STERNAD/ MÖDRITSCHER (2018): Qualitatives Wachstum, S. 151.

84 Vgl. MAURI (2020): What Comes to Mind When You Think of Sustainability?, S. 461 & MURRAR/ BATRA/ RODGER (2021): Service Quality and Customer Satisfaction as Antecedents of Financial Sustainability, S. 1869.

85 Vgl. LANKOSKI (2016): Alternative Conceptions of Sustainability in a Business Context, S. 848.

1.3 Erkenntnisziele der Arbeit

Das **übergeordnete Erkenntnisziel** dieser Arbeit liegt in einer ersten Ergründung von Nachhaltigkeit als shopperseitig wahrgenommenem Qualitätsfaktor im dt. LEH durch eine **theoretische und empirische Konkretisierung**. Auf dieser Basis wird nicht nur eine Grundlage für weitere forschungstheoretische Untersuchungen geschaffen, sondern auch ein grundlegender Beitrag zur handelspraktischen Auseinandersetzung mit der stimmigen Integration von Nachhaltigkeit in unternehmerisches Handeln geleistet. Um dieses Forschungsvorhaben zielführend umzusetzen, werden zunächst Partialziele formuliert.

Das erste, **deskriptive Partialziel** besteht darin, einen konzeptionellen Bezugsrahmen von Nachhaltigkeit als shopperseitig wahrgenommenem Qualitätsfaktor im dt. LEH inklusive der Aufarbeitung relevanter theoretischer Grundlagen zu skizzieren, um so den Ausgangspunkt zu dessen Ergründung im Sinne einer theoretischen und empirischen Konkretisierung zu legen und eine Basis für die weiterführende Untersuchung zu schaffen.

Das darauf aufbauende **theoretisch-deduktive und explikative Partialziel**, der eigentliche wissenschaftliche Erkenntnisgewinn, ist das Herzstück der vorliegenden Arbeit. Im Rahmen des theoretisch-deduktiven Teils dieses Partialziels soll Nachhaltigkeit als shopperseitig wahrgenommener Qualitätsfaktor im dt. LEH durch eine begriffliche und konzeptuelle Spezifizierung theoretisch konkretisiert werden. Anknüpfend daran soll im explikativen Teil im Rahmen einer empirischen Konkretisierung die Erfassung einer ersten Ausgangsmenge relevanter Dimensionen und zugehöriger Merkmale vorgenommen werden. Wie in Kapitel 1.1 dargelegt, stellt die Betriebsform eine grundlegende Ebene dar, anhand derer Shopper Unterschiede in Lebensmittelgeschäften festmachen[86]. Im Rahmen der empirischen Konkretisierung soll daher zudem überprüft werden, ob sich die Merkmale und Dimensionen nach unterschiedlichen Betriebsformen des dt. LEH unterscheiden.

Da diese Arbeit, basierend auf der Erreichung der vorherigen Partialziele, sowohl einen Beitrag zur marketingorientierten Handels- und Nachhaltigkeitsforschung als auch zum nachhaltigkeitsorientierten Handelsmanagement im dt. LEH leisten soll, konkretisiert sich das abschließende **forschungstheoretische und praktisch-normative Partialziel** in der Ableitung entsprechender richtungsweisender Empfehlungen.

Abbildung 1 fasst die Ziele zusammen und konkretisiert sie, auch im Sinne der späteren Überprüfbarkeit ihrer Erreichung, anhand forschungsleitender Fragestellungen.

---

86 Vgl. UUSITALO (2001): Consumer Perceptions of Grocery Retail Formats and Brands, S. 224.

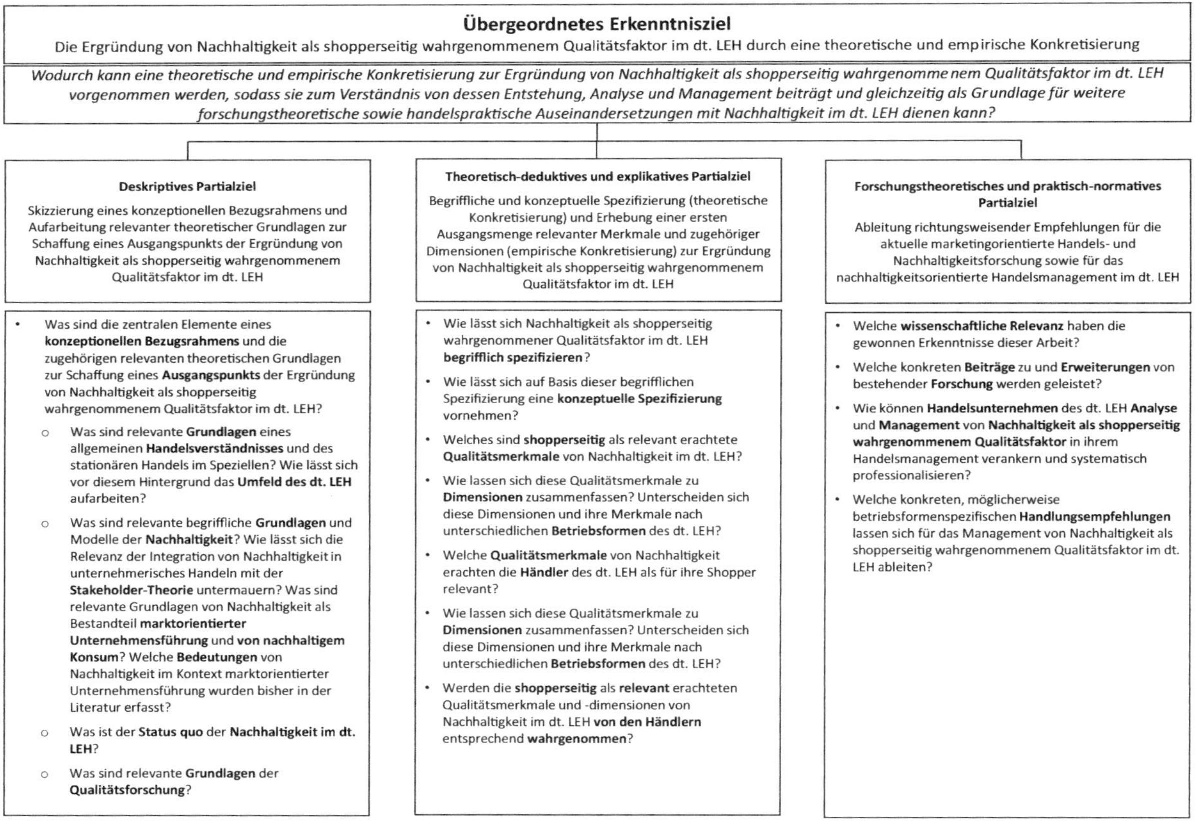

Abbildung 1: Zusammenfassung der angestrebten Erkenntnisziele und zugehöriger forschungsleitender Fragestellungen

1.4 Wissenschaftstheoretische Einordnung des Forschungsvorhabens

Um eine stimmige Strategie und Konzeption des Forschungsvorhabens und einen Erkenntnisgewinn mit relevantem praktischem und forschungstheoretischem Mehrwert zu gewährleisten, erfolgt in diesem Kapitel eine **wissenschaftstheoretische Einordnung**. Gerade bei unzureichend untersuchten Phänomenen und wenig erforschten Fragestellungen, wie das in dieser Arbeit zu untersuchende Forschungsphänomen von Nachhaltigkeit als Qualitätsfaktor im dt. LEH, ist eine *„präzise Herausarbeitung der erklärungsbedürftigen Phänomene selbst eine wesentliche Aufgabe der Forschung“*[87]. Dabei bewegt sich die Arbeit im Kontext der Marketingwissenschaft, einer Teildisziplin der Betriebswirtschaftslehre[88], mit Fokus auf das Handelsmarketing. Die Betriebswirtschaftslehre allgemein beschäftigt sich mit *„dem Entdecken von Regelmäßigkeiten als Ursachen-Wirkungs-Beziehungen möglichst in Form von Gesetzmäßigkeiten bezogen auf das Verhalten, Entscheiden und Handeln von Individuen, Gruppen und Organisationen/Unternehmen in der ökonomischen, sozialen, technischen und ökologischen Welt“*[89]. Der darin enthaltene Fokus der Marketingwissenschaft wiederum liegt auf Austauschprozessen, die unter Wettbewerbsbedingungen stattfinden und *„bei denen Individuen, Gruppen und Organisationen [z.B. Unternehmen] ihre Bedürfnisse befriedigen, indem sie materielle und immaterielle Leistungen (Sachgüter, Dienste und/oder Rechte) anbieten und/oder nachfragen“*[90]. Das führt zu der Aufgabe der Marketingwissenschaft, *„Erkenntnisse über menschliches Konsum- sowie Kaufverhalten und die Ursache sowie Entstehung von Wettbewerbsvorteilen zu gewinnen und miteinander zu verbinden, wobei je nach Forschungsparadigma Erklärungs-, Verstehens- oder Gestaltungsziele im Vordergrund stehen“*[91]. Auch wenn diese Perspektive den Grundstein des heutigen Marketingverständnisses gelegt und es geprägt hat, erweitern neuere, integrativere Marketingansätze sie und verstehen Marketing als *„allen organisations- und unternehmensbezogenen*

87 JANZ (2003): Erfolgsfaktoren der Beschaffung im Einzelhandel, S. 14.
88 Vgl. HELFERICH (2016): Wissenschaftstheorie für Betriebswirtschaftler, S. 22.
89 TÖPFER (2012): Erfolgreich Forschen, S. 47.
90 BUBER/ KLEIN (2009): Zur Bedeutung qualitativer Methodik in der Marktforschungspraxis, S. 67.
91 Ebd., S. 67.

Austauschprozessen inhärent. […] Marketing [erstreckt sich demnach] auf sämtliche (kommunikative) Austauschprozesse, welche mit der Zweckerfüllung einer Organisation in Verbindung stehen"[92]. Hier knüpft auch MATTMÜLLER[93] mit seinem integrativ-prozessualen Marketing-Ansatz an, der Marketing im Sinne eines integrativen (Berücksichtigung aller Anspruchsgruppen) und prozessualen (Management des gesamten Austauschprozesses zwischen Anbieter und Nachfrager) marktorientierten Denkens und Handelns als zentrale Management- und Unternehmensmaxime betrachtet. Handelsmarketing bildet eine Teildisziplin der Marketingwissenschaft, die sich durch die Besonderheit des Handels als Absatzmittler auszeichnet[94]. Schließlich stellt die Nachhaltigkeitswissenschaft einen weiteren Eckpfeiler des Kontexts dieser Arbeit dar.

Um die daraus resultierende wissenschaftstheoretische Richtung im Sinne des passenden Weges der Erkenntnisgewinnung[95] logisch-deduktiv zu bestimmen, gilt es, die ontologische, epistemologische, menschenbildbezogene und methodologische Einordnung eines Forschungsvorhabens vorzunehmen. Das Paradigma der **Ontologie** fragt nach dem zugrundeliegenden **Wesen der Realität**[96] und weist die beiden Ausprägungen Realismus und Idealismus (auch als Konstruktivismus bezeichnet) auf. Realismus bedeutet, dass es „*neben der subjektiv wahrgenommenen […] eine von uns unabhängige, objektive Realität [gibt], die durch Denken und Erfahrung, d.h. auch Wahrnehmung, zumindest in wesentlichen Teilen erkannt wird*"[97]. Idealismus beinhaltet, dass „*die Wirklichkeit […] vom einzelnen Subjekt und dessen Wahrnehmung im Gehirn abhängig ist. Hierdurch wird unser gesamtes Wissen über die Realität konstruiert*"[98]. Das Paradigma der **Epistemologie**, auch Erkenntnislehre genannt[99], fragt nach

---

92 GRÜNER (2022): Rahmenbedingungen der Entscheidungsfindung bei Gründer:innen, S. 20 f.

93 Vgl. MATTMÜLLER (2012): Integrativ-Prozessuales Marketing, S. 85 f.

94 Siehe dazu auch Kapitel 2.1.1.1.

95 Vorgehensweisen zur Festlegung, welche Fragen relevant und welche Arten für ihre Überprüfung geeignet sind. Auch als Paradigmen bezeichnet (vgl. HELFERICH (2016): Wissenschaftstheorie für Betriebswirtschaftler, S. 79).

96 Vgl. SAUNDERS/ LEWIS/ THORNHILL (2016): Research Methods for Business Students, S. 133.

97 TÖPFER (2012): Erfolgreich Forschen, S. 108.

98 Ebd., S. 108.

99 Vgl. HELFERICH (2016): Wissenschaftstheorie für Betriebswirtschaftler, S. 80.

dem **Zustandekommen wissenschaftlicher Erkenntnisse**[100] und unterscheidet Rationalismus („*Form und Inhalt jeder Erkenntnis gründen auf Verstand und Vernunft und nicht auf Wahrnehmung mit den Sinnen*“[101]) und Empirismus („*Erfahrung durch Wahrnehmung über die Sinne ist die wichtigste Quelle menschlicher Erkenntnis*“[102]). Idealismus und Empirismus verstehen die Realität aus subjektiver, Realismus und Rationalismus hingegen aus objektiver Sicht[103]. Das **Menschenbild** definiert die **angenommene Natur des menschlichen Verhaltens** als deterministisch (gleichbleibend, vorhersehbar) und indeterministisch (unterschiedlich, selbstbestimmt und somit hybrid)[104]. Die **Methodologie** beinhaltet die Entscheidungen zur konkreten Vorgehensweise der Erkenntnisgewinnung[105]. Es lassen sich dabei die sieben gängige Forschungsmethoden Hermeneutik, Induktion, Deduktion, Modellierung, Klassifizierung, Typisierung und Algorithmik unterscheiden[106], welche im Folgenden kurz erläutert werden. Hermeneutik hat zum Ziel, Daten zu deuten und zu interpretieren, um Sinnzusammenhänge zu verstehen und diese in Informationen überführen zu können[107]. Induktion und Deduktion schlussfolgern, basierend auf einer Beobachtung definierter Einzelphänomene, allgemeingültige Aussagen bzw. vice

---

100 Vgl. SAUNDERS/ LEWIS/ THORNHILL (2016): Research Methods for Business Students, S. 135.

101 TÖPFER (2012): Erfolgreich Forschen, S. 90.

102 Ebd., S. 108. Auch wenn das grundlegende Ziel der Wissenschaft nach POPPERs (vgl. POPPER (1994): Logik der Forschung, S. 428 ff.) Kritischem Rationalismus Erkenntnisgewinn und Zunahme des empirischen Gehalts von Theorien im Sinne einer Annäherung an die Wahrheit sind, was den ontologischen Standpunkt des Realismus impliziert und den Idealismus negiert, vertritt die wissenschaftliche Meinung der Betriebswirtschaftslehre allgemein und des Marketing speziell die Auffassung, dass Realität durch subjektive Wahrnehmung einzelner Individuen entsteht (vgl. TÖPFER (2012): Erfolgreich Forschen, S. 110).

103 Vgl. HELFERICH (2016): Wissenschaftstheorie für Betriebswirtschaftler, S. 82.

104 Vgl. BURRELL/ MORGAN (1979): Sociological Paradigms and Organisational Analysis, S. 6. Vgl. dazu auch TÖPFER (2012): Erfolgreich Forschen, S. 111.

105 Auch als Untersuchungsdesign bezeichnet. Es umfasst die „*procedures for collecting, analyzing, interpreting and reporting data in research studies*“ (CRESWELL/ PLANO CLARK (2007): Designing and Conducting Mixed Methods Research, S. 58). Vgl. dazu auch TÖPFER (2012): Erfolgreich Forschen, S. 112 & 149.

106 Vgl. SCHWEITZER/ SCHWEITZER (2015): Betriebswirtschaftslehre als Realwissenschaft, S. 9 f. Vgl. dazu auch GRÜNER (2022): Rahmenbedingungen der Entscheidungsfindung bei Gründer:innen, S. 31 ff. & DYLLICK/ TOMCZAK (2009): Erkenntnistheoretische Basis der Marketingwissenschaft, S. 67.

107 Vgl. HELFERICH (2016): Wissenschaftstheorie für Betriebswirtschaftler, S. 36.

versa von allgemeinen Aussagen auf spezifische Einzelphänomene[108]. Modellierung beinhaltet die vereinfachte Abbildung realer Sachverhalte durch Abstraktion nach bestimmten Regeln[109]. Klassifizierung und Typisierung zielen darauf ab, deskriptive Aussagen zu systematisieren[110]. Algorithmik basiert auf mathematischen Prinzipien und gewinnt Erkenntnisse mittels Rechenoperationen[111]. Ausgehend vom aufgezeigten Forschungsdefizit und den daran anknüpfenden Erkenntniszielen dieser Arbeit (Kapitel 1.2 und 1.3) lässt sich die entsprechende Einordnung des daraus resultierenden Forschungsvorhabens wie in Abbildung 2 präsentiert konkretisieren.

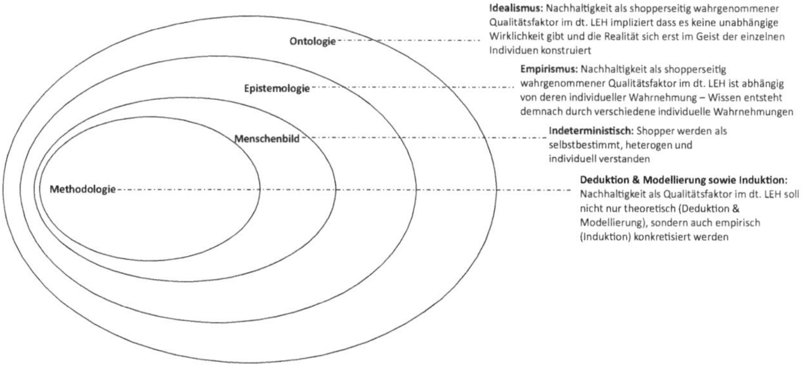

Abbildung 2: Ontologische, epistemologische, menschenbildbezogene und methodologische Einordnung des Forschungsvorhabens[112]

108 Vgl. TÖPFER (2012): Erfolgreich Forschen, S. 63 & GRÜNER (2022): Rahmenbedingungen der Entscheidungsfindung bei Gründer:innen, S. 27.

109 Vgl. GRÜNER (2022): Rahmenbedingungen der Entscheidungsfindung bei Gründer:innen, S. 26 & HELFERICH (2016): Wissenschaftstheorie für Betriebswirtschaftler, S. 68.

110 Vgl. SCHWEITZER/ SCHWEITZER (2015): Betriebswirtschaftslehre als Realwissenschaft, S. 11 f.

111 Vgl. ebd., S. 15.

112 Eigene Darstellung in Anlehnung an SAUNDERS/ LEWIS/ THORNHILL (2016): Research Methods for Business Students, S. 130 & TÖPFER (2012): Erfolgreich Forschen, S. 110 f.

Da das zuvor als Kombination von Deduktion und Modellierung sowie Induktion charakterisierte Forschungsdesign im Sinne eines *„Fahrplan des wissenschaftlichen Erkenntnis- und Anwendungsprozesses“*[113] eine nachvollziehbare Basis für den gesamten Forschungs- und Umsetzungsprozess bildet[114], wird es im Folgenden genauer betrachtet.

Im Rahmen des theoretisch-deduktiven Teils des theoretisch-deduktiven und explikativen Partialziels soll eine theoretische Konkretisierung mittels einer begrifflichen und konzeptuellen Spezifizierung vorgenommen werden. Das Vorgehen von Deduktion und Modellierung eignet sich dabei nicht nur dazu, Zusammenhänge herzuleiten, sondern auch Nachhaltigkeit als shopperseitig wahrgenommenen Qualitätsfaktor im dt. LEH ganzheitlich zu konkretisieren, um so die Grundlage für die empirische Konkretisierung des Forschungsphänomens zu legen. Im Rahmen des explikativen Teils können auf dieser Basis mittels Induktion von individuellen shopperseitigen Wahrnehmungen allgemeingültige Aussagen abgeleitet werden. Als Ausrichtung der empirischen Forschung ist entsprechend explorative Forschung mit dem konkreten Forschungsansatz qualitativer Forschung passend. Explorative Forschung ist darauf ausgelegt, Probleme zu formulieren, Konzepte zu klären oder erste Hypothesen aufzustellen[115]. Sie ist geeignet, kaum untersuchte oder wenig bekannte Phänomene zu untersuchen[116] und betrachtet dazu zielgerichtet einzelne Personen oder Personengruppen, die für spezielle Themen oder Probleme relevant sind[117]. So zeigt sie auf, was diese denken oder fühlen, um erste Eindrücke zu einem Forschungsphänomen zu erheben[118]. Gerade in Bereichen wie

113 TÖPFER (2012): Erfolgreich Forschen, S. 149.

114 Vgl. ebd., S. 148 f.

115 Vgl. SUE/ RITTER (2012): Conducting Online Surveys, S. 2.

116 Vgl. ebd., S. 2. Neben explorativer Forschung gibt es auch die grundlegenden Ausrichtungen deskriptiver und erklärender Forschung. Deskriptive Forschung zeichnet sich durch ein, im Vergleich zu explorativer Forschung, strukturierteres Vorgehen aus und zielt darauf ab, Merkmale von Populationen auf der Grundlage von Daten, welche meist mittels einfacher Zufallsstichproben erhoben wurden, zu beschreiben (vgl. ebd., S. 2). Erklärende Forschung beschäftigt sich damit, zu hinterfragen, warum und wie sich ein Phänomen zugetragen hat und wie es sich zukünftig entwickeln könnte (vgl. ebd., S. 2 & VAUS DE (2001): Research Design in Social Research, S. 36).

117 Vgl. SUE/ RITTER (2012): Conducting Online Surveys, S. 2. Vgl. dazu auch BELLENGER/ BERNHARDT/ GOLDSTUCKER (1976): Qualitative Research in Marketing, S. 25.

118 Vgl. SUE/ RITTER (2012): Conducting Online Surveys, S. 2.

diesem, die sich nur schwerlich quantifizieren lassen, kann es sogar zielführender sein, diese Aspekte *„im Dialog mit betroffenen Gruppen oder aber auch in Zusammenarbeit mit unabhängigen externen Experten einzuschätzen“*[119].

Daten explorativer Forschung sind überwiegend qualitativer Natur[120] und entstammen qualitativer Forschung[121]. Qualitative Forschung ist besonders geeignet, um bisher kaum untersuchte Forschungsphänomene zu strukturieren und so einen ersten Eindruck von diesen zu bekommen. Speziell dann, wenn es um vage, mehrdeutige, unstrukturierte Forschungsphänomene geht, in denen Persönlichkeit, Einstellung, Gefühle, Überzeugungen, Motivation, Meinungen und Selbstkonzept von Individuen zum Ausdruck kommen[122]. Demnach ist es passend, qualitative Forschung zur Konkretisierung von Nachhaltigkeit als shopperseitig wahrgenommenem Qualitätsfaktor im dt. LEH anzuwenden. Das wandelt die angestrebte erste empirische Konkretisierung in eine explorativ-empirischen Konkretisierung. Das zugehörige Untersuchungsdesign, das Details zu Methodik und Durchführung von Datenerhebung und Datenauswertung beinhaltet, wird in Kapitel 4 vorgestellt.

1.5 Aufbau der Arbeit und Gang der Untersuchung

Zur Erreichung der Erkenntnisziele soll im Rahmen dieser Arbeit wie folgt vorgegangen werden: In **Kapitel 2** wird unter Berücksichtigung der Stakeholder-Theorie ein konzeptioneller Bezugsrahmen für das Forschungsphänomen Nachhaltigkeit als shopperseitig wahrgenommener Qualitätsfaktor im dt. LEH erarbeitet. Neben Grundlagen des Handelsverständnisses (2.1.1) werden Grundlagen der Nachhaltigkeit (2.1.2) erörtert. Auf dieser Basis

---

119 STERNAD/ MÖDRITSCHER (2018): Qualitatives Wachstum, S. 148.

120 Qualitative Daten liegen meist in Textform vor und bedürfen einer Interpretation durch den Forscher, um eine Bedeutung zu erhalten (vgl. EDMONDSON/ MCMANUS (2007): Methodological Fit in Management Field Research, S. 1160).

121 Qualitative Forschung hat das Ziel, anhand einer kleinen Stichprobe eine detaillierte Betrachtung einzelner Fälle vorzunehmen: *„Qualitative research aims at understanding the phenomenon or event under study from the interior“* (FLICK (2014): Qualitative Research, S. 90). Vgl. dazu auch RIESENHUBER (2009): Großzahlige empirische Forschung, S. 7 & KÜHL/ STRODTHOLZ/ TAFFERTSHOFE (2009): Qualitative und quantitative Methoden der Organisationsforschung – ein Überblick, S. 18.

122 Vgl. BARONE/ RODRIGUES/ NOGUEIRA (2020): What About Sustainability? Understanding Consumers’ Conceptual Representations Through Free Word Association, S. 45.

wird der Status quo von Nachhaltigkeit im dt. LEH aufgezeigt (2.1.3). In Kapitel 2.2 werden anschließend Grundlagen der Qualitätsforschung dargelegt, die den Qualitätsbegriff allgemein und Dienstleistungsqualität im Speziellen (2.2.1), den Zufriedenheitsbegriff (2.2.2) und den Zusammenhang zwischen Qualität und Zufriedenheit im Kontext der Erfolgskette unternehmerischer Leistungsqualität (2.2.3) umfassen. Im Rahmen eines Zwischenfazits werden diese Inhalte in Kapitel 2.3 zusammengeführt. Dabei ergeben sich das Konstrukt Nachhaltigkeitsqualität sowie das GAP-Modell der Dienstleistungsqualität von PARASURAMAN, ZEITHAML UND BERRY[123] als Ausgangspunkt für die anschließende theoretische und explorativ-empirische Konkretisierung von Nachhaltigkeit als shopperseitig wahrgenommener Qualitätsfaktor im dt. LEH. Kapitel 2 dient insgesamt der Erreichung des deskriptiven Partialziels.

Auf Basis der Ausarbeitungen des konzeptionellen Bezugsrahmens wird in **Kapitel 3** die theoretische Konkretisierung von Nachhaltigkeitsqualität vorgenommen. Dazu wird Nachhaltigkeitsqualität zuerst begrifflich als Abgleichprozess zwischen shopperseitigen Erwartungen an Nachhaltigkeit und der shopperseitigen Wahrnehmung von tatsächlich realisierter handelsunternehmerischer Nachhaltigkeit spezifiziert (3.1). Um konkrete forschungstheoretische Implikationen sowie die Ableitung konkreter Handlungsempfehlungen für das nachhaltigkeitsorientierte Handelsmanagement zu ermöglichen, wird anschließend die Entstehung von Nachhaltigkeitsqualität durch Adaption und Erweiterung des GAP-Modell der Dienstleistungsqualität als GAP-Modell der Nachhaltigkeitsqualität anwendungsorientiert konzeptualisiert (3.2). Kapitel 3 dient damit der Erreichung des ersten, theoretisch-deduktiven Teils des theoretisch-deduktiven und explikativen Partialziels.

Da die Reduzierung der Lücke zwischen shopperseitigen Erwartungen an Nachhaltigkeit im dt. LEH und der Erwartungswahrnehmung durch das Handelsmanagement grundlegend für die Erreichung einer hohen shopperseitig wahrgenommenen Nachhaltigkeitsqualität ist, dient sie als Anknüpfungspunkt für die im Weiteren vorgenommene explorativ-empirische Konkretisierung von Nachhaltigkeitsqualität. In **Kapitel 4** wird das dazu angewandte Untersuchungsdesign qualitativer Forschung präsentiert. Zur Erhebung der shopperseitigen Nachhaltigkeitserwartungen werden Fokusgruppendiskussionen (4.1.1), zur Erfassung der Wahrnehmung dieser durch das Handelsmanagement Website-Analysen (4.1.2) durchgeführt. Flankierende Experteninterviews

123 Vgl. PARASURAMAN/ ZEITHAML/ BERRY (1985): A Conceptual Model of Service Quality and Its Implications for Future Research, S. 44 ff.

(4.1.3) dienen zur ergänzenden Anreicherung, Untermauerung und Diskussion. Die Datenauswertung erfolgt mittels Qualitativer Inhaltsanalyse nach MAYRING[124] und MAXQDA (4.2) und resultiert in 18 Kategoriensystemen.

In **Kapitel 5** werden diese Kategoriensysteme in Sinne der Ergebnisse der Erhebung evaluiert. Dazu werden die Kategoriensysteme präsentiert, interpretiert und diskutiert, um resultierende Erkenntnisse einzuordnen, zu bewerten und die Grundlage für sich anschließende Implikationen sowohl für die aktuelle marketingorientierte Handels- und Nachhaltigkeitsforschung als auch für die Praxis des nachhaltigkeitsorientierten Handelsmanagements im dt. LEH darzulegen. Kapitel 5.1 behandelt die shopperseitigen Erwartungen an Nachhaltigkeit im dt. LEH, Kapitel 5.2 deren Wahrnehmung durch das Handelsmanagement, bevor beide Perspektiven in Kapitel 5.3 vergleichend betrachtet werden. Kapitel 5.4 zieht ein Zwischenfazit zum explorativ-empirischen Teil der Arbeit. Kapitel 5 trägt zur Erreichung des zweiten, explikativen Teils des theoretisch-deduktiven und explikativen Partialziels bei.

In **Kapitel 6** werden, basierend auf allen vorhergehenden Kapiteln, insbesondere auf Kapiteln 3 und 5, richtungsweisende Empfehlungen für die aktuelle marketingorientierte Handels- und Nachhaltigkeitsforschung (6.1) und für das nachhaltigkeitsorientierte Handelsmanagement im dt. LEH (6.2) abgeleitet. Mit den Ausarbeitungen in diesem Kapitel wird das forschungstheoretische und praktisch-normative Partialziel erreicht.

In der Schlussbetrachtung in **Kapitel 7** werden die zentralen Untersuchungsergebnisse der Arbeit entlang der in Kapitel 1.3 formulierten forschungsleitenden Fragen zusammengefasst (7.1). Anschließend werden diese kritisch reflektiert und resultierende Anknüpfungspunkte für zukünftige Forschungsvorhaben aufgezeigt (7.2).

Abbildung 3 veranschaulicht Aufbau der Arbeit und Gang der Untersuchung im Sinne eines schematischen Überblicks vor dem Hintergrund der Erkenntnisziele der Arbeit.

---

124 Vgl. MAYRING (2015): Qualitative Inhaltsanalyse – Grundlagen und Techniken, S. 97 ff.

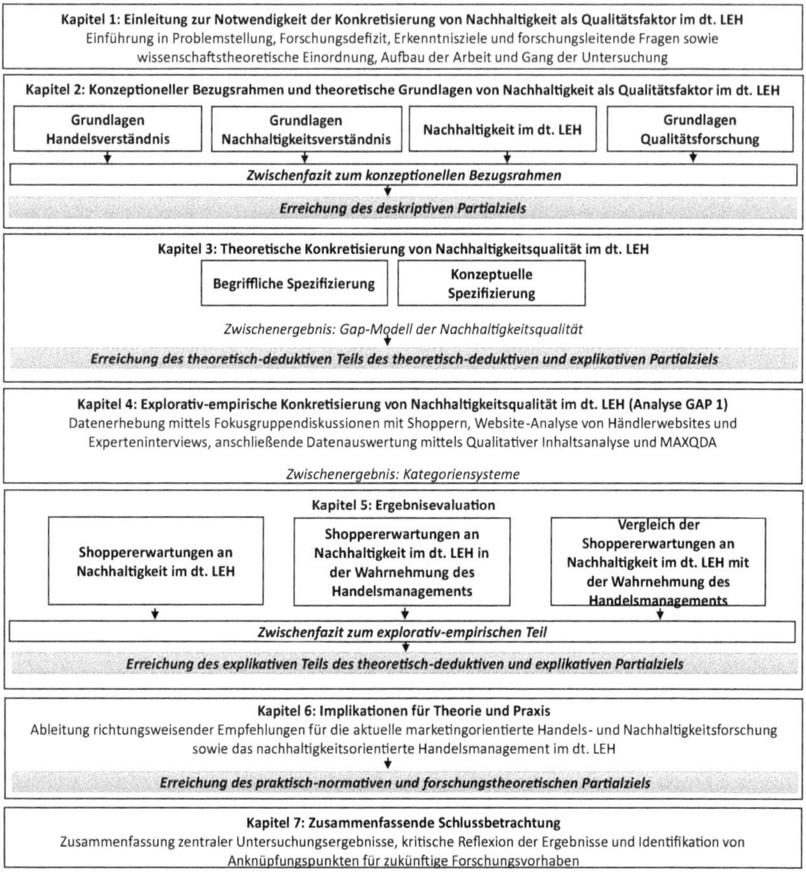

Abbildung 3: Schematischer Überblick über Aufbau der Arbeit und Gang der Untersuchung

2. Konzeptioneller Bezugsrahmen und theoretische Grundlagen von Nachhaltigkeit als shopperseitig wahrgenommener Qualitätsfaktor im filialisierten, stationären Lebensmitteleinzelhandel in Deutschland

„Der Entwurf eines konzeptionellen Bezugsrahmens erfolgt mit dem Ziel, Vorstellungen über komplexe Phänomene der Realität zu strukturieren und [...] bildet [...] den Ausgangspunkt für die Entwicklung [...] konkrete[r] Forschungsmodelle“[125]. Um daran anknüpfend die Basis für eine Konkretisierung des in Kapitel 1 als relevant und unzureichend untersucht identifizierten, komplexen Forschungsphänomens Nachhaltigkeit als shopperseitig wahrgenommener Qualitätsfaktor im dt. LEH zu legen, werden im Folgenden dessen konzeptioneller Bezugsrahmen skizziert und darin enthaltene theoretische Grundlagen aufgezeigt. Die Darstellung des konzeptionellen Bezugsrahmens gliedert sich in eine Auseinandersetzung mit Nachhaltigkeit im Kontext des dt. LEH (Kapitel 2.1) und den Grundlagen der Qualitätsforschung (2.2). Anschließend wird ein Zwischenfazit gezogen (Kapitel 2.3) mit dem Ziel, die bisher dargestellten zentralen Elemente und deren relevantesten Inhalte zusammenzuführen und den Ausgangspunkt für die theoretische und explorativ-empirische Konkretisierung von Nachhaltigkeit als shopperseitig wahrgenommenem Qualitätsfaktor im dt. LEH zu schaffen.

125 HOFFMANN (2008): Die Akzeptanz kartenbasierter Kundenbindungsprogramme aus Konsumentensicht, S. 97. Modelle dienen der vereinfachenden Abbildung der Wirklichkeit, um komplexe Zusammenhänge auf das Wesentliche zu reduzieren und so überschaubar werden zu lassen (vgl. WEBER/ KABST/ BAUM (2018): Einführung in die Betriebswirtschaftslehre, S. 30). Es werden inhaltliche und formale Modelle unterschieden. Inhaltliche Modelle beziehen sich auf bestimmte Gegenstandsbereiche, formale Modelle sind auf verschiedene Gegenstandsbereiche anwendbar (vgl. HELFERICH (2016): Wissenschaftstheorie für Betriebswirtschaftler, S. 68).

2.1 Nachhaltigkeit im Kontext des filialisierten, stationären Lebensmitteleinzelhandels in Deutschland

Im Folgenden werden die Grundlagen des Handelsverständnisses (Kapitel 2.1.1) und die Grundlagen des Nachhaltigkeitsverständnisses im Unternehmenskontext (Kapitel 2.1.2) aufgearbeitet. Anschließend wird auf dieser Basis der Status quo von Nachhaltigkeit im dt. LEH aufgezeigt (Kapitel 2.1.3).

2.1.1 Grundlagen des Handelsverständnisses

Um ein grundlegendes Verständnis des dt. LEH zu schaffen, erfolgt zunächst eine definitorische Abgrenzung des marketingtheoretischen Handelsverständnisses, bevor vor diesem Hintergrund das spezifische Umfeld des dt. LEH betrachtet wird.

2.1.1.1 Begriffliche Grundlagen des stationären Handels

Nach TIETZ[126] wird der Handel als „*Austausch wirtschaftlicher Güter*" beschrieben und umfasst den Tausch von Gütern gegen monetäre Währung[127]. Aus funktionaler Sicht ist Handel die praktische Tätigkeit der Beschaffung und des Absatzes von Waren, die nicht selbst be- oder verarbeitet wurden[128] und umfasst „*alle in arbeitsteiligen Volkwirtschaften anfallenden Aufgaben der Distribution von Gütern zur Überwindung von Spannungen qualitativer, quantitativer, räumlicher oder zeitlicher Art zwischen Produktion und Konsum*"[129]. Die Überbrückung dieser Spannungen zwischen ersten Anbietern und letzten

---

126 TIETZ (1993): Binndenhandelspolitik, S. 1.

127 Vgl. ZENTES/ SWOBODA/ FOSCHT (2012): Handelsmanagement, S. 1 & LERCHENMÜLLER/ VOCHEZER/ VOGLER (2011): Lexikon Betriebsformen, S. 95.

128 Vgl. ZENTES/ SWOBODA/ FOSCHT (2012): Handelsmanagement, S. 2 & AUSSCHUSS FÜR DEFINITIONEN ZU HANDEL UND DISTRIBUTION (2006): Katalog E: Definitionen zu Handel und Distribution, S. 27.

129 LERCHENMÜLLER/ VOCHEZER/ VOGLER (2011): Lexikon Betriebsformen, S. 95. Die Spannungen beziehen sich auf die fließenden Ströme von Waren bzw. Dienstleistungen, Geld bzw. Krediten und Informationen (vgl. BARTH/ HARTMANN/ SCHRÖDER (2015): Betriebswirtschaftslehre des Handels, S. 21). Durch die Überbrückung der Spannungen ermöglicht der Handel den Konsum materieller Güter und reduziert die Transaktionskosten der Kunden, da diese die Spannungen nicht selbst überbrücken müssen (vgl. BUSCHMANN (2021): Geschäftsmodellkonvergenz im Handel, S. 51).

Nachfragern[130] erfolgt durch die Kernleistungen des Handels als Zwischennachfrager und Zwischenanbieter: Bildung und Umschlag attraktiver Sortimente, Koordination von Warenfluss und Logistik, Verkauf an letzte Nachfrager durch die Gestaltung eigener Beschaffungs- und Absatzsysteme sowie die übergeordnete Koordination dieser Leistungen[131]. Die institutionale Betrachtungsweise sieht den Handel als Haupttätigkeit einer Institution und bezeichnet *„jene [Handelsunternehmungen], deren wirtschaftliche Tätigkeit ausschließlich oder überwiegend dem Handel im funktionellen Sinne zuzurechnen ist“*[132]. Handelsbetriebe können anhand ihrer Position auf unterschiedlichen Wirtschaftsstufen in der Kette zwischen Hersteller und Nachfrager[133] als Groß- oder Einzelhandel systematisiert werden[134]. Während Großhändler Güter an andere Händler oder die Fertigungsindustrie weitervertreiben, vertreiben Einzelhändler ihre Güter an private Letztnachfrager (Shopper)[135]. Für Händler ist, vor allem aufgrund

---

130 Wie bereits in Kapitel 1.1 erläutert, wird unter letzten Nachfragen allgemein die Bezugsgruppe der Kunden, im Kontext dieser Arbeit speziell der Shopper, verstanden, die ein Tauschobjekt zum letzten Mal dem Vermarktungs- und Tauschprozess entnehmen. Erste Anbieter erstellen die jeweiligen Austauschobjekte und bringen sie erstmalig in den Tauschprozess ein.

131 Vgl. MATTMÜLLER/ TUNDER (2004): Strategisches Handelsmarketing, S. 10 & WIRTZ (2016): Electronic Commerce, S. 299. Vgl. dazu auch BUSCHMANN (2021): Geschäftsmodellkonvergenz im Handel, S. 53. Leistungen werden hier als Output im Sinne eines Wertschöpfungsbeitrages des Handels verstanden (vgl. ebd., S. 51). Konstitutives Merkmal des Handels ist dabei der zweifache Eigentumsübergang (vgl. MATTMÜLLER/ TUNDER (2004): Strategisches Handelsmarketing, S. 10).

132 AUSSCHUSS FÜR DEFINITIONEN ZU HANDEL UND DISTRIBUTION (2006): Katalog E: Definitionen zu Handel und Distribution, S. 27 f. Jeder Händler ist aus institutionaler Perspektive immer auch dem Handel aus funktionaler Perspektive zuzuordnen, was im Umkehrschluss nicht automatisch der Fall ist (vgl. BUSCHMANN (2021): Geschäftsmodellkonvergenz im Handel, S. 49).

133 Auch als Absatzweg bezeichnet. *„Der Absatzweg umfasst alle Institutionen, durch deren Tätigkeit Eigentums- oder Nutzungsrechte an den Gütern einer absetzenden Unternehmung auf den Verwender übertragen werden“* (AUSSCHUSS FÜR DEFINITIONEN ZU HANDEL UND DISTRIBUTION (2006): Katalog E: Definitionen zu Handel und Distribution, S. 42).

134 Vgl. ZENTES/ SWOBODA/ FOSCHT (2012): Handelsmanagement, S. 2 ff. & MATTMÜLLER/ TUNDER (2004): Strategisches Handelsmarketing, S. 11.

135 Vgl. MATTMÜLLER/ TUNDER (2004): Strategisches Handelsmarketing, S. 11. Groß- bzw. Einzelhandel im institutionalen Sinne umfassen demnach Handelsunternehmen, *„deren wirtschaftliche Tätigkeit ausschließlich oder überwiegend“* dem Groß- bzw. Einzelhandel *„im funktionellen Sinne zuzurechnen ist“*

der umfangreichen Kernleistungen und eines starken Wettbewerbs, ein in sich stimmiges strategisches Gesamtkonzept für zielgerichtete Entscheidungen und damit einhergehenden Markterfolg überaus relevant[136]. Strategische Planung umfasst dabei langfristige Entscheidungen zu Angebot, Zielgruppe, Marktbearbeitungssystem und Betriebsform (Letztere werden zusammen auch als Modus bezeichnet) und stellen die Basis für die operative Planung konkreter Handelsmarketingmaßnahmen dar[137]. Marktbearbeitungssysteme von Handelsunternehmen lassen sich in stationären, ambulanten und Online-Handel unterteilen[138]. Die Betriebsform wiederum beschreibt das Konzept von Handelsunternehmungen im Sinne der Art, in der diese ihre Geschäfte im Markt betreiben, dient der strategischen und positionierungsbezogenen Ausrichtung auf dem relevanten Markt und stellt die Basis aller operativen Entscheidungen dar[139]. Im Sinne der Marketingfunktionskonzeptionen ist dies prägend für das

---

(ZENTES/ SWOBODA/ FOSCHT (2012): Handelsmanagement, S. 3. Vgl. dazu auch AUSSCHUSS FÜR DEFINITIONEN ZU HANDEL UND DISTRIBUTION (2006): Katalog E: Definitionen zu Handel und Distribution, S. 37 f.).

136 Vgl. ZENTES/ SWOBODA/ FOSCHT (2012): Handelsmanagement, S. 57 & 281 f. & MATTMÜLLER/ TUNDER (2004): Strategisches Handelsmarketing, S. 12.

137 Vgl. ZENTES/ SWOBODA/ FOSCHT (2012): Handelsmanagement, S. 282 & MATTMÜLLER/ TUNDER (2004): Strategisches Handelsmarketing, S. 50 ff. & 303. Diese Inhalte der strategischen Planung werden übergeordnet auch als langfristige Planung von Produkt-/Marktkombinationen oder Geschäftsfeldern bezeichnet.

138 Vgl. MATTMÜLLER/ TUNDER (2004): Strategisches Handelsmarketing, S. 318 ff. & MEYER/ MATTMÜLLER (1987): Ein Ansatz zur Systematik des Handels, S. 128. In älterer Literatur wird der Online-Handel als medialer bzw. Versandhandel bezeichnet. Die drei Systeme können im Wesentlichen anhand der Kriterien Standortflexibilität, Standorteinfluss auf Einkaufsstättenwahl und Nachfrageverhalten, Angebotsort und -art sowie Versorgungsobjektübergabe charakterisieret werden (vgl. MATTMÜLLER/ TUNDER (2004): Strategisches Handelsmarketing, S. 138 f.). Da im Fokus dieser Arbeit, wie in Kapitel 1.1 aufgezeigt, der LEH steht, wird im Folgenden nur das stationäre Marktbearbeitungssystem fokussiert.

139 Vgl. RUNIA et al. (2019): Marketing – Prozess- und Praxisorientierte Grundlagen, S. 270 & MATTMÜLLER/ TUNDER (2004): Strategisches Handelsmarketing, S. 30 & 303. Dies entspricht der funktionalen Definition der Betriebsform, die eng mit der strategischen Planung eines Handelsunternehmens verknüpft ist und die *„strategische Marketing-Konzeption einer Handelsunternehmung“* umfasst und somit als *„realisierte Konzeption zur Erfüllung bestimmter zwischenanbietender/-nachfragender Einzelwirtschaften“* zu verstehen ist (GLÖCKNER-HOLME (1988): Betriebsformen-Marketing im Einzelhandel, S. 22 & ALGERMISSEN (1981): Das Marketing der Handelsbetriebe, S. 40). Vgl. dazu auch LADEMANN

nachfragergerichtete Handelserscheinungsbild und den daraus resultierenden *„Gesamteindruck, den der Nachfrager von einem Händler wahrnimmt“*[140]. Die Betriebsform kann dazu herangezogen werden, unterschiedliche Ausprägungen von Handelsunternehmen auf einer Handelsstufe anhand konstitutiver Merkmale zu systematisieren[141].

Im für diese Arbeit relevanten Kontext des LEH resultiert daraus, dass Betriebsformen als *„eine vom Konsumenten mehr oder weniger bewusst vorgenommene Bündelung von Einkaufsstätten*[142] *verstanden [werden], die aufgrund*

(2013): Betriebsformenwettbewerb im Lebensmitteleinzelhandel, S. 4 und darin NIESCHLAG/ KUHN (1980): Binnenhandel und Binnenhandelspolitik, S. 83: *„Betriebsformen spiegeln unternehmerische Konzepte wider, die durch jeweils spezifische Kombinationen der Produktionsfaktoren Ware, Raum und Personal die Warendistribution ‚… in einer jeweils neuen und originellen Weise (ermöglichen [der Verfasser]), wodurch diese Gebilde in eindeutiger Weise gekennzeichnet werden‘ (Nieschlag und Kuhn 1980, S. 83) können.“* Auch wenn in der Forschung neben dem Begriff Betriebsform der Begriff Betriebstyp verwendet und unterschieden wird, werden im Kontext dieser Arbeit beide Begriffe in Einklang mit der Meinung von BUSCHMANN und MATTMÜLLER/ TUNDER (BUSCHMANN (2021): Geschäftsmodellkonvergenz im Handel, S. 56 & MATTMÜLLER/ TUNDER (2004): Strategisches Handelsmarketing, S. 39) synonym verstanden, und es wird durchgängig der Begriff Betriebsform genutzt.

140 MATTMÜLLER (2001): Marketingstrategien des Handels und staatliche Restriktionen, S. 45.

141 Vgl. BUSCHMANN (2021): Geschäftsmodellkonvergenz im Handel, S. 56 & GLÖCKNER-HOLME (1988): Betriebsformen-Marketing im Einzelhandel, S. 19. Dies entspricht der Betriebsform aus institutionaler Perspektive, die die *„Zusammenfassung aller zwischenanbietenden/-nachfragenden Einzelwirtschaften [versteht], die hinsichtlich bestimmter Merkmale ähnlich sind“* (GLÖCKNER-HOLME (1988): Betriebsformen-Marketing im Einzelhandel, S. 22). Vgl. dazu auch BARTH/ HARTMANN/ SCHRÖDER (2015): Betriebswirtschaftslehre des Handels, S. 81.

142 Auch als Betriebsstätte oder Verkaufsstelle bezeichnet. Während sich die Betriebsform auf die inhaltliche (qualitative) Komponente der Handelskonzeption bezieht, stellt die Einkaufsstätte deren Träger, den physischen Ort der Tätigkeit eines stationären Händlers (quantitative Komponente) dar (vgl. MATTMÜLLER/ TUNDER (2004): Strategisches Handelsmarketing, S. 55 & AHLERT/ KENNING/ BROCK (2018): Handelsmarketing, S. 178). Aus der Kombination beider Komponenten resultiert die Organisationsform eines Handelsunternehmens als Ein- bzw. Mehrbetriebsunternehmung (vgl. MATTMÜLLER/ TUNDER (2004): Strategisches Handelsmarketing, S. 51 & AHLERT/ KENNING/ BROCK (2018): Handelsmarketing, S. 178). Eine Einbetriebsunternehmung ist ein Handelsunternehmen, das eine einzige Betriebsform (qualitative Achse) nur einmal betreibt (quantitative Achse)

ihrer subjektiv wahrgenommenen Eignung zur Befriedigung bestimmter Kaufmotive […] als ähnlich erlebt werden“[143].

Uusitalo[144] hat, wie bereits in Kapitel 1.2 dargestellt, aufgezeigt, dass die shopperseitige, kategoriale Wissensstruktur über Einzelhandelsgeschäfte Erwartungen darüber beinhaltet, welche Eigenschaften die Geschäfte einer Betriebsform besitzen, was die typische Konfiguration dieser Eigenschaften ausmacht und welches Leistungsniveau erwartet werden kann.

Als **konstitutive Merkmale zur Systematisierung von Betriebsformen** werden überwiegend die Ausgestaltung der **zentralen Sortimentsdimension** (Spezialsortiment, Fachsortiment und Vollsortiment[145]), das im Rahmen von

---

(vgl. MATTMÜLLER/ TUNDER (2004): Strategisches Handelsmarketing, S. 56). Eine Erhöhung dieser Ausprägungen auf der quantitativen und/oder qualitativen Achse impliziert eine Mehrbetriebsunternehmung. Folgende Optionen können dabei entstehen: Vervielfältigung der Einkaufsstätten der Ausgangsbetriebsform mittels Filial- oder Franchisesystemen (multiplizierte Organisationform, Erhöhung der Ausprägungen auf der quantitativen Achse), Diversifikation der Ausgangsbetriebsform, sodass neben dieser eine neue, sich in den konstitutiven Merkmalen von der bisherigen unterscheidende Betriebsformen hinzukommt (einfaches Konglomerat, Erhöhung der Ausprägungen auf der qualitativen Achse), Multiplikation der in einem einfachen Konglomerat vorhandenen verschiedenartigen Linien (Konglomerat mit einer oder mehreren multiplizierte(r)(n) Linie(n), Erhöhung der Ausprägungen auf beiden Achsen) (vgl. ebd., S. 69 ff.). Im stationären Einzelhandel entspricht die Organisationsform der Handelsunternehmen in der Regel der Mehrbetriebsunternehmung im Sinne der Multiplikation der Ausgangsbetriebsform (multiplizierte Organisationsform) durch Filialisierung (vgl. ZENTES/ SWOBODA/ FOSCHT (2012): Handelsmanagement, S. 454).

143 PURPER (2007): Die Betriebsformen des Einzelhandels aus Konsumentenperspektive, S. 212. Vgl. dazu auch MÜLLER-HAGEDORN/ NATTER (2011): Handelsmarketing, S. 89: „*Unter einer Betriebsform sei das Erscheinungsbild eines Handelsbetriebes in seinem Absatzmarkt verstanden, so wie es sich im Einsatz der Marketing-Mix-Elemente (absatzpolitische Instrumente) äußert. Ähnliche Betriebe werden zu einer Gruppe zusammengefasst.*“

144 Vgl. UUSITALO (2001): Consumer Perceptions of Grocery Retail Formats and Brands, S. 217 & 224.

145 Innerhalb der Sortimentsdimension lassen sich Breite und Tiefe unterscheiden. Die Sortimentsbreite kann breit oder eng sein und umfasst additive Kaufmöglichkeiten im Sinne unterschiedlicher Warenbereiche. Sortimentstiefe kann tief oder flach sein und bezeichnet alternative Kaufmöglichkeiten im Sinne des Grads der Ausdifferenzierung verschiedener Artikel innerhalb eines Warenbereichs (vgl. MATTMÜLLER/ TUNDER (2004): Strategisches Handelsmarketing, S. 192).

Information, Abschluss des Absatzvertrags und Leistungsaustausch **angewandte Andienungssystem** (persönliche Bedienung, Selbstbedienung und mediale Bedienung) und die **grundsätzliche Preisstrategie** (Niedrig-, Mittel- und Hochpreisstrategie) verstanden[146]. Die Abgrenzung von Betriebsformen stellt nicht nur eine grundlegende Strukturierung der Einzelhandelslandschaft dar[147], sondern ist auch eine relevante Möglichkeit der Differenzierung und birgt daher wettbewerbspolitische Konsequenzen[148]. Aufgrund dieses zentralen

146 Vgl. MATTMÜLLER/ TUNDER (2004): Strategisches Handelsmarketing, S. 40 ff. Auch wenn in der Literatur zusätzlich häufig weitere Kriterien wie bspw. die Verkaufsfläche (vgl. RUNIA et al. (2019): Marketing – Prozess- und Praxisorientierte Grundlagen, S. 272 ff.) verwendet werden, beruht die Abgrenzung in dieser Arbeit auf den drei Merkmalen Sortiment, Andienungssystem und Preisstrategie. Sie sind als grundlegend zu erachten, da sie *„zu Leistungsdifferenzierung aus Kundensicht geeignet und dadurch mit der Marktbearbeitung des Händlers verbunden sind bzw. diese wesentlich bestimmen"*, was sie wiederum in Hinblick auf die Wettbewerbsfähigkeit des Händlers relevant werden lässt (MATTMÜLLER/ TUNDER (2004): Strategisches Handelsmarketing, S. 40 ff.). Die daraus resultierenden, relevantesten Betriebsformen des dt. LEH werden in Kapitel 2.1.1.2 präsentiert.

147 Vgl. BUSCHMANN (2021): Geschäftsmodellkonvergenz im Handel, S. 55.

148 Vgl. ebd., S. 55. Diese resultierenden wettbewerbspolitischen Konsequenzen erklären auch die sogenannte Dynamik der Betriebsformen, die den Wandel bestehender und die Entstehung neuer Betriebsformen meint. Der diesbezüglich in der Literatur am häufigsten verwendete Ansatz ist der verdrängungstheoretische nach NIESCHLAG (NIESCHLAG (1954): Die Dynamik der Betriebsformen im Handel), nach dem neue Betriebsformen in den Phasen Entstehung und Aufstieg den Markt mit Hilfe aggressiver Preise betreten und in den Phase Reife und Assimilation alte Betriebsformen von diesem verdrängen, was die Entstehung innovativer Betriebsformen ermöglicht (vgl. BUSCHMANN (2021): Geschäftsmodellkonvergenz im Handel, S. 72 & MATTMÜLLER/ TUNDER (2004): Strategisches Handelsmarketing, S. 304 f.). Der Ansatz beruht auf McNairs (MCNAIR (1931): Trends in Large-Scale Retailing) „Wheel of Retailing": Innovation im Sinne der Konzentration auf das Wesentliche reduziert Kosten und Verkaufspreise eines Händlers, was Wettbewerber aus dem Markt verdrängt. Mit den eingesparten Kosten wird die Qualität verbessert und es werden Zusatzleistungen im Sinne des Trading-Up ergänzt. Kostenvorteile schmelzen wieder ein, was zu einem Differenzierungswettbewerb über bspw. weitere Zusatzleistungen oder Werbung führt. Hierbei sind die Händler erfolgreich, die durch Innovationen Kosten einsparen. Der Kreislauf beginnt von Neuem. Wichtig zu erwähnen ist an dieser Stelle, dass der verdrängungstheoretische Ansatz zwar der in der Literatur verbreitetste ist, es jedoch weitere Konzepte gibt, die Entstehung und Wandel von Betriebsformen erklären, aber nicht immer deckungsgleich sind. Manche erklären einzelne Aspekte von Nieschlags Ansatz vertiefend, andere zeigen Alternativen

Charakters sollten Betriebsformenentscheidungen langfristig und überlegt getroffen werden[149]. Betriebsformen und ihre konstitutiven Elemente können nicht als Ganzes durch gewerbliche Schutzrechte wie Gebrauchsmuster- und Patentschutzrechte oder die Anmeldung einer Marke abgesichert werden[150]. Das ermöglicht eine Imitation durch Wettbewerber und verschärft die Relevanz der wettbewerbspolitischen Konsequenzen. Allerdings ist es möglich, dass Händler einzelne Betriebsformenkomponenten, wie z.B. die Betriebsformenmarke, auch Retail Brand genannt, rechtlich schützen[151].

Eine solche Markierung mittels Retail Brand wird auch Retail Branding genannt und meint die einheitliche Markierung einer Gruppe von zu einem Handelsunternehmen gehörenden Einkaufsstätten einer bestimmten

---

auf (vgl. BUSCHMANN (2021): Geschäftsmodellkonvergenz im Handel, S. 80). Glöckner-Holme (GLÖCKNER-HOLME (1988): Betriebsformen-Marketing im Einzelhandel, S. 60) unterscheidet bspw. neben dem verdrängungstheoretischen auch den evolutionstheoretischen, den anpassungstheoretischen, den lebenszyklustheoretischen, den marktlückentheoretischen, den gegenmachttheoretischen, den polarisierungstheoretischen und den makroanalytischen Ansatz. Die Richtigkeit und Relevanz der unterschiedlichen Ansätze wurde in der Literatur diskutiert (vgl. LEISCHNER (2004): Entwicklungslinien des Marketing in Deutschland, S. 356 f.). Alle Ansätze sehen jedoch die Entwicklung der Betriebsformen in der *„Imitation der neuartigen Betriebsformen durch Nachahmer begründet"* (MATTMÜLLER/ TUNDER (2004): Strategisches Handelsmarketing, S. 308).

149 Vgl. PURPER/ WEINBERG (2007): Betriebsformen des Einzelhandels, S. 129.

150 Vgl. MATTMÜLLER/ TUNDER (2004): Strategisches Handelsmarketing, S. 308 & BUSCHMANN (2021): Geschäftsmodellkonvergenz im Handel, S. 71.

151 Vgl. BUSCHMANN (2021): Geschäftsmodellkonvergenz im Handel, S. 85. Als Marke wird das *„in der Psyche des Konsumenten fest [verankerte] Vorstellungsbild von einem Produkt oder einer Dienstleistung"* verstanden (AHLERT/ KENNING (2005): Das Handelsunternehmen als Marke, S. 1194). Unter einer Retail Brand wird verstanden, dass sie *„sich im rechtlichen Eigentum einer Handelsunternehmung befindet und [dass diese mit der Marke] ihre [Betriebsform] zum Zweck der Differenzierung kennzeichnet"* (AHLERT/ KENNING/ BROCK (2018): Handelsmarketing, S. 162 f.). Weitere synonyme Begriffe sind Store Brand, Händlermarke, Einzelhandelsmarke oder Retailer Brand (vgl. ebd., S. 162 & MATTMÜLLER/ TUNDER (2004): Strategisches Handelsmarketing, S. 310). Nicht zu verwechseln ist die Retail Brand mit der Handelsmarke, *„a) deren Markenrechte sich regelmäßig im Eigentum einer Handelsunternehmung befinden, b) mit der die jeweilige Handelsunternehmung Artikel kennzeichnet und die c) auf kollektiven Deutungsmustern in den Köpfen der Kunden basiert"* (AHLERT/ KENNING/ BROCK (2018): Handelsmarketing, S. 166).

Betriebsform[152]. Da Shopper die Kompetenz eines Händlers als Summe aller mit der Retail Brand in Verbindung gebrachten Leistungen und Merkmale sowie Vorstellungen und Erfahrungen wahrnehmen, fungieren Retail Brands als Stellvertreter für dessen Gesamtleistung[153]. *„Die Konsumenten achten nicht mehr auf die Namen einzelner Artikel, sondern nur noch auf die Einkaufsquelle, also auf das Geschäft, in dem sie die Ware erstehen“*[154]. Die Retail Brand und alle aus Shoppersicht mit einem Händler verbundenen Assoziationen sind wesentliche Bestandteile der Schaffung eines einzigartigen Images und der Wettbewerbsdifferenzierung eines Händlers im Sinne Komparativer Konkurrenzvorteile[155]. Allerdings kann dieses Potenzial nur dann genutzt werden, wenn es eine Retail

---

152 Vgl. ZENTES/ SWOBODA/ FOSCHT (2012): Handelsmanagement, S. 454 & MATTMÜLLER/ TUNDER (2004): Strategisches Handelsmarketing, S. 310. Im Rahmen von Retail Branding wird *„das Konzept der Marke bzw. das Markenmanagement nicht auf [Produkt-,] Artikel- oder Warengruppen-Ebene (wie es bei [Hersteller- oder] Eigenmarken der Fall ist), sondern vielmehr auf die gesamte Betriebsform […] angewandt“*. (Vgl. dazu auch MORSCHETT (2002): Retail Branding und Integriertes Handelsmarketing, S. 107 f.).

153 Vgl. MATTMÜLLER/ TUNDER (2004): Strategisches Handelsmarketing, S. 310 & AHLERT/ KENNING (2005): Das Handelsunternehmen als Marke, S. 1194. Vgl. dazu auch KAPFERER in ERRICHIELLO/ ZSCHIESCHE (2017): Grüne Markenführung – Erfolgsfaktoren und Instrumente nachhaltiger Brands, S. 87: *„Marke ist Referenz, aber auch Signal, das aufgrund einzigartiger Zusammensetzungen von visuellen Elementen […] wiedererkannt wird. Sie ist auch Vertrag: Im Laufe der Zeit wird ein Warenzeichen zum Versprechen hoher Qualität und einer bestimmten Leistung. Dies verleiht der Marke, insbesondere der großen Marke, sehr hohe Anziehungskraft.“*

154 GRÖPPEL-KLEIN (2005): Entwicklung, Bedeutung und Positionierung von Handelsmarken, S. 1120.

155 *„Daher wird im Zusammenhang mit der Einkaufsstätten- oder Unternehmenspositionierung von Imagepositionierung […] gesprochen“* (ZENTES/ SWOBODA/ FOSCHT (2012): Handelsmanagement, S. 107). Komparative Konkurrenzvorteile werden von MATTMÜLLER (MATTMÜLLER (2012): Integrativ-Prozessuales Marketing, S. 28) definiert als *„das Bemühen [eines Unternehmers], bei den aus Kundensicht wichtigen Leistungsbereichen besser zu sein als die relevanten Konkurrenten (wobei sowohl die Frage, wer besser oder schlechter ist als auch wer relevanter Wettbewerber ist, stets nur der Kunde beantworten kann). Die damit auf den Kunden und seine Sicht der entscheidenden Leistungsbereiche bzw. -merkmale fokussierte Ausrichtung darf nicht mit einer eher passiven Orientierung an bereits vorhandenen Kundenwünschen verwechselt werden. ‚Vielmehr ist es immer auch notwendig – gerade mit Blick auf die gewünschte Differenzierung vom Wettbewerb – originär innovative Leistungen auf dem Markt anzubieten, wobei diese dann allerdings vom Nachfrager als wichtige*

Brand schafft, das Vertrauen der Shopper im Sinne der Wahrnehmung als glaubwürdiger und vertrauensvoller Kompetenzpartner zu gewinnen[156]. Neben dem Aufbau hoher Markteintrittsbarrieren durch eine schnelle räumliche Marktausweitung und -durchdringung, bspw. durch Filialisierung, die verhindert, dass potenzielle Nachahmer ihre Imitation auf dem Markt ausbreiten, ist auch die Retail Brand als von den Shoppern wahrgenommener Kompetenzpartner eine wichtige Möglichkeit, Komparative Konkurrenzvorteile aufzubauen[157]. Daher ist es im stationären Einzelhandel die Regel, dass filialisierte Handelsunternehmen einkaufsstättenübergreifend einheitlich markiert sind[158].

2.1.1.2 Der filialisierte, stationäre Lebensmitteleinzelhandel in Deutschland

Basierend auf diesem grundlegenden Verständnis des stationären Einzelhandels wird nachfolgend ein Überblick über die Branche des dt. LEH

Leistungsmerkmale internalisiert werden müssen. Letztendlich bringt eine Innovation ohne Kundenakzeptanz keinen nennenswerten Markterfolg – ohne nennenswerte Innovationen bleibt ein Unternehmen jedoch an den Ist-Präferenzen der Nachfrager ‚kleben' und unterstellt diese als ‚statisch'." Vgl. dazu auch UUSITALO (2001): Consumer Perceptions of Grocery Retail Formats and Brands, S. 216: „*In their traditional role as intermediaries between producers and consumers, retailers satisfy, first of all, a consumer's utilitarian needs. The proliferation of retail brands implies, however, that the abstract, imaginary features are added to products and stores. These features are symbolic, they do not contribute to the physical distribution of services but they aid managers in fabricating distinctive store images.*"

156 Vgl. AHLERT/ KENNING (2005): Das Handelsunternehmen als Marke, S. 1208. In ihrer Skizzierung der Zusammenhänge zwischen Glaubwürdigkeit, Vertrauen und Reputation unterscheidet MAISENBACHER (vgl. MAISENBACHER (2008): Die Verantwortung des Marketing für Bezugsgruppen, S. 85) zwei Richtungen. Ist noch keine Reputation aufgebaut, trägt glaubwürdiges Verhalten dazu bei, (shopperseitiges) Vertrauen gegenüber dem Unternehmen (hier der Retail Brand) aufzubauen und, bei Bestätigung des entsprechenden Verhaltens eine positive Reputation zu prägen. Besteht dagegen bereits eine positive Reputation, wird einem Unternehmen (hier der Retail Brand) auch zukünftig (von seinen Shoppern) Vertrauen geschenkt (Vertrauensvorschuss) und Verhalten als glaubwürdig beurteilt. Vgl. dazu auch RINKE (2023): Profesionelle Investor Relations-Kommunikation: Anforderungen an börsennotierte KMU in Deutschland, S. 93 f.

157 Vgl. MATTMÜLLER/ TUNDER (2004): Strategisches Handelsmarketing, S. 309 f. & SCHRÖDER (2012): Handelsmarketing, S. 42.

158 Vgl. ZENTES/ SWOBODA/ FOSCHT (2012): Handelsmanagement, S. 454.

gegeben[159]. Der dt. LEH, wie er für diese Arbeit als relevant definiert wird, umfasst alle Einzelhändler in Deutschland, die mittels Filialsystem über ein stationäres Marktbearbeitungssystem[160] und ein überwiegend auf Lebensmittel (Nahrungs- und Genussmittel inklusive Frischwaren wie Obst, Gemüse und Fleisch) ausgerichtetes Warensortiment führen[161]. Er ist dabei mit einem Nettoumsatz von 182 Mrd. Euro[162] im Jahre 2021 der mit Abstand umsatzstärkste Absatzkanal für Lebensmittel in Deutschland[163]. Allerdings wird die Branche mit einem über die letzten Jahre durchschnittlichen Wachstum von nur 3,6 % als stagnierend beschrieben[164].

Wie in Kapitel 2.1.1.1 dargestellt, findet die Wertschöpfung des Einzelhandels auf der Wirtschaftsstufe der Zwischennachfrager und Zwischenanbieter in der Kette zwischen Hersteller und Shopper statt. Diese Kette wird auch als Lieferkette bezeichnet und setzt sich aus einer Vielzahl an Wertschöpfungspartnern auf unterschiedlichen Wertschöpfungsstufen zusammen, was sie sehr komplex und dynamisch macht[165]. Daher wird das Umfeld des dt. LEH

---

159 Zu einer Branche zusammengefasst werden Handelsunternehmen, die ein aus Shoppersicht substituierbares Angebot bieten und daher auf dem gleichen Absatzmarkt tätig sind (vgl. AHLERT/ KENNING/ BROCK (2018): Handelsmarketing, S. 51 ff.).

160 Wie in Kapitel 2.1.1.1 bereits angeführt, entspricht die Organisationsform der Handelsunternehmen im stationären Einzelhandel in der Regel der Mehrbetriebsunternehmung im Sinne der Multiplikation der Ausgangsbetriebsform (multiplizierte Organisationsform) durch Filialisierung.

161 Überwiegend auf Lebensmittel ausgerichtet bedeutet, dass auch Near Food-Artikel des täglichen Bedarfs (auch als Non Food-Artikel der Kategorie I bezeichnet) wie Drogerieartikel, Wasch-, Putz- und Reinigungsmittel, Tiernahrung und dauerhafte oder temporäre Non Food-Artikel (auch als Non Food-Artikel der Kategorie II bezeichnet) wie Ge- und Verbrauchsgüter des kurz-, mittel- und langfristigen Bedarfs wie Textilien, Schuhe, Gartenbedarf, Unterhaltungselektronik, Elektrogroßgeräte, Bücher, Presseartikel als Randsortiment geführt werden (vgl. ROTHLÄNDER (2023): Logistik im Lebensmittelhandel, S. 3). Vgl. dazu auch HANDELSVERBAND DEUTSCHLAND (2020): Handelsreport Lebensmittel – Corona-Update 2020, S. 5.

162 Vgl. EHI RETAIL INSTITUTE (2022): EHI Handelsdaten aktuell, S. 78.

163 Vgl. BUNDESVEREINIGUNG DER DEUTSCHEN ERNÄHRUNGSINDUSTRIE (2022): BVE Jahresbericht 2020/21 & HANDELSVERBAND DEUTSCHLAND (2021): Konsummonitor Nachhaltigkeit – Fleisch und Fashion, S. 18.

164 Vgl. STATISTA (2022a): Nettoumsatz im Lebensmitteleinzelhandel in Deutschland in den Jahren 2002 bis 2021.

165 Vgl. HERTEL/ ZENTES/ SCHRAMM-KLEIN (2011): Supply-Chain-Management und Warenwirtschaftssysteme im Handel, S. 8 & SCHRÖDER (2012): Handelsmarketing, S. 20 ff. Lieferketten werden in der Literatur auch als Supply Chain

häufig auch als Spannungsfeld bezeichnet[166]. Die Händler befinden sich durch ihre Position zwischen Zulieferern und Herstellern einerseits sowie Shoppern andererseits auf einer zentralen Position dieser Wertschöpfungskette, was sie, wie bereits in Kapitel 1.1 erläutert, zum Gate Keeper des deutschen Lebensmittelsystems macht[167]. Mit ihrer Kernleistung als Zwischennachfrager und Zwischenanbieter (Bildung und Umschlag attraktiver Sortimente, Koordination von Warenfluss und Logistik, Verkauf an letzte Nachfrager, Gestaltung eigener Beschaffungs- und Absatzsysteme, übergeordnete Koordination dieser Leistungen) garantieren sie nicht nur die Versorgungssicherheit der Gesellschaft mit Gütern des täglichen Bedarfs[168], sie haben gleichzeitig einen nicht zu unterschätzenden Einfluss auf (und die Verantwortung für) die ihnen vor- und nachgelagerten Akteure der Lieferkette[169]. Shopper stehen, sozusagen als Endziel, im Vordergrund der Aktivitäten aller Akteure der Lieferkette, speziell aber der Lebensmitteleinzelhändler und deren Handelsaktivitäten[170]. In der folgenden Abbildung 4 wird die Lieferkette des dt. LEH im Sinne eines Referenzmodells[171] abgebildet und in ihr Umfeld eingeordnet.

---

bezeichnet: „... *the supply chain is the network of organizations that are involved, through upstream and downstream linkages, in the different processes and activities that produce value in the form of products and services in the hands of the ultimate customer*“ (CHRISTOPHER (1998): Logistics & Supply Chain Managemen, S. 1).

166 Vgl. BUCHMANN (2015): Strategische Gestaltungsfelder der Filialorganisation im Handel, S. 36.

167 Vgl. SUSTAINABLE DEVELOPMENT COMISSION (2008): Green, Healthy and Fair, S. 6.

168 Vgl. LEHNER (2015): Sustainability in Store, S. 20, HERTEL/ ZENTES/ SCHRAMM-KLEIN (2011): Supply-Chain-Management und Warenwirtschaftssysteme im Handel, S. 10, HANDELSVERBAND DEUTSCHLAND (2020): Handelsreport Lebensmittel – Corona-Update 2020 & HANDELSVERBAND DEUTSCHLAND (2018): Nachhaltig Handeln.

169 Vgl. BUNDESVEREINIGUNG DER DEUTSCHEN ERNÄHRUNGSINDUSTRIE (2022): BVE Jahresbericht 2020/21, S. 11.

170 Vgl. HERTEL/ ZENTES/ SCHRAMM-KLEIN (2011): Supply-Chain-Management und Warenwirtschaftssysteme im Handel, S. 8 & AHLERT/ KENNING/ BROCK (2018): Handelsmarketing, S. 16.

171 Referenzmodelle haben den Anspruch einer möglichst hohen Allgemeingültigkeit und werden daher oft zur Konzeptualisierung von Lieferketten genutzt. Alle Prozesse der einzelnen Wertschöpfungsstufen werden dazu in eine Reihenfolge gebracht, sodass eine idealtypische Lieferkette abgebildet wird (vgl. HERTEL/ ZENTES/ SCHRAMM-KLEIN (2011): Supply-Chain-Management und Warenwirtschaftssysteme im Handel, S. 103).

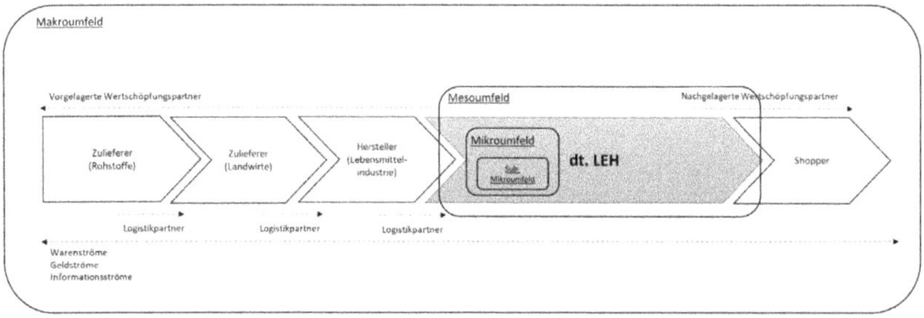

Abbildung 4: Die Lieferkette des dt. LEH im Kontext ihres Umfelds[172]

Das Einzelhandelsunternehmen selbst stellt das **Mikroumfeld** (interne Umwelt) dar, das sich aus interner Ressourcenbasis, Beziehungen, Strukturen, Beschaffungs- und Absatzsystemprozessen, Produkten bzw. Dienstleistungen sowie den Einkaufsstätten (**Sub-Mikroumfeld**, erweiterte interne Umwelt) zusammensetzt[173]. Alle Händler des dt. LEH befinden sich als Wertschöpfungspartner einer Wertschöpfungsstufe innerhalb eines gemeinsamen **Mesoumfelds** (branchenspezifische Umwelt)[174]. Das Mesoumfeld wiederum wird geprägt von Einflüssen, Trends und Rahmenbedingungen des **Makroumfelds** (globale Umwelt), welches die gesamte Lieferkette umspannt[175]. Bevor im Folgenden das Mesoumfeld des dt. LEH genauer betrachtet wird, gibt Tabelle 1 einen Überblick über die Einflussfaktoren des Makroumfelds.

172 Eigene Darstellung in Anlehnung an KELLER et al. (2022): Wie nachhaltig sind die deutschen Supermärkte?, S. 27, SCHRÖDER (2012): Handelsmarketing, S. 21 & 26, HERTEL/ ZENTES/ SCHRAMM-KLEIN (2011): Supply-Chain-Management und Warenwirtschaftssysteme im Handel, S. 8 f. & KIANIAN/ DALY/ ANDERSSON (2018): Towards guidelines to measure sustainability performance, S. 574 f.

173 Vgl. KIANIAN/ DALY/ ANDERSSON (2018): Towards guidelines to measure sustainability performance, S. 575.

174 Vgl. SCHRÖDER (2012): Handelsmarketing, S. 22.

175 Vgl. ebd., S. 22 & KIANIAN/ DALY/ ANDERSSON (2018): Towards guidelines to measure sustainability performance, S. 574 f.

Tabelle 1: Einflussfaktoren des Makroumfelds der Lieferkette des dt. LEH[176]

Kategorien Einflussfaktoren	Beispiele
Politisch-rechtlich bzw. institutionell	• Regulationen auf globaler, EU- und nationaler Ebene mit unterschiedlichen Verbindlichkeitsgraden • Rechtsverbindliche Bestimmungen: Gesetzliche Vorgaben im Sinne formeller Anreize und staatlicher Anreize wie bspw. Steuererleichterungen bei erwünschtem Verhalten • Richtlinien: Empfehlungen und Anregungen, wie Unternehmen rechtlich korrekt handeln • Standards: Erweitern Richtlinien um überprüfbare Kriterien
Ökonomisch	• Wirtschaftskraft des Landes bzw. der Region, konjunkturelle Entwicklung, Wirtschaftskrise, Inflation, steigende Energiepreise, steigende Mieten, sich verändernde Strukturen der globalisierten Beschaffungs- und Absatzmärkte, Kaufkraft
Soziokulturell	• Wandel konsumrelevanter Werte (Hedonismus und Individualisierung) • Preisorientierung, Erlebnisorientierung, Qualitätsbewusstsein, Phänomen des Smart Shoppers (Variety Seeking), Channel Hopping, Markenbewusstsein • Zunehmende Bedeutung nachhaltiger Konzepte und nachhaltigen Konsums, steigendes Bewusstsein über den Klimawandel, Wunsch nach grüner Energie • Wunsch nach gesunder Ernährung (z.B. vegan, biologisch, regional etc.), Functional Food, Trend zu Gesundheit und Wellness • Wunsch nach Convenience, One Stop-Shopping • Steigende Mediennutzung • Permanenter Wandel im Konsumentenverhalten, multioptionale und heterogene Konsumenten
Sozioökonomisch	• Soziales Ungleichgewicht, Einkommensverteilung (z.B. wachsende Schere zwischen Arm und Reich), frei verfügbares Einkommen • Bildungsniveau (auch zusammen mit gestiegener Informationsverfügbarkeit durch Internet) • Erwerbstätigkeitsstruktur, Arbeitslosenquote
Soziodemographisch	• Demographischer Wandel, alternde Bevölkerung • Zunahme kleiner Haushaltsgrößen • Landflucht
Technologisch und infrastrukturell	• Digitalisierung, Automatisierung, Informationsverfügbarkeit
Ökologisch-geographisch	• Klimawandel, sinkende Biodiversität • Energiekosten, Energieknappheit

176 Eigene Darstellung basierend auf ZENTES/ SWOBODA/ FOSCHT (2012): Handelsmanagement, S. 13 ff. & OSRANEK (2017): Nachhaltigkeit in Unternehmen, S. 137.

Das Mesoumfeld des dt. LEH wird von den fünf Triebkräften Verhandlungsstärke von Lieferanten und Abnehmern, Bedrohungen durch potenzielle neue Konkurrenten, Substitutionsprodukte bzw. -leistungen sowie Struktur und Wettbewerb zwischen den Branchenakteuren bestimmt[177]. Um ein tiefergehendes Verständnis von **Struktur und Wettbewerb** zu skizzieren, gibt Tabelle 2 anknüpfend an die in Kapitel 2.1.1.1 vorgestellten konstitutiven Betriebsformenmerkmale vorab eine Übersicht über relevante Branchenakteure.

Tabelle 2: Betriebsformen und Retail Brands im dt. LEH[178]

	Konstitutive Merkmale			
Betriebsform	**Sortimentsdimension**	**Andienungssystem**	**Preisstrategie**	**Beispiele für Retail Brands**
Supermarkt	• Fachsortiment • Breit & tief	• Selbstbedienung • Bedienung an Frischetheken	• Mittelpreisstrategie	*Rewe, Edeka, Tegut*
Bio-Supermarkt	• Fachsortiment • Eng & tief	• Selbstbedienung • Bedienung an Frischetheken	• Hochpreisstrategie	*Alnatura, Denn's Biomarkt*
Discounter	• Fachsortiment • Eng & flach	• Selbstbedienung	• Niedrigpreisstrategie	*ALDI SÜD, Lidl, Netto, Penny*
SB-Warenhaus	• Vollsortiment • Breit & tief	• Selbstbedienung • Bedienung an Frischetheken	• Mittelpreisstrategie	*Kaufland, Globus [und ehemals real]*
Fachgeschäft	• Fachsortiment • Eng & flach	• Bedienung	• Hochpreisstrategie	*Einbetriebliche Naturkostfachgeschäfte*

Supermärkte und Discounter fokussieren mit ihrem Kernsortiment, anders als SB-Warenhäuser, überwiegend Lebensmittel und führen Near und Non Food-Artikel als reines Randsortiment, weshalb ihr Sortiment als

177 Vgl. ZENTES/ SWOBODA/ FOSCHT (2012): Handelsmanagement, S. 13 & SCHRÖDER (2012): Handelsmarketing, S. 21. Diese fünf Triebkräfte gehen auf PORTERs (vgl. PORTER (2013): Wettbewerbsstrategien (Competitive Strategies) – Methode zur Analyse von Branchen und Konkurrenten, S. 38) Modell der Triebkräfte des Branchenwettbewerbs zurück, welches besagt, dass der Wettbewerb innerhalb einer Branche aus dessen Struktur und Beziehungen hervorgeht.

178 Eigene Darstellung basierend auf ROTHLÄNDER (2023): Logistik im Lebensmittelhandel, S. 17, RUNIA et al. (2019): Marketing – Prozess- und Praxisorientierte Grundlagen, S. 272 ff., BÖTTCHER (2012): Handelsmarken und Retail Brands, S. 17 f. & MATTMÜLLER/ TUNDER (2004): Strategisches Handelsmarketing, S. 40 ff.

Fachsortiment bezeichnet wird[179]. Im Vergleich zu Discountern, die durch ihren Fokus auf umschlagstarke Artikel ein enges und flaches Sortiment aufweisen, bieten Supermärkte ein breiteres und tieferes Sortiment[180]. Sortimente von SB-Warenhäusern hingegen haben neben Lebensmitteln ein umfassenderes Angebot an Near und Non Food-Artikeln, sodass sie als breite und tiefe Vollsortimente bezeichnet werden[181]. Auch die Betriebsform der Bio-Supermärkte bietet in ihrem Sortiment überwiegend Lebensmittel an. Ihr Near Food-Angebot ist kleiner als das der Supermärkte, Non Food-Artikel sind in ihrem Sortiment so gut wie gar nicht enthalten[182]. Zudem sind alle angebotenen Artikel ausschließlich Bio-Artikel. Das Sortiment der Bio-Supermärkte stellt nur einen Ausschnitt des zuvor als Fachsortiment beschriebenen Sortiments der Supermärkte dar[183] und kann als enges und tiefes Fachsortiment beschrieben werden. Das Andienungssystem dieser Betriebsformen ist Selbstbedienung, die bei (Bio-) Supermärkten und SB-Warenhäusern mit Frischtheken um Elemente der persönlichen Bedienung ergänzt wird[184].

Während Discounter eine Niedrigpreisstrategie verfolgen[185], kombinieren Supermärkte und SB-Warenhäuser durch ihre Angebotspolitik Niedrig- und Hochpreisstrategien[186]. Daraus resultiert eine Mittelpreisstrategie. Speziell SB-Warenhäuser verfolgen häufig eine ausgeprägte Sonderangebots- bis hin zu

179 Vgl. ROTHLÄNDER (2023): Logistik im Lebensmittelhandel, S. 13.

180 Vgl. ebd., S. 13 & RUNIA et al. (2019): Marketing – Prozess- und Praxisorientierte Grundlagen, S. 272 ff.

181 Vgl. ebd., S. 13 & 272 ff.

182 Vgl. ROTHLÄNDER (2023): Logistik im Lebensmittelhandel, S. 17.

183 Auch Supermärkte sowie SB-Warenhäuser und Discounter führen Bio-Artikel in ihren Sortimenten.

184 Vgl. ZENTES/ SWOBODA/ FOSCHT (2012): Handelsmanagement, S. 337 ff. & BÖTTCHER (2012): Handelsmarken und Retail Brands, S. 17 f.

185 Diese wird einhergehend mit der dazu notwendigen Ausrichtung auf Kosteneffizienz auch als No Frills-Ansatz bezeichnet, der beinhaltet, dass sich der Händler in Bezug auf Ladengestaltung, Service und Atmosphäre auf das notwendige Minimum beschränkt (vgl. SABER (2019): Sustainable Retailing, S. 37). In den letzten Jahren ist bei Discountern jedoch eine Trading Up-Tendenz in Bezug auf Sortiment (Breite und Tiefe nehmen zu und Markenartikel werden ins Sortiment aufgenommen) und Ladeneinrichtung erkennbar (vgl. ebd., S. 56).

186 Vgl. RUNIA et al. (2019): Marketing – Prozess- und Praxisorientierte Grundlagen, S. 272 ff.

einer dem Discounter ähnlichen Dauerniedrigpreispolitik[187]. Im Vergleich zu den „konventionellen" Betriebsformen verfolgen Bio-Supermärkte eine Hochpreisstrategie.

Auch wenn die Betriebsform des Fachgeschäfts im Sinne einbetrieblicher Naturkostfachgeschäfte nicht in die für diese Arbeit als relevant erachtete Definition des dt. LEH (filialisierte, stationäre Lebensmitteleinzelhändler) fällt und zudem eine in der Branche eher untergeordnete Rolle spielt, soll sie an dieser Stelle aufgrund ihrer Relevanz in Bezug auf Nachhaltigkeit erwähnt werden. Naturkostfachgeschäfte haben im Vergleich zum Bio-Supermarkt ein enges und flaches Fachsortiment. Sie bieten wie dieser nur Bio-Lebensmittel an, ihr Sortiment umfasst dabei jedoch weniger alternative Kaufmöglichkeiten. Das Andienungssystem im Naturkostfachhandel kann grundsätzlich als Selbstbedienung beschrieben werden, weist aber ergänzend eine vergleichsweise hohe Beratungs- und Bedienintensität auf[188]. Das Preisniveau lässt sich als gehoben beschreiben[189].

Die nach Nettoumsatz im Jahre 2021 relevantesten Betriebsformen des dt. LEH sind Discounter, Supermarkt und SB-Warenhaus[190]. Die im selben Jahr nach Nettoumsatz führenden Retail Brands im dt. LEH sind Edeka (Supermarkt, Edeka-Verbund) und REWE (Supermarkt, REWE Group), Lidl (Discounter, Schwarz-Gruppe) und ALDI SÜD (Discounter, Aldi-Gruppe) sowie Kaufland (SB-Warenhaus, Schwarz-Gruppe)[191]. Die mit Abstand führende Betriebsform zum alleinigen Verkauf von Bio-Lebensmitteln ist der Bio-Supermarkt, dessen stärkste Retail Brands Alnatura und denn's Biomarkt sind[192].

Da im Jahre 2022 rund 76 % des Gesamtumsatzes auf die vier größten Handelsunternehmen Edeka-Verbund, REWE Group, Schwarz-Gruppe und Aldi-Gruppe, entfallen, lässt sich die Struktur des dt. LEH als stark konzentriert beschreiben[193].

---

187 Vgl. ZENTES/ SWOBODA/ FOSCHT (2012): Handelsmanagement, S. 339.

188 Vgl. ZENTES/ SWOBODA/ FOSCHT (2012): Handelsmanagement, S. 333 f.

189 Vgl. ebd., S. 333 f.

190 Vgl. EHI RETAIL INSTITUTE (2022): EHI Handelsdaten aktuell, S. 78.

191 Vgl. ebd., S. 93.

192 Vgl. ebd., S. 90 f.

193 Edeka-Verbund: 25,3 %, REWE Group: 21,2 %, Schwarz-Gruppe: 18,3 %, Aldi Gruppe: 11,2 % (vgl. STATISTA (2023c): Marktanteile der führenden Unternehmen

Abbildung 5 stellt die wichtigsten Fakten der jeweiligen Websites und die grundlegende Positionierung[194] der aus Umsatzperspektive relevantesten Retail Brands des dt. LEH vor.

im Lebensmittelhandel in Deutschland in den Jahren 2009 bis 2022). Vgl. dazu auch BUNDESKARTELLAMT (2021): Das Bundeskartellamt – Organisation, Aufgaben und Tätigkeit & STATISTA (2022): Lebensmittelhandel.

194 Der Begriff der Positionierung beschreibt hier den Platz, den eine Retail Brand im Substitutions- und Wettbewerbsgefüge des dt. LEH einnimmt, um einen einzigartigen Platz in den Köpfen der jeweiligen Shopper zu erlangen und Komparative Konkurrenzvorteile zu erzielen (vgl. MATTMÜLLER/ TUNDER (2004): Strategisches Handelsmarketing, S. 109). Nach AHLERT UND SCHRÖDER (vgl. AHLERT/ SCHRÖDER (1990): Erlebnisorientierung im stationären Einzelhandel) lassen sich entlang der shopperseitig wahrgenommenen Dimensionen erlebnis- bzw. versorgungsorientierter Wettbewerb und Preis- bzw. Qualitätswettbewerb vier grundlegende wettbewerbsorientierte Positionierungsstrategien unterscheiden: **Erlebnisstrategie**: Schaffung von Zusatznutzen durch die Befriedigung von Erlebniswerten, wie z.B. Lifestyle, Innovation oder Ästhetik der Shopper, bspw. durch eine angenehme Atmosphäre mittels Ladengestaltung, Sortiment und Warenpräsentation, aber auch durch Themen- oder Konzeptflächen oder durch sortimentsbezogene Mehrwerte. Der Zusatznutzen löst beim Kunden angenehme Empfindungen aus und leistet einen Beitrag zur Lebensqualität. Die Strategie dient der Differenzierung. **Discountstrategie**: Begrenztes Sortiment und aggressive Preispolitik. Zielt auf Kostenführerschaft ab und bedarf eines hohen Marktanteils. **Versorgungs- und Qualitätsstrategie (Mischstrategie Typ I)**: Ergänzung des auf Versorgung ausgerichteten Sortiments um qualitative Angebotszusatzleistungen wie ergänzende Services, Sortimentsmerkwerte oder Markenpolitik. **Erlebnis-Discountstrategie (Mischstrategie Typ II)**: Verbindet die Elemente der Erlebnis- mit denen der Discountstrategie. Vgl. dazu auch MATTMÜLLER/ TUNDER (2004): Strategisches Handelsmarketing, S. 113, ZENTES/ SWOBODA/ FOSCHT (2012): Handelsmanagement, S. 109 f., DÜRR (2013): Nachhaltigkeit im Handel, S. 36 ff. & BUCHMANN (2015): Strategische Gestaltungsfelder der Filialorganisation im Handel, S. 82 ff.

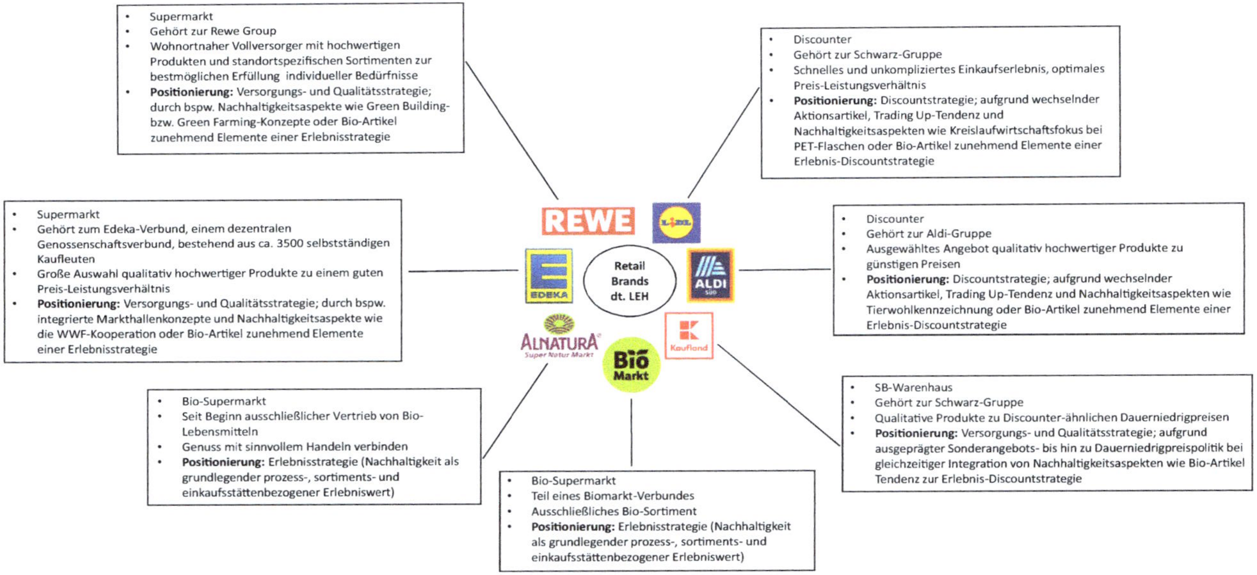

Abbildung 5: Die relevantesten Retail Brands des dt. LEH[195]

195 Eigene Darstellung basierend auf EDEKA (2022): Viele Unternehmer. Ein Unternehmen, REWE (2023): Struktur und Vertriebslinien: REWE, LIDL (2023): Unternehmen, ALDI SÜD (2023): Über uns, KAUFLAND (2023): Über Kaufland, DENN'S BIOMARKT (2023): Über uns, ALNATURA (2023): Über uns & DÜRR (2013): Nachhaltigkeit im Handel, S. 37 ff. & 91.

In Kombination mit der zu Beginn dieses Kapitels angesprochenen Stagnation des Marktes ergibt sich daraus ein intensiver Verdrängungswettbewerb, der überwiegend über den Preis ausgetragen wird und zu geringen Margen der einzelnen Händler führt[196].

Der dt. LEH lässt sich zusammenfassend als stark preisgetriebenes und äußerst wettbewerbsintensives Umfeld beschreiben. Die Forderung von Böttcher[197], dass *„die Händler […] ihre eingeschlagene Strategie mit dem Fokus auf den Preiswettbewerb dringend überdenken und sich nach anderen Möglichkeiten der Differenzierung gegenüber dem Wettbewerb umsehen“* müssen und die *„Entwicklung starker Retail Brands und Handelsmarken […] zu diesem Zweck eine vielversprechende Strategie [darstellt]“*, ist relevanter denn je.

Die **Bedrohung durch den Eintritt neuer Wettbewerber** kann aufgrund des intensiven, preisgetriebenen Verdrängungswettbewerbs sowie durch die starke räumliche Markdurchdringung der Filialen etablierter Händler[198] als sehr gering betrachtet werden. Die notwendigen finanziellen Mittel potenzieller neuer Wettbewerber wären hoch, ihre Erfolgschancen gleichzeitig gering. Neue Wettbewerber im Sinne weiterer filialisierter, stationärer Lebensmitteleinzelhändler sind im dt. LEH kaum zu erwarten.

Allerdings ist an dieser Stelle die **Gefahr durch Substitutionsleistungen** zu erwähnen. In Bezug auf den für diese Arbeit abgegrenzten dt. LEH sind hier zum einen die einbetrieblichen Naturkostfachgeschäfte, aber auch Direktvermarkter, Drogeriemärkte, Kioske, Tankstellen oder Bäckereien zu erwähnen[199]. Durch die aus ihrer Organisationsform resultierende Limitation auf eine einzelne Einkaufsstätte in Kombination mit einem, vor allem bei Naturkostfachgeschäften, hohen Preisniveau sind Naturkostfachgeschäfte und Direktvermarkter in diesem Kontext kaum als wirkliche Bedrohung zu betrachten. Gleiches gilt für Drogeriemärkte, Kioske, Tankstellen oder Bäckereien, die Lebensmittel entweder als Randsortiment oder nun ein sehr enges und flaches Lebensmittelsortiment (bspw. nur Backwaren) führen[200]. Zum anderen sind

---

196 Vgl. AHLERT/ KENNING/ BROCK (2018): Handelsmarketing, S. 20 & DÜRR (2013): Nachhaltigkeit im Handel, S. 26.

197 BÖTTCHER (2012): Handelsmarken und Retail Brands, S. 25.

198 Der dt. LEH hat ein sehr dichtes, nahezu lückenloses Netz an Einkaufsstätten (vgl. HANDELSVERBAND DEUTSCHLAND (2020): Handelsreport Lebensmittel – Corona-Update 2020, S. 8).

199 Vgl. ZENTES/ SWOBODA/ FOSCHT (2012): Handelsmanagement, S. 341 ff.

200 Vgl. ebd., S. 341 ff. Direktvermarkter sind hierbei bspw. Landwirte, die Hofläden betreiben.

an dieser Stelle auch unabhängige Lebensmittellieferdienste, wie das etablierte Unternehmen Bofrost, und neue Akteure, wie Flaschenpost, Flink, Knuspr oder Gorillaz[201], sowie die Gastronomie und Kochboxenversender, wie Hello Fresh oder Marley Spoon, zu erwähnen. Auch die Bedrohung durch Bofrost, die Gastronomie und Kochboxenversender ist aufgrund ihres additiven, den Lebensmitteleinkauf im dt. LEH nicht gänzlich ersetzenden Charakters eher als gering anzusehen. Die neuen Akteure des sogenannten e-Food[202] hingegen, können, auch wenn sie bisher noch eine untergeordnete Rolle beim Absatz von Lebensmitteln spielen[203], die Branche des dt. LEH zukünftig potenziell stark beeinflussen.

In Bezug auf die Verhandlungsstärke von Lieferanten und Abnehmern sind speziell Hersteller und Shopper, als den Lebensmitteleinzelhändlern direkt vor- bzw. nachgelagerte Wertschöpfungspartner, von besonderer Relevanz. Die Stärke der Hersteller kann dabei als eher gering eingeschätzt werden, da viele Lieferanten einer geringen Anzahl an stationären, filialisierten Lebensmitteleinzelhändlern gegenüberstehen und es kaum gleichwertige Absatzkanäle für ihre Produkte gibt[204]. Eine Auslistung aus dem Sortiment eines der führenden Handelsunternehmen bedeutet für Hersteller große Umsatzverluste[205].

Shopper dagegen haben eine durchaus große Verhandlungsstärke gegenüber den Händlern des dt. LEH. Wie bereits in Kapitel 1.1 erwähnt, sind

---

201 Unabhängig meint hier Lebensmittellieferdienste, die in keiner direkten unternehmerischen Verbindung zu den Händlern des dt. LEH stehen.

202 *„Der Begriff Electronic Food (‚e-Food') ist an die etablierten Begriffe E-Commerce bzw. E-Business angelehnt und bezeichnet den Kauf von Lebensmitteln über die digitalen Vertriebskanäle"* (AYGÜN (n.d.): E-Food). E-Food fällt unter das in Kapitel 2.1.1.1 vorgestellte Marktbearbeitungssystem des Online-Handels.

203 Die Gewohnheiten der Verbraucher haben sich speziell in Bezug auf Lebensmittel noch nicht entsprechend angepasst: *„Die Praxis zeigt jedoch, dass die multisensorische Begutachtung gerade bei frischer Ware nach wie vor zu den Lieblingsbeschäftigungen deutscher Konsumenten gehört"* (MATTMÜLLER/ MÜNZBERG/ ELSPAß (2021): Goldgräberstimmung beim eFood, S. 77). Dies bestätigen auch die Marktzahlen, die zwar ein Wachstum des Onlineumsatzes mit Lebensmitteln in Deutschland von durchschnittlich ca. 22 % seit 2018 zeigen, den Anteil am Gesamtumsatz mit 2,2 % allerdings als noch überaus gering aufzeigen (vgl. STATISTA (2023a): Umsatz mit Lebensmitteln im Online-Handel in Deutschland von 2014 bis 2022).

204 Vgl. BUNDESVEREINIGUNG DER DEUTSCHEN ERNÄHRUNGSINDUSTRIE (2022): BVE Jahresbericht 2020/21, S. 36.

205 Vgl. ebd., S. 36.

deutsche Shopper äußerst preissensitiv[206]. Sie treffen ihre Einkaufsstättenwahl gerade bei Basiseinkäufen[207] häufig abhängig von Sonderangeboten und Rabatten, gepaart mit deren Erreichbarkeit und der Möglichkeit für One Stop-Shopping[208]. Die überwiegende Preisfokussierung der Shopper führt dazu, dass der ohnehin schon intensive Preiswettbewerb zwischen den einzelnen Händlern nunmehr verschärft wird. Gleichzeitig müssen nicht minder hohe Anforderungen der Shopper an Lebensmittelqualität und -sicherheit erfüllt werden[209]. Auch diese nehmen stetig zu[210], nicht zuletzt, weil Lebensmittel überwiegend Erfahrungs- und Vertrauensgüter darstellen[211]. All das führt dazu, dass Shopper immer häufiger die Retail Brands der Händler im Sinne der Kapitel 2.1.1.1 erwähnten Stellvertreterfunktion als Vertrauensanker und

---

206 Vgl. SCHRAMM-KLEIN (2018): Corporate Social Responsibility in the German Food Retailing Industry, S. 45.

207 Basiseinkäufe dienen der Versorgung und umfassen wiederkehrende Wocheneinkäufe, regelmäßige Bedarfseinkäufe und gezielte Zusatzeinkäufe. Neben dem Versorgungkauf gibt es auch den Erlebniseinkauf, der besonderer Projektkäufe, entspannte Inspirationskäufe, spontane Lustkäufe und gezielte Angebotskäufe beinhaltet. Vor allem bei regelmäßigen Bedarfskäufen und wiederkehrenden Wocheneinkäufen, aber auch bei gezielten Angebotskäufen ist die Preisorientierung besonders stark ausgeprägt (vgl. BUGGERT (2022): Shopper Journey Studie 2022 – die Reise im Supermarkt).

208 Vgl. HANDELSVERBAND DEUTSCHLAND (2020): Handelsreport Lebensmittel – Corona-Update 2020, S. 16.

209 Vgl. BUNDESVEREINIGUNG DER DEUTSCHEN ERNÄHRUNGSINDUSTRIE (2022): BVE Jahresbericht 2020/21, S. 36.

210 Vgl. DEUTSCHE GESELLSCHAFT FÜR VERBRAUCHERSTUDIEN (2017): Vertrauen im Lebensmitteleinzelhandel.

211 Vgl. AHLERT/ KENNING/ BROCK (2018): Handelsmarketing, S. 176 f. Aus informationsökonomischer Perspektive, die, im Gegensatz zur neoklassischen Ökonomie (Annahme vollständiger Markttransparenz), den Markt unter der Annahme von Unsicherheit und asymmetrischer Informationsverteilung betrachtet (vgl. SIMONS/ KLINK-LEHMANN/ HARTMANN (2021): Nachhaltigerer privater Konsum, S. 19), lassen sich Unternehmenseigenschaften, Produkte und Dienstleistungen am Grad der vom Shopper wahrgenommenen Unsicherheit unterscheiden. Die Ausprägung der Unsicherheit entsteht dabei aus dem jeweiligen Anteil an Such-, Erfahrungs- und Vertrauenseigenschaften. Sucheigenschaften sind bereits vor Kauf bzw. Konsum oder Nutzung ohne größeren Aufwand überprüfbar, z.B. Frische von Obst anhand des Aussehens oder Haltbarkeit anhand des Mindesthaltbarkeitsdatums (MHD). Erfahrungseigenschaften sind erst nach Kauf bzw. Konsum oder Nutzung überprüfbar, z.B. Geschmack von Obst oder

Qualitätsidentifizierungsmerkmal nutzen[212]. Vor diesem Hintergrund haben die Shopper durch ihr Kaufverhalten einen maßgeblichen Anteil an der Ausgestaltung des von den Händlern angebotenen Sortiments und aller weiterer Handelsaktivitäten[213].

Im Mittelpunkt der Interaktion zwischen Händlern und ihren Shoppern steht demnach die Schaffung positiv wahrgenommener Shoppererlebnisse. Der Begriff des Shoppererlebnisses basiert auf dem Kundenerlebnisbegriff, der wiederum dem allgemeinen Erlebnisbegriff entstammt. Dieser umfasst alle Erfahrungen, die eine Person während eines bestimmten Zeitraums durchlebt und hängt von der individuellen Wahrnehmung und Interpretation einer Situation oder eines Ereignisses durch die betreffende Person ab[214]. Der daraus resultierende Kundenerlebnisbegriff, auch Customer Experience genannt, bezeichnet die *„Gesamtheit aller subjektiv wahrgenommenen, direkten und indirekten Interaktionen zwischen einem Konsumenten und einem Anbieter an allen Kundenkontaktpunkten[215] vor, während und nach dem Kauf sowie die innere kognitive und/oder affektive Bewertung“*[216], gefolgt von der subjektiven

---

Zartheit von Fleisch. Vertrauenseigenschaften sind auch nach Kauf bzw. Konsum oder Nutzung nicht zu beurteilen und bedürfen des Vertrauens in die durch den Anbieter zugesicherten Eigenschaften und Qualitäten, z.B. Lebensmittelsicherheit (vgl. ebd., S. 19 & MATTMÜLLER (2012): Integrativ-Prozessuales Marketing, S. 37 f.). Vgl. dazu auch NELSON (1970): Information and Consumer Behavior.

212 Vgl. AHLERT/ KENNING/ BROCK (2018): Handelsmarketing, S. 176 f.

213 Vgl. BUNDESVEREINIGUNG DER DEUTSCHEN ERNÄHRUNGSINDUSTRIE (2022): BVE Jahresbericht 2020/21.

214 O.V. (n.d.): Erlebnis.

215 Kundenkontaktpunkte, auch Customer Touchpoints genannt, sind die konkreten Berührungspunkte der einzelnen Interaktionen (vgl. GENTILE/ SPILLER/ NOCI (2007): How to Sustain the Customer Experience, S. 397). Vgl. dazu auch TIFFERT (2019): Customer Experience Management in der Praxis, S. 17 & STERNAD/ MÖDRITSCHER (2018): Qualitatives Wachstum, S. 135. Da Kundenerlebnisse von kunden-, unternehmens-, leistungs- und umfeldbezogenen sowie situativen Faktoren beeinflusst werden, (vgl. STERNAD/ MÖDRITSCHER (2018): Qualitatives Wachstum, S. 127 f.), unterliegen nicht alle Kontaktpunkte der Kontrolle des Unternehmens (vgl. LEMON/ VERHOEF (2016): Understanding Customer Experience Throughout the Customer Journey, S. 76).

216 TIFFERT (2019): Customer Experience Management in der Praxis, S. 6. Vgl. dazu auch GENTILE/ SPILLER/ NOCI (2007): How to Sustain the Customer Experience, S. 397: *„The Customer Experience originates from a set of interactions between a customer and a product, a company, or part of its organization, which provoke a reaction. This experience is strictly personal and implies the customer's*

Reaktion[217]. Kundenerlebnisse lassen sich in die Dimensionen sensorischer, affektiver, kognitiver, verhaltensbezogener, lifestyle-bezogener und sozialer Erlebnisse unterteilen[218]. Das Shoppererlebnis konkretisiert den Grundgedanken des Kundenerlebnisses im Handelskontext und meint die Gesamtheit aller von einem Shopper subjektiv wahrgenommenen, (in-) direkten Interaktionen mit einem Händler an allen zugehörigen Shopperkontaktpunkten.

Um langfristig positive Shoppererlebnisse zu realisieren, ist ein übergeordnetes Management aller Interaktionen im Sinne einer bewussten, zielgerichteten und systematischen Analyse und Gestaltung, auch Shoppererlebnismanagement genannt, unabdingbar. Der Begriff des Shoppererlebnismanagements basiert auf dem Kundenerlebnismanagement, dem sogenannten Customer Experience Management. *„Das Ziel des Customer Experience Management liegt […] darin, dem Kunden an allen Berührungspunkten (‚Customer Touchpoints'), die er mit einem Anbieter hat, positive Kundenerlebnisse zu generieren und ein möglichst ganzheitliches (holistisches) Erlebnis zu generieren, um eine Kundenbegeisterung zu erzeugen und auf diesem Weg die Kunden nachhaltig an das Unternehmen zu binden"*[219]. Das Shoppererlebnismanagement überträgt diese Idee auf den Handel und strebt an, an allen Kontaktpunkten zwischen Händlern und Shoppern positive Shoppererlebnisse zu kreieren, um die Shopper langfristig zu binden.

Shoppererlebnismanagement kann mittels Shopper Journey Mapping erfolgen, welches die handelsspezifische Konkretisierung des Customer Journey Mappings darstellt. Das Konzept der Customer Journey wird als Reise eines Kunden zum Unternehmen verstanden, da es alle Kontaktpunkte zwischen einem Unternehmen und seinen (potenziellen) Kunden entlang der Phasen des Kaufprozesses systematisch abbildet[220]. Customer Journey Mapping ist ein Hilfsmittel, mit dem der *„‚Weg des Kunden' detailliert Schritt für Schritt sichtbar gemacht [wird]. Die einzelnen Customer Touchpoints werden dabei aus der Perspektive eines individuellen Kunden visuell dargestellt, und zwar verbunden*

---

involvement at different levels (rational, emotional, sensorial, physical and spiritual). Its evaluation depends on the comparison between a customer's expectations and the stimuli coming from the interaction with the company and its offering in correspondence of the different moments of contact or touch-points."

217 Vgl. TIFFERT (2019): Customer Experience Management in der Praxis, S. 7.

218 Vgl. BRUHN/ MEFFERT/ HADWICH (2019): Handbuch Dienstleistungsmarketing, S. 357.

219 Ebd., S. 356.

220 Vgl. STERNAD/ MÖDRITSCHER (2018): Qualitatives Wachstum, S. 135.

mit den Erlebnissen, die ein Kunde (bzw. eine fiktive Persona) an den jeweiligen Kundenkontaktpunkten hat. Die wesentlichen Elemente einer Customer Journey Map sind dabei die Customer Touchpoints im Zeitablauf […]. Die Customer Journey Map kann dabei helfen, das Kundenerlebnis ‚sichtbar' zu machen, kritische Customer Touchpoints zu identifizieren und Prioritäten und Maßnahmen für eine Verbesserung [des Kundenerlebnisses] entlang der ‚Reise des Kunden' zu setzen"[221]. Shopper Journey Mapping konkretisiert dies im Handelskontext, indem der Prozess abgebildet wird, den ein Shopper durchläuft, wenn er eine Einkaufsstätten- bzw. Kaufentscheidung trifft. Dabei werden alle relevanten (in-) direkten Interaktionen mit einem Händler, vom ersten Kontakt bis zum endgültigen Kauf und darüber hinaus, bspw. im Rahmen der Evaluierung einer Kaufentscheidung, berücksichtigt. Erst so wird es für Handelsunternehmen möglich, Erlebnisse und Entscheidungen aus Shopperperspektive nachzuvollziehen und zu verstehen, wann Shoppererwartungen (nicht) erfüllt werden, um ihnen zum richtigen Zeitpunkt genau die Sortimente, Dienstleistungen, Informationen und Erlebnisse bereitzustellen, die sie gerade wünschen[222]. Dies wiederum ist die Basis für die Schaffung der erwähnten positiven Shoppererlebnisse und damit für (im besten Fall positive) Handlungskonsequenzen wie wiederholte Einkaufsstättenwahl, Wiederkauf oder gar Loyalität[223].

Die grundlegende Struktur einer Shopper Journey des dt. LEH lässt sich wie in Abbildung 6 dargestellt skizzieren. Wichtig ist an dieser Stelle zu erwähnen, dass vor der eigentlichen Kaufentscheidung die Wahl der und die Anfahrt zur Einkaufsstätte anhand der Parameter Betriebsform und Retail Brand sowie die Orientierung innerhalb dieser stattfinden[224]. Das macht die Einkaufsstätte zum relevantesten übergeordneten Kontaktpunkt der Shopper Journey des dt. LEH, der viele weitere Kontaktpunkte umfasst.

---

221 Ebd., S. 138.

222 Vgl. BIRK (2020): Content Marketing Strategie entlang der Customer Journey, S. 14.

223 Vgl. GS1 (2011): Shopper Marketing.

224 Vgl. ebd.

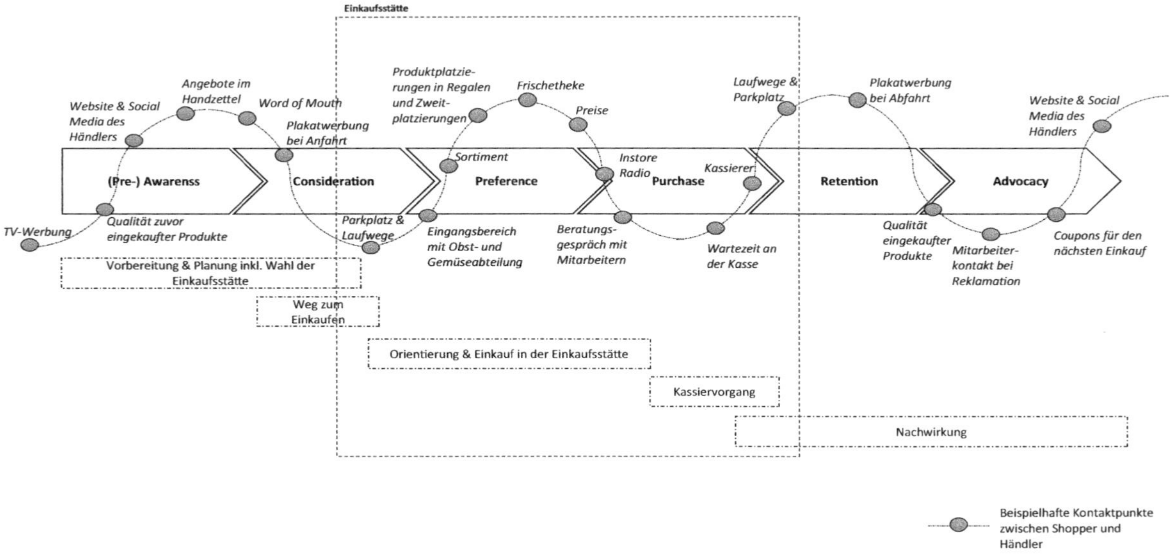

Abbildung 6: Grundlegende Struktur einer Shopper Journey im dt. LEH mit beispielhaften Kontaktpunkten[225]

225 Eigene Darstellung in Anlehnung an HAGEN/ MÜNZER (2019): Quick Guide Content, S. 56, BUGGERT (2022): Shopper Journey Studie 2022 – die Reise im Supermarkt, GS1 (2011): Shopper Marketing & MENNENÖH et al. (2010): Customer Touchpoints im stationären Einzelhandel, S. 38.

Diese grundlegende Struktur einer Shopper Journey im dt. LEH kann abhängig vom Kaufanlass in eine Basis- und eine Zusatz-Journey unterschieden und konkretisiert werden, die je nach Anlass von ein und derselben Person verfolgt werden kann[226]. Basis-Journeys umfassen die Einkäufe zur Versorgung und werden häufiger vorgenommen[227]. Zusatz-Journeys werden in Abhängigkeit von Stimmung und Motiv ergänzend zu Basis-Journeys durchgeführt und umfassen Einkäufe mit dem Ziel eines inspirierenden Erlebnisses[228].

Zur Professionalisierung ihrer Shopper Journey können Lebensmitteleinzelhändler drei mögliche Ansatzpunkte nutzen (Abbildung 7).

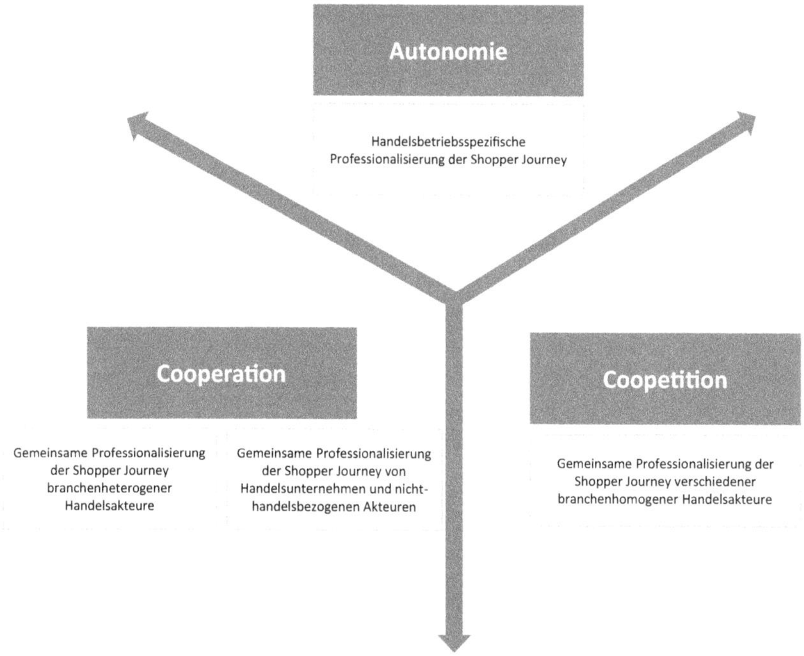

Abbildung 7: Basisstrategien zur Professionalisierung der Shopper Journey[229]

226 Vgl. BUGGERT (2022): Shopper Journey Studie 2022 – die Reise im Supermarkt.
227 Vgl. ebd.
228 Vgl. ebd.
229 Eigene Darstellung in Anlehnung an MATTMÜLLER/ ELSPAß/ MATHEIS (2023): Chancen zur Wiederbelebung des innerstädtischen Handels in deutschen Klein- und Mittelzentren, S. 16.

Handelsunternehmen können durch eigenständige Aktivtäten zur Schaffung handelsbetriebsindividueller Shoppererlebnisse beitragen (Autonomie) oder ihre Shopper Journey unter Zuhilfenahme von Kooperationspartnern im Rahmen von Cooperation und Coopetition professionalisieren. Cooperation ist die Zusammenarbeit mit branchenheterogenen Handelsakteuren (bspw. mit Einzelhändlern anderer Branchen, aber auch mit Großhändlern) oder anderen, handelsübergreifenden Kooperationspartnern (bspw. mit vor- und nachgelagerten Akteuren der Lieferkette, aber auch mit Gastronomie oder anderen Wirtschaftsunternehmen weiterer Branchen, Nichtregierungsorganisationen, Städten und Gemeinden oder der Politik)[230]. Coopetition ist ein Spezialfall der Cooperation und meint den diesbezüglichen kooperativen Zusammenschluss mit branchenhomogenen, eigentlich in Konkurrenz stehenden Handelsunternehmen (bspw. mit anderen filialisierten, stationären Lebensmitteleinzelhändlern, aber auch mit Akteuren des ambulanten Handels oder aus dem e-Food-Bereich)[231].

Im Kontext der Verhandlungsstärke der Shopper ist, wie in Kapitel 1.1 sowie im Rahmen des Makroumfelds des dt. LEH[232] bereits aufgezeigt, darüber hinaus zu erwähnen, dass das shopperseitige Bewusstsein über die ökologischen und sozialen Auswirkungen ihrer Kaufentscheidungen und die daraus resultierenden Erwartungen an Lebensmitteleinzelhändler inzwischen sehr ausgeprägt sind[233]. Aus diesem Grund werden im Folgenden die Grundlagen des Nachhaltigkeitsverständnisses sowohl allgemein als auch im Kontext marktorientierter Unternehmensführung betrachtet, bevor in Kapitel 2.1.3 der Status quo von Nachhaltigkeit im dt. LEH präsentiert wird.

2.1.2 Grundlagen des Nachhaltigkeitsverständnisses im Unternehmenskontext

Auch wenn das Konzept Nachhaltigkeit heute allgegenwärtig ist, mangelt es nicht zuletzt aufgrund der mit dem normativen Charakter einhergehenden fehlenden gegenständlichen Komponente[234] bisher an einem abschließenden

230 Vgl. MATTMÜLLER/ ELSPAß/ MATHEIS (2023): Chancen zur Wiederbelebung des innerstädtischen Handels in deutschen Klein- und Mittelzentren, S. 16 f.

231 Vgl. ebd., S. 16 f.

232 Siehe dazu Tabelle 1, Kapitel 2.1.1.2.

233 Vgl. KPMG (2020): Auf dem Weg zum super Markt. So agieren Händler, die Kunden lieben, S. 36 f. & HANDELSBLATT RESEARCH INSTITUTE (2022): Mehr ökologische Nachhaltigkeit im Einzelhandel, S. 37.

234 Vgl. CORSTEN/ ROTH (2012): Nachhaltigkeit als integriertes Konzept, S. 1.

Verständnis[235]. Nachhaltigkeit ist dynamischer Natur und wird immer wieder neu interpretiert[236]. Um das Konzept greifbarer zu machen, ist es geeigneter, statt einer Definition die Entwicklung, den zugehörigen gesellschaftlichen und wissenschaftlichen Diskurs sowie die daraus resultierenden Implikationen für Unternehmen und Kunden zu skizzieren[237].

2.1.2.1 Begriffliche Grundlagen und Modelle der Nachhaltigkeit

Ursprünglich wurde der Begriff der Nachhaltigkeit[238] in der mittelalterlichen Forstwirtschaft geprägt und bezeichnete eine sinnvolle Waldbewirtschaftung, bei der nur so viel Holz gefällt wird, dass dauerhaft gleichbleibende Holzerträge gewährleistet sind (dynamische Komponente) und die Waldfläche langfristig erhalten bleibt (statische Komponente)[239]. Ausgehend davon breitete sich der Begriff zuerst in andere landwirtschaftliche Bereiche aus, bevor er nach und nach durch seine ubiquitäre Relevanz den Sprung in Debatten und Handlungen von Politik, Verwaltung, Wirtschaft und Gesellschaft schaffte[240]. Seitdem ist er zu einem allgemeinen Synonym für eine Entwicklung geworden, die gewährleistet, dass sie langfristig fortgesetzt werden kann, ohne dass sie negative Folgen für die gerechte Verteilung von Nutzen und Kosten zwischen unterschiedlichen Generationen birgt[241]. Konkret beinhaltet Nachhaltigkeit dabei die Verpflichtung zu einer gesamtgesellschaftlichen Verantwortungsübernahme

---

235 Vgl. ebd., S. 1 & BATZ (2021): Nachhaltigkeit in der Sozialwirtschaft, S. 6.

236 Vgl. ebd., S. 6.

237 Vgl. ebd., S. 6.

238 Englisch „sustainability", abgeleitet aus dem Lateinischen vom Verb sustinere „(aufrecht-) erhalten" (vgl. SCHWARTZ (2016): Nachhaltigkeit als Komplexitätsfalle, S. 28). Im Deutschen werden meist die Begriffe Nachhaltigkeit und nachhaltige Entwicklung verwendet. Auch wenn sie sich prinzipiell darin unterscheiden, dass Nachhaltigkeit aus der Natur der Begrifflichkeit heraus mit einem Endzustand, nachhaltige Entwicklung dagegen mit einer kontinuierlichen Bewegung hin zu immer nachhaltigeren Zuständen verbunden ist (vgl. LEHNER (2015): Sustainability in Store, S. 27), werden sie in Management- und Forschungspraxis überwiegend synonym verwendet.

239 Vgl. SIGLE (2009): Corporate Social Sustainability, S. 50 & LUDIN/ WELLBROCK (2021): Verbraucherökonomische Grundlagen eines nachhaltigen Konsums, S. 4.

240 Vgl. LUDIN/ WELLBROCK (2021): Verbraucherökonomische Grundlagen eines nachhaltigen Konsums, S. 4.

241 Vgl. BATZ (2021): Nachhaltigkeit in der Sozialwirtschaft, S. 7, MENSAH (2019): Sustainable development: Literature Review, S. 5 & SIGLE (2009): Corporate Social Sustainability, S. 50.

für gegenwärtige ökologische und soziale Probleme, statt deren Lösung kommenden Generationen zu überlassen und damit deren Möglichkeiten einzuschränken[242].

Der Ursprung dieses heutigen Nachhaltigkeitsverständnisses stammt aus dem Brundtland-Bericht, der 1987 von der „World Commission on Environment and Development" unter dem Titel „Our Common Future" veröffentlicht wurde[243]. In der anschließenden „United Nations Conference on Environment and Development" im Jahre 1992 in Rio de Janeiro wurden im Rahmen der „Agenda 2021" konkrete Handlungsempfehlungen für eine nachhaltige Entwicklung entlang der Säulen Umweltorientierung, soziale Gerechtigkeit und Wachstumskritik entwickelt[244]. Diese sollten das grundlegende Verständnis von Nachhaltigkeit als internationales und politisches Leitprinzip verankern und damit in den globalen Diskurs heben[245]. Mit der Unterzeichnung der „Agenda 2021" verpflichteten sich die Teilnehmerstaaten, darunter auch Deutschland, zur Entwicklung und Implementierung nationaler Nachhaltigkeitsstrategien, um aktiv zu einer nachhaltigen Entwicklung beizutragen[246]. 2001 wurde zudem eine europäische Nachhaltigkeitsstrategie verabschiedet[247].

---

242 Vgl. RIEDEL/ HÖHN (2020): Säulen und Strategien der Nachhaltigkeit, S. 7. Der Fokus dieses Verständnisses liegt auf der intra- sowie intergenerativen Gerechtigkeit im Sinne der Bedürfnisbefriedigung der aktuellen und der zukünftigen Weltbevölkerung, die durch nachhaltiges Handeln erreicht werden soll (vgl. BATZ (2021): Nachhaltigkeit in der Sozialwirtschaft, S. 8).

243 Vgl. WORLD COMMISSION ON ENVIRONMENT AND DEVELOPMENT (1987): Our Common Future, S. 16. *„Make development sustainable to ensure that it meets the needs of the present without compromising the ability of future generations to meet their own needs"*. Vgl. dazu auch SCHAEFER/ CRANE (2005): Addressing Sustainability and Consumption, S. 77, WILSON (2015): The Triple Bottom Line, S. 433 & SIGLE (2009): Corporate Social Sustainability, S. 50.

244 Vgl. BATZ (2021): Nachhaltigkeit in der Sozialwirtschaft, S. 9, SCHWARTZ (2016): Nachhaltigkeit als Komplexitätsfalle, S. 82, BUNDESMINISTERIUM FÜR WIRTSCHAFTLICHE ZUSAMMENARBEIT (n.d.): Nachhaltigkeit (nachhaltige Entwicklung) & KENNING (2014): Sustainable Marketing – Definition und begriffliche Abgrenzung, S. 9.

245 Vgl. BATZ (2021): Nachhaltigkeit in der Sozialwirtschaft, S. 8 ff. & SCHWARTZ (2016): Nachhaltigkeit als Komplexitätsfalle, S. 82.

246 Vgl. BATZ (2021): Nachhaltigkeit in der Sozialwirtschaft, S. 9 f. 2002 stellte die Bundesregierung in diesem Rahmen die deutsche Nachhaltigkeitsstrategie „Perspektiven für Deutschland" vor, die bis heute stetig weiterentwickelt wird (vgl. ebd., S. 9).

247 Vgl. ebd., S. 10.

Ein weiterer Meilenstein des heutigen Nachhaltigkeitsverständnisses ist die „Rio +20"- Konferenz, bei der 2012 ein Rahmenkatalog für zukünftige Nachhaltigkeitsziele bestimmt wurde[248]. Auf dieser Basis haben die Vereinten Nationen 2015 im Rahmen der „2030-Agenda für Nachhaltige Entwicklung" 17 globale Ziele nachhaltiger Entwicklung (Sustainable Development Goals, kurz SDGs) mit zeitlicher Bindung verabschiedet, die in die Themenbereiche „People", „Planet", „Prosperity", „Peace" und „Partnerships" unterteilt sind und dazu beitragen sollen, ökologisches Gleichgewicht, sozialen Fortschritt und ökonomisches Wachstum auf nationalen, lokalen und regionalen Ebenen zu erreichen[249]. Seit 2016 orientiert sich auch die deutsche Nachhaltigkeitsstrategie, deren Weiterentwicklung 2021 beschlossen und 2022 durch einen Grundsatzbeschluss konkretisiert wurde, an diesen Zielen, indem die sechs als relevant erachteten Transformationsbereiche „menschliches Wohlbefinden und soziale Gerechtigkeit", „Energiewende und Klimaschutz", „Kreislaufwirtschaft", „nachhaltiges Bauen und Verkehrswende", „nachhaltige Agrar- und Ernährungssysteme" sowie „schadstofffreie Umwelt" inklusive zugehöriger Ziele in den Kontext der 17 SDGs eingeordnet wurden[250].

All dies hat den heutigen sowohl öffentlich-gesellschaftlichen als auch wissenschaftlichen Nachhaltigkeitsdiskurs maßgeblich geprägt. Im Rahmen des wissenschaftlichen Diskurses hat sich dabei in den vergangenen Jahren eine Vielzahl an Modellen der Nachhaltigkeit entwickelt (Tabelle 3), die Inhalte und thematische Dimensionen veranschaulichen und sich nach den grundlegenden

---

248 Vgl. ebd., S. 13.

249 Vgl. SDG-PORTAL (n.d.): Die Agenda 2030 mit den 17 SDGs, BUNDESMINISTERIUM FÜR UMWELT – NATURSCHUTZ – NUKLEARE SICHERHEIT UND VERBRAUCHERSCHUTZ (n.d.): Die 2030-Agenda für Nachhaltige Entwicklung & MENSAH (2019): Sustainable development: Literature Review, S. 13. Die 17 SGDs sind „keine Armut", „kein Hunger", „Gesundheit und Wohlergehen", „hochwertige Bildung", „Geschlechtergleichheit", „sauberes Wasser und Sanitäreinrichtungen", „bezahlbare und saubere Energie", „menschenwürdige Arbeit und Wirtschaftswachstum", „weniger Ungleichheit", „nachhaltige Städte und Gemeinden", „nachhaltige(r) Konsum und Produktion", „Maßnahmen zum Klimaschutz", „Leben unter Wasser", „Frieden", „Gerechtigkeit und starke Institutionen", „Partnerschaften zur Erreichung der Ziele" (SDG-PORTAL (n.d.): Die Agenda 2030 mit den 17 SDGs).

250 Vgl. BUNDESREGIERUNG (2022): Grundsatzbeschluss 2022 zur Deutschen Nachhaltigkeitsstrategie & BATZ (2021): Nachhaltigkeit in der Sozialwirtschaft, S. 24 f.

Konzeptionen des Vorrangs der Umweltdimension, mehrdimensional und integrativ unterscheiden lassen[251].

Tabelle 3: Modelle und Dimensionen der Nachhaltigkeit[252]

Grundlegende Konzeption	Modelle der Nachhaltigkeit	Inhalt
Vorrang der Umweltdimension	Ein-Säulen-Modell	• Vorrangstellung der ökologischen Dimension
Mehrdimensional	Drei-Säulen-Modell	• Hervorgegangen aus Brundtland-Bericht • Erkennt die ökologische, soziale und ökonomische Dimension als gleichermaßen relevant für die Erreichung der Leitidee nachhaltiger Entwicklung an • Visualisierung als drei separate Säulen mit dem Dach Nachhaltigkeit
	Vier- bzw. Mehr-Säulen-Modell	• Entstand aus der Ansicht, das Drei-Säulen-Modell sei unvollständig • Ergänzt um bspw. kulturelle, institutionelle, politische, religiös-spirituelle, auf Mitbestimmung und Partizipation abzielende Dimensionen
	Gewichtetes Säulenmodell	• Sieht die Ökologie (natürliche Ressourcen/Klima) als Fundament weiterer Säulen und ergänzt Ökonomie und Soziales um die Säule Kultur, um die Gesellschaft gesamthaft abzubilden
Integrativ	Schnittmengen-Modell	• Entstanden aus Drei-Säulen-Modell • Erkennt die ökologische, soziale und ökonomische Dimension als gleichermaßen relevant für die Erreichung der Leitidee nachhaltiger Entwicklung an • Visualisiert die im Drei-Säulen-Modell separat betrachteten Säulen aufgrund ihrer komplexen Zusammenhänge integriert als drei Kreise mit Schnittmengen, sodass zusätzlich je eine ökologisch-soziale, ökologisch-ökonomische und sozial-ökonomische Dimension entstehen
	Integriertes Modell nachhaltiger Entwicklung	• System aus übergeordneten Zielen (Sicherung der menschlichen Existenz, Erhaltung des gesellschaftlichen Produktivpotenzials und Bewahrung der Entwicklungs- und Handlungsmöglichkeiten) mit substanziellen Nachhaltigkeitsregeln sowie sich anschließenden instrumentellen Nachhaltigkeitsregeln (zur Internalisierung externer ökologischer und sozialer Kosten, angemessene Diskontierung, Begrenzung der Verschuldung)
	Nachhaltigkeits-pyramide	• Modell lehnt Balance ökonomischer, ökologischer und sozialer Dimension ab und sieht stattdessen planetare Grenzen der Erde als limitierenden Handlungsrahmen für Wirtschaft und Gesellschaft sowie als Voraussetzung für Wachstum und Lebensqualität • In diesem Rahmen werden drei Stufen des menschlichen Wachstums unterschieden: ökonomische Nachhaltigkeit, soziale Nachhaltigkeit und Selbstverwirklichung

251 Vgl. GRUNWALD/ KOPFMÜLLER (2022): Nachhaltigkeit, S. 53 ff. & BATZ (2021): Nachhaltigkeit in der Sozialwirtschaft, S. 25. Nachhaltigkeitsmodelle sind inhaltliche Modelle und beschreiben, entsprechend bestimmter Vorstellungen, vereinfachend das Konzept Nachhaltigkeit, um ein Verständnis in Abhängigkeit von Kontext und Perspektive (im Sinne einer Konkretisierung) zu schaffen (vgl. ebd., S. 25). Unterschiedliche Nachhaltigkeitsmodelle unterscheiden sich daran, aus welchen Dimensionen sie das Konzept konstituieren, wie diese Dimensionen gewichtet sind und in welcher Beziehung die Dimensionen zueinander stehen (vgl. MEIER (2014): Nachhaltigkeitsbewertung, S. 17 & vgl. AACHENER STIFTUNG KATHY BEYS (2015): Modelle und Konzepte der Nachhaltigkeit).

252 Eigene Darstellung basierend auf GRUNWALD/ KOPFMÜLLER (2022): Nachhaltigkeit, S. 53 ff. & BATZ (2021): Nachhaltigkeit in der Sozialwirtschaft, S. 25 ff.

Seine Erwähnung im Brundtland-Bericht brachte vor allem der mehrdimensionalen Konzeption des Drei-Säulen-Modells eine bereite Bekanntheit sowie Akzeptanz und machte es im Sinne eines Grundmodells der Nachhaltigkeit zur Basis vieler Konzeptionen[253], was die in Kapitel 1.1 aufgezeigte Branchen- und Anspruchsgruppenindividualität sowie die Heterogenität des Konzepts untermauert. Auch wenn die integrierten Modelle Nachhaltigkeit aufgrund der Gewichtung einzelner Dimensionen und ihrer Zusammenhänge umfassender und konkreter abbilden und ein häufig genannter Kritikpunkt das Drei-Säulen-Modell als bloße Addition von Aspekten im Sinne eines Wunschzettels darstellt[254], wird es dieser Arbeit zugrunde gelegt[255]. Da die drei Säulen unabhängig von ihren Systemebenen und -funktionen die zentralen, übergeordneten Handlungsfelder der Nachhaltigkeit darstellen[256], ist das Modell, gemäß dem Ziel der Arbeit, eine gute Ausgangsbasis, um weder relevante Aspekte zu vernachlässigen noch ein zu detailliertes und komplexes Verständnis anzunehmen.

Wie bereits in Kapitel 1.1 aufgezeigt, kommt gerade Unternehmen bei der Realisierung von Nachhaltigkeit im Sinne dieses gesellschaftlichen Leitkonzepts auf Makroebene, das den normativen (welt-) gesellschaftlichen und politischen Rahmen jeglichen menschlichen oder unternehmerischen Handelns bildet[257],

253 Vgl. BATZ (2021): Nachhaltigkeit in der Sozialwirtschaft, S. 27.

254 Vgl. FISCHER (2019): Nachhaltigkeitskommunikation, S. 53.

255 Die ökologische Dimension fokussiert das Ökosystem und dessen Überleben und Gesundheitszustand. Somit beinhaltet ökologische Nachhaltigkeit die Nutzung natürlicher Ressourcen (Naturkapital) in dem Maße, dass diese nie dauerhaft aufgebraucht sein werden. Fokusthemen sind bspw. Umweltschutz, Ressourcenschonung und Erhaltung von Artenvielfalt. Die soziale Dimension ist philanthropischer Natur und umfasst das Wohnbefinden der Bevölkerung (Humankapital) im Sinne der (Verteilungs-) Gerechtigkeit von bspw. psychischer und physischer Gesundheit, Freiheit, Wohlstand, Frieden und Zufriedenheit. Die ökonomische Dimension bezieht sich auf langfristig erfolgreiches Wirtschaften (Sachkapital) innerhalb der gegebenen ökologischen Grenzen durch Reduktion, Recycling und Wiederverwendung (vgl. KROPP (2019): Grundlagen der nachhaltigen Entwicklung, S. 11 f.).

256 Vgl. SCHMIDT (2016): Consumer Social Responsibility, S. 60.

257 Vgl. THORISDOTTIR/ JOHANNSDOTTIR (2020): Corporate Social Responsibility Influencing Sustainability, S. 5, STEURER et al. (2005): Corporations, Stakeholders and Sustainable Development, S. 247 & 272 ff. & SIGLE (2009): Corporate Social Sustainability, S. 51.

große Bedeutung zu[258]. Die deutsche Nachhaltigkeitsstrategie sieht u.a. Unternehmen sogar als zentrale Akteure: „*Die [deutsche Nachhaltigkeits-] Strategie fordert eine stärkere Berücksichtigung der Belastbarkeitsgrenzen der Erde und möchte damit das Ziel der Generationengerechtigkeit verfolgen. Diese Ideen können nach Aussage der Bundesregierung nicht nur durch politische Kräfte erreicht werden, sondern hierfür müssen auch ‚Beschäftigte und Unternehmen, Gewerkschaften und Wirtschaftsverbände, Hochschulen und Forschungseinrichtungen' einen Beitrag leisten. Die Unterstützung durch privatwirtschaftliche Unternehmen ist hierbei gefragt*"[259]. Vor diesem Hintergrund der Konkretisierung des Leitkonzepts nachhaltiger Entwicklung im unternehmerischen Handeln sind zwei Begriffe von zentraler Bedeutung: Unternehmerische Nachhaltigkeit (Corporate Sustainability) und unternehmerische Verantwortung (Corporate Social Responsibility[260]). Auch wenn ihre Grenzen oftmals nicht intuitiv erkennbar sind und der Begriff Nachhaltigkeit überwiegend für alle drei Konzepte synonym verwendet wird, weisen sie Unterschiede und Interdependenzen auf (Abbildung 8)[261].

---

258 Vgl. GRUNWALD/ KOPFMÜLLER (2022): Nachhaltigkeit, S. 253.

259 OSRANEK (2017): Nachhaltigkeit in Unternehmen, S. 79.

260 In der Praxis wird unternehmerische Verantwortung aufgrund der Wortverwirrung im Begriff Corporate Social Responsibility häufig fälschlicherweise auf die soziale Dimension der Nachhaltigkeit reduziert. Auch wenn dies darin begründet sein mag, dass die Frage der Verantwortung sich zu Beginn der in erster Linie auf die Themen Menschenrechte und Arbeitsbedingungen vor dem Hintergrund unternehmerischer Wirtschaftlichkeit bezog, wurde das Verständnis von „sozial" schnell breiter und umfasst heute im Rahmen seiner (gesamt-) gesellschaftlichen Interpretation gleichermaßen soziale, umweltbezogene und ökonomische Themen (vgl. STEURER et al. (2005): Corporations, Stakeholders and Sustainable Development, S. 274, BUNDESMINISTERIUM FÜR ARBEIT UND SOZIALES (n.d.-c): CSR Grundlagen – Nachhaltigkeit und CSR, BRUGGER (2010): Nachhaltigkeit in der Unternehmenskommunikation – Bedeutung, Charakteristika und Herausforderungen, S. 34 & BLOWFIELD/ FRYNAS (2005): Setting New Agendas – Critical Perspectives on Corporate Social Responsibility in the Developing World, S. 503). Um diese Wortverwirrung zu vermeiden, hat sich der Begriff unternehmerische Verantwortung durchgesetzt (vgl. COMMERZBANK (2015): Die fünf Treiber für einen nachhaltigen Handel).

261 Vgl. STEURER et al. (2005): Corporations, Stakeholders and Sustainable Development, S. 274.

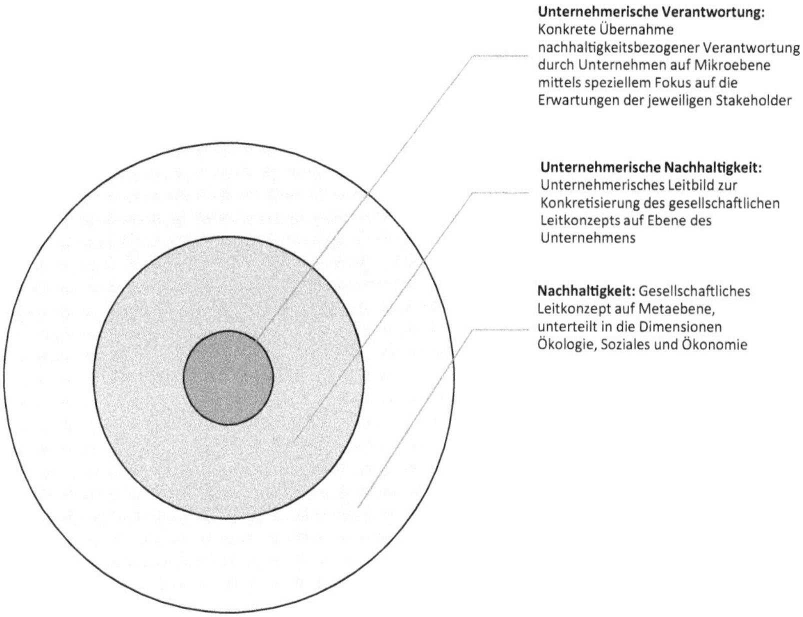

Abbildung 8: Abgrenzung und Zusammenhang der Konzepte Nachhaltigkeit, unternehmerische Nachhaltigkeit und unternehmerische Verantwortung[262]

Unternehmerische Nachhaltigkeit (Corporate Sustainability), basiert auf dem gesellschaftlichen Leitkonzept und konkretisiert es zu einem übergeordneten unternehmensbezogenen Leitbild auf Mesoebene des Unternehmens[263]. Dabei sind drei Leitprinzipien der Nachhaltigkeit zu

262 Eigene Darstellung in Anlehnung an THORISDOTTIR/ JOHANNSDOTTIR (2020): Corporate Social Responsibility Influencing Sustainability, S. 5, STEURER et al. (2005): Corporations, Stakeholders and Sustainable Development, S. 272 ff. & AMINI/ BIENSTOCK (2014): Corporate sustainability: an integrative definition and framework, S. 13 ff.

263 Vgl. THORISDOTTIR/ JOHANNSDOTTIR (2020): Corporate Social Responsibility Influencing Sustainability, S. 5 & STEURER et al. (2005): Corporations, Stakeholders and Sustainable Development, S. 272 ff.

berücksichtigen: Verantwortungsprinzip[264], Kreislaufprinzip[265] und Kooperationsprinzip[266].

Unternehmerische Verantwortung, auch als Corporate Social Responsibility (CSR) bezeichnet, folgt dem Leitbild unternehmerischer Nachhaltigkeit und beinhaltet, im Sinne eines Managementansatzes, dessen konkrete Integration in Strategien und Maßnahmen auf Mikroebene der Unternehmenstätigkeit[267], indem das Kerngeschäft eines Unternehmens umweltverträglich, sozial verantwortlich und ökonomisch erfolgreich betrieben wird[268]. „*Corporate Social*

---

264 Beitrag zu inter- und intragenerativer Gerechtigkeit (vgl. BALDERJAHN (2021): Nachhaltiges Management und Konsumentenverhalten, S. 19 ff.).

265 Schließung industrieller Stoffkreisläufe, um mittels Kreislaufwirtschaft die ökologische Umwelt dauerhaft zu erhalten (vgl. ebd., S. 19 ff.).

266 Einbeziehung von und Wechselbeziehung mit allen relevanten Anspruchsgruppen (vgl. ebd., S. 19 ff).

267 Unternehmerische Verantwortung ist somit der Oberbegriff für alle konkreten Praktiken, die anerkennen, dass Unternehmen eine Verantwortung für ihre Auswirkungen auf ihre soziale und natürliche Umwelt aber auch ihren eigenen ökonomischen Erfolg haben (vgl. STEURER et al. (2005): Corporations, Stakeholders and Sustainable Development, S. 274).

268 Vgl. BUNDESMINISTERIUM FÜR ARBEIT UND SOZIALES (n.d.-c): CSR Grundlagen – Nachhaltigkeit und CSR, MERCK/ FLEISCHER (2013): Strategische Positionierung durch Nachhaltigkeit am Beispiel der Otto Group, S. 118 & AACHENER STIFTUNG KATHY BEYS (2015): Abgrenzung der Begriffe CR, CSR, CC, CS und CG. „*Unternehmen sollen derart geführt werden, dass sie über finanziellen Erfolg hinaus substanzielle Beiträge zu einer nachhaltigen Entwicklung von Umwelt, Wirtschaft und Gesellschaft leisten*“ (LÜDEKE-FREUND (2018): Unternehmerische Verantwortung und Nachhaltigkeit, S. 31). Vor allem im Hinblick auf ökologische Verantwortung unterscheidet die Literatur dabei starke, schwache und balancierte Nachhaltigkeit, die sich in ihrer Annahme der Replizierbarkeit des Naturkapitals unterscheiden. Während starke Nachhaltigkeit besagt, dass Naturkapital nicht durch anderes Kapital kompensiert werden kann, sondern nur eine Begrenzung des Wirtschaftswachstums zu echter Nachhaltigkeit führt und eine grundlegende Änderung des Verhaltens im Sinne einer Reduktion von Produktion und Konsum (Suffizienz) notwendig ist, legt schwache Nachhaltigkeit die Annahme zugrunde, dass die Reduktion des Naturkapitals vollständig durch Humankapital ausgeglichen werden kann und eine Reduzierung des ökonomischen Wachstums zur Erreichung von Nachhaltigkeit nicht notwendig ist. Es reicht aus, erneuerbare Ressourcen zu entwickeln, vorhandene Ressourcen effizienter zu nutzen oder nachträglich technologische Lösungen für bereits entstandene Probleme wie Umweltverschmutzung zu finden (Effizienz). Das Konzept der balancierten Nachhaltigkeit verbindet beide Varianten und trifft die Annahme eines teilweise möglichen Ausgleichs unkritischen Naturkapitals

Responsibility ist das [freiwillige] Bekenntnis der Privatwirtschaft zu sozial und ökologisch verantwortungsvoller Unternehmensführung. Die Unternehmen verpflichten sich zur Beachtung sozialer, menschenrechts- und umweltrelevanter Grundsätze bei der Geschäftstätigkeit und ihren Beziehungen zu Arbeitnehmenden, Anteilseignern und Konsumenten, Investoren und Organisationen der Zivilgesellschaft. Die Selbstverpflichtung zu den Grundsätzen umfasst die gesamte Wertschöpfungskette"[269]. Unternehmerische Verantwortung umfasst die aktive Reaktion eines Unternehmens auf die nachhaltigkeitsbezogenen Forderungen seiner Anspruchsgruppen sowie die Berücksichtigung der Erfordernisse einer nachhaltigen Entwicklung durch die Unternehmensführung und ist im Sinne eines „moving target" aus Sicht unterschiedlicher Anspruchsgruppen zu verstehen[270]. Auch wenn es im Rahmen dieser Arbeit strenggenommen um die Konkretisierung unternehmerischer Verantwortung geht, wird in den folgenden Ausarbeitungen der Begriff Nachhaltigkeit verwendet. Indem dieser im allgemeinen Sprachgebrauch gebräuchlichste Begriff verwendet wird, soll die Komplexität, speziell der explorativ-empirischen Erhebung, reduziert werden.

Da die Anspruchsgruppen, wie aufgezeigt, ein grundlegender Eckpfeiler der Integration von Nachhaltigkeit in unternehmerisches Handeln sind, werden im folgenden Kapitel mit Hilfe der Stakeholder-Theorie dieser Zusammenhang und die Relevanz des Stakeholder-Dialogs genauer aufgezeigt. Im Anschluss

---

unter gleichzeitiger Anerkennung notwendiger Grenzen des Wirtschaftswachstums bei ernsthafter Beeinträchtigung kritischer Faktoren wie bspw. des Klimas. Schwache Nachhaltigkeit wird in der Literatur häufig im abwertenden Sinne eines als geschäftstätigkeitsfokussierten Nachhaltigkeitsansatzes verwendet (vgl. SABER (2019): Sustainable Retailing, S. 40, KEPMER/ BALLANTINE (2019): What Do We Mean By Sustainability Marketing?, S. 280, STEURER et al. (2005): Corporations, Stakeholders and Sustainable Development, S. 269 & WILLIAMS/ MILLINGTON (2004): The Diverse and Contested Meanings of Sustainable Development, S. 100).

269 MERCK/ FLEISCHER (2013): Strategische Positionierung durch Nachhaltigkeit am Beispiel der Otto Group, S. 119 f. Vgl. dazu auch BUNDESMINISTRIUM FÜR WIRTSCHAFTLICHE ZUSAMMENARBEIT UND ENTWICKLUNG (n.d.): Corporate Social Responsibility (CSR).

270 Vgl. BALDERJAHN (2021): Nachhaltiges Management und Konsumentenverhalten, S. 51 & SIGLE (2009): Corporate Social Sustainability, S. 45 f. „*For the business enterprise, sustainable development means the adoption of business strategies and activities that meet the needs of the enterprise and its stakeholders today while protecting, sustaining and enhancing the human and natural resources that will be needed in the future*" (INTERNATIONAL INSTITUTE FOR SUSTAINABLE DEVELOPMENT (n.d.): Business Strategies For Sustainable Development).

daran wird Nachhaltigkeit als Bestandteil marktorientierter Unternehmensführung betrachtet.

2.1.2.2 Stakeholder-Theorie zur Untermauerung der Relevanz der Integration von Nachhaltigkeit in unternehmerischem Handeln

Der Begriff Stakeholder, auch Anspruchsgruppen genannt, wird definiert als *„any individual or group who can affect, or is affected by the actions, decisions, policies, practices or goals of the organization"*[271]. Stakeholder haben Erwartungen (im Sinne von individuellen oder kollektiven (eigentums-) rechtlichen oder moralischen Interessen) an vergangene, gegenwärtige oder zukünftige Aktivitäten eines Unternehmens[272]. Ein erfolgreiches Management der Stakeholder, die (un-) mittelbar zur Unternehmensumwelt gehören, diese (positiv oder negativ) beeinflussen und von ihr beeinflusst werden, ist entscheidend für den Erfolg eines Unternehmens[273]. Der Fokus sollte dabei auf einer ausgeglichenen Berücksichtigung aller relevanten Stakeholder und deren Interessen liegen, statt sich auf die Nutzenmaximierung einzelner Anspruchsgruppen, häufig der Aktionäre, zu fokussieren[274]. Erst so wird es Unternehmen möglich, integrierte Management- und Marketingstrategien zu entwickeln, die eigenen Interessen und Ziele mit denen ihrer Stakeholder in Einklang zu bringen und durch effektives Handeln zu gesellschaftlicher Anerkennung und langfristigem Markterfolg beiztragen[275].

---

271 FREEMAN (1984): Strategic Management: A Stakeholder Approach, S. 46.

272 Vgl. CLARKSON (1995): A Stakeholder Framework, S. 106.

273 Vgl. RHEIN (2017): Stakeholder-Dialoge für unternehmerische Nachaltigkeit, S. 20.

274 *„Acknowledging the value perceptions of multiple stakeholders is critical for success"* (HILLEBRAND/ DRIESSEN/ KOLL (2015): Stakeholder Marketing, S. 415). Vgl. dazu auch GHOSH/ JHAMB (2022): The role of Stakeholders in Enhancing Service Quality, S. 10 & DONALDSON/ PRESTON (1995): The Stakeholder Theory of the Corporation, S. 67. Hier knüpft auch ein Grundgedanke des integrativ-prozessualen Marketingansatz an, der besagt, dass alle relevanten Bezugsgruppen eines Unternehmens in ein gesamthaftes Zielgruppenmanagement einbezogen und die entsprechenden Aktivitäten koordiniert ausgeführt werden sollten und dies als wichtige Voraussetzung des strategischen Marketing sieht (vgl. MÜLLER-REHKOPF (2011): Marktorientierung und organisationales Lernen, S. 139 f.).

275 Vgl. POLONSKY (1996): Stakeholder Management and the Stakeholder Matrix, S. 211 & ÖBERSEDER/ SCHLEGELMILCH/ MURPHY (2013): CSR Practices and Consumer Perceptions, S. 1841. Vgl. dazu auch MEYER/ MATTMÜLLER (1999): Marketing, S. 812.

Mit der Stakeholder-Theorie schaffte FREEMAN[276] 1984 eine anschauliche Visualisierung der Beziehungen eines Unternehmens zu dessen Stakeholdern, die anhand ihrer Ansprüche bzw. Interessen in primäre und sekundäre Gruppen eingeteilt werden[277]. Primäre Stakeholder-Gruppen, bspw. Mitarbeiter, Kunden und Lieferanten sowie Investoren, Shareholder und Banken, stehen in kontinuierlichen Austauschbeziehungen und dauerhaften Interdependenzen mit einem Unternehmen, sekundäre Stakeholder-Gruppen, bspw. Wettbewerber, Nichtregierungsorganisationen, Medien und die allgemeine Öffentlichkeit bzw. Gesellschaft, aber auch Staat, Städte, Gemeinden und Politik, zwar in einer sich ein- oder gegenseitig beeinflussenden, nicht aber transaktionalen Beziehung[278]. Auch wenn sekundäre Stakeholder die Möglichkeit haben, ein Unternehmen negativ zu beeinflussen, sind es die primären Stakeholder, deren Zufriedenheit im Mittelpunkt der Aktivitäten eines Unternehmens stehen sollte, um ihnen Mehrwerte zu schaffen und sie langfristig zu binden[279]. Staat, Städte, Gemeinden und Politik werden in der Literatur häufig in einer Subgruppe als institutionelle Stakeholder geführt[280]. Institutionelle Stakeholder stellen einerseits Infrastrukturen und Märkte für die Interaktion eines Unternehmens mit anderen Stakeholder-Gruppen zu Verfügung, andererseits definieren sie gleichzeitig Regularien, Gesetze und Verpflichtungen, die Einfluss auf die Tätigkeit der auf den jeweiligen Märkten agierenden Unternehmen und deren Stakeholder-Interaktionen haben[281]. Abbildung 9 bildet diese integrierte Perspektive unternehmerischer Stakeholdergruppen zusammenfassend ab.

---

276 Vgl. FREEMAN (1984): Strategic Management: A Stakeholder Approach, S. 46.

277 Vgl. ebd., S. 46 ff., FASSIN (2009): The Stakeholder Model Refined, S. 114 f., CLARKSON (1995): A Stakeholder Framework, S. 106 f. & HULT et al. (2011): Stakeholder marketing, S. 49 ff.

278 Vgl. CLARKSON (1995): A Stakeholder Framework, S. 106.

279 Vgl. SCHRAMM-KLEIN et al. (2015): Retailer Corporate Social Responsibility, S. 407 & CLARKSON (1995): A Stakeholder Framework, S. 106 f.

280 Vgl. RINKE (2023): Profesionelle Investor Relations-Kommunikation: Anforderungen an börsennotierte KMU in Deutschland, S. 89.

281 Vgl. ebd., S. 90. Vgl. dazu auch CLARKSON (1995): A Stakeholder Framework, S. 106.

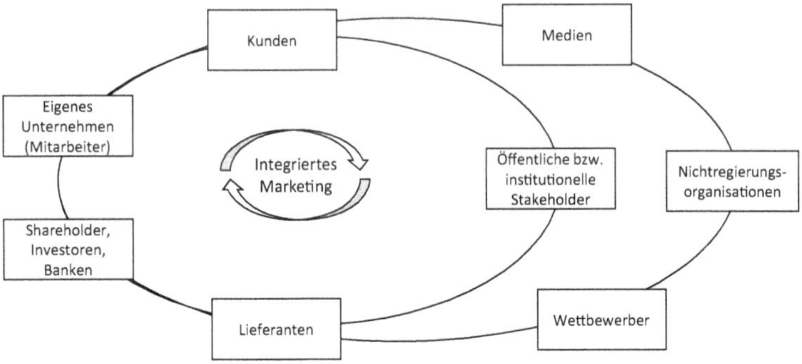

Abbildung 9: Integrierte Perspektive unternehmerischer Stakeholder-Gruppen[282]

Jede Gruppe hat individuelle Interessen und damit einhergehende Erwartungen an ein Unternehmen, die durchaus divergieren können[283]. Eine ausgewogene Berücksichtigung unterschiedlicher Interessen ist für Unternehmen mit Aufwand verbunden[284]. Erst jedoch, wenn Unternehmen erkennen, dass sie Teil eines breiten, interdependenten, aber auch komplexen Netzes sozialer Beziehungen mit unterschiedlichen Stakeholder-Gruppen sind und sich die Erfüllung von deren Erwartungen auch in unternehmerischen Strategien und Aktivitäten wiederfindet, wird ein relevanter Wert für die Stakeholder geschaffen[285]. Dies trägt dazu bei, dass die Stakeholder weiterhin mit dem Unternehmen interagieren und es Wettbewerbsvorteile erlangen und den eigenen unternehmerischen Erfolg langfristig sichern kann[286]. Ein erfolgreiches Management aller Stakeholder-Beziehungen ist dazu entscheidend[287] (Abbildung 10).

282 Eigene Darstellung in Anlehnung an MATTMÜLLER/ TUNDER (2004): Strategisches Handelsmarketing, S. 16, MAISENBACHER (2008): Die Verantwortung des Marketing für Bezugsgruppen, S. 55 ff. & FREEMAN (1984): Strategic Management: A Stakeholder Approach, S. 46 ff.

283 Vgl. HETZE (2016): Effects on the (CSR) Reputation, S. 282.

284 Vgl. GRAHAM (2020): The Influence of External and Internal Stakeholder Pressures on Environmental Supply Chain Practices, S. 352.

285 Vgl. RHEIN (2017): Stakeholder-Dialoge für unternehmerische Nachaltigkeit, S. 6 f. & POLONSKY (1996): Stakeholder Management and the Stakeholder Matrix, S. 213.

286 Vgl. RHEIN (2017): Stakeholder-Dialoge für unternehmerische Nachaltigkeit, S. 6 f.

287 Vgl. ebd., S. 5 & 20. Vgl. dazu auch SCHADE (2017): Stakeholder-Beziehungen als Erfolgsfaktor, S. 10: *„Da die Anzahl der Stakeholder-Gruppen eines Unternehmens mitunter sehr groß sein kann, ist es ratsam, nicht nur deren Identifikation, sondern*

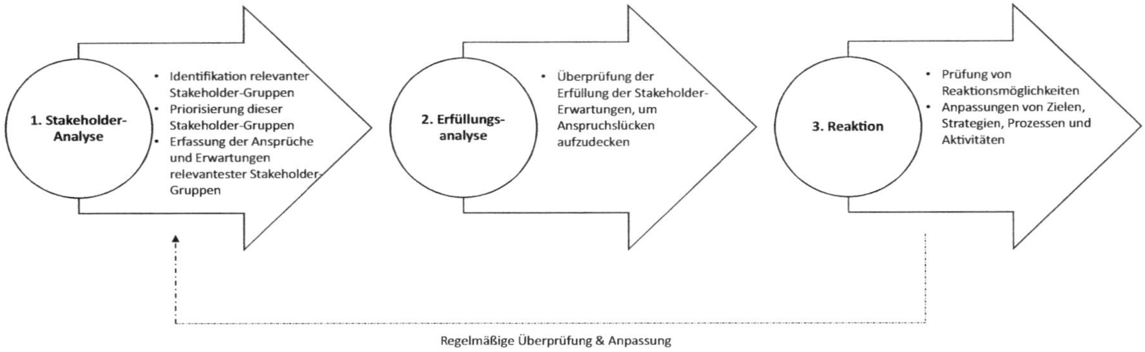

Abbildung 10: Prozess des Stakeholder-Managements[288]

auch eine Priorisierung dieser vorzunehmen, um sich anschließend bestmöglich auf die Erfüllung der Ansprüche und Interessen relevanter Stakeholder-Gruppen fokussieren zu können."

288 Eigene Darstellung in Anlehnung an FREEMAN (1984): Strategic Management: A Stakeholder Approach, S. 46 ff. & POLONSKY (1996): Stakeholder Management and the Stakeholder Matrix, S. 211 ff.

Im Rahmen der **Stakeholder-Analyse** werden Stakeholder-Gruppen nach ihrer Machtposition gegenüber dem Unternehmen (Power), der Rechtmäßigkeit ihrer Beziehung zum Unternehmen (Legitimacy) und der Dringlichkeit ihrer Ansprüche (Urgency) kategorisiert[289]. Die Erfassung der Ansprüche und Erwartungen relevanter Stakeholder-Gruppen sollte im Rahmen eines umfassenden und regelmäßigen Dialoges stattfinden[290]. Stakeholder-Dialoge tragen aus Unternehmensperspektive nicht nur dazu bei, durch konstruktiven Austausch neues Wissen über und neue Perspektiven auf für Stakeholder relevante Sachverhalte zu generieren, sondern auch deren Involvement zu steigern[291].

Die anschließende **Erfüllungsanalyse** dient dem Abgleich der Stakeholder-Erwartungen mit deren Wahrnehmung durch das Unternehmen. Dabei zeigt sich häufig ein Mangel an Übereinstimmung[292]. Der letzte Schritt des Stakeholder-Managements dient der aus der Erfassungsanalyse resultierenden **Anpassung** interner Ziele, Unternehmensstrategien, -prozesse und -aktivitäten, um diese mit den Erwartungen in Einklang zu bringen[293]. Um die Erwartungen der

---

289 Vgl. MITCHELL/ AGLE/ WOOD (1997): Toward a Theory of Stakeholder Identification and Salience, S. 872 ff. Weist eine Gruppe mindestens eine der drei Eigenschaften auf, kann sie als Stakeholder identifiziert werden werden. Je mehr dieser Eigenschaften eine Gruppe in Kombination aufweist, desto höher ist deren Relevanz für ein Unternehmen und somit der notwendige Grad der Salienz ihrer Ansprüche (vgl. ebd., S. 874). Salienz meint in diesem Zusammenhang das Ausmaß, in dem Unternehmen den konkurrierenden Ansprüchen ihrer unterschiedlichen Stakeholder Priorität einräumen (vgl. MITCHELL/ AGLE/ WOOD (1997): Toward a Theory of Stakeholder Identification and Salience, S. 872 ff.).

290 Vgl. RHEIN (2017): Stakeholder-Dialoge für unternehmerische Nachaltigkeit, S. 6 f. & POLONSKY (1996): Stakeholder Management and the Stakeholder Matrix, S. 213.

291 Vgl. RHEIN (2017): Stakeholder-Dialoge für unternehmerische Nachaltigkeit, S. 6 ff.: „*Dialogue, is therefore identified as an important channel through which to transcend beyond traditional conflictual processes of communication between organizations and develop a more progressive form of engagement and understanding.*“

292 Vgl. BASTEN/ STAVROU/ PANKRATZ (2016): Closing the Stakeholder Expectation Gap, S. 71 & RHEIN (2017): Stakeholder-Dialoge für unternehmerische Nachaltigkeit, S. 6.

293 Vgl. POLONSKY (1996): Stakeholder Management and the Stakeholder Matrix, S. 213 f.

Stakeholder möglichst zielgerichtet und genau zu erfassen, sollte der Prozess regelmäßig durchgeführt werden.

Speziell vor dem Hintergrund der Nachhaltigkeit nehmen Stakeholder-Theorie und -Management eine bedeutende Rolle ein[294]. Immer häufiger fordern Stakeholder eindringlich, dass sich Unternehmen sowohl mit den Umwelt- und Sozialauswirkungen ihrer eigenen Geschäftstätigkeit als auch entlang der gesamten Lieferkette auseinandersetzen[295]. Mit ihrer auf dieser Basis erfolgenden Äußerung von Erwartungen an (un-) erwünschte Unternehmensleistungen tragen sie zur Definition von Normen für nachhaltigkeitsbezogenes unternehmerisches Handeln bei[296]. Aus Perspektive der Stakeholder-Theorie ist nachhaltiges unternehmerisches Handeln durch die Erwartung der Stakeholder geprägt, die Unternehmen im Sinne von *„unaviodable costs of doing business"*[297] zu erfüllen haben. Insbesondere Kunden sind aufgrund ihrer ökonomischen Relevanz wichtige Stakeholder, die ihre Kaufentscheidungen neben Preis und Qualität zunehmend auf Basis von Nachhaltigkeitskriterien treffen[298]. Unternehmen sollten speziell den Nachhaltigkeitserwartungen ihrer Kunden

294 Vgl. ÖBERSEDER/ SCHLEGELMILCH/ MURPHY (2013): CSR Practices and Consumer Perceptions, S. 1839 & FASSIN (2009): The Stakeholder Model Refined, S. 113.

295 Vgl. HALEEM et al. (2022): Sustainable Management Practices and Stakeholder Pressure, S. 1967 & GRAHAM (2020): The Influence of External and Internal Stakeholder Pressures on Environmental Supply Chain Practices, S. 352.

296 Vgl. BRANCO/ RODRIGUES (2007): Positioning Stakeholder Theory within the Debate on Corporate Social Responsibility, S. 11. Vgl. dazu auch WOOD/ JONES (1995): Stakeholder Mismatching: A Theoretical Problem in Empirical Research on Corporate Social Performance, S. 231.

297 BRANCO/ RODRIGUES (2007): Positioning Stakeholder Theory within the Debate on Corporate Social Responsibility, S. 11. Nachhaltigkeit kann somit auch als „License to Operate" verstanden werden (vgl. ZINKIN (2004): Maximising the Licence to Operate, S. 67).

298 Vgl. PÉREZ/ MARTÍNEZ/ RODRÍGUEZ DEL BOSQUE (2013): The Development of a Stakeholder-based Scale for Measuring Corporate Social Responsibility, S. 460. Vgl. dazu auch GUPTA/ PIRSCH (2008): The Influence of a Retailer's Corporate Social Responsibility Program on Re-conceptualizing Store Image, S. 517. Die Kaufabsicht von Verbrauchern bspw. steht in einem positiven Zusammenhang mit dem Ausmaß, in dem die Wahrnehmung der Nachhaltigkeit eines Unternehmens ihre Erwartungen übertrifft.

besondere Aufmerksamkeit schenken und sie mit der eigenen Nachhaltigkeitsperspektive abgleichen, um eventuelle Lücken zu schließen und dadurch nicht nur deren Vertrauen zu gewinnen, sondern auch ihre Reputation zu verbessern[299].

Während es beim Konzept der Nachhaltigkeit vorwiegend darum geht, welche Verantwortlichkeiten Unternehmen erfüllen sollen, erweitert die Stakeholder-Theorie diese Betrachtung um die Fragstellungen, gegenüber wem und wie diese Verantwortlichkeiten zu erfüllen sind[300]. „*There is a natural fit between the idea of corporate social responsibility and an organisation's stakeholders. […] The concept of stakeholder personalises social or societal responsibilities by delineating the specific groups or persons business should consider in its CSR orientations*“[301]. Aus diesem Grund ist die Stakeholder-Theorie ein häufig genutzter theoretischer Ansatz zur Analyse unternehmerischer Nachhaltigkeitsthemen[302]. Sie wird sogar als notwendiger Kontext zur Operationalisierung von Nachhaltigkeit im Unternehmenskontext bezeichnet[303].

---

299 Vgl. BALDERJAHN (2021): Nachhaltiges Management und Konsumentenverhalten, S. 106, SWAEN/ DEMOULIN/ PAUWELS-DELASSUS (2021): Impact of Customers' Perceptions Regarding Corporate Social Responsibility and Irresponsibility in the Grocery Retailing Industry, S. 709 & ÖBERSEDER/ SCHLEGELMILCH/ MURPHY (2013): CSR Practices and Consumer Perceptions, S. 1839.

300 Vgl. JAMALI (2008): A Stakeholder Approach to Corporate Social Responsibility, S. 228 & HULTMAN/ ELG (2018): Developing CSR in Retail-Supplier Relationships: A Stakeholder Interaction Approach, S. 343.

301 CARROLL (1991): The Pyramid of Corporate Social Responsibility, S. 43. Vgl. dazu auch BRANCO/ RODRIGUES (2007): Positioning Stakeholder Theory within the Debate on Corporate Social Responsibility, S. 10, POLONSKY (1995): A Stakeholder Theory Approach to Designing Environmental Marketing Strategy, S. 32 & JAMALI (2008): A Stakeholder Approach to Corporate Social Responsibility, S. 229.

302 Vgl. HALEEM et al. (2022): Sustainable Management Practices and Stakeholder Pressure, S. 9, JAMALI (2008): A Stakeholder Approach to Corporate Social Responsibility, S. 217 & BRANCO/ RODRIGUES (2007): Positioning Stakeholder Theory within the Debate on Corporate Social Responsibility, S. 5.

303 Vgl. MATTEN/ CRANE/ CHAPPLE (2003): Behind the Mask: Revealing the True Face of Corporate Citizenship, S. 111 & BRANCO/ RODRIGUES (2007): Positioning Stakeholder Theory within the Debate on Corporate Social Responsibility, S. 5.

Ein an dieser Stelle anknüpfendes, in der Praxis häufig genutztes Verfahren zur konkreten Bestimmung relevanter Nachhaltigkeitsthemen ist die Wesentlichkeitsanalyse, auch Materialitätsanalyse genannt. Wesentlich bedeutet in diesem Kontext, dass Unternehmen im Rahmen der Übernahme unternehmerischer Verantwortung die Themen aufgreifen sollten, die entweder erhebliche ökologische, soziale oder ökonomische Auswirkungen auf das eigene unternehmerische Handeln haben oder die dessen Stakeholder erheblich beeinflussen[304]. Die darauf basierende Einordnung der Nachhaltigkeitsthemen in eine Matrix, die deren Relevanz für Stakeholder und Unternehmen abbildet, zeigt, welche Aktivitäten im Fokus des Nachhaltigkeitsmanagements eines Unternehmens stehen sollten[305]. Abbildung 11 bildet die schematische Grundstruktur einer Wesentlichkeitsmatrix mit bespielhaften Nachhaltigkeitsthemen ab.

---

304 Vgl. GLOBAL REPORTING INITIATIVE (2016): GRI 101: Grundlagen 2016, S. 10. Vgl. dazu auch ANKELE/ WINTERSTEIN (2021): Besser wesentlich: Worauf es bei einer Wesentlichkeitsanalyse ankommt, S. 30.

305 Vgl. SUSTAIN (2018): Die Wesentlichkeitsanalyse als zentrale Grundlage einer Nachhaltigkeitsstrategie, S. 2.

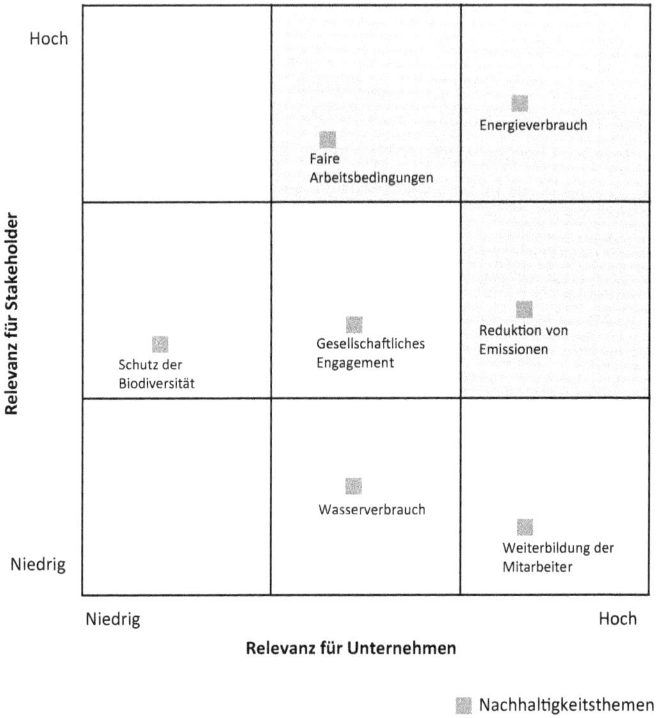

Abbildung 11: Beispielhafte Wesentlichkeitsmatrix unternehmerischer Nachhaltigkeit[306]

Themen, die in grau hinterlegten Feldern positioniert sind (in Abbildung 11 Energieverbrauch, faire Arbeitsbedingungen und Reduktion von Emissionen), sollte ein Unternehmen besonders fokussieren, da sie nicht nur eine hohe Relevanz für das Unternehmen selbst, sondern auch für dessen Stakeholder haben. Darüber hinaus zeigt die Matrix auch Diskrepanzen beider Perspektiven auf. Im Falle von Abbildung 11 sind Weiterbildung der Mitarbeiter und Wasserverbrauch für das Unternehmen besonders relevant, für die Stakeholder dagegen kaum. Das Unternehmen ist gefordert, seinen Stakeholdern diese Aspekte zu vermitteln.

306 Eigene Darstellung in Anlehnung an SUSTAIN (2018): Die Wesentlichkeitsanalyse als zentrale Grundlage einer Nachhaltigkeitsstrategie, S. 2.

2.1.2.3 *Nachhaltigkeit als Bestandteil marktorientierter Unternehmensführung*

„Eingebettet in gesellschaftliche, ökonomische und kulturelle Entwicklungen ist die marktorientierte Führung von Unternehmen[307] *einem permanenten Wandel unterworfen“*[308]. So auch durch das steigende gesellschaftliche und politische sowie kundenseitige Bewusstsein über ökologische und soziale Missstände und die damit einhergehende Relevanz von Nachhaltigkeit. Speziell die Knappheit ökologischer Ressourcen wird in den letzten Jahren im Rahmen der Nachhaltigkeitsdebatte zunehmend thematisiert[309]. Da marktorientierte Unternehmensführung eine kontinuierliche Anpassung an Markterfordernisse und Stakeholder-Erwartungen verlangt und die Schaffung deren Zufriedenheit zentral für langfristigen Unternehmenserfolg ist[310], stellt die kundenseitig zunehmend als Qualitätsfaktor wahrgenommene Nachhaltigkeit nicht nur

---

307 Marktorientierte Unternehmensführung (Marketing) wird verstanden als *„the activity, set of institutions, and processes for creating, communicating, exchanging, and delivering offerings that have value for customers, clients, partners, and society at large“* (AMERICAN MARKETING ASSOCIATION (2017): Definition of Marketing). Wie in Kapitel 1.4 bereits aufgezeigt, versteht auch Mattmüller (vgl. MATTMÜLLER (2012): Integrativ-Prozessuales Marketing, S. 58 ff.) marktorientierte Unternehmensführung in seinem integrativ-prozessualen Marketing-Ansatz als bewusstes, marktorientiertes Management des gesamten Tauschprozesses (Vorbereitung, Anbahnung, Abschluss und Realisierung) zwischen Anbieter und Nachfrager auf einem Markt unter Einbeziehung aller relevanten Stakeholder im Sinne einer Querschnittsfunktion im anbietenden Unternehmen. *„Marketing ist [demnach] marktorientiertes Denken und Handeln, ist steuernde Funktion zur Ausrichtung aller einzelwirtschaftlichen Aktivitäten in Absatz- und Beschaffungsmärkten“* (MEYER/ MATTMÜLLER (1999): Marketing, S. 812). Kapazität und Gratifikation sind Leitprinzipien des Marketing und meinen den Wettbewerb um knappe Ressourcen als natürliche Grenzen des Transaktionsprozesses sowie die Tatsache, dass Austauschprozesse nur dann zustande kommen, wenn diese von den beteiligten Parteien als positiv empfunden werden (vgl. MEFFERT/ BURMANN/ KIRCHGEORG (2012): Marketing, S. 4 & GRIESE (2015): Einführung ins Nachhaltigkeitsmarketing, S. 6).

308 KENNING (2014): Sustainable Marketing – Definition und begriffliche Abgrenzung, S. 4.

309 Vgl. KOTLER (2011): Reinventing Marketing to Manage the Environmental Imperative, S. 132 f.

310 Vgl. MÜLLER-STEWENS/ LECHNER (2016): Strategisches Management, S. 20.

Markterfordernis, sondern auch Kundenerwartung dar, die berücksichtigt werden sollte.

Nur wenn Unternehmen sich diesem Wandeln anpassen, können sie ihr eigenes Handeln langfristig gesellschaftlich legitimieren und ökonomischen Erfolg sichern[311]. Es bedarf einer Unternehmensführung, die die *„individuellen Kundenbedürfnisse auf eine Art und Weise [befriedigt], dass ökologische Belastungen möglichst vermieden und soziale Anliegen so weit wie möglich berücksichtigt werden“*[312]. Dies kann durch die Erweiterung der marktorientierten Unternehmensführung um die für eine nachhaltige Entwicklung relevanten Bereiche Gesellschaft und natürliche Umwelt geschehen, sodass alle betrieblichen Entscheidungen auf die Schaffung *„ökonomischer (z.B. mehr Profit, Umsatz), umweltbezogener (z.B. effiziente Ressourcennutzung) oder sozialorientierter (z.B. faire Bezahlung der Zulieferer/Mitarbeiter)“*[313] Mehrwerte ausgerichtet sind. Um das zu realisieren, sollten ökonomische um ökologische und soziale Unternehmensziele ergänzt werden[314]. Eine solche Optimierung des Unternehmensergebnisses durch die Bewertung aller unternehmerischen Entscheidungen hinsichtlich ihrer ökonomischen, ökologischen und sozialen Konsequenzen wird auch als Triple-Bottom-Line-Ansatz bezeichnet[315].

---

311 Vgl. MEFFERT/ BURMANN/ KIRCHGEORG (2012): Marketing, S. 4.

312 BELZ (2003): Nachhaltigkeits-Marketing, S. 353.

313 GRIESE (2015): Einführung ins Nachhaltigkeitsmarketing, S. 3. Vgl. dazu auch BELZ (2005): Nachhaltigkeits-Marketing, S. 23. Eine nachhaltigkeits- und marktorientierte Unternehmensführung wird in der Literatur auch als Nachhaltigkeitsmarketing bezeichnet. Abzugrenzen ist Nachhaltigkeitsmarketing von nachhaltigem Marketing und Marketing für Nachhaltigkeit. Nachhaltiges Marketing bezieht sich auf eine langfristige Wirkung des Marketing. Marketing für Nachhaltigkeit beinhaltet Marketing für ökologische und soziale Ideen (vgl. BELZ/ BILHARZ (2005): Einführung in das Nachhaltigkeits-Marketing, S. 7).

314 Vgl. BALDERJAHN (2021): Nachhaltiges Management und Konsumentenverhalten, S. 82. Eine Ergänzung vorwiegend ökonomischer Zielsetzungen von Einzelwirtschaften um bspw. soziale oder ökologische Belange wird als „Deepening the Concept of Marketing“ bezeichnet (vgl. MATTMÜLLER (2012): Integrativ-Prozessuales Marketing, S. 30).

315 Die Bottom-Line meint das Ergebnis (Saldo) der unternehmerischen Gewinn- und Verlustrechnung (vgl. BATZ (2021): Nachhaltigkeit in der Sozialwirtschaft, S. 52). Im Kontext des Triple-Bottom-Line-Ansatzes wird die rein ökonomische Perspektive auf die unternehmerische Gewinn- und Verlustrechnung um die ökologische und soziale Perspektive im Sinne einer zusätzlichen Erfassung und Bilanzierung erweitert, um das Unternehmensergebnis unter allen drei Gesichtspunkten zu optimieren und zu steigern (vgl. ebd., S. 52 f.). Häufig wird der Triple-Bottom-Line-Ansatz

BALDERJAHN[316] versteht diese nachhaltigkeits- und marktorientierte Unternehmensführung als *„Konzeption zur umwelt- und sozialorientierten Führung einer Unternehmung, die alle betrieblichen Marketingentscheidungen auf die Anforderungen des Marktes, d.h. auf die Wünsche und Forderungen der Kunden (Kundenorientierung) und auf die Bedingungen des Wettbewerbs (Wettbewerbsorientierung) unter Beachtung einschlägiger ökologischer und sozialer Standards ausrichtet"*. Dabei sieht er den Dialog mit relevanten Anspruchsgruppen, allen voran den Kunden, als notwendige Grundlage für eine gesellschaftliche Anerkennung des Unternehmens[317]. Eine detaillierte Analyse und das Verständnis von Kundenperspektive auf und Kundenerwartungen an Nachhaltigkeit sind somit ein zentraler Bestandteil nachhaltigkeits- und marktorientierter Unternehmensführung[318].

Zudem bedarf es eines ganzheitlichen Handlungsplans, der sich nicht nur an Markterfordernissen, Kundenerwartungen und Nachhaltigkeitsproblemen orientiert, sondern neben ökonomischen auch die ökologischen und sozialen Kriterien konsequent in die gesamte Marketingkonzeption einbezieht[319]. Dabei ist zunächst die institutionale von der funktionalen Perspektive zu unterscheiden.

---

aufgrund der gleichen Grundstruktur mit dem Drei-Säulen-Modell der Nachhaltigkeit gleichgesetzt. Das Drei-Säulen-Modell dient jedoch, wie in Kapitel 2.1.2.1 dargestellt, rein der Konkretisierung der Begriffsbedeutung und ist kein Ansatz der langfristigen Integration von Nachhaltigkeit in unternehmerisches Handeln, wie es beim Triple-Bottom-Line-Ansatzes der Fall ist (vgl. BATZ (2021): Nachhaltigkeit in der Sozialwirtschaft, S. 52 f. & KSIĘŻAK/ FISCHBACH (2018): Triple Bottom Line: The Pillars of CSR, S. 107 f.). Gleichzeitig resultiert aus dieser gleichen Grundstruktur jedoch beim Triple-Bottom-Line-Ansatz die Kritik, dass wirkliche Nachhaltigkeit nur dann erreicht werden könne, wenn die drei Säulen nicht isoliert betrachtet werden (vgl. FISCHER (2019): Nachhaltigkeitskommunikation, S. 53).

316 BALDERJAHN (2004): Nachhaltiges Marketing-Management, S. 48.

317 Vgl. ebd., S. 48.

318 Vgl. MILOVANOV (2015): Marketing and Sustainability: Identifying the Profile of Green Consumers, S. 55.

319 Vgl. BALDERJAHN (2014): Entscheidungsorientierung im Sustainable Marketing Management, S. 137 & BELZ (2003): Nachhaltigkeits-Marketing, S. 352. Neben dieser, auch „Sustainability-Logik" genannten, Implementierung von Nachhaltigkeit im Einklang mit dem Triple-Bottom-Line-Ansatz sei erwähnt, dass viele Unternehmen Nachhaltigkeit immer noch aus Effizienz- und Kostenersparnisgründen oder Gründen der Erschließungsmöglichkeiten neuer Absatzmärkte integrieren und so die ökonomische weiterhin vor der ökologischen und sozialen Säule präferieren (vgl. ZIMMERMANN (2019): Same Same but Different: How and Why Banks Approach Sustainability, S. 2269, PAGELL/ WU (2009): Building a More Complete Theory of Sustainable Supply Chain Management, S. 38 & BELZ/ BILHARZ (2005): Einführung in das Nachhaltigkeits-Marketing, S. 4).

Die institutionale Perspektive betrachtet die für die Unternehmensführungsaufgaben verantwortlichen Personen (Funktionsträger), die funktionale Perspektive die Aufgaben, die für die Implementierung einer nachhaltigkeits- und marktorientierten Unternehmensführung erforderlich sind[320]. Die funktionale Perspektive umfasst „*die Gesamtheit derjenigen Entscheidungen verantwortlicher Akteure […], welche die auf die Nachhaltigkeit gerichtete Gestaltung und Abstimmung der Unternehmens-Anspruchsgruppen-Interaktion im Rahmen der Wertschöpfungsprozesse zum Gegenstand haben*“[321].

Basierend auf dem integrativen Managementansatz des St. Galler Modells[322] können diese Entscheidungen anhand verschiedener Aufgaben auf fünf Ebenen abgebildet werden (Abbildung 12).

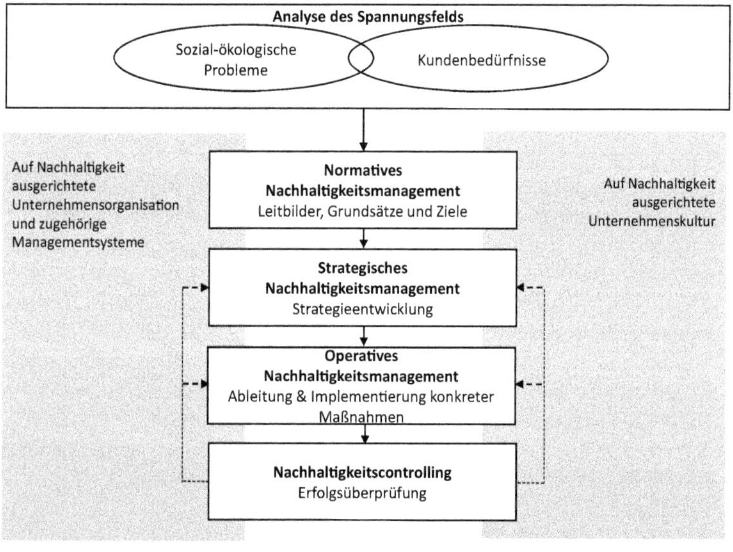

Abbildung 12: Entscheidungsorientierter Ansatz der Implementierung einer nachhaltigkeits- und marktorientierten Unternehmensführung[323]

---

320 Vgl. BALDERJAHN (2014): Entscheidungsorientierung im Sustainable Marketing Management, S. 138.

321 Ebd., S. 138 & 155.

322 Das St. Galler Modell unterscheidet auf drei Ebenen normatives, strategisches und operatives Management (vgl. BALDERJAHN (2021): Nachhaltiges Management und Konsumentenverhalten, S. 83).

323 Eigene Darstellung basierend auf BELZ (2005): Nachhaltigkeits-Marketing, S. 20 ff., BALDERJAHN (2014): Entscheidungsorientierung im Sustainable Marketing

Nach der **Analyse** des branchenindividuellen Spannungsfeldes zwischen sozial-ökologischen Problemen und Kundenbedürfnissen, werden auf dieser Basis im Rahmen des **normativen Nachhaltigkeitsmanagements** die Leitprinzipien der klassischen marktorientierten Unternehmensführung mit denen der nachhaltigen Entwicklung zu einem integrierten nachhaltigkeits- und marktorientierten Leitbild verknüpft, sodass daraus Ziele abgeleitet werden können[324]. Normatives Nachhaltigkeitsmanagement entspricht der in Kapitel 2.1.2.1 abgegrenzten unternehmerischen Nachhaltigkeit und legt fest, welche Rolle Nachhaltigkeit zukünftig bei unternehmerischen Entscheidungen spielen wird und welche organisatorischen und strategischen Veränderungen daraus resultieren[325].

Dies dient als Basis für das **strategische Nachhaltigkeitsmanagement**, das (zusammen mit dem operativen Nachhaltigkeitsmanagement) der in Kapitel 2.1.2.1 definierten unternehmerischen Verantwortung entspricht und der Formulierung von langfristigen, auf ökonomischen Erfolg sowie auf soziale und ökologische Belange ausgerichteten Strategien zur Konkretisierung des Leitbildes und Erreichung der Ziele dient[326].

Strategisches Nachhaltigkeitsmanagement ist nach BHATTACHARYYA[327] durch drei Charakteristika gekennzeichnet: Es sollte in Abstimmung mit den

---

Management, S. 138 ff. & BALDERJAHN (2021): Nachhaltiges Management und Konsumentenverhalten, S. 85 ff.

324 Vgl. BELZ (2005): Nachhaltigkeits-Marketing, S. 20 f. Wie zuvor und in Kapitel 2.1.2.1 dargestellt, sind die Leitprinzipien klassischer marktorientierter Unternehmensführung Kapazität und Gratifikation, während die Leitprinzipien der Nachhaltigkeit Verantwortung, Kreislaufdenken und Kooperation umfassen.

325 Vgl. DÜRR (2013): Nachhaltigkeit im Handel, S. 82.

326 Vgl. BELZ (2005): Nachhaltigkeits-Marketing, S. 23 & BALDERJAHN (2021): Nachhaltiges Management und Konsumentenverhalten, S. 125. Vgl. dazu auch BALDERJAHN (2014): Entscheidungsorientierung im Sustainable Marketing Management, S. 139 f.: *„Strategisches Sustainability Management hat die Aufgabe, Strategien zu entwerfen, die geeignet sind, durch Nachhaltigkeit ökonomische Erfolgs- und Chancenpotenziale zu nutzen (ökonomische Zielsetzung), faire Beziehungen zu relevanten sozialen Anspruchsgruppen aufzubauen und zu pflegen (soziale Zielsetzung) sowie den Umweltschutz intern und bei allen Geschäftspartnern, möglichst über die gesamte Wertschöpfungskette hinweg, durchzusetzen (ökologische Zielsetzung)"*.

327 Vgl. BHATTACHARYYA (2010): Development of a Scale on Strategic Corporate Social Responsibility Constructs, S. 184. Vgl. dazu auch LIENBACHER (2013): Corporate Social Responsibility im Handel, S. 30 f.

relevanten Bezugsgruppen (Visibility, hier in der Aufgabe der Analyse enthalten) und in Kongruenz mit der grundlegenden unternehmerischen Ausrichtung (Centrality, hier in der Aufgabe des normativen Nachhaltigkeitsmanagement enthalten) erfolgen sowie auf proaktivem Handeln des Unternehmens beruhen (Proactivity).

Um eine durchgängige Implementierung im Unternehmen sicherzustellen, sollten nicht nur übergeordnete Strategien auf Unternehmensebene formuliert, sondern diese für alle Management-Ebenen spezifisch konkretisiert werden (z.B. Geschäftsfeldstrategien für die einzelnen strategischen Geschäftsfelder, funktionale Strategien für die einzelnen Abteilungen etc.)[328]. Anhand von Strategieausrichtung und Durchgängigkeit der Strategieumsetzung können sechs Typologien von Strategien zur Implementierung einer nachhaltigkeits- und marktorientierten Unternehmensführung unterschieden werden (Tabelle 4).

Tabelle 4: Typologien von Strategien zur Implementierung einer nachhaltigkeits- und marktorientierten Unternehmensführung[329]

Strategieausrichtung	Punktuell	Unternehmensweit
Proaktiv/offensiv Best-Practice & Differenzierung	**Opportunistische Pionier-Strategien**	**Pionier-Strategien**
Selektiv Übernahme branchenüblicher Standards	**Zaghafte Folger-Strategien**	**Second Mover-Strategien**
Defensiv/reaktiv Absicherung rechtlicher Vorgaben	**Kapitalistische Strategien**	**Widerwillige, taktische Folger-Strategien**

Durchgängigkeit der Umsetzung

328 Vgl. BALDERJAHN (2014): Entscheidungsorientierung im Sustainable Marketing Management, S. 138.

329 Darstellung in Anlehnung an BALDERJAHN (2021): Nachhaltiges Management und Konsumentenverhalten, S. 126 ff. & ZENTES/ BASTIAN/ LEHNERT (2010): Handelsmonitor, S. 192 f.

Während offensive Strategien darauf abzielen, durch echte nachhaltigkeits- und marktorientierte Unternehmensführung gesellschaftliche Anerkennung und Wettbewerbsvorteile zu erlangen, sind defensive Strategien darauf ausgerichtet, negative Konsequenzen einer nicht nachhaltigkeits- und rein marktorientierten Unternehmensführung zu vermeiden[330].

Das **operative Nachhaltigkeitsmanagement** übersetzt diese Strategien *„in reale Handlungen der Unternehmensmitglieder“*[331], indem konkrete Maßnahmen zur zielorientierten Gestaltung des gesamten Tauschprozesses zwischen Unternehmen und Kunden abgeleitet und implementiert (sachbezogene Umsetzung der Strategien) sowie verhaltensorientierte Wandlungs- und Lernprozesse initiiert werden (verhaltensbezogene Durchsetzung der Strategien)[332]. Ziel der sachbezogenen Umsetzung ist die Schaffung positiv wahrgenommener, nachhaltigkeitsorientierter Kundenerlebnisse, die von SIGNORI et al.[333] wie folgt definiert wird: *„a process that creates holistic value thanks to the customer's engagement derived by sensations, feelings, cognitions and behaviours evoked by sustainable stimuli, based on economic, social and environmental sustainability“*. Um die entsprechenden Interaktionen entlang aller Kontaktpunkte zwischen Unternehmen und Kunden übergeordnet und zielführend zu steuern und langfristig positive, nachhaltigkeitsorientierte Kundenerlebnisse zu realisieren, bietet sich ein Kundenerlebnismanagements mittels nachhaltigkeitsorientiertem Customer Journey Mapping an[334]. Dadurch ist es Unternehmen möglich, nachhaltiges Verhalten ihrer Kunden besser nachzuvollziehen und herauszufinden, wann nachhaltigkeitsbezogene Kundenerwartungen (nicht) erfüllt werden, um ihnen zum richtigen Zeitpunkt die erwarteten nachhaltigkeitsbezogenen Informationen, Produkte und Leistungen bereitzustellen.

In Abhängigkeit der aus dem operativen Nachhaltigkeitsmanagement hervorgehenden kundengerichteten Nachhaltigkeitskommunikation und der entsprechenden strategischen Nachhaltigkeitsorientierung ergibt sich die in Tabelle 5 dargestellte Typologie nachhaltigkeits- und marktorientierter Unternehmen.

---

330 Vgl. BALDERJAHN (2021): Nachhaltiges Management und Konsumentenverhalten, S. 126.

331 DÜRR (2013): Nachhaltigkeit im Handel, S. 88.

332 Vgl. ZIMMERMANN (2019): Same Same but Different: How and Why Banks Approach Sustainability, S. 2269 & OSRANEK (2017): Nachhaltigkeit in Unternehmen, S. 135.

333 SIGNORI et al. (2019): Sustainable Customer Experience, S. 161.

334 Siehe dazu auch Kapitel 2.1.1.2, in dem die zugehörigen Grundlagen der Kundenerlebnisliteratur detailliert vorgestellten werden.

Gerade Unternehmen mit einer geringen strategischen Nachhaltigkeitsorientierung (eher defensive strategische Ausrichtung und punktuelle Durchgängigkeit der Umsetzung) und intensiver Nachhaltigkeitskommunikation sehen sich häufig mit Greenwashing[335] konfrontiert. Das kann potenzielle gesellschaftliche Anerkennung und Wettbewerbsvorteile durch die Implementierung von Nachhaltigkeit in das unternehmerische Handeln zunichtemachen[336].

Tabelle 5: Typologie nachhaltigkeits- und marktorientierter Unternehmen[337]

Nachhaltigkeitskommunikation	Strategische und operative Nachhaltigkeitsorientierung: Niedrig	Strategische und operative Nachhaltigkeitsorientierung: Hoch
Intensiv/aktiv	**Greenwashing Firms**	**Vocal Green Firms**
Keine/gering	**Silent Brown Firms**	**Silent Green Firms**

Wenn die Nachhaltigkeitskommunikation von Unternehmen mit deren strategischen und operativen Nachhaltigkeitsorientierungen übereinstimmt

335 Als Greenwashing wird vorsätzliches Handeln von Unternehmen mittels irreführender Elemente verstanden, mit dem Ziel, eigene Anspruchsgruppen zu täuschen. Genauer gesagt bedeutet Greenwashing, dass Unternehmen versuchen, sich nachhaltiger darzustellen, als sie wirklich sind. Greenwashing kann dabei viele Ausprägungen haben, bspw. das Zurückhalten negativer Informationen, die Verwendung irreführender Claims oder auch die irreführende Nutzung von Naturelementen wie Bildern, Farben oder Klängen in der Kommunikation (vgl. DE FREITAS NETTO et al. (2020): Concepts and Forms of Greenwashing: A Systematic Review, S. 6 ff.).

336 Vgl. DELMAS/ BURBANO (2011): The Drivers of Greenwashing, S. 79.

337 Darstellung in Anlehnung an DELMAS/ BURBANO (2011): The Drivers of Greenwashing, S. 67 f. & ZENTES/ BASTIAN/ LEHNERT (2010): Handelsmonitor, S. 194.

(Vocal Green Firms), wird ein Unternehmen von seinen Kunden als glaubwürdig verantwortungsvoll handelnd wahrgenommen[338]. Gemäß den in Kapitel 2.1.1.1 dargestellten Ausführungen von Maisenbacher[339] zum Zusammenhang zwischen Glaubwürdigkeit, Vertrauen und Reputation führt diese Glaubwürdigkeit des Verhaltens zu Vertrauen in die Nachhaltigkeit des Unternehmens und damit zum Aufbau einer positiven Nachhaltigkeitsreputation, auch als CSR-Reputation oder CSR-Image bezeichnet[340]. Vice versa trägt die bereits aufgebaute positive Nachhaltigkeitsreputation eines Unternehmens dazu bei, kundenseitiges Vertrauen in dessen Nachhaltigkeit und damit eine Glaubwürdigkeit des nachhaltigen Verhaltens zu erzeugen[341]. Eine positive Nachhaltigkeitsreputation wirkt als Glaubwürdigkeitssymbol und hat Einfluss auf das Verhalten der Kunden und damit auf den ökonomischen Erfolg eines Unternehmens[342].

Die Nachhaltigkeitsimplementierung sollte durch ein umfassendes **Nachhaltigkeits-Controlling** regelmäßig überprüft werden, um mit aussagekräftigen Informationen zu allen Säulen des Triple-Bottom-Line-Ansatzes die Verankerung im gesamten Unternehmen, gegebenenfalls durch Anpassungen im strategischen und operativen Nachhaltigkeitsmanagement, sicherzustellen[343]. Gleichermaßen sollte aufgrund der dynamischen Natur des Konzepts der Nachhaltigkeit und des resultierenden gesellschaftlichen Diskurses die Analyse des branchenindividuellen Spannungsfeldes zwischen sozialökologischen Problemen und Kundenbedürfnissen in regelmäßigen Abständen durchgeführt werden. Dies deckt sich mit der Forderung von Hilbert[344], der zum Ausdruck bringt, dass vor dem Hintergrund der Stakeholder-Theorie die Stakeholder eines Unternehmens nicht nur in die Nachhaltigkeitsplanung und -implementierung, sondern auch in das zugehörige Controlling

---

338 Vgl. DELMAS/ BURBANO (2011): The Drivers of Greenwashing, S. 67.

339 Vgl. MAISENBACHER (2008): Die Verantwortung des Marketing für Bezugsgruppen, S. 84 f. Siehe dazu auch Fußnote 156.

340 Vgl. LIN-HI/ MÜLLER/ MEIER (2018): Unternehmerische Verantwortung und Nachhaltigkeit, S. 154 f.

341 Vgl. MAISENBACHER (2008): Die Verantwortung des Marketing für Bezugsgruppen, S. 85.

342 Vgl. LIN-HI/ MÜLLER/ MEIER (2018): Unternehmerische Verantwortung und Nachhaltigkeit, S. 155.

343 Vgl. HILBERT (2019): Nachhaltigkeitscontrolling, S. 523. Vgl. dazu auch DÜRR (2013): Nachhaltigkeit im Handel, S. 88.

344 Vgl. HILBERT (2019): Nachhaltigkeitscontrolling, S. 525 f.

einzubeziehen sind, um deren Zufriedenheit und damit ihr Vertrauen und ihre Ankerkennung langfristig sicherzustellen.

Begleitet wird der gesamte Prozess der entscheidungsorientierten Implementierung einer nachhaltigkeits- und marktorientierten Unternehmensführung durch eine entsprechend auf Nachhaltigkeit ausgerichtete Unternehmenskultur und zugehörige Managementsysteme[345]. Zudem empfiehlt es sich, auch wenn die aufgezeigte Implementierung eine Querschnittsfunktion im Unternehmen darstellt, den gesamten Prozess durch eine zentrale Stelle übergeordnet begleiten zu lassen. Dies kann entweder eine bestehende Abteilung, bspw. das Qualitätsmanagement, oder eine eigenständige Nachhaltigkeitsstabsstelle sein[346].

2.1.2.4 Nachhaltiger Konsum

Als *„zentrale (Mit-) Verursacher und (Mit-) Verantwortliche einer fortschreitenden Umweltzerstörung, Klimaerwärmung, Verlust an Biodiversität [und gesellschaftlichen Problemen] haben neben Unternehmen auch Konsumenten die Handhabe, über ihren Konsumstil etwas zu bewirken“*[347]. Wie in Kapitel 1.1 aufgezeigt, werden sich Konsumenten[348] dieses Einflusses immer bewusster. Das führt zu einer Ergänzung des egoistischen Konsums (self-centered)[349] um ethischen Konsum (other-centered) (Abbildung 13).

345 Vgl. BALDERJAHN (2021): Nachhaltiges Management und Konsumentenverhalten, S. 83.

346 Vgl. DÜRR (2013): Nachhaltigkeit im Handel, S. 88.

347 BALDERJAHN (2021): Nachhaltiges Management und Konsumentenverhalten, S. 198.

348 Da sich dieses Kapitel ausdrücklich mit Konsumverhalten beschäftigt, wird hier entsprechend statt des Begriffs des Kunden der Begriff des Konsumenten im Sinne des letzten Verwenders genutzt. Siehe dazu auch Kapitel 1.1, Fußnote 15.

349 Hierbei steht die Erfüllung persönlicher Bedürfnisse im Mittelpunkt. Egoistischer Konsum wird in hedonistischen (dient der Erzeugung von Vergnügen) und utilitaristischen Konsum (zielt auf einen bestimmten Zweck ab) unterschieden (vgl. BASSO et al. (2019): Purchase Decision and Purchase Delay of Hedonic and Utilitarian Products, S. 113).

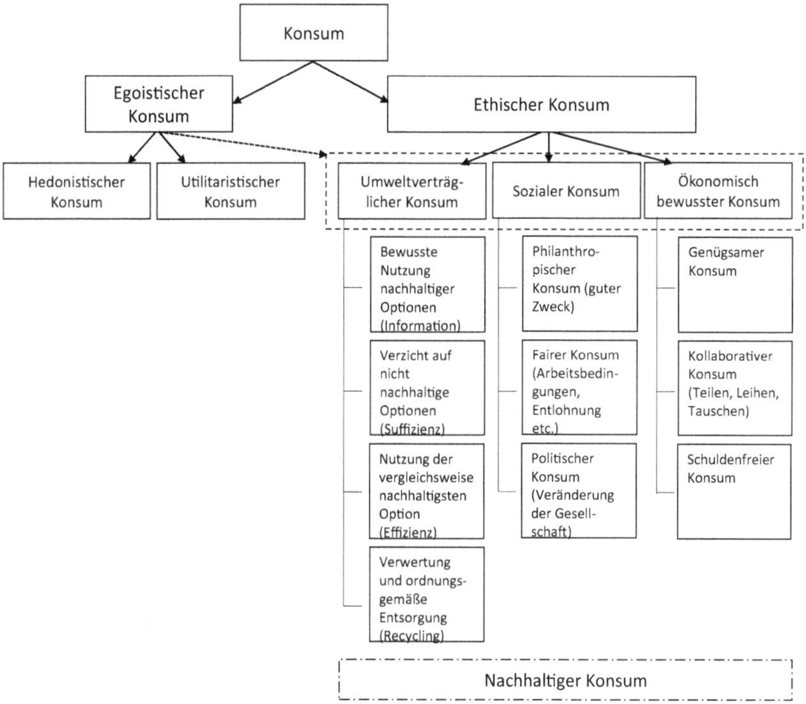

Abbildung 13: Nachhaltiger Konsum[350]

Nachhaltiger Konsum, auch Consumer Social Responsibility genannt[351], entsteht aus der Konkretisierung des Obergriffes ethischen Konsums durch die

350 Eigene Darstellung basierend auf BALDERJAHN (2021): Nachhaltiges Management und Konsumentenverhalten, S. 194 f., LUDIN/ WELLBROCK (2021): Verbraucherökonomische Grundlagen eines nachhaltigen Konsums, S. 7 & BUERKE (2016): Nachhaltigkeit und Consumer Confusion am Point of Sale, S. 49. Dem egoistischen Konsum liegt die in der Value Belief Norm-Theorie nach STERN (vgl. STERN (2000): Toward a Coherent Theory of Environmentally Signivicant Behaviour, S. 412 f.) verankerte egoistische Orientierung (Schaffung von persönlichem Nutzen) zugrunde, dem ethischen Konsum die altruistische (Schaffung von Wohl der Mitmenschen) und biosphärische Orientierung (Schaffung von Wohl der Umwelt). Vgl. dazu auch STEINBIß/ FRÖHLICH (2021): Zur Steuerung nachhaltigen Konsums, S. 137.

351 Vgl. HOFENK et al. (2019): How and When Retailers' Sustainability Efforts Translate into Positive Consumer Responses, S. 475.

Berücksichtigung von Konsequenzen für Umwelt und Gesellschaft[352] und wird definiert als Verhalten ökologisch, sozial und ökonomisch verantwortlicher Bürger, „*das unter anderem Umweltaspekte und soziale Aspekte bei Kauf und Nutzung von Produkten und Dienstleistungen berücksichtigt*“[353]. Auch wenn im Rahmen der zuvor aufgezeigten Definitionen eine klare Trennung zwischen egoistischem und ethischem Konsum skizziert wird, kann sich auch egoistischer in nachhaltigem Konsum konkretisieren, wie der gepunktete Pfeil in Abbildung 13 verdeutlicht. In diesem Fall sind die zugrundeliegenden Motive entsprechend nicht ethischer (Konsequenzen für Umwelt und Gesellschaft), sondern egoistischer (Konsequenzen für den eigenen Nutzen) Natur[354]. Als Beispiele können der Verzicht auf Fleischkonsum zu Gunsten der eigenen Gesundheit oder genügsamer bzw. kollaborativer Konsum zum Zweck des persönlichen Sparens angeführt werden.

Nachhaltiger Konsum stellt einen Sammelbegriff für unterschiedliche Ausprägungen der im allgemeinen Begriffsverständnis zugrundeliegenden ethischen Verpflichtung dar, der konsumentenindividuell konkretisiert werden sollte[355]. Dies liegt nicht zuletzt daran, dass die Entstehung von nachhaltigem Konsum von unterschiedlichen Einflussfaktoren auf verschiedenen Ebenen geprägt wird (Abbildung 14).

---

352 Vgl. STEINBIß/ FRÖHLICH (2021): Zur Steuerung nachhaltigen Konsums, S. 130 & BALDERJAHN (2021): Nachhaltiges Management und Konsumentenverhalten, S. 194 f. „*Ethical consumption is the conscious and deliberate choice to make certain consumption choices due to personal and moral beliefs*“.

353 BUNDESMINISTERIUM FÜR UMWELT – NATURSCHUTZ – NUKLEARE SICHERHEIT – VERBRAUCHERSCHUTZ (2021): Nachhaltiger Konsum. Nachhaltiger Konsum bezieht sich nicht nur auf Kauf und Nutzung sowie Entsorgung fertiger Produkte oder Dienstleistungen, sondern auch auf Rohstoff- und Energieverbrauch durch deren Herstellung sowie Verschmutzungen oder Abfälle in Zusammenhang mit deren Entsorgung (vgl. LUDIN/ WELLBROCK (2021): Verbraucherökonomische Grundlagen eines nachhaltigen Konsums, S. 5 f.). Um die ökologischen und sozialen Auswirkungen des privaten Konsums möglichst gering zu halten, ist es wichtig, dass sich Verbraucher vor ihrer Konsumentscheidung die folgenden Fragen stellen: „*Ist ein Kauf notwendig? Kommt ein gebrauchtes Produkt in Frage? Besser kaufen oder leihen? Ist eine gemeinsame Anschaffung sinnvoll?*“ (ebd., S. 6). Zudem sollten bei getroffenen Konsumentscheidungen die folgenden Kriterien berücksichtigt werden: „*Langlebigkeit/ Nutzungsdauer, Energieverbrauch, Ressourcenverbrauch, Reparaturmöglichkeit, Recyclingfähigkeit*“ (ebd., S. 6 f.).

354 Vgl. STEINBIß/ FRÖHLICH (2021): Zur Steuerung nachhaltigen Konsums, S. 137.

355 Vgl. ebd., S. 130. Dies unterstreicht die in Kapitel 1.1 erwähnte Heterogenität des Konzepts Nachhaltigkeit.

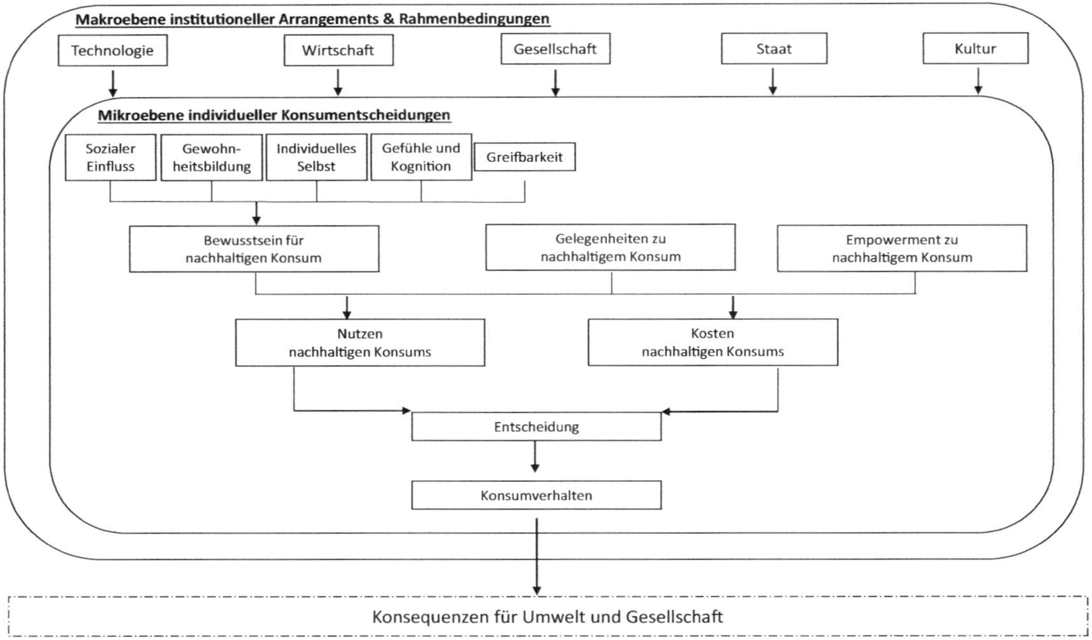

Abbildung 14: Die Entstehung von nachhaltigem Konsum[356]

356 Eigene Darstellung basierend auf BALDERJAHN (2021): Nachhaltiges Management und Konsumentenverhalten, S. 199 & STEINBIß/ FRÖHLICH (2021): Zur Steuerung nachhaltigen Konsums, S. 138 f.

Neben allgemeinen, externen Einflüssen auf **Makroebene** (bspw. technologische, wirtschaftliche, gesellschaftliche, institutionelle und kulturelle Entwicklungen), die als rahmengebende Faktoren fungieren und nachhaltigen Konsum nicht nur ermöglichen, sondern auch fördern, haben speziell Bewusstsein, Gelegenheiten und Empowerment auf der **Mikroebene** der eigentlichen Konsumentscheidungen einen großen Einfluss. Sie stecken den konkreten Handlungsspielraum des individuellen nachhaltigen Konsums ab[357].

Das **Bewusstsein für nachhaltigen Konsum** impliziert das zugrundeliegende individuelle Verständnis, dass eigenes Verhalten negative Einflüsse auf Umwelt und Gesellschaft verursachen kann und ist mit der Bereitschaft verbunden, diese Auswirkungen zu reduzieren oder gar zu vermeiden[358]. Das Bewusstsein wird von verschiedenen Größen beeinflusst, die in Tabelle 6 erläutert werden.

Tabelle 6: Einflussgrößen des Bewusstseins für nachhaltigen Konsum[359]

Einflussgrößen des Bewusstseins für nachhaltigen Konsum	Ausprägungen der Einflussgrößen
Sozialer Einfluss	• Gesellschaftlich akzeptierte soziale Normen: Bspw. gerechtes Verhalten, Verantwortungsübernahme, Sparsamkeit • Soziale Identität: Nachhaltiger Konsum, weil andere es tun • Soziale Erwünschtheit: Nachhaltiger Konsum, um soziale Anerkennung zu erreichen
Gewohnheitsbildung	• Nachhaltiges Verhalten besteht selten aus einmaligen Handlungen, sondern benötigt Gewohnheitsbildung und setzt häufig Gewohnheitsänderungen voraus (bspw. reduzierter Fleischkonsum oder Energie sparen) • Gewohnheitsänderungen sind kritische, limitierende Faktoren von nachhaltigem Konsum, da Konsumenten häufig in gewohnte, nicht nachhaltige Verhaltensweisen zurückfallen
Individuelles Selbst	• Positives Selbstkonzept: Der Wunsch, sich selbst durch einen Beitrag zu ökologischen und sozialen Umständen positiv wahrzunehmen • Selbstinteresse: Schaffung von persönlichem Nutzen durch nachhaltigen Konsum, bspw. Gesundheit oder Geld sparen • Selbstwirksamkeit: Das Gefühl, mit dem eigenen Handeln, bspw. mit lokalem Einkaufen oder Energie sparen, konkret etwas zu einer nachhaltigen Entwicklung beitragen zu können
Gefühle und Kognitionen	• Nachhaltiger Konsum wird sowohl von Affekt (z.B. positiv Freude, Stolz oder Optimismus und negativ Angst, Scham oder Wut) als auch von Kognition (z.B. Informationen, Lernen und Wissen) beeinflusst
Greifbarkeit	• Ist das entsprechende nachhaltige Konsumverhalten abstrakt, vage und entfernt oder konkret, greifbar und nah?

357 Vgl. BALDERJAHN (2021): Nachhaltiges Management und Konsumentenverhalten, S. 198 f.

358 Vgl. ebd., S. 198.

359 Eigene Darstellung in Anlehnung an STEINBIß/ FRÖHLICH (2021): Zur Steuerung nachhaltigen Konsums, S. 138 ff.

Empowerment zu nachhaltigem Konsum meint die Befähigung der Konsumenten zur Ausführung von nachhaltigem Konsum, entweder auf allgemeiner (bspw. durch Informationskampagnen, Schulungen oder die Integration des Themas in den Schulunterricht) oder individueller (bspw. durch Förderung des entsprechenden Bewusstseins oder Stärkung persönlicher Normen und Überzeugungen) Ebene[360].

Gelegenheiten zu nachhaltigem Konsum ergeben sich vor allem durch ein entsprechendes nachhaltiges Angebot der Unternehmen[361].

Aus dem aufgezeigten, sich aus Bewusstsein, Gelegenheiten und Empowerment zusammensetzenden Handlungsspielraum von nachhaltigem Konsum resultieren zugehörige von Konsumenten individuell wahrgenommene Nutzen (z.B. soziales Ansehen, gutes Gewissen oder positiver Beitrag zum Umweltschutz) und Kosten (z.B. monetärer Preis, Aufgabe bzw. Veränderung von Gewohnheiten, Zurückstellen eigener hedonistischer und utilitaristischer Bedürfnisse, Unbequemlichkeiten bei Kauf bzw. Nutzung oder subjektiv empfundene Unsicherheiten). Ihr Abgleich führt zu einem konkreten Konsumverhalten, das sich in entsprechenden Konsequenzen für Umwelt und Gesellschaft manifestiert[362].

Gerade subjektiv empfundene Unsicherheit hat großen Einfluss auf das Konsumentenverhalten und damit auf den nachhaltigen Konsum: Konsumenten empfinden häufig Unsicherheit in Bezug auf die tatsächliche Realisierung positiver ökologischer oder sozialer Mehrwerte eines Unternehmens[363]. Dies lässt sich dadurch erklären, dass Nachhaltigkeit aufgrund des normativen Charakters[364] immateriell ist und eine Vertrauens- sowie potemkinsche Eigenschaft darstellt[365]. Vertrauenseigenschaften sind in diesem

---

360 Vgl. BALDERJAHN (2021): Nachhaltiges Management und Konsumentenverhalten, S. 198.

361 Vgl. ebd., S. 198 & LUDIN/ WELLBROCK (2021): Verbraucherökonomische Grundlagen eines nachhaltigen Konsums, S. 8.

362 Vgl. ebd., S. 7 & BALDERJAHN (2021): Nachhaltiges Management und Konsumentenverhalten, S. 198 f.

363 Vgl. LUDIN/ WELLBROCK (2021): Verbraucherökonomische Grundlagen eines nachhaltigen Konsums, S. 8.

364 Siehe Kapitel 1.2.

365 Im Kontext der Nachhaltigkeit differenzieren SIMONS, KLINK-LEHMANN UND HARTMANN (vgl. SIMONS/ KLINK-LEHMANN/ HARTMANN (2021): Nachhaltigerer privater Konsum, S. 19) die in Kapitel 2.1.1.2 als nach Kauf, Konsum oder Nutzung nicht zu beurteilenden Vertrauenseigenschaften noch einmal in nur theoretisch, mit unverhältnismäßigen Kosten und Aufwand durch eigene

Zusammenhang während Kauf, Konsum oder Nutzung nicht erfahrbare, verborgene Eigenschaften, z.B. der Anteil an Rezyklat an einer Produktverpackung oder die in einem Produkt enthaltenen Schadstoffe[366]. Potemkinsche Eigenschaften sind Herstellungsprozessqualitäten wie faire Entlohnung entlang der Lieferkette oder der ökologische Fußabdruck der Herstellung[367]. Erstere könnten Konsumenten theoretisch durch die kostenintensive Beauftragung eines Labors überprüfen, Letztere können am Endprodukt gar nicht mehr überprüft werden[368]. Konsumenten müssen in beiden Fällen darauf vertrauen, dass die vom Unternehmen zugesicherten Nachhaltigkeitseigenschaften der Wahrheit entsprechen. Es liegt eine Informationsasymmetrie zwischen Unternehmen und Konsumenten vor, die Spielraum für opportunistisches Verhalten Ersterer bietet und zu einem konsumentenseitig wahrgenommenen höheren Kauf- und Konsum- bzw. Verbrauchsrisiko führt[369]. Um die Asymmetrie zu reduzieren und dazu beizutragen, dass soziale und umweltbezogene Nachhaltigkeitsaspekte glaubhaft versichert werden können, sind Unternehmen bestrebt, entsprechend relevante Informationen

---

Erfahrung oder Wahrnehmung überprüfbare Vertrauenseigenschaften und von Konsumenten gar nicht überprüfbare potemkinsche Eigenschaften. Vgl. dazu auch SPILLER (2022): Kommunikation von Nachhaltigkeit an Verbraucherinnen und Verbraucher: Trends und Herausforderungen, S. 3, FRICKE/ SCHRADER (2014): Unternehmenskommunikation zur Förderung des nachhaltigen Konsums, S. 207, TIETZEL/ WEBER (1991): Von Betrügern, Blendern und Opportunisten – Eine ökonomische Analyse, S. 114 ff. & SCHRAMM/ SPILLER (2003): Farm-Audit und Farm-Advisory-System – Ein Beitrag zur Ökonomie von Qualitätssicherungssystemen, S. 181.

366 SPILLER (2022): Kommunikation von Nachhaltigkeit an Verbraucherinnen und Verbraucher: Trends und Herausforderungen, S. 3 ff.

367 Vgl. ebd., S. 3 ff.

368 Vgl. ebd., S. 3 ff.

369 Vgl. LUDIN/ WELLBROCK (2021): Verbraucherökonomische Grundlagen eines nachhaltigen Konsums, S. 8. Aus informationsökonomischer Perspektive lassen sich endogene Marktunsicherheiten (Verhalten der Transaktionspartner) und exogene Ereignisunsicherheiten (Marktentwicklungen) unterscheiden. Informationsasymmetrie meint in diesem Zusammenhang die endogene Unsicherheit: Nur die Anbieter haben Informationen zu den Nachhaltigkeitseigenschaften (vgl. SIMONS/ KLINK-LEHMANN/ HARTMANN (2021): Nachhaltigerer privater Konsum, S. 19). Exogene Unsicherheit bedeutet hingegen, dass weder Unternehmen noch Konsumenten wissen, wie sich Konsum tatsächlich auf die Umwelt auswirken wird (vgl. ebd., S. 19).

bereitzustellen[370]. *„Der soziale und ökologische Mehrwert von Produkten, Dienstleistungen und Unternehmensprozessen wird erst durch Kommunikation darüber für Konsumenten erkennbar“*[371]. Auch hier holt die Immaterialität von Nachhaltigkeit die Verlässlichkeit der Lösungsmöglichkeit jedoch wieder ein: *„In Hinblick auf das [Attribut] ‚nachhaltig‘ besteht […] das Problem, dass die Konsumenten [auch] die Glaubwürdigkeit der durch den Anbieter bereitgestellten Information nicht überprüfen können“*[372]. Häufig werden Gütezeichen und Labels unabhängiger Prüforganisationen eingesetzt, bspw. das europäische Bio- oder das Fairtrade-Label, um Nachhaltigkeit glaubwürdig zu kommunizieren[373]. Allerdings führt die Vielzahl von Gütezeichen und Labels dazu, dass die gewünscht verlässliche Wirkung nicht immer erreicht wird[374].

Auch wenn in diesem Kapitel aufgezeigt wird, dass nachhaltiger Konsum bereits detailliert untersucht und theoretisch durchdrungen ist, werden eine konkrete Analyse und Prognose durch die Attitude-Behavior-Gap erschwert. Diese bezeichnet die Diskrepanzen zwischen der Einstellung einer Person und deren tatsächlichem Verhalten[375]. Auch wenn ein zunehmender Anteil an Konsumenten in Deutschland Bewusstsein für und Interesse an Nachhaltigkeit äußert, ändern viele ihr Einkaufsverhalten nicht[376]. Die Ursache dieses Paradoxons ist in der Literatur noch nicht umfassend geklärt. Es wird vermutet, dass individuelle Besonderheiten oder Einschränkungen (z.B. persönliche Werte, Fähigkeiten oder das Wissen über Nachhaltigkeit), soziale Einflüsse (z.B. Normen, kulturelle Einflüsse oder der Tenor der Medien) und situative Möglichkeiten oder Einschränkungen (Gelegenheit, Information, Zeit oder Preis) zur Entstehung beitragen[377]. Speziell im Bereich Lebensmittel

---

370 Vgl. ebd., S. 21. Vgl. dazu auch MATTMÜLLER (2012): Integrativ-Prozessuales Marketing, S. 38. Eine solche Bereitstellung von Schlüsselinformationen, auch Information Chunks genannt, wird als Signalling bezeichnet; das konsumentenseitig aktive Suchen nach solchen Informationen als Screening.

371 MEFFERT/ RAUCH (2014): Sustainable Branding – Konzept, Wirkungen und empirische Befunde, S. 164 & 207.

372 SIMONS/ KLINK-LEHMANN/ HARTMANN (2021): Nachhaltigerer privater Konsum, S. 21.

373 Vgl. ebd., S. 21 f.

374 Vgl. ebd., S. 22.

375 Vgl. STEINBIß/ FRÖHLICH (2021): Zur Steuerung nachhaltigen Konsums, S. 8.

376 Vgl. ebd., S. 8.

377 Vgl. ebd., S. 8 f. & TERLAU/ HIRSCH (2023): Sustainable Consumption and the Attitude-Behaviour-Gap Phenomenon, S. 159.

ist diese Inkonsistenz oft zu beobachten[378]. Häufig hängt sie mit den höheren Preisen nachhaltiger Produkte zusammen[379]. Zudem kann auch die soziale Erwünschtheit Einfluss haben. Speziell bei Konsumentenbefragungen zum Thema Nachhaltigkeit können vorwiegend gesellschaftlich erwünschte Aussagen resultieren[380]. Dieser sogenannte Social Desirability Bias kann zu einer Verfälschung der Ergebnisse beitragen, da den erfassten Aussagen kein entsprechendes Verhalten folgt[381].

Vor diesem Hintergrund der Komplexität nachhaltigen Konsums, der zunehmenden konsumentenseitig wahrgenommenen Unsicherheiten und der Attitude-Behavior-Gap ist es wichtig, dass Unternehmen ein detailliertes Verständnis für die Nachhaltigkeitserwartungen ihrer Konsumenten entwickeln und dieses auch umsetzen[382]. Nur so wird es möglich, unternehmerische Erfolgspotenziale zu nutzen und vor allem auch Konsumenten zu nachhaltigem Konsum zu motivieren, ohne den eine nachhaltige Entwicklung nicht realisierbar ist[383].

2.1.2.5 Bestandsaufnahme der Forschung zur Bedeutung von Nachhaltigkeit im Kontext marktorientierter Unternehmensführung

Nach dem Überblick über das gesellschaftliche Leitkonzept von Nachhaltigkeit sowie die daraus resultierenden Implikationen für Unternehmen und Kunden erfolgt eine Bestandsaufnahme der Forschung zur Bedeutung von Nachhaltigkeit im Kontext marktorientierter Unternehmensführung. Eine solche Bestandsaufnahme ist notwendig, um vorhandenes Wissen für eigene

---

378 Vgl. BERG et al. (2022): Attitude-Behavior-Gap im LEH, S. 4.

379 Vgl. ebd., S. 3.

380 Vgl. ebd., S. 160.

381 Vgl. ebd., S. 160 & CERRI/ THØGERSEN/ TESTA (2019): Social Desirability and Sustainable Food Research, S. 136.

382 Vgl. MILOVANOV (2015): Marketing and Sustainability: Identifying the Profile of Green Consumers, S. 55.

383 Vgl. LUDIN/ WELLBROCK (2021): Verbraucherökonomische Grundlagen eines nachhaltigen Konsums, S. 6. *„Nachhaltiger Konsum kann dann über die Verbrauchermacht langfristig zu einer Änderung des Produktangebots bei den Herstellern führen, wenn nachhaltige Produkte bevorzugt und nicht nachhaltige Produkte gemieden werden."*

Forschungszwecke zu systematisieren[384]. Für zielführende Ergebnisse sollte die Bestandsaufnahme systematisch durchgeführt werden. Das Vorgehen in dieser Arbeit orientiert sich dabei am Ablaufschema des beschreibenden Reviews (Abbildung 15)[385].

---

384 Vgl. HART (2018): Doing a Literature Review, S. 10.

385 Ein systematischer Literature Review dient dazu, Literatur sowie zugehörige Themen, Fragestellungen und theoretische Inhalte in einem bestimmten Feld zu organisieren, zu bewerten und zielorientiert zu konsolidieren (vgl. CROSSAN/APAYDIN (2010): A Multi-Dimensional Framework of Organizational Innovation: A Systematic Review of the Literature, S. 1155 & HALEEM et al. (2022): Sustainable Management Practices and Stakeholder Pressure, S. 1970). Der Prozess eines Literature Reviews im Sinne einer klar erkennbaren und stringent verfolgten Systematik ist entscheidendes Qualitätskriterium für die Arbeit mit bestehender Literatur (vgl. ROWE (2014): What Literature Review is Not: Diversity, Boundaries and Recommendations, S. 246). Dabei können verschiedene Typen von Literature Reviews anhand der vier Dimensionen Ziel, Umfang, Systematizität (im Sinne von Inklusionskriterien der Literaturauswahl) und Argumentationsstrategie unterschieden werden (vgl. ebd., S. 243 ff.): Die Dimension Ziel kann beschreibender, verstehender oder erklärender Natur sein. Der Umfang eines Literature Reviews kann sich auf ein spezifisches Problem, einen bestimmten Themenbereich oder eine ganze Forschungsdisziplin beziehen. Systematizität bedeutet, eine in Abhängigkeit von den ersten beiden Dimensionen definierte Datenbasis an Artikeln anhand von Inklusionskriterien systematisch und nachvollziehbar zu bewerten und so für das weitere Vorgehen relevante Artikel auszuwählen. Die Argumentationsstrategie beinhaltet die logische Zusammenführung und neue Interpretation vorhandener Literatur und kann anhand der Ausprägungen von Ziel und Umfang als beschreibende, verstehende oder erklärende Argumentationsstrategie unterschieden werden. Die aus diesen Dimensionen hervorgehenden Typen von Literature Reviews sind der beschreibende Literature Review (rein beschreibende Analyse), der verstehende Review, auch New-Framework-Based Review genannt (beschreibende Analyse und kritische Konsolidierung der bestehenden Literatur auf Basis einer vorherigen Kategorieselektion, um neue Erkenntnisse zu gewinnen und einen aussagekräftigen Beitrag zur bestehenden Forschung zu leisten) und der erklärende Review (beschreibende Analyse, Kategorieselektion und Datenauswertung im Sinne einer Theoretisierung) (vgl. ebd., S. 248).

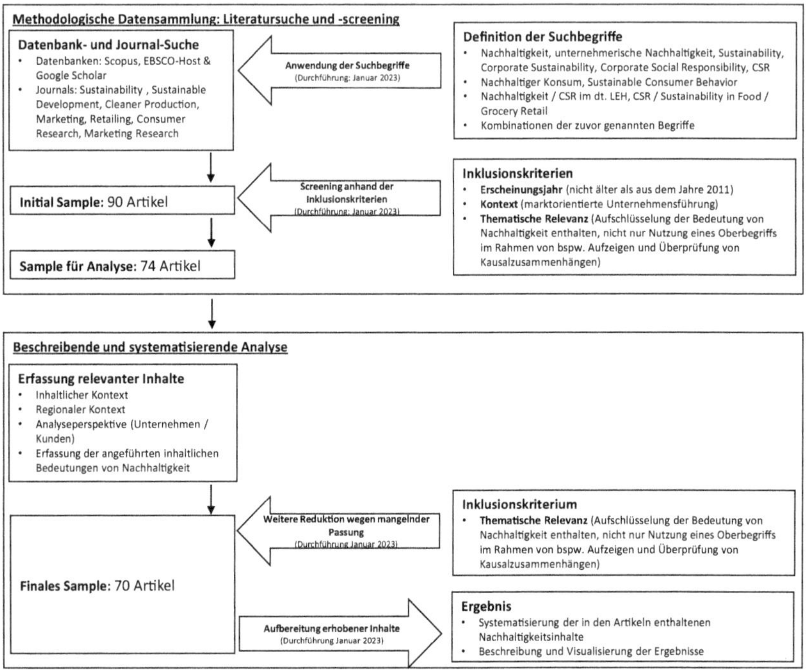

Abbildung 15: Vorgehen zur Bestandsaufnahme der Forschung[386]

386 Vgl. HIEBL (2021): Sample Selection in Systematic Literature Reviews of Management Research, S. 5 ff., SIDDAWAY/ WOOD/ HEDGES (2019): How to Do a Systematic Review: A Best Practice Guide, S. 765 ff. & FINK (2010): Research Literature Reviews: From the Internet to Paper, S. 16 ff. Die 70 Artikel des finalen Samples thematisieren in allen Fällen Nachhaltigkeit im Kontext marktorientierter Unternehmensführung. Sie stammen aus den Jahren 2011 bis 2022 und umfassen zwei Conference Proceedings, ein Working Paper, drei Buchkapitel, drei Projektreports, eine These und 60 klassische Journal Artikel. Rund 50 % der betrachteten Artikel wurden in den Jahren 2018 bis 2022 veröffentlicht. In Bezug auf den inhaltlichen Kontext der Artikel lässt sich festhalten, dass rund 28 % sich auf den Lebensmittelhandel im engeren oder weiteren Sinne beziehen, 15 % auf Lebensmittel ohne Handelskontext und 18 % übergeordnet auf FMCG. Die übrigen 39 % haben als inhaltlichen Kontext Dienstleistungen, Tourismus, Gastronomie, Handel ohne Bezug zu Lebensmitteln oder produzierendes Gewerbe oder

Die in den Artikeln erfassten Nachhaltigkeitsbedeutungen lassen sich nach drei Kategorien systematisieren: Inhaltliche Dimensionen, Dimensionen der Nachhaltigkeitsimplementierung und Stakeholder-bezogene Dimensionen. Die Kategorien und Dimensionen sind dabei nicht unabhängig, sondern, wie in Abbildung 16 visualisiert, interdependent und beeinflussen sich gegenseitig.

der inhaltliche Kontext wird nicht direkt ersichtlich. In Bezug auf den regionalen Kontext beziehen sich 14 % der Artikel auf den deutschen Markt, 30 % auf europäische (ohne Deutschland) und 19 % auf nicht-europäische Länder. Bei 37 % der Artikel wird der regionale Kontext nicht ersichtlich. Zudem lassen sich die Artikel danach unterscheiden, aus welcher Perspektive Nachhaltigkeit im Kontext marktorientierter Unternehmensführung im Artikel analysiert wird: 66 % der Artikel betrachten diese aus Kunden-, 34 % aus Unternehmensperspektive.

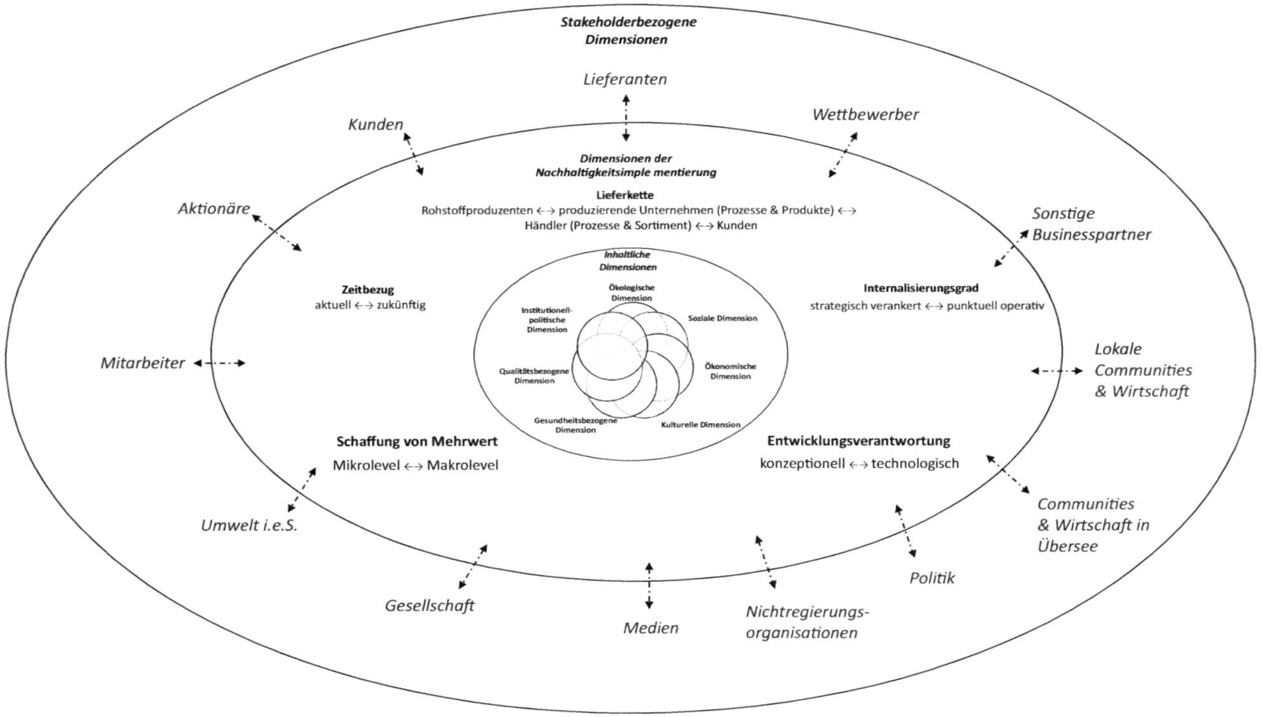

Abbildung 16: Bedeutung von Nachhaltigkeit im Kontext marktorientierter Unternehmensführung

Im Rahmen **inhaltlicher Dimensionen** zeigt sich, dass die Nachhaltigkeitsinhalte überwiegend den Dimensionen ökologischer, sozialer und ökonomischer Nachhaltigkeit zugeordnet werden können. In einigen Artikeln werden diese um institutionell-politische, kulturelle, gesundheits- oder qualitätsbezogene Dimensionen ergänzt.

Die **Dimensionen der Nachhaltigkeitsimplementierung** beinhalten Zeitbezug (aktuell vs. zukünftig), Internalisierungsgrad im Unternehmen (strategisch verankert vs. punktuell operativ), Schaffung von Mehrwert (auf Mikrolevel für einzelne Personen vs. auf Makrolevel für die gesamte Gesellschaft oder den ganzen Planeten), Weitentwicklungsverantwortung des Unternehmens für den Fortschritt von Nachhaltigkeit (konzeptionell vs. technologisch) und Lieferkette (von Rohstoffproduzenten über Hersteller, Händler, bis hin zu Kunden).

Die **Stakeholder-Dimension** unterscheidet Mitarbeiter (interne Anspruchsgruppe) sowie Aktionäre, Kunden, Lieferanten, Wettbewerber und andere Geschäftspartner, lokale Communities und lokale Wirtschaft, aber auch Communities und Wirtschaft in Übersee, die Gesellschaft, Nichtregierungsorganisationen, Politik, Medien[387] und zuweilen die Umwelt i.e.S. (externe Anspruchsgruppen).

Werden die analysierten Artikel separat danach betrachtet, ob sie aus Unternehmens- oder Kundenperspektive verfasst wurden, zeigt sich, dass die Bedeutung von Nachhaltigkeit aus Unternehmensperspektive umfassender ist als die aus Kundenperspektive[388].

---

387 Die Anspruchsgruppe „Medien“ wirkt in erster Linie über die Mechanismen direkte Medienexposition (direkte Erwähnung bspw. eines Unternehmens oder Themas), Mediensichtbarkeit (Häufigkeit der Thematisierung bspw. eines Unternehmens oder Themas) und Framing (positive oder negative Tonalität der Berichterstattung zu bspw. einem Unternehmen oder Thema) (vgl. HARTMANN (2021): Toward a More Complete Theory of Sustainable Supply Chain Management: The Role of Media Attention, S. 532 f.).

388 Artikel aus Kundenperspektive beinhalten bspw. keine politisch-institutionelle oder kulturelle inhaltliche Perspektive. In Bezug auf die Dimension der Nachhaltigkeitsimplementierung sind nur Mikro- und Makrowertschaffung, Lieferkette und Entwicklungsverantwortung enthalten. In Bezug auf die Stakeholder-Dimension gibt es keine Unterschiede.

Für das Thema dieser Arbeit einschlägig relevante Artikel, die die Bedeutung von Nachhaltigkeit aus Shopperperspektive im dt. LEH thematisieren, befinden sich unter den 70 Artikeln des finalen Samples keine. Zwei Artikel fokussieren Nachhaltigkeit im dt. LEH, allerdings aus Händlerperspektive. Ein Artikel thematisiert die Shopperperspektive in Deutschland, allerdings werden hier FMCG-Produkte (inkl. Lebensmittel) ohne Bezug zum Handel thematisiert. Trotz dieser Einschränkungen der Perspektive bildet die folgende Abbildung 17 die in diesen drei Artikeln enthaltenen Bedeutungen von Nachhaltigkeit ab, um ein erstes Bild zu skizzieren. Dabei fällt auf, dass vor allem Recycling aus Kundenperspektive einen sehr hohen Stellenwert hat[389]. Des Weiteren verbinden Kunden Nachhaltigkeit überwiegend mit ökologischen Aspekten[390].

389 Vgl. KPMG (2022): Consumer Barometer – Fokusthema Nachhaltigkeit, S. 12.
390 Vgl. ebd., S. 12.

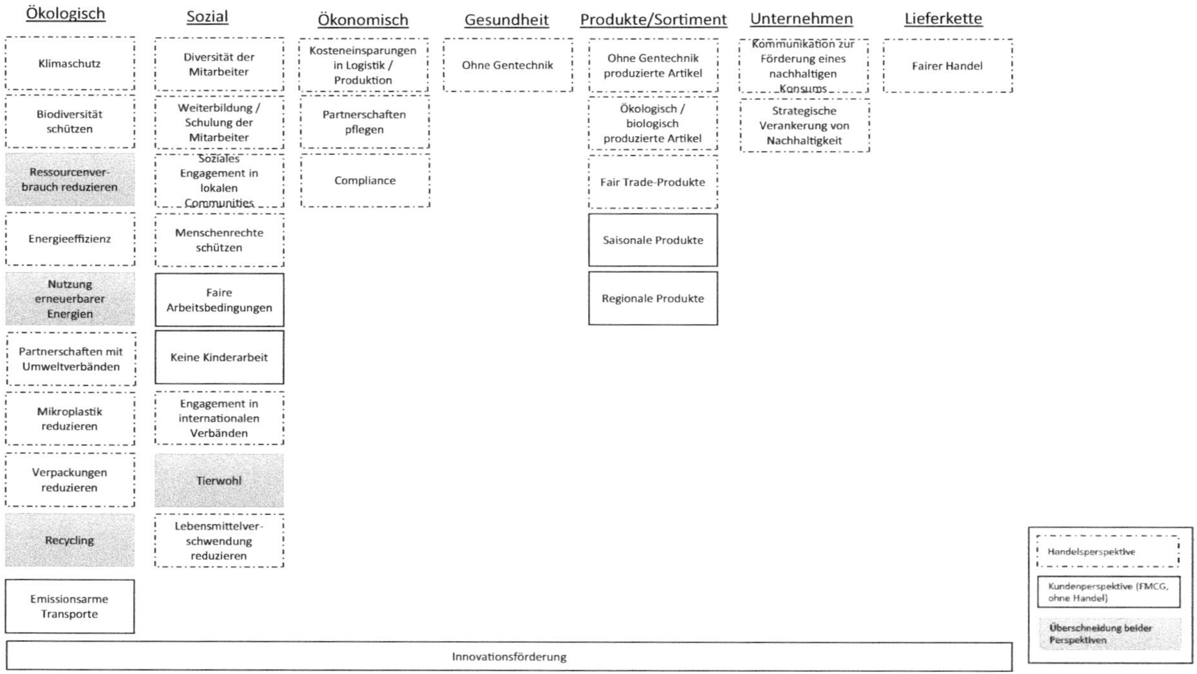

Abbildung 17: Beispiele für die Bedeutung von Nachhaltigkeit im Kontext LEH & FMCG[391]

391 Eigene Darstellung basierend auf BISSINGER/ TEUBER (2020): Food Retail 2019 – Digitalisierung und Nachhaltigkeit als zentrale Herausforderung des deutschen Lebensmitteleinzelhandels, S. 138, SCHRAMM-KLEIN (2018): Corporate Social Responsibility in the German Food Retailing Industry, S. 51 f. & KPMG (2022): Consumer Barometer – Fokusthema Nachhaltigkeit, S. 12.

Abschließend lässt sich festhalten, dass die Bedeutung von Nachhaltigkeit nach inhaltlichen Dimensionen (was), Dimensionen der Nachhaltigkeitsimplementierung (wo und wie) und Dimensionen der Stakeholder (in Bezug auf wen) kategorisiert werden kann. Dabei gibt es jedoch Unterschiede in den Ausprägungen der einzelnen Dimensionen zwischen Unternehmen und Kunden sowie nach Branchen.

2.1.3 Nachhaltigkeit im filialisierten, stationären Lebensmitteleinzelhandel in Deutschland

Nachdem in den vorherigen Kapiteln die Grundlagen des Handelsverständnisses und der Nachhaltigkeit als Bestandteil marktorientierter Unternehmensführung aufgearbeitet wurden, wird in diesem Kapitel der Status quo von Nachhaltigkeit im dt. LEH dargestellt. Abbildung 18 gibt dazu als erstes einen Überblick über die relevanten Anspruchsgruppen, die als Nachhaltigkeitstreiber in der Branche fungieren.

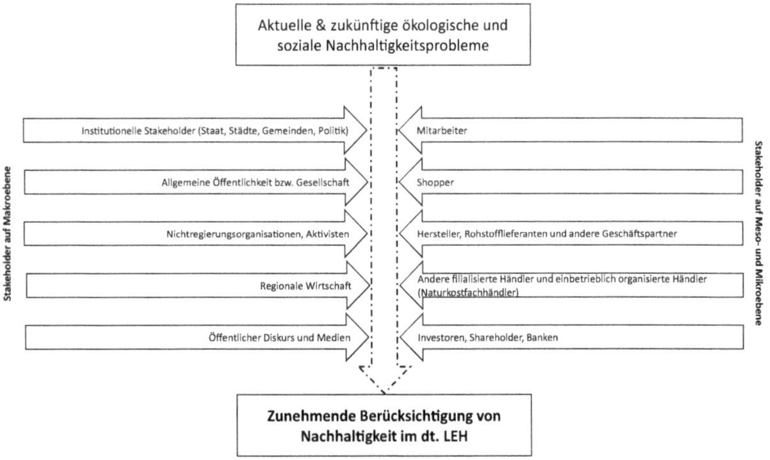

Abbildung 18: Stakeholder als Nachhaltigkeitstreiber im dt. LEH[392]

392 Eigene Darstellung in Anlehnung an OSRANEK (2017): Nachhaltigkeit in Unternehmen, S. 137 f., LEHNER (2015): Sustainability in Store, S. 36 & DÜRR (2013): Nachhaltigkeit im Handel, S. 52. „*The stakeholder view stresses the importance for retailers to identify relevant stakeholders and understand their expectations towards the retailer to guarantee a retailer's long-term 'license to operate'. Stakeholders compete for influence over the retailer's work with SCP [sustainable consumption and production]*" (LEHNER (2015): Sustainability in Store, S. 32).

Wie in Kapitel 1.1 aufgezeigt, ist der Bedeutungszuwachs von Nachhaltigkeit im dt. LEH vor allem auf die aus der gesellschaftlichen Debatte resultierenden, zunehmenden politischen und gesetzlichen Regulierungen sowie auf ein zunehmendes ökologisches und soziales Bewusstsein der Shopper zurückzuführen. Speziell die in Kapitel 2.1.2.2 als institutionell benannten Stakeholder haben im Kontext von Ersterem die Möglichkeit, regulierend einzugreifen. Dabei gibt es verschiedene formelle Anreize für nachhaltigkeitsorientiertes unternehmerisches Handeln: Rechtsverbindliche Bestimmungen (gesetzliche Vorgaben und staatliche Anreize), Prinzipien, Richtlinien, Standards und Bewertungsinstrumente, deren Verpflichtungsgrade sich aus der Relevanz der ausgebenden Instanz, den zugehörigen Konsequenzen bei Nichteinhaltung sowie dem Detailgrad der Vorgaben ergeben[393]. Tabelle 7 skizziert diese und gibt allgemeine Beispiele.

Tabelle 7: Formelle Anreize für nachhaltigkeitsorientiertes unternehmerisches Handeln[394]

Formeller Anreiz	Erläuterung	Verpflichtungsgrad	Beispiele
Rechtsverbindliche Bestimmungen durch gesetzliche Regelungen auf lokaler, nationaler, EU- oder internationaler Ebene	• Gesetzliche Vorgaben, um negatives Handeln zu unterbinden	• Stärkste Wirksamkeit der Verhaltensregulierung durch Strafe bei Nichteinhaltung • Auch wenn die Genauigkeit allgemein hoch ist (bspw. Arbeitssicherheitsgesetz, Schutz der physischen und psychischen Gesundheit von Arbeitnehmern), ist der Detailgrad in Bezug auf erwünschte Verhaltensweisen (welche konkreten Aktivitäten dazu beitragen) gering	• Kreislaufwirtschaftsgesetz • Klimaschutzgesetz • Arbeitssicherheitsgesetz • Erneuerbare-Energien-Gesetz • Allgemeines Gleichbehandlungsgesetz • Lieferkettensorgfaltspflichtengesetz • Verpackungsgesetz
	• Staatliche Anreize zur Belohnung bei positivem nachhaltigkeitsorientiertem unternehmerischem Handeln	• Freiwillig, keine Konsequenzen bei Nichteinhaltung • Detailgrad gering	• Steuererleichterungen bei sozialen Spenden • Investitionszulagen bei Aufrüstung der Energieeffizienz
Prinzipien	• Wirkung durch Leitbilder, die auf Unternehmensebene (bspw. in Unternehmenskultur oder Unternehmensstrategie) konkretisiert werden	• Freiwillig, keine Konsequenzen bei Nichteinhaltung • Detailgrad hoch	• Verantwortungs-, Kreislauf- und Kooperationsprinzip (siehe dazu auch Kapitel 2.1.2.1) • Company Oriented Sustainability-Concept (Hilfestellung für einen Beitrag zu nachhaltiger Entwicklung) • Product Sustainability Assessment-Concept (Entscheidungshilfe für nachhaltige Produkt- und Dienstleistungsentwicklung)
Richtlinien	• Empfehlungen für Verhaltensweisen, mit denen Unternehmen nachhaltigkeitsorientiert unternehmerisch handeln können • Häufig als Sammlung erwünschter Verhaltensweisen in einem Verhaltenskodex bzw. Code of Conduct zusammengefasst	• Bekennen sich Unternehmen zu einer Richtlinie oder wollen einem Code of Coduct beitreten, müssen sie sich zu den zugehörigen Inhalten bzw. Richtlinien bekennen (freiwillige Selbstverpflichtung) und jährlich über ihren Umsetzungsfortschritt berichten bzw. Abweichungen begründen (Entsprechenserklärung) • Da die Einhaltung der Richtlinien nicht offiziell überprüft wird, ist der Verpflichtungscharakter indirekt • Veröffentlichung und Transparenz dienen als Verpflichtungsmechanismus zur Umsetzungsdurchsetzung • Detailgrad hoch	• UN Global Compact • Deutscher Corporate Governance Kodex • Richtlinie zur Nachhaltigkeitsbericht-erstattung (Corporate Sustainability Reporting Directive, EU-Ebene) • Richtlinie (EU) 2018/851 zur Änderung der Richtlinie 2008/98/EG (Abfallrahmenrichtlinie)
Standards	• Bauen auf Richtlinien auf und erweitern diese durch konkrete, überprüfbare Kriterien • Von Normierungsorganisationen (bspw. Deutsches Institut für Normierung) veröffentlichte Standards werden als Normen bezeichnet	• Externe Überprüfung durch Auditoren macht Standards verbindlich: Wollen sich Unternehmen zertifizieren lassen, sind die Vorgaben verpflichtend • Detailgrad sehr hoch	• AccountAbility 1000 (AA 1000): Priciple of Inclusivity, Principle of Materiality, Principle of Responsiveness • Social Accountability 8000 (SA 8000): u.a. Standards zu Arbeitsbedingungen, Vereinigungsfreiheit, Verbot von Kinderarbeit, Diskriminierung • Öko-Tex Standard 100
Bewertungsinstrumente	• Auf Basis von Standards entwickelt • Zeigen mittels Kennzahlen auf, was im Rahmen von nachhaltigkeitsorientiertem unternehmerischem Handeln gemacht werden sollte	• Durch Kennzahlen genau überprüfbar, ob und wie die angestrebten Verhaltensweisen tatsächlich realisiert werden • Wollen sich Unternehmen bewerten lassen, sind die Vorgaben verpflichtend • Detailgrad sehr hoch	• Dow Jones Sustainability World Index • Sustainability Balanced Scorecard

393 Vgl. OSRANEK (2017): Nachhaltigkeit in Unternehmen, S. 93. Je höher der Verpflichtungsgrad einer Maßnahme ist, desto weniger eignet sich diese dazu, im Rahmen der Differenzierung gegenüber dem Wettbewerb genutzt zu werden, da sie von allen Akteuren gleichermaßen erfüllt werden müssen und von den Shoppern als Mindeststandard erwartet wird.

394 Eigene Darstellung in basierend auf OSRANEK (2017): Nachhaltigkeit in Unternehmen, S. 93 ff.

Im Kontext des dt. LEH werden auf dieser Basis aufgrund ihrer Aktualität in der öffentlichen Debatte im Folgenden das Verbot von Einwegplastiktüten und das Lieferkettensorgfaltspflichtengesetz als gesetzliche Vorgaben sowie die Richtlinie zur Nachhaltigkeitsberichterstattung und der Pakt gegen Lebensmittelverschwendung beispielhaft erläutert.

Nachdem seit Januar 2016 Einwegplastiktüten nur noch gegen Bezahlung vom Handel herausgegeben werden durften, sind diese seit Januar 2022 in Deutschland verboten, um Ressourcenverschwendung und Umweltverschmutzung zu reduzieren[395]. Die zugehörige Gesetzesregelung wurde im Rahmen eines Gesetzes zur Änderung des **Verpackungsgesetzes** bereits im Jahre 2020 beschlossen[396]. Bei Verstößen gegen das Verpackungsgesetz sind Bußgelder bis zu 200.000 Euro möglich[397].

Mit dem im Januar 2023 in Kraft getretenen **Lieferkettensorgfaltspflichtengesetz** wird die unternehmerische Verantwortung zur Einhaltung von Menschenrechten[398] in globalen Lieferketten basierend auf einem abschließenden Katalog von elf international anerkannten Menschenrechtsübereinkommen für Unternehmen mit mehr als 3.000 (ab 2024 mehr als 1.000) Mitarbeitern im Inland geregelt[399]. Bußgelder können sich bei Verstoß auf bis zu acht Millionen Euro oder 2 % des weltweiten Jahresumsatzes belaufen[400]. Das Gesetz ist für Händler des dt. LEH besonders relevant, da sie, wie in Kapitel 2.1.1.2 aufgezeigt, aufgrund ihrer Kernleistungen Sortimentsbildung und -umschlag mit einer großen Anzahl vorgelagerter Akteure im Rahmen der sehr komplexen

395 Vgl. BUNDESMINISTERIUM FÜR UMWELT – NATURSCHUTZ – NUKLEARE SICHERHEIT – VERBRAUCHERSCHUTZ (2020a): Plastiktüten-Verbot.

396 Vgl. BUNDESRAT (2020): Erstes Gesetz zur Änderung des Verpackungsgesetzes.

397 Vgl. BUNDESMINISTERIUM FÜR UMWELT – NATURSCHUTZ – NUKLEARE SICHERHEIT – VERBRAUCHERSCHUTZ (2020a): Plastiktüten-Verbot. Siehe dazu auch § 36 Verpackungsgesetz.

398 Bspw. Schutz vor Kinderarbeit, Zwangsarbeit und Diskriminierung, Schutz vor Landraub, Arbeits- und Gesundheitsschutz, Recht auf faire Löhne, Recht, Gewerkschaften zu bilden, Schutz vor umweltrechtlichen Verstößen.

399 BUNDESMINISTERIUM FÜR ARBEIT UND SOZIALES (n.d.-d): Gesetz über die unternehmerischen Sorgfaltspflichten in Lieferketten.

400 Vgl. ebd.

und dynamischen Lebensmittellieferkette in Interaktion stehen[401] und ihnen in diesem Kontext eine Schlüsselrolle zukommt[402].

Im Rahmen der **Richtlinie zur Nachhaltigkeitsberichterstattung** ist geregelt, dass Stakeholder großer Unternehmen von öffentlichem Interesse mit mehr als 500 Beschäftigten[403] regelmäßig und einheitlich standardisiert, anhand klar definierter und vergleichbaren Kriterien und Kennzahlen, über deren „*zentrale Strategien, Maßnahmen und Fortschritte in den drei Bereichen Ökonomie, Ökologie und Gesellschaft [informiert werden, um] auch langfristige Entwicklungen und Fort- oder Rückschritte auf einen Blick [zu] erkennen*“[404]. Betroffene Unternehmen sind verpflichtet, Informationen darüber offenzulegen, wie sie sozialen und ökologischen Herausfordern begegnen, damit ihre Stakeholder auf dieser Basis ihre nichtfinanziellen Leistungen einschätzen können[405]. Geregelt ist dies in der europäischen Corporate Sustainability Reporting Directive, die Anfang Januar 2023 in Kraft getreten ist und konkrete Anforderungen und Standards der Nachhaltigkeitsberichterstattung von Unternehmen definiert[406]. Das zugehörige Gesetz, das die EU-Richtlinie im deutschen Recht verankert und verbindlich macht, soll im Januar 2024 in Kraft treten[407]. Entsprechend sind auch die in Kapitel 2.1.1.2 angeführten Händler der relevantesten Retail Brand des dt. LEH verpflichtet, jährlich Nachhaltigkeitsberichte zu veröffentlichen, da sie die Zahl von 500 Beschäftigten bei Weitem überschreiten[408].

---

401 Vgl. VOGEL (2022): Nachhaltige Lieferkettengestaltung im Lebensmitteleinzelhandel, S. 71, HERTEL/ ZENTES/ SCHRAMM-KLEIN (2011): Supply-Chain-Management und Warenwirtschaftssysteme im Handel, S. 8 & SCHRÖDER (2012): Handelsmarketing, S. 20 ff.

402 Vgl. SUSTAINABLE DEVELOPMENT COMISSION (2008): Green, Healthy and Fair, S. 6.

403 Vgl. EUROPEAN COMMISSION (n.d.): Corporate sustainability reporting.

404 BUNDESMINISTERIUM FÜR ARBEIT UND SOZIALES (n.d.-a): Standards der CSR-Berichterstattung.

405 Vgl. EUROPEAN COMMISSION (n.d.): Corporate sustainability reporting.

406 Vgl. BUNDESMINISTERIUM FÜR ARBEIT UND SOZIALES (n.d.-b): Corporate Sustainability Reporting Directive (CSRD). Sie spezifiziert und ersetzt die zuvor gültige Non-Financial Reporting Directive.

407 Vgl. RICHTER (2021): Nachhaltigkeitsreporting: Warum die neue EU-Richtlinie wegweisend ist.

408 Im dt. LEH haben sie die folgenden Beschäftigtenzahlen: Edeka im Jahre 2022 408.900 (vgl. EDEKA (2022): Viele Unternehmer. Ein Unternehmen), REWE im Jahre 2022 164.000 (vgl. REWE (2022): REWE als Arbeitgeber), Lidl im Jahre 2023 100.000 (vgl. LIDL (2023b): Unsere Geschichte – Einfach erfolgreich), ALDI SÜD im Jahre 2023 50.000 (vgl. ALDI SÜD (2023b): Arbeiten bei ALDI SÜD), Kaufland

Im Juni 2023 wurde der **Pakt gegen Lebensmittelverschwendung** geschlossen. Im Rahmen dieser Vereinbarung zwischen dem Bundesministerium für Ernährung und Landwirtschaft und 14 Unternehmen des Lebensmittelgroß- und -einzelhandels haben sich die unterzeichnenden Unternehmen zur Verringerung von Lebensmittelabfällen um 30 % bis 2025 und um 50 % bis 2030 verpflichtet[409]. Die Vereinbarung dient der Förderung des Kreislaufwirtschaftsgesetztes und konkretisiert dazu dessen Vorschriften mit Blick auf Lebensmittel[410]. Demnach kann sie als Richtlinie verstanden werden.

Es zeigt sich, dass die regulierenden Eingriffe institutioneller Stakeholder trotz variierendem Verpflichtungs- und Detailgrad großen Einfluss auf die Tätigkeit der agierenden Händler des dt. LEH und deren Interaktion mit den übrigen Stakeholdern, allen voran den Shoppern, haben. Darüber hinaus lässt sich festhalten, dass sich mit steigendem Verpflichtungsgrad einer Nachhaltigkeitsmaßnahme die Möglichkeit reduziert, sich über diese vom Wettbewerb zu differenzieren, da sie von allen Händlern gleichermaßen erfüllt werden muss und von den Shoppern als Mindeststandard erwartet wird[411]. Gepaart mit der Tatsache, dass Nachhaltigkeit zu einem shopperseitig wahrgenommenen Qualitätsfaktor im Sinne eines Gütekriteriums geworden ist, geht es für Händler des dt. LEH nicht mehr nur darum, die unterschiedlichen Verpflichtungsgrade zu erfüllen. Vielmehr ist es relevant, die darüberhinausgehenden Erwartungen der Shopper zu verstehen und in den Nachhaltigkeitsaktivitäten zu berücksichtigen, um shopperseitige Zufriedenheit und eine langfristige Differenzierung vom Wettbewerb zu erreichen[412].

Dies zeigt sich auch im Wandel, den die Branchenlandschaft des dt. LEH vollzogen hat: Hatten vor zehn Jahren überwiegend kleine, einbetrieblich organisierte Naturkostfachhändler oder Bio-Supermarktketten die

---

im Jahre 2023 90.000 (vgl. KAUFLAND (2023b): Wir für Sie), denn's Biomarkt im Jahre 2021 4.192 (vgl. STATISTA (2023e): Anzahl der Mitarbeiter von denn's Biomarkt in Deutschland) und Alnatura im Jahre 2021/2022 3.700 (vgl. STATISTA (2023d): Anzahl der Mitarbeiter von Alnatura in Deutschland).

409 Vgl. BUNDESMINISTERIUM FÜR ERNÄHRUNG UND LANDWIRTSCHAFT (2023): Pakt gegen Lebensmittelverschwendung. Die unterzeichnenden Unternehmen sind ALDI NORD, ALDI SÜD, CHEFS CULINAR, Edeka, HelloFresh, Kaufland, Lidl, Metro, Netto, Norma, Penny, Rewe, tegut und Transgourmet.

410 Vgl. ebd.

411 Vgl. OSRANEK (2017): Nachhaltigkeit in Unternehmen, S. 93.

412 Vgl. BUDDENDIEK (2020): LEH setzt verstärkt auf das Qualitätsmerkmal Nachhaltigkeit. Vgl. dazu auch LEHNER (2015): Sustainability in Store, S. 9: *„Stakeholders influence the priorities for retailers in sustainable consumption and production."*

Nachhaltigkeitsnische[413] inne, so integrieren heute Lebensmitteleinzelhändler aller Betriebsformen zunehmend soziale und umweltbezogene Mehrwerte[414]. Selbst Discounter, die mit ihrem auf Kosteneffizienz ausgerichteten Geschäftsmodell mit No Frills-Ansatz und aggressiver Preispolitik auf den ersten Blick eher konfliktär zu den Prinzipien der Nachhaltigkeit gesehen werden[415], bieten mittlerweile Bio-Artikel in ihrem Sortiment an und kommunizieren über effiziente Energienutzung, erneuerbare Energien oder Reduzierung von Plastik[416]. Auch wenn sowohl die Bio-Supermärkte als auch der Naturkostfachhandel bis 2020 stetig gewachsen sind[417], stehen sie unter besonderem Handlungs- und Margendruck, da Händler konventioneller Betriebsformen viele Aktivitäten der Pioniere[418] aufgreifen und sie schnell und massenkompatibel

---

413 Im praxisorientierten Marketingkontext beschreibt die Nische ein Angebot, das sich auf einen abgegrenzten Teil eines Gesamtmarktes bezieht und einen vergleichsweise hohen Grad an Spezialisierung und damit Differenzierung vom Wettbewerb aufweist (vgl. SCHÄFERS (2011): Konsumentenverhalten in Marktnischen, S. 39). Nischen werden häufig von kleineren Unternehmen besetzt. Die Zahlungsbereitschaft der Konsumenten in Nischen wird überwiegend als hoch angenommen (vgl. ebd., S. 40).

414 Vgl. STEIGEL et al. (2019): Strategieanalyse des deutschen Naturkostfachhandels, S. 4. *„Er [der ‚konventionelle' Lebensmitteleinzelhändler] verstärkt seine Position aber auch durch eine offensive Qualitätsstrategie, innerhalb derer er soziale, ökologische und ethische Werte kommuniziert und auch neue, nachhaltige Wertschöpfungsketten aufbaut"*.

415 Vgl. SABER (2019): Sustainable Retailing, S. 5. SABER (vgl. ebd., S. 55 f.) zeigt zudem in seiner Untersuchung auf, dass der Effizienzansatz der Discounter einen positiven Effekt auf Nachhaltigkeit haben kann und deren Geschäftsmodell zu Teilen aus sich selbst heraus nachhaltig ist: *„The differentiation between 'strong' and 'weak' sustainability emphasized that especially the limited assortment, smaller stores and less interior require a change in customers shopping habits and expectations. By following a no-frills approach, discounters changed those habits and expectations and can be regarded as pursuing 'strong' sustainability."*

416 Vgl. ebd., S. 6 ff.

417 Vgl. EHI RETAIL INSTITUTE (2022): EHI Handelsdaten aktuell, S. 92 & STATISTA (2023b): Umsatz im deutschen Naturkostfachhandel von 2013 bis 2022.

418 Speziell der Naturkostfachhandel wird als Pionier der Nachhaltigkeit im Lebensmitteleinzelhandel in Deutschland verstanden, da seine Händler ca. ab den Siebzigerjahren als erste Händler die *„alternative Bewegung entwickelten […], ‚anders zu wirtschaften', der Umweltzerstörung entgegenzutreten und sich (wieder) gesund zu ernähren. Möglichst naturbelassen, ökologisch und frei von Pestiziden, das war der Anspruch der Bio-Pioniere für eine gesunde Ernährung und*

umsetzen[419]. Die „konventionellen" Betriebsformen sind mittlerweile der bedeutendste Vertriebsweg für Biolebensmittel in Deutschland[420]. Auch wenn Bio-Supermärkte und Naturkostfachhändler, die als ganzheitlicher Gegenentwurf zum konventionellen Handel verstandenen werden[421], keinen direkten Druck auf den „konventionellen" Handel ausüben können, dienen sie als Vergleichsmaßstab dafür, was Shopper in Sachen Nachhaltigkeit vom „konventionellen" Handel erwarten können.

Die in der ersten Hälfte des Jahres 2023 bestehende wirtschaftliche Lage vor dem Hintergrund des Ukraine-Kriegs mit einer Inflationsrate bei Nahrungsmitteln und alkoholfreien Getränken von durchschnittlich 18,5 % gegenüber dem Vorjahr[422] hat gezeigt, dass der nachhaltige Konsum deutscher Shopper ausgebremst wurde[423]. Neben sinkender Zahlungsbereitschaft zeigt sich die Tendenz eines „Trading Downs": Es werden vermehrt günstigere Produktalternativen wie Handelsmarken gekauft und häufiger preisorientierte, „konventionelle" Betriebsformen wie Discounter gewählt[424]. Insbesondere das Umsatzwachstum der Bio-Supermärkte und des Naturkostfachhandels ist rückläufig[425]. Discounter dagegen konnten trotz Inflation ihren Umsatz mit Biolebensmitteln betriebsformenübergreifend um 3,2 % steigern[426]. Diese

---

umweltverträgliche Produktion" (BUNDESVERBAND NATURKOST NATURWAREN E.V. (2023): Die Bio-Erfolgsgeschichte).

419 Vgl. RHEINGOLD MARKTFORSCHUNGSINSTITUT (2019): Junge Käufer für den Fachhandel gewinnen.

420 Vgl. EHI RETAIL INSTITUTE (2022): EHI Handelsdaten aktuell, S. 90.

421 Vgl. FALTINS (2012): Betrachtung des Marktes für Bio-Lebensmittel in Deutschland, S. 27.

422 Vgl. DESTATIS (2023): Verbraucherpreisindex für Nahrungsmittel und alkoholfreie Getränke. Gemessen am Verbraucherpreisindex der ersten fünf Monaten des Jahres 2023.

423 Im Rahmen des Consumer Barometers von KPMG und IFH Köln aus dem Jahre 2022 geben 71 % der Befragten, denen das Thema Nachhaltigkeit wichtig ist, die Preissteigerungen bei Lebensmitteln als größte Herausforderung der Beibehaltung eines nachhaltigen Konsums an (vgl. UMWELTDIALOG (2022): Inflation bremst nachhaltigen Konsum). Vgl. dazu auch BERG et al. (2022): Attitude-Behavior-Gap im LEH, S. 6.

424 Vgl. ebd., S. 6.

425 Vgl. STATISTA (2022b): Nettoumsatz von Alnatura in den Geschäftsjahren 2006/07 bis 2021/22 & STATISTA (2023b): Umsatz im deutschen Naturkostfachhandel von 2013 bis 2022.

426 Vgl. BUND ÖKOLOGISCHER LEBENSMITTELWIRTSCHAFT (2023): Branchenreport 2023: Ökologische Lebensmittelwirtschaft, S. 24. *„Treibende Kraft*

Entwicklung setzt Naturkostfachhandel und Bio-Supermärkte weiter unter Druck. Auch wenn die Entwicklungen rückläufig sind, zeigen der Trendmonitor Deutschland 2023 und eine Studie der Dualen Hochschule Baden-Württemberg aus dem Jahre 2023, dass Nachhaltigkeitsaspekte im dt. LEH weiterhin wichtige Kriterien der Kaufentscheidung darstellen[427].

Nach diesem Einblick in die Situation der Nachhaltigkeit im dt. LEH gibt Abbildung 19 abschließend einen Überblick über die Nachhaltigkeitsthemenfelder der einzelnen Händler.

beim Bio-Umsatz war 2022 der Lebensmitteleinzelhandel, der seine Erlöse um 3,2 Prozent auf 10,2 Mrd. Euro erhöhte. […] Insbesondere die Discounter lockten die Kunden mit einem vergrößerten Angebot in die Läden. Die über die Coronazeit hinzugewonnen Haushalte blieben auch in der Inflation Bio treu, kauften aber preisbewusster ein. Die Umsätze mit Bio-Lebensmitteln stiegen vor allem bei den Discountern, auch wenn diese die Preise für viele Bio-Produkte deutlich anhoben. Die Vollsortimenter verloren nur wenig an Bio-Umsatz und hielten weitestgehend die Verbraucherpreise stabil. Frische- und Trockenprodukte entwickelten sich 2022 in ähnlichem Maße".

427 Vgl. ESSER (2023): Trendmonitor Deutschland: Inflation bremst nachhaltigen Konsum aus & BERG et al. (2022): Attitude-Behavior-Gap im LEH, S. 3.

Abbildung 19: Nachhaltigkeitsthemenfelder der relevantesten Händler des dt. LEH[428]

428 Eigene Darstellung basierend auf EDEKA (2023a): Wir übernehmen Verantwortung, REWE (2023a): Nachhaltigkeit: Gemeinsam für ein gutes Leben, LIDL (2023a): Auf dem Weg nach morgen – Verantwortung übernehmen!, ALDI SÜD (2023a): Heute für morgen, KAUFLAND (2023a): Unsre CSR-Identität, DENN'S BIOMARKT (2023a): Sei Teil einer besseren Welt & ALNATURA (2023a): Nachhaltigkeit bei Alnatura: Wie wir Nachhaltigkeit verstehen.

Es zeigt sich, dass die gesamte Branche des dt. LEH „*Nachhaltigkeit als […] zentrale gesellschaftliche Herausforderung wahrnimmt und verstärkt durch verschiedene Aktivitäten und Initiativen*“[429] adressiert. Speziell im dt. LEH, der die Vertrauens- und potemkinschen Eigenschaften von Lebensmitteln (Kapitel 2.1.1.2) und Nachhaltigkeit (Kapitel 2.1.2.4) vereint, gewinnt die in Kapitel 2.1.1.1 erwähnte Funktion der Retail Brands als Stellvertreter für die Gesamtleistung eines Händlers und von den Shoppern als glaubwürdig und vertrauensvoll wahrgenommener Kompetenzpartner an Bedeutung: Retail Brands bieten das Potenzial, durch den erfolgreichen Aufbau von positiver Nachhaltigkeitsreputation als übergeordnetes Signal einer kompetenten und glaubwürdigen Nachhaltigkeitsintegration zu dienen[430] und so Komparative Konkurrenzvorteile aufzubauen.

Allerdings zeigt sich auf Basis der in Abbildung 5, Kapitel 2.1.1.2 dargestellten Positionierungen dieser Retail Brands des dt. LEH, dass nur Alnatura und denn’s Biomarkt von Anfang an auf den ausschließlichen Vertrieb von Bio-Artikeln spezialisiert sind und Nachhaltigkeit im Sinne eines prozess-, sortiments- und einkaufsstättenbezogenen Erlebniswert in ihrer Positionierung als Erlebnisstrategie grundlegend verankert ist. Gemäß Tabelle 4 und Tabelle 5 in Kapitel 2.1.2.3 können ihre Nachhaltigkeitsstrategien aufgrund der proaktiven, unternehmensweiten Umsetzung als Pionierstrategien und sie durch ihre gleichzeitige, intensive Nachhaltigkeitskommunikation als Vocal Green Firms bezeichnet werden. Alnatura und denn’s Biomarkt können damit als „Pioniere“ der Nachhaltigkeit im dt. LEH verstanden werden[431], die sich durch ihre grundlegende Ausrichtung bereits eine positive Nachhaltigkeitsreputation erarbeitet haben.

---

429 BISSINGER/ TEUBER (2020): Food Retail 2019 – Digitalisierung und Nachhaltigkeit als zentrale Herausforderung des deutschen Lebensmitteleinzelhandels, S. 152.

430 Vgl. LEHNER (2015): Sustainability in Store, S. 92: „*Brands function on a macro-level, representing sustainability across the retail organization.*“ Vgl. dazu auch SWAEN/ DEMOULIN/ PAUWELS-DELASSUS (2021): Impact of Customers’ Perceptions Regarding Corporate Social Responsibility and Irresponsibility in the Grocery Retailing Industry, S. 710.

431 An dieser Stelle ist nochmal auf das für diese Arbeit relevante Verständnis des dt. LEH als filialisierter, stationärer Lebensmitteleinzelhandel zu verweisen. Würde dieser Blickwinkel auf den gesamten Lebensmitteleinzelhandel in Deutschland, inklusive der Fachgeschäfte des Naturkostfachhandels, ausgeweitet, wären Naturkostfachhändler die eigentlichen Pioniere der Nachhaltigkeit. Siehe dazu auch Fußnote 418.

Die konventionellen Händler dagegen haben Nachhaltigkeit erst durch die nachträgliche Ergänzung um Elemente einer nachhaltigkeitsbezogenen Erlebnisstrategie in ihre Positionierung integriert[432]. Für sie ist es daher schwierig, sich neben vertrauensvollen Nachhaltigkeitsakteuren wie Alnatura und denn's Biomarkt zu positionieren und Nachhaltigkeit, im Sinne von Nachhaltigkeitsreputation, glaubwürdig mit dem Image ihrer Retail Brands in Einklang zu bringen[433]. Entsprechend wird gerade diesen Händlern des dt. LEH häufiger Greenwashing vorgeworfen[434]. Wie eine Studie der Forschungsstelle für Category Management und Channel Management der Universität Duisburg-Essen aus dem Jahre 2022 zeigt, unterscheidet sich die Glaubwürdigkeit von Nachhaltigkeit zudem nach Retail Brands: Bspw. schreiben Shopper Edeka das nachhaltigste Markenimage zu, direkt gefolgt von REWE[435]. Lidl und ALDI SÜD werden als weniger nachhaltig wahrgenommen[436]. Zusammenfassend lässt sich festhalten, dass es die konventionellen Händler des dt. LEH, besonders die Discounter, für die Erlangung Komparativer Konkurrenzvorteile schaffen müssen, das Vertrauen der Shopper im Sinne der Wahrnehmung als glaubwürdiger und vertrauensvoller Kompetenzpartner in Sachen Nachhaltigkeit zu gewinnen.

2.2 Grundlagen der Qualitätsforschung

Das Forschungsphänomen Nachhaltigkeit als shopperseitig wahrgenommener Qualitätsfaktor im dt. LEH legt nahe, es vor dem Hintergrund des Qualitätsbegriffs zu betrachten. Die Auseinandersetzung mit den Grundlagen der Qualitätsforschung ist daher das zweite Element des konzeptionellen Bezugsrahmens und wird im Folgenden erläutert. In einem ersten Schritt wird dazu, im Sinne eines rahmengebenden Gerüstes, die Erfolgskette von Kundenbeziehungen vorgestellt,

432 Wie in Abbildung 5, Kapitel 2.1.1.2 dargestellt, werden die ursprünglichen Versorgungs- und Qualitätsstrategien von Edeka, REWE und Kaufland sowie die Discountstrategien von ALDI SÜD und Lidl u.a. durch die Integration und Fokussierung von Nachhaltigkeitsaspekten zunehmend zu Erlebnis- bzw. Erlebnis-Discount-Strategien.

433 Vgl. SCHRAMM-KLEIN (2018): Corporate Social Responsibility in the German Food Retailing Industry, S. 66.

434 Vgl. ebd., S. 66.

435 Vgl. SCHRÖDER (2022): Wahrnehmung von Nachhaltigkeit im Lebensmitteleinzelhandel.

436 Vgl. ebd.

die die aus der Sicherstellung überlegener Qualität resultierende erlössteigernde Wirkung abbildet[437].

Da vor dem Hintergrund eines zunehmend dynamischen Wettbewerbs langfristige Kundenbeziehungen eine notwendige Bedingung für Markt- und Wettbewerbsfähigkeit eines Unternehmens darstellen[438], zeigt die Erfolgskette von Kundenbeziehungen auf, welche unternehmerischen Maßnahmen welche psychologischen und verhaltensbezogenen Wirkungen beim Kunden auslösen und wie diese Markterfolg und ökonomisches Ergebnis beeinflussen (Abbildung 20).

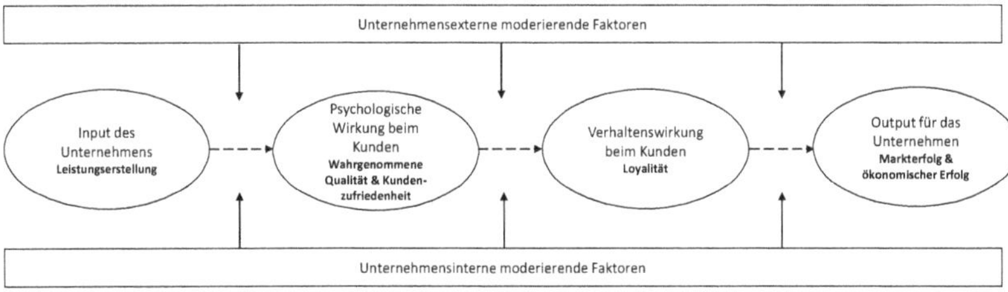

Abbildung 20: Grundstruktur der Erfolgskette von Kundenbeziehungen[439]

437 Vgl. BRUHN (2020): Qualitätsmanagement für Dienstleistungen, S. 8. Als Erfolgskette wird die Strukturierung erfolgsrelevanter Größen durch Verknüpfung in Verbindung stehender Variablen verstanden (vgl. BRUHN (2022): Relationship Marketing – Das Management von Kundenbeziehungen, S. 13 & 79).

438 Vgl. ebd., S. 103 & SIEFKE (1997): Zufriedenheit mit Dienstleistungen, S. 1. Kundenorientierung kann nur durch die konsequente Ausrichtung an den individuellen Wünschen und Bedürfnissen der Kunden erreicht werden (vgl. BRUHN (2022): Relationship Marketing – Das Management von Kundenbeziehungen, S. 3). Dies wiederum kann durch „Relationship Marketing" erreicht werden, das „*sämtliche Maßnahmen der Analyse, Planung, Durchführung und Kontrolle [umfasst], die der Initiierung, Stabilisierung, Intensivierung und Wiederaufnahme sowie gegebenenfalls der Beendigung von Geschäftsbeziehungen zu den Anspruchsgruppen – insbesondere zu den Kunden – des Unternehmens mit dem Ziel des gegenseitigen Nutzens dienen*" (ebd., S. 12).

439 Eigene Darstellung in Anlehnung an BRUHN (2022): Relationship Marketing – Das Management von Kundenbeziehungen, S. 82. Die Zusammenhänge innerhalb der Erfolgskette sind nie komplett eindeutig, da die Einflüsse einer Größe auf eine andere nie hundertprozentig sein können und sowohl unternehmensintern als auch -extern moderierende Faktoren auf die entsprechenden Zusammenhänge wirken.

Vor diesem Hintergrund ist Kundenloyalität[440] eine zentrale Zielgröße der Verhaltenswirkungen beim Kunden[441]. Zur Erklärung der Entstehung von Kundenloyalität gibt es vielfältige Forschungsansätze, die verschiedene vorgelagerte Konstrukte diskutieren und untersuchen. Überwiegend wird die Kundenzufriedenheit als notwendige Voraussetzung der Kundenloyalität betrachtet[442]. Die psychologische Wirkung der Kundenzufriedenheit ist eng verbunden mit der vom Kunden wahrgenommenen Qualität unternehmerischer Leistungserstellung[443]. Beide sind relevante Glieder der Erfolgskette und werden im Folgenden genauer betrachtet.

2.2.1 Der Qualitätsbegriff

Der Begriff Qualität stammt aus dem Lateinischen und bezeichnet die Beschaffenheit (qualis) oder die Güte (qualitas) von Dingen[444] und umfasst *„die Gesamtheit von Eigenschaften und Merkmalen [einer Sache], die sich*

440 Die freiwillige Bereitschaft der Kunden, weitere Käufe beim selben Anbieter zu tätigen bzw. dessen Leistungen erneut in Anspruch zu nehmen.

441 Vgl. ebd., S. 103 & MATTMÜLLER (2012): Integrativ-Prozessuales Marketing, S. 60. In der Literatur wird anstelle des Begriffs Loyalität auch Kundenbindung verwendet. Mattmüller (vgl. ebd., S. 60 f.) unterscheidet diese Begriffe wie folgt: Im Gegensatz zu echter Kundenloyalität zeichnet sich Kundenbindung dadurch aus, dass Folgekäufe auf langfristigen und nicht aufzukündigenden Verträgen oder hohen Investitionen beruhen (Gebundenheit), während echte Kundenloyalität freiwillig ist (Verbundenheit). Dementsprechend wird im Rahmen dieser Arbeit der Begriff Kundenloyalität verwendet.

442 Vgl. BRUHN (2022): Relationship Marketing – Das Management von Kundenbeziehungen, S. 80 ff., HOMBURG/ BECKER/ HENTSCHEL (2017): Der Zusammenhang zwischen Kundenzufriedenheit und Kundenbindung, S. 100 f., HOMBURG/ STOCK-HOMBURG (2016): Theoretische Perspektiven zur Kundenzufriedenheit, S. 9, HOMBURG/ BRUHN (2017): Kundenbindungsmanagement, S. 10 & STEFFEN (2006): Die Potenzialqualität von Dienstleistungen – Konzeptualisierung und empirische Prüfung, S. 2.

443 Vgl. BRUHN (2022): Relationship Marketing – Das Management von Kundenbeziehungen, S. 82, BRUHN/ MEFFERT/ HADWICH (2019): Handbuch Dienstleistungsmarketing, S. 156 & STEFFEN (2006): Die Potenzialqualität von Dienstleistungen – Konzeptualisierung und empirische Prüfung, S. 2.

444 Vgl. BRUHN/ MEFFERT/ HADWICH (2019): Handbuch Dienstleistungsmarketing, S. 342, KUSTERER (2008): Qualitätssicherung im Wissensmanagement, S. 24 & ZOLLONDZ (2011): Grundlagen Qualitätsmanagement, S. 12.

auf deren Eignung zur Erfüllung gegebener Erfordernisse bezieht“[445]. Bereits im lateinischen Ursprung des Begriffs ist eine Dualität der Eignung erkennbar. Während das objektive Qualitätsverständnis von Beschaffenheit neutral beschreibt, welche objektiv bestimmbaren Eigenschaften oder Ausprägungen ein Untersuchungsobjekt aufweist und an harten Qualitätsmerkmalen[446] absolut gemessen werden kann[447], ist das subjektive Qualitätsverständnis besonderer Güte eine relative Qualitätsperspektive, die sich auf den von einer Person individuell wahrgenommen[448] zu erfüllenden Zweck einer Sache bezieht[449] und aufgrund weicher Qualitätsmerkmalen[450] nicht direkt messbar ist[451]. Da für den Markterfolg von Unternehmen das subjektive Qualitätsempfinden der Kunden ausschlaggebend ist, wird der Begriff in diesem Kontext im

---

445 BRUHN/ MEFFERT/ HADWICH (2019): Handbuch Dienstleistungsmarketing, S. 343.

446 Harte Qualitätsmerkmale sind quantitativ bewertbar und somit intersubjektiv nachvollziehbar (vgl. STERNAD/ MÖDRITSCHER (2018): Qualitatives Wachstum, S. 30).

447 Vgl. STERNAD/ MÖDRITSCHER (2018): Qualitatives Wachstum, S. 18: „*Grad, in dem ein Satz inhärenter Merkmale Forderungen erfüllt*“. Dieses Verständnis basiert auf der Qualitätsmanagement-Norm ISO 9000 (DIN EN ISO 9000:2015-11).

448 „*Die Wahrnehmung umfasst den Prozess der Aufnahme und Auswahl von Informationen sowie ihre Verfügbarmachung für die weitere Verarbeitung. ‚Wahrnehmen‘ bedeutet demnach, Gegenstände, Vorgänge oder Sachverhalte in bestimmter Weise zu sehen, zu hören, zu tasten, zu riechen, zu empfinden sowie zu schmecken und dieses (subjektive) Erleben zu interpretieren*“ (HALLER/ WISSING (2020): Dienstleistungsmanagement, S. 62).

449 „*Gute Qualität im Sinne einer besonderen Güte bzw. einer im Auge des jeweiligen Betrachters besonders ‚guten‘ oder ‚hochwertigen‘ Beschaffenheit eines bestimmten Betrachtungsgegenstandes*“ (KUSTERER (2008): Qualitätssicherung im Wissensmanagement, S. 18). Vgl. dazu auch STERNAD/ MÖDRITSCHER (2018): Qualitatives Wachstum, S. 18: „*Bewertung der Güte der Summe der Eigenschaften eines bestimmten Untersuchungsobjektes.*“

450 Weiche Qualitätsmerkmale sind nicht quantitativ bewertbar, sondern werden im Sinne einer subjektiven und individuellen Wertzuschreibung bewertet. Diese Wertzuschreibung ist abhängig von Kontext und Perspektive des Betrachtenden, kann aber von verschiedenen Personen ähnlich wahrgenommen werden (vgl. STERNAD/ MÖDRITSCHER (2018): Qualitatives Wachstum, S. 30).

451 Vgl. KUSTERER (2008): Qualitätssicherung im Wissensmanagement, S. 24. Vgl. dazu auch ZOLLONDZ (2011): Grundlagen Qualitätsmanagement, S. 25 & PARASURAMAN/ ZEITHAML/ BERRY (1988): SERVQUAL, S. 25.

Sinne der subjektiven Gütebewertung als Erfüllung von deren Erwartungen verstanden[452].

2.2.1.1 *Das Qualitätsverständnis im Unternehmenskontext*

Qualität im Unternehmenskontext wird verstanden als „*die von wesentlichen Anspruchsgruppen wahrgenommene Güte der Ergebnisse, die ein Unternehmen erzielt*[453]*, sowie als Voraussetzung dafür die Qualität des Handelns der Akteure im Unternehmen*[454] *sowie der Partner entlang der Wertschöpfungskette*“[455]. Zur Erreichung hoher unternehmerischer Leistungsqualität sollten Unternehmen die richtigen Aktivitäten und Entscheidungen (Effektivität) in eine bestmögliche Abfolge bringen (Effizienz)[456]. Zudem sollten alle Aktivitäten, Prozesse und Entscheidungen sowohl mit der strategischen Unternehmensausrichtung als auch auf die vorhandenen Unternehmensfähigkeiten abgestimmt werden[457].

Da Wahrnehmung von und Erwartungen an Qualität im Unternehmenskontext abhängig vom Kontext des Betrachtungsobjekts und der Perspektive der jeweiligen Anspruchsgruppen sind[458], sollten Unternehmen, wie bereits im Rahmen des Stakeholder-Managements in Kapitel 2.1.2.2 gefordert, regelmäßig hinterfragen, welche Erwartungen diese haben und wie sie die Qualität des

---

452 Vgl. STERNAD/ MÖDRITSCHER (2018): Qualitatives Wachstum, S. 18 & HALLER/ WISSING (2020): Dienstleistungsmanagement, S. 65. Vgl. dazu auch HALLER/ WISSING (2020): Dienstleistungsmanagement, S. 54: Erwartungen „*beziehen sich auf mehr oder minder klare Zielvorstellungen und bestimmen das Verhalten und Erleben. Es handelt sich demnach bei Erwartungen um vorstellungsmäßige Vorwegnahmen von zukünftigen Ereignissen, die erwartet, gewollt, gewünscht, erhofft, befürchtet oder vermutet werden.*“

453 Auch als unternehmerische Leistungsqualität bezeichnet.

454 Der Leistungsqualität zugrunde liegt die Prozessqualität (Qualität des Handelns), die die Summe der Entscheidungen und Aktivitäten in einem Unternehmen beschreibt, die zu einer bestimmten Leistungsqualität führen, z.B. Führungsqualität, Arbeitsqualität, Prozessqualität entlang der gesamten Wertschöpfungskette, etc. (vgl. STERNAD/ MÖDRITSCHER (2018): Qualitatives Wachstum, S. 26).

455 Ebd., S. 18.

456 Vgl. ebd., S. 17. Innerhalb des Unternehmens (funktions- und bereichsübergreifend) aber auch über die Unternehmensgrenzen hinweg (in den Interaktionen zu Anspruchsgruppen).

457 Vgl. ebd., S. 202.

458 Vgl. ebd., S. 28.

Unternehmens beurteilen[459]. Da die Erwartungen der Kunden[460] Grundlage unternehmerischen Handelns sind, stehen sie im Mittelpunkt des Qualitätsverständnisses. Kundenseitig wahrgenommene unternehmerische Leistungsqualität entsteht aus dem Abgleichsprozess zwischen Kundenerwartungen und der von ihnen wahrgenommenen unternehmerischen Leistung (Abbildung 21)[461].

459 Vgl. ebd., S. 17 f.

460 Vgl. HALLER/ WISSING (2020): Dienstleistungsmanagement, S. 54. Werden Erwartungen allgemein als *„psychologischer Zustand aufgefasst, der sich auf zukünftige Verhaltenskonsequenzen für [ein] Individuum bezieht"* (VAN RAAIJ (1991): The Formation and Use of Expectations in Consumer Decision Making, S. 401 f.; vgl. dazu auch BRUHN (2020): Qualitätsmanagement für Dienstleistungen, S. 268), beziehen sich Kundenenerwartungen speziell auf die *„Gesamtheit aller Vorstelllungen eines Kunden über das Spektrum einer Unternehmensleistung"* (SCHARNBACHER/ KIEFER (2003): Kundenzufriedenheit, S. 6). Kundenerwartungen konstituieren sich aus subjektbezogenen Nutzenerwartungen (subjektive Anforderungen, would be) und objektbezogenen Leistungserwartungen (vermutete Wahrscheinlichkeit des Auftretens eines bestimmten Leistungsniveaus, should be): *„... expectations consist of an estimate of the likelihood of an event plus an evaluation of the goodness or badness of the event"* (SPRENG/ MACKENZIE/ OLSHAVSKY (1996): A Reexamination of the Determinants of Consumer Satisfaction, S. 16). Vgl. dazu auch WIMMER/ ROLEFF (1998): Steuerung der Kundenzufriedenheit bei Dienstleistungen, S. 1244. Kundenerwartungen können von nachfrager- (z.B. persönlichen Bedürfnissen, (nicht) monetären Aufwänden, externen Umständen, situativen Faktoren), anbieter- (z.B. eigenen Erfahrungen mit dem Anbieter, Mund-zu-Mund-Kommunikation, Kommunikation des Anbieters) und wettbewerbsbezogenen (z.B. eigenen Erfahrung mit und Angebote von anderen Anbietern) Faktoren beeinflusst werden (vgl. BRUHN/ MEFFERT/ HADWICH (2019): Handbuch Dienstleistungsmarketing, S. 453 & HALLER/ WISSING (2020): Dienstleistungsmanagement, S. 54 ff.).

461 Vgl. KUSTERER (2008): Qualitätssicherung im Wissensmanagement, S. 28.

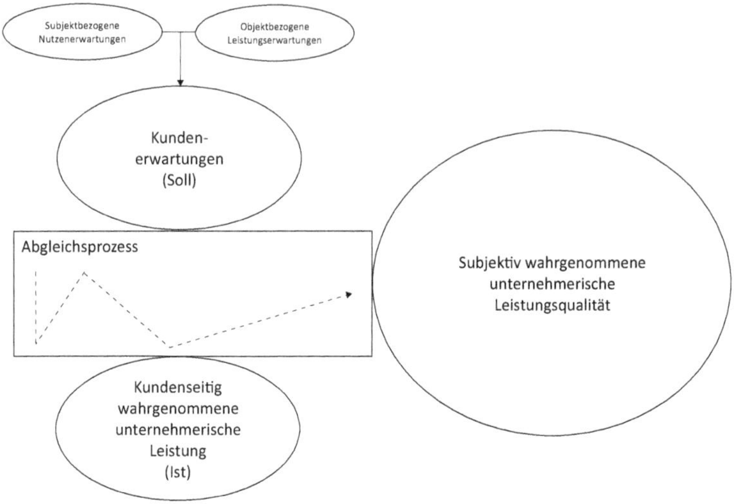

Abbildung 21: Entstehung von kundenseitig wahrgenommener Leistungsqualität[462]

Die kundenseitig wahrgenommene unternehmerische Leistungsqualität setzt sich grundlegend aus den Elementen kundenseitig wahrgenommener Produkt-, Dienstleistungs-, und Erlebnisqualität zusammen[463]. Da, wie in Kapitel 1.1 aufgezeigt, auch Nachhaltigkeit ein aus Kundensicht zunehmend relevantes Qualitätsmerkmal von Unternehmen darstellt, kann auch Nachhaltigkeitsqualität als Bestandteil unternehmerischer Leitungsqualität verstanden werden. Sie ist inzwischen ein *„integraler Bestandteil dessen, was ein gutes (oder qualitativ hochwertiges) Unternehmen ausmacht“*[464]. Im Folgenden werden diese Bestandteile kundenseitig wahrgenommener unternehmerischer Leistungsqualität erläutert.

462 Eigene Darstellung in Anlehnung an BRÜGGEMANN/ BREMER (2020): Grundlagen Qualitätsmanagement, WIMMER/ ROLEFF (1998): Steuerung der Kundenzufriedenheit bei Dienstleistungen, S. 1244 & MEYER/ ERTL (1996): Nationale Barometer zur Messung von Zufriedenheit, S. 209.

463 Vgl. STERNAD/ MÖDRITSCHER (2018): Qualitatives Wachstum, S. 19.

464 Ebd., S. 157.

Produktqualität umfasst, basierend auf dem substanziellen Produktbegriff nach Kotler und Bliemel[465], die Qualität eines Bündels von Eigenschaften physischer Objekte, die Kunden zur Bedürfnisbefriedigung angeboten werden. Die Qualität eines solchen Sachgutes kann dabei als *„Erfüllungsgrad der impliziten und expliziten Forderungen des Kunden an das Produkt“*[466] definiert werden. Da Sachgüter überwiegend Sucheigenschaften[467] aufweisen, ist die kundenseitige Qualitätsbeurteilung überwiegend anhand objektiver, aus dem Produkt heraus (inside-out) messbarer Annahmekriterien für Qualitätsmerkmale wie Größe, Farbe, Material oder Zweckerfüllung möglich[468].

Im Gegensatz zu Sachgütern sind Dienstleistungen[469] aufgrund ihrer Besonderheiten Immaterialität, Heterogenität und Integration des Externen

465 Vgl. KOTLER/ BLIEMEL (2001): Marketing-Management: Analyse, Planung, Umsetzung und Steuerung, S. 14.

466 SCHMITT/ PFEIFER (2015): Qualitätsmanagement, S. 287.

467 Wie in Kapitel 2.1.1.2 bereits erörtert, sind Sucheigenschaften bereits vor Kauf bzw. Konsum oder Nutzung ohne größeren Aufwand überprüfbar (vgl. SIMONS/ KLINK-LEHMANN/ HARTMANN (2021): Nachhaltigerer privater Konsum, S. 19).

468 Vgl. STERNAD/ MÖDRITSCHER (2018): Qualitatives Wachstum, S. 82. Die Erwartungen der Kunden hinsichtlich Produktqualität lassen sich nach Nützlichkeit (Funktionalität), Zuverlässigkeit und Ästhetik der Beschaffenheit kategorisieren. Ein Produkt ist nützlich, wenn es den ihm zugrundeliegenden Zweck erfüllt. Es können dabei Kern- und Zusatzeigenschaften sowie weitere Zusatzeigenschaften unterschieden werden, die vom Konsumenten erst bei Nutzung des Produkts wahrgenommen werden (diese Stellen dann einen kleineren Anteil an Erfahrungseigenschaften dar). Außerdem zählt Produktsicherheit als Vertrauenseigenschaft (vgl. ebd., S. 83). Zuverlässig ist ein Produkt, wenn es seinen Zweck verlässlich erfüllt, also über einen bestimmten Zeitraum funktioniert (Funktionszuverlässigkeit), eine gewisse Zeit nutzenbringend verwendet werden kann (Haltbarkeit) und bei Problemen die Leistungsfähigkeit schnell wieder hergestellt werden kann (Wartungsfähigkeit). Zudem zählt zur Zuverlässigkeit auch die Konformität, das Einhalten bestimmter produktspezifischer Standards oder Spezifikationen (vgl. ebd., S. 84). Ein Produkt ist ästhetisch, wenn es die Sinne (Sehen, Hören, Riechen, Schmecken, Haptik) anspricht. All dies bezieht sich nicht nur auf die Gestaltung des Kernprodukts, sondern auch auf dessen Verpackung (vgl. ebd., S. 84 ff.).

469 KOTLER UND BLIEMEL (KOTLER/ BLIEMEL (2001): Marketing-Management: Analyse, Planung, Umsetzung und Steuerung, S. 587) definieren Dienstleistungen als *„Aktivitäten, Nutzen oder Bedürfnisbefriedigungen, die keine gegenständliche Komponente haben und deren Kauf nicht ihren Besitz bedingt“*. Demnach sind Dienstleistungen *„selbstständige, marktfähige Leistungen, die mit der*

Faktors[470] überwiegend durch Erfahrungs- und Vertrauenseigenschaften[471] geprägt. Das führt zu einer im Vergleich zu Sachgütern komplexeren und nur erschwert standardisiert durchzuführende Qualitätsbeurteilung und damit auch zu einem kundenseitig wahrgenommen höheren Kaufrisiko[472]. Basierend auf der ursprünglichen Definition von PARASURAMAN, ZEITHAML UND BERRY[473] definiert BRUHN[474] **Dienstleistungsqualität** als *„die Fähigkeit eines Anbieters, die Beschaffenheit einer primär intangiblen und der Kundenbeteiligung bedürfenden Leistung*

Bereitstellung (z.B. Versicherungsleistungen) und/oder dem Einsatz von Leistungsfähigkeiten (z.B. Friseurleistungen) verbunden sind (Potenzialorientierung). Interne (z.B. Geschäftsräume, Personal, Ausstattung) und externe (also solche, die nicht im Einflussbereich des Dienstleistungsersteller liegen) Faktoren werden im Rahmen des Erstellungsprozesses kombiniert (Prozessorientierung). Die Faktorkombination des Dienstleistungsanbieters wird mit dem Ziel eingesetzt, an den Externen Faktoren – Menschen (z.B. Kunden) oder deren Objekten (z.B. Autos der Kunden) – nutzenstiftende Wirkungen [im Sinne der Schaffung eines Werts] (z.B. Inspektion der Autos) zu erzielen (Ergebnisorientierung)" (ebd., S. 587). Vgl. dazu auch BRUHN/ MEFFERT/ HADWICH (2019): Handbuch Dienstleistungsmarketing, S. 25.

470 Dienstleistungen entbehren einer gegenständlichen Komponente, weshalb ihr Erstellungsprozess und ihr Ergebnis intangibel und nicht materiell greifbar (nicht seh-, hör-, riech-, schmeckbar) sind (vgl. HALLER/ WISSING (2020): Dienstleistungsmanagement, S. 9). Daraus resultiert, dass das Dienstleistungsergebnis weder lager- und transportfähig ist. Der Konsum einer Dienstleistung ist somit untrennbar mit deren Produktion verbunden (Uno Actu-Prinzip), weshalb eine zeitgleiche Mitwirkung oder zumindest zeitgleiche passive Integration des Externen Faktors im Sinne eines Kunden oder eines Kundenobjektes in den Dienstleistungserstellungsprozess zwingend erforderlich ist (vgl. MEYER/ MATTMÜLLER (1987): Qualität von Dienstleistungen, S. 189). Diese wiederum führt dazu, dass Dienstleistungen eine hohe Heterogenität aufweisen, da unterschiedliche Kunden individuelle Präferenzen haben (vgl. BRUHN/ MEFFERT/ HADWICH (2019): Handbuch Dienstleistungsmarketing, S. 63 f. & STERNAD/ MÖDRITSCHER (2018): Qualitatives Wachstum, S. 100). Vgl. dazu auch PARASURAMAN/ ZEITHAML/ BERRY (1985): A Conceptual Model of Service Quality and Its Implications for Future Research, S. 42.

471 Wie in Kapitel 2.1.1.2 bereits erörtert, sind Erfahrungseigenschaften erst nach Kauf bzw. Konsum oder Nutzung überprüfbar, Vertrauenseigenschaften gar nicht. Sie bedürfen des Vertrauens in die durch den Anbieter zugesicherten Eigenschaften und Qualitäten.

472 Vgl. STERNAD/ MÖDRITSCHER (2018): Qualitatives Wachstum, S. 102.

473 Vgl. PARASURAMAN/ ZEITHAML/ BERRY (1985): A Conceptual Model of Service Quality and Its Implications for Future Research, S. 42.

474 BRUHN (2020): Qualitätsmanagement für Dienstleistungen, S. 37.

gemäß den Kundenerwartungen auf einem bestimmten Anforderungsniveau zu erstellen. Sie bestimmt sich aus der Summe der Eigenschaften bzw. Merkmale der Dienstleistung, bestimmten Anforderungen gerecht zu werden". Im Gegensatz zu Produktqualität kann Dienstleistungsqualität nur durch das (outside-in bestimmbare) Ausmaß ermittelt werden, „*in dem die (intangible) Leistung [eines Unternehmens] den Kundenbedürfnissen oder -erwartungen entspricht*"[475].

Erlebnisqualität beinhaltet die „*ganzheitliche[...], subjektive[...] Bewertung der emotionalen Erfahrungen in Zusammenhang mit [den] Leistungen [eines Unternehmens]*"[476]. Aufgrund steigender Homogenität und Austauschbarkeit von Produkten, Dienstleistungen oder gar Unternehmen sind es vor allem qualitativ hochwertige Kundenerlebnisse, durch die Unternehmen ihre Kunden begeistern und sich von ihren Wettbewerbern differenzieren[477].

Nachhaltigkeitsqualität meint die kundenseitig wahrgenommene Qualität der unternehmensseitigen Integration von Nachhaltigkeit im Sinne positiver Auswirkungen auf Umwelt und Gesellschaft bei gleichzeitigem kurz- und langfristigem wirtschaftlichem Erfolg eines Unternehmens[478]. Um hohe Nachhaltigkeitsqualität zu erreichen, sollten Unternehmen ökologische, soziale und ökonomische Nachhaltigkeitsaktivitäten im Sinne des Triple-Bottom-Line-Ansatzes proaktiv und umfassend in ihrem unternehmerischen Handeln berücksichtigen[479]. Dabei geht es in Hinblick auf ökologische und soziale Nachhaltigkeit nicht nur um die direkten Unternehmensaktivitäten, sondern auch um die Auswirkungen auf alle Stakeholder entlang der gesamten Lieferkette[480].

Produkt-, Dienstleistungs- und Nachhaltigkeitsqualität sind dabei keine isolierten Bestandteile kundenseitig wahrgenommener unternehmerischer

---

475 STERNAD/ MÖDRITSCHER (2018): Qualitatives Wachstum, S. 101. Vgl. dazu auch BRUHN (2020): Qualitätsmanagement für Dienstleistungen, S. 34.

476 Vgl. STERNAD/ MÖDRITSCHER (2018): Qualitatives Wachstum, S. 121.

477 Vgl. ebd., S. 123.

478 Vgl. ebd., S. 23 & 144. Vgl. dazu auch HAZEL/ KANG (2018): The Contributions of Perceived CSR, S. 65: „*[...] perceived quality of corporate responsibility [refers to] consumers' perception of a company's level and commitment to social, environmental, and ethical responsibility [...]. In other words [...] the extent to which a consumer believes the given company is socially, environmentally, and ethically responsible.*"

479 „*Echte Nachhaltigkeitsqualität ist mehr als das ‚Umhängen eines grünen Mäntelchens'*" (STERNAD/ MÖDRITSCHER (2018): Qualitatives Wachstum, S. 155).

480 Vgl. ebd., S. 144 & 157. „*Unternehmen mit hoher Nachhaltigkeitsqualität erkennen ihre Verantwortung für die gesamte Lieferkette und versuchen, sicherzustellen, dass sie auch mit Partnern zusammenarbeiten, die sich sozial und ökologisch nachhaltig verhalten.*"

Leistungsqualität. Vielmehr weisen sie Schnittmengen auf, da bspw. angebotsbegleitende Dienstleistungen physische Produkte ergänzen können (bspw. Beratung vor oder Reparaturen nach einem Kauf) oder Nachhaltigkeitsqualität sowohl Teil von Dienstleistungs- und Produktqualität (bspw. Produktverpackung aus Rezyklat oder biologisches Haarshampoo beim Friseur), als auch eingeständiger Bestandteil der Leistungsqualität (bspw. fairer Umgang mit Mitarbeitern) sein kann. Da Erlebnisqualität die ganzheitliche Bewertung aller kundenseitigen Erfahrungen mit einem Unternehmen beschreibt, umfasst sie drei Bestandteile (Abbildung 22).

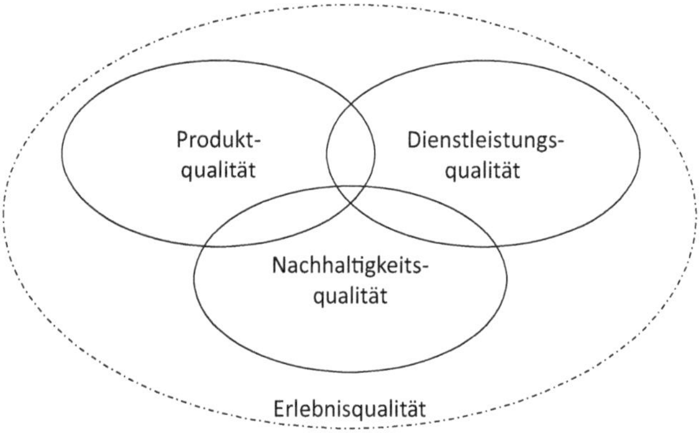

Abbildung 22: Zusammenhang der Bestandteile kundenseitig wahrgenommener Leistungsqualität[481]

In den folgenden Kapiteln werden speziell die Dienstleistungs- und Erlebnisqualität näher erläutert, da sie im weiteren Verlauf dieser Arbeit relevant sein werden.

2.2.1.2 Dienstleistungsqualität als Bestandteil unternehmerischer Leistungsqualität

Wie aufgezeigt, stellen outside-in bestimmbare Kundenerwartungen[482] den relevanten Maßstab zur Realisierung von Dienstleistungsqualität dar, die als

---

481 Eigene Darstellung in Anlehnung an STERNAD/ MÖDRITSCHER (2018): Qualitatives Wachstum, S. 19.

482 Bezogen auf den Dienstleistungsbegriff umfassen Erwartungen den *„psychologischen Zustand, der die zukünftige Inanspruchnahme der Leistungen eines*

Unterschied zwischen Kundenerwartungen[483] an die Leistungserstellung und tatsächlich erfahrener Leistung verstanden wird[484]. Dementsprechend lässt sich die Entstehung von Dienstleistungsqualität analog der in Kapitel 2.2.1.1, Abbildung 21 visualisierten Entstehung kundenseitig wahrgenommener Leistungsqualität skizzieren (Abbildung 23).

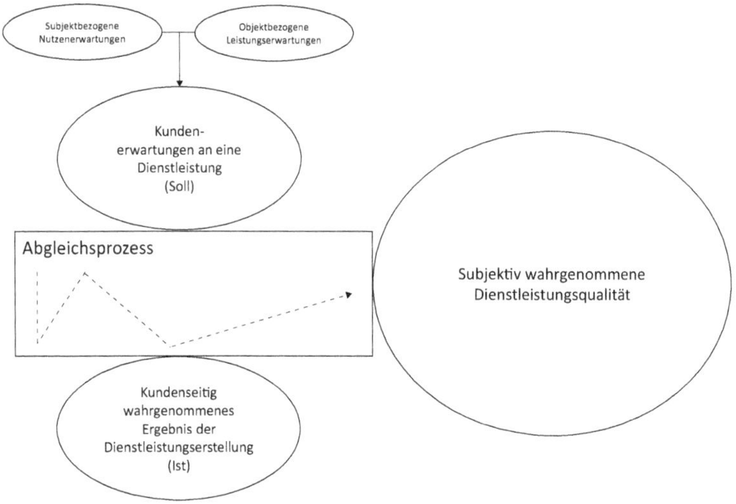

Abbildung 23: Transfer der Entstehung von kundenseitig wahrgenommener Leistungsqualität auf die Entstehung von Dienstleistungsqualität[485]

Dienstleisters betrifft" (BRUHN (2020): Qualitätsmanagement für Dienstleistungen, S. 39). Auch in Bezug auf Dienstleistungsqualität lassen sich Erwartungen nach dem zweidimensionalen Erwartungsbegriff in subjektbezogene Nutzenerwartungen und objektbezogene Leistungserwartungen differenzieren (vgl. WIMMER/ ROLEFF (1998): Steuerung der Kundenzufriedenheit bei Dienstleistungen, S. 1244 & WILSON et al. (2016): Services Marketing – Integrating Customer Focus Across the Firm, S. 93).

483 Erwartungen an das Dienstleistungsergebnis bestehen aus subjektbezogenen Nutzenerwartung und objektbezogenen Leistungserwartungen (vgl. WIMMER/ ROLEFF (1998): Steuerung der Kundenzufriedenheit bei Dienstleistungen, S. 1244).

484 Vgl. BRUHN (2020): Qualitätsmanagement für Dienstleistungen, S. 39.

485 Eigene Darstellung in Anlehnung an GRÖNROOS (1984): A Service Quality Model and its Marketing Implications, S. 40 & MEYER/ ERTL (1996): Nationale Barometer zur Messung von Zufriedenheit, S. 209.

Um die angebotene Dienstleistung eines Unternehmens, die Erwartungen der Kunden und deren Qualitätsbeurteilung gesamthaft abzubilden und eine umfassende Analyse der Entstehung von Dienstleistungsqualität im Sinne einer Ursache-Wirkungsbeziehung zu ermöglichen[486], gibt es in der Literatur verschiedene Modelle (Tabelle 8)[487]. Sie bieten nicht nur Ansatzpunkte für ein Qualitätsmanagement in Dienstleistungsunternehmen, sie reduzieren auch die Komplexität des Begriffs Dienstleistungsqualität und schaffen eine konzeptionelle Grundlage für die Auseinandersetzung mit Dienstleistungsqualitätsproblemen[488].

Tabelle 8: Gängige Modelle zur Analyse von Dienstleistungsqualität[489]

Modelle zur Analyse der Dienstleistungsqualität	**Autoren**	**Inhalt**
Dienstleistungsqualitäts-modell von Grönroos	Grönroos (1984)	• Wahrgenommene Qualität als Ergebnis des Vergleiches zwischen erwarteter und erfahrener Dienstleistung
Dienstleistungsqualitäts-modell von Meyer und Mattmüller	Meyer und Mattmüller (1987)	• Bildet die Entwicklung von Qualität im Ablauf des Dienstleistungsprozesses ab und unterscheidet dabei die Qualitätsdimensionen anbieter- und nachfragerbezogener Potenzialqualität, Prozessqualität und Ergebnisqualität • Das Modell betont zudem die zeitgleiche Mitwirkung oder zumindest zeitgleiche passive Integration des externen Faktors (Kunde oder Kundenobjekt) in den Dienstleistungserstellungsprozess als zwingend erforderliche Notwendigkeit • Bildet jeweils ab, was der Anbieter zu leisten vermag und was der Nachfrager erhält • Dienstleistungsqualität resultiert aus dem Verhältnis von Prozess- gegenüber Ergebnisdimension
GAP-Modell der Dienstleistungsqualität	Parasuraman, Zeithaml und Berry (1985)	• Modell zur Bestimmung der Dienstleistungsqualität aus Kunden- und Unternehmenssicht • Wahrgenommene Dienstleistungsqualität wird als Diskrepanz zwischen der wahrgenommenen und der erwarteten Dienstleistung konzeptualisiert • Es werden Diskrepanzen aufzeigt, die dazu führen können, dass die wahrgenommene nicht der erwarteten Dienstleistung entspricht • Es resultieren daraus zehn Qualitätsdimensionen
Dynamisches Prozessmodell	Boulding et al. (1993)	• Nimmt an, dass sich Kundenerwartungen an und -wahrnehmungen von Dienstleistungsqualität mit der Zeit verändern und zu verändertem Verhalten führen können • Wahrgenommene Dienstleistungsqualität wird beeinflusst von Wird-Erwartungen (wahrscheinliches Leistungsniveau), Soll-Erwartungen (angemessenes Leistungsniveau) und gelieferter Leistung (tatsächliches Leistungsniveau)
Beziehungsqualitäts-Modell	Liljander und Strandvik (1995)	• Nimmt an, dass positive Dienstleistungsqualität und Kundenzufriedenheit zu höherer Kundenloyalität führen und relevant für den ökonomischen Erfolg eines Unternehmens sind • Unterscheidet episodische Kontakte (klarer Start- und Endpunkt) und Beziehungen (mindestens zwei Episoden) zwischen Anbieter und Nachfrager • Bei allen Kontakten wird die Leistung an Vergleichsstandards gemessen • Die resultierende Beziehungszufriedenheit stellt eine relevante Determinante des Kundenverhaltens dar, die sich in Loyalität äußert

486 Vgl. BRUHN (2020): Qualitätsmanagement für Dienstleistungen, S. 140.

487 Vgl. BRUHN/ MEFFERT/ HADWICH (2019): Handbuch Dienstleistungsmarketing, S. 360 ff. *„Im Qualitätsmanagement repräsentieren Modelle auf vielfältige Weise die Realität. Sie stellen ein Abbild vom Original, Urbild, Prototyp oder Bezugssystem von dem dar, was unter Qualität verstanden wird"* (BRUHN (2020): Qualitätsmanagement für Dienstleistungen, S. 111).

488 Vgl. BRUHN (2020): Qualitätsmanagement für Dienstleistungen, S. 111 &; BRUHN/ MEFFERT/ HADWICH (2019): Handbuch Dienstleistungsmarketing, S. 360. Vgl. dazu auch ZOLLONDZ (2011): Grundlagen Qualitätsmanagement, S. 194.

489 Eigene Darstellung basierend auf BRUHN (2020): Qualitätsmanagement für Dienstleistungen, S. 45 ff. Vgl. dazu auch GRÖNROOS (1984): A Service Quality

Speziell das GAP-Modell von Parasuraman, Zeithaml und Berry[490] ist, nicht zuletzt aufgrund umfassender empirischer Forschungsgrundlagen, Internationalität und Branchenunabhängigkeit des Ergebnisses, das in der Literatur bekannteste und am weitesten verbreitete Modell zur Analyse von Dienstleistungsqualität[491]. Es nimmt die Kundenperspektive als Ausgangspunkt und kombiniert sie mit der Anbieterperspektive, um so nicht nur zu ermitteln, wie gut eine Dienstleistung erbracht wird, sondern auch im Sinne eines Diagnosewerkzeugs Schwachstellen der Dienstleistungserbringung zu identifizieren, gezielt Maßnahmen zu deren Minimierung abzuleiten und zu einer hohen wahrgenommenen Dienstleistungsqualität beizutragen[492].

Im Vergleich zu den anderen vorgestellten Modellen zeichnet es sich besonders durch seine stark anwendungsorientierte Konzeptualisierung aus, da es nicht nur ein umfassendes Konzeptverständnis, sondern auch konkrete Handlungsempfehlungen für Dienstleistungsunternehmen bietet[493]. Ausgangspunkt der Forschung war das in den 1980er Jahren bei stark zunehmender Relevanz der Qualität im Dienstleistungssektor und grundlegendem Verständnis der Konzeptualisierung von Dienstleistungsqualität als kundenseitiger Abgleich von erwarteter und wahrgenommener Dienstleistung bestehende *„Defizit servicespezifischer Ansätze zur Qualitätsmessung und -sicherstellung"*[494].

Dieses Defizit ist auf die zuvor erläuterten Besonderheiten von Dienstleistungen, Immaterialität, Heterogenität und Integration des Externen Faktors,

---

Model and its Marketing Implications, MEYER/ MATTMÜLLER (1987): Qualität von Dienstleistungen, PARASURAMAN/ ZEITHAML/ BERRY (1985): A Conceptual Model of Service Quality and Its Implications for Future Research, BOULDING et al. (1993): A Dynamic Process Model of Service Quality & LILJANDER/ STRANDVIK (1995): The Nature of Customer Relationships in Services.

490 Vgl. PARASURAMAN/ ZEITHAML/ BERRY (1985): A Conceptual Model of Service Quality and Its Implications for Future Research.

491 Vgl. BRUHN/ MEFFERT/ HADWICH (2019): Handbuch Dienstleistungsmarketing, S. 361. Es wurde eine explorative, qualitative Studie mittels Fokusgruppendiskussionen mit Dienstleistungskunden und Experteninterviews mit Dienstleistungsanbietern unterschiedlicher Branchen durchgeführt.

492 Vgl. BRUHN (2020): Qualitätsmanagement für Dienstleistungen, S. 45 & 112. Vgl. dazu auch PARASURAMAN/ ZEITHAML/ BERRY (1985): A Conceptual Model of Service Quality and Its Implications for Future Research, S. 49 & PARASURAMAN/ ZEITHAML/ BERRY (1988): SERVQUAL, S. 36.

493 Vgl. HALLER/ WISSING (2020): Dienstleistungsmanagement, S. 67.

494 BRUHN (2020): Qualitätsmanagement für Dienstleistungen, S. 112.

und die dadurch erschwerte standardisierte Qualitätsbeurteilung aufgrund fehlender (inside-out) messbarer Annahmekriterien für Qualitätsmerkmale zurückzuführen[495]. Die daraus resultierende Grundannahme des GAP-Modells besagt, dass es in Ermangelung (inside-out) messbarer Annahmekriterien ein geeigneter Ansatz zur Messung von Dienstleistungsqualität ist, das (outside-in bestimmbare) Ausmaß der kundenseitig wahrgenommenen Qualität zu ermitteln[496]. Das Modell betrachtet dazu das Zusammenspiel von Kunden- und Anbieterperspektive und zeigt systematisch auf, welche möglichen Qualitätslücken (GAPs) es in diesem Kontext zu überwinden gilt (Abbildung 24), um eine kundenseitig wahrgenommene Dienstleistungsqualität zu realisieren[497]. Die **zentrale Lücke (GAP 5, Customer GAP)** stellt *„die wahrgenommene Dienstleistungsqualität als (Nicht-) Übereinstimmung zwischen Kundenerwartung[498] und Kundenwahrnehmung[499] dar“*[500].

---

495 Vgl. ebd., S. 112. Vgl. dazu auch PARASURAMAN/ ZEITHAML/ BERRY (1985): A Conceptual Model of Service Quality and Its Implications for Future Research, S. 42: *„Knowledge about goods quality, however, is insufficient to understand service quality“*. In den 1980er Jahren befasst sich der überwiegende Teil der Qualitätsforschung mit dem Bereich materieller Güter, der dem outside-in Qualitätsverständnis im Sinne subjektiv wahrgenommener Güte von Dienstleistungen jedoch nicht gerecht wird.

496 Vgl. HALLER/ WISSING (2020): Dienstleistungsmanagement, S. 67. Vgl. dazu auch PARASURAMAN/ ZEITHAML/ BERRY (1988): SERVQUAL, S. 13: *„In the absence of objective measures, an appropriate approach for assessing the quality of a firm's service is to measure consumers' perceptions of quality.“*

497 Vgl. HALLER/ WISSING (2020): Dienstleistungsmanagement, S. 67.

498 Soll-Komponente.

499 Ist-Komponente.

500 STERNAD/ MÖDRITSCHER (2018): Qualitatives Wachstum, S. 108.

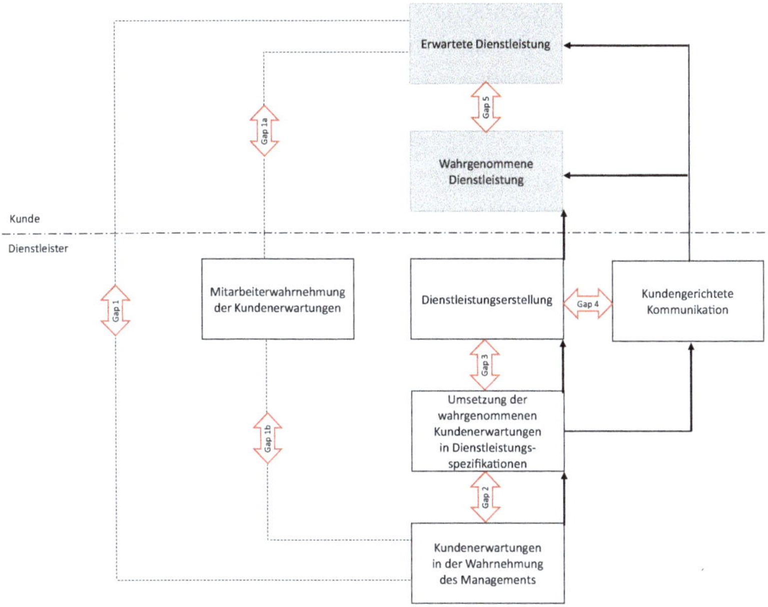

Abbildung 24: GAP-Modell der Dienstleistungsqualität[501]

GAP 5 resultiert aus vier vorgelagerten Defiziten, auch Provider GAPs genannt, die nachstehend kurz erläutert werden[502]: **GAP 1 (Knowledge Gap)** zeigt auf, dass eine Diskrepanz zwischen den Erwartungen der Kunden und deren Wahrnehmung durch das Management des Dienstleistungsanbieters im Sinne fehlender, falscher oder falsch priorisierter Vorstellungen vorliegen

501 Eigene Darstellung in Anlehnung an PARASURAMAN/ ZEITHAML/ BERRY (1985): A Conceptual Model of Service Quality and Its Implications for Future Research & LUK/ LAYTON (2002): Perception Gaps in Customer Expectations, S. 113.

502 Vgl. STERNAD/ MÖDRITSCHER (2018): Qualitatives Wachstum, S. 108, BRUHN/ MEFFERT/ HADWICH (2019): Handbuch Dienstleistungsmarketing, S. 112 ff. & BRUHN (2020): Qualitätsmanagement für Dienstleistungen, S. 112 ff. Vgl. dazu auch WILSON et al. (2016): Services Marketing – Integrating Customer Focus Across the Firm, S. 93 ff. & PARASURAMAN/ ZEITHAML/ BERRY (1985): A Conceptual Model of Service Quality and Its Implications for Future Research, S. 44 ff.

kann. Dies ist häufig auf fehlende Kundenorientierung oder Marktforschung zurückzuführen. Der aus dem Uno Actu-Prinzip resultierende direkte Kunden-Mitarbeiter-Kontakt wird im GAP-Modell, speziell in GAP 1, nur implizit berücksichtigt[503]. Da er als ergänzende Informationsquelle dienen kann und daher nicht vernachlässigt werden sollte, haben LUK UND LAYTON[504] ihn in einer Variation des GAP-Modells integriert. Sie haben dazu die Wahrnehmung der Kundenerwartungen durch die Mitarbeiter ergänzt. Das führt zu zwei zusätzlichen Lücken zwischen den Kundenerwartungen und der Auslegung eben jener durch die Mitarbeiter (GAP 1a) und zum anderen zwischen den von den Mitarbeitern an das Management kommunizierten und den vom Management verstanden Kundenerwartungen (GAP 1b)[505]. Die Minimierung der GAP 1 (a/b) durch eine exakte Erfassung der Kundenerwartungen ist von besonderer Relevanz, da sie grundlegenden Einfluss auf alle weiteren GAPs hat[506].

GAP 2 (Standard Gap) konkretisiert sich in der Diskrepanz zwischen den durch das Management wahrgenommenen Kundenerwartungen und den daraufhin erstellten Spezifikationen der Dienstleistungserstellung, z.B. konkrete Vorgaben für die Dienstleistungserstellung, das Verhalten des Dienstleistungspersonals oder deren Umgang mit den Kunden. Beschränkte Mittel oder kurzfristige Gewinnorientierung können einen Einfluss auf dieses Defizit haben.

GAP 3 (Delivery Gap) entsteht, wenn die in den Spezifikationen festgehaltenen Management-Vorgaben nicht in der Leistung berücksichtigt werden.

GAP 4 (Communication Gap) wiederum fokussiert die Unterschiede zwischen der erstellten Leistung und der zugehörigen kundengerichteten Kommunikation.

---

503 Vgl. BRUHN (2020): Qualitätsmanagement für Dienstleistungen, S. 122.

504 Vgl. LUK/ LAYTON (2002): Perception Gaps in Customer Expectations, S. 113. Allerdings ist einschränkend anzumerken, dass diese Ergänzung bisher nur in der Hotellerie untersucht wurde und daher noch weiterer empirischer Validierung bedarf (vgl. BRUHN (2020): Qualitätsmanagement für Dienstleistungen, S. 123).

505 Vgl. LUK/ LAYTON (2002): Perception Gaps in Customer Expectations, S. 113.

506 Vgl. BRUHN (2020): Qualitätsmanagement für Dienstleistungen, S. 114. Wie bereits erwähnt, haben die GAPs 1a und 1b eher ergänzenden Charakter, während die GAP 1, nicht nur aufgrund des alleinigen Vorhandenseins im Ursprungsmodell, sondern auch wegen der zentralen Entscheidungsinstanz „Handelsmanagement", grundlegenden Charakter aufweist und damit einen wesentlichen Bestandteil GAP-Modells darstellt.

Um eine hohe kundenseitig wahrgenommene Dienstleistungsqualität zu erreichen, sollte die zentrale GAP 5 durch Erkennen und Vermeiden dieser vorgelagerten GAPs eins bis vier minimiert werden[507].

Anknüpfend an die GAP 5 ist ein weiteres zentrales Ergebnis der Forschung die konzeptionelle Herleitung von zehn Dimensionen, die die resultierende kundenseitig wahrgenommene Dienstleistungsqualität abbilden[508].

Um die zehn Qualitätsdimensionen, die aufgrund der verwendeten explorativ-empirischen Forschungsmethoden einen hohen Abstraktionsgrad und Überschneidungen aufweisen, anhand von Merkmalen zu konkretisieren und im Rahmen eines ganzheitlichen Qualitätsmanagements planen, implementieren und kontrollieren zu können[509], haben PARASURAMAN, ZEITHAML UND BERRY[510] in weiterer Forschung den SERVQUAL-Ansatz, eine Skala zur Messung kundenseitig wahrgenommener Dienstleistungsqualität, entwickelt[511]. Im Rahmen der Skalenentwicklung wurden die zehn an der GAP 5 anknüpfenden Qualitätsdimensionen als Basis genommen und zu fünf Qualitätsdimensionen mit 22 Items verdichtet[512]. Konkret misst SERVQUAL die kundenseitig

507 Vgl. BRUHN (2020): Qualitätsmanagement für Dienstleistungen, S. 121 & TÖPFER (2020): Strategische Positionierung und Kundenzufriedenheit, S. 166.

508 Materielles Umfeld (Tangibels), Zuverlässigkeit (Reliability), Entgegenkommen (Responsiveness), Kompetenz (Competence), Zuvorkommenheit (Courtesy), Vertrauenswürdigkeit (Credibility), Sicherheit (Security), Erreichbarkeit (Access), Kommunikation (Communication), Kundenverständnis (Understanding the Customer) (vgl. PARASURAMAN/ ZEITHAML/ BERRY (1985): A Conceptual Model of Service Quality and Its Implications for Future Research, S. 48).

509 Vgl. BRUHN/ MEFFERT/ HADWICH (2019): Handbuch Dienstleistungsmarketing, S. 365. *„,Gute' Dienstleistungsqualität entsteht nicht von selbst, sondern wird vielmehr im Rahmen eines ganzheitlichen Qualitätsmanagements geplant, implementiert und kontrolliert"* (ebd., S. 347).

510 Vgl. PARASURAMAN/ ZEITHAML/ BERRY (1988): SERVQUAL.

511 Eine solche *„Messung der Anforderungen an die Dienstleistungsqualität ist die Schnittstelle zwischen dem leistungserstellenden, ‚qualitätsproduzierenden' Dienstleistungsunternehmen und den leistungsempfangenden ‚qualitätswahrnehmenden' Kunden"* (BRUHN/ MEFFERT/ HADWICH (2019): Handbuch Dienstleistungsmarketing, S. 374).

512 Die Skalenentwicklung haben die Autoren nach dem Ablaufmodell von CHURCHILL (vgl. CHURCHILL (1979): A Paradigm for Developing Better Measures of Marketing Constructs) vorgenommen, das bis heute eine etablierte systematische Vorgehensweise der empirischen Konkretisierung und Operationalisierung komplexer Konstrukte in der Marketingwissenschaft ist (vgl. STEFFEN (2006): Die

wahrgenommene Dienstleistungsqualität entlang der fünf Dimensionen materielle Ausstattung (Tangibles), Zuverlässigkeit (Reliability), Reaktionsfähigkeit (Responsiveness), Sicherheit bzw. Vertrauen (Assurance) und Einfühlungsvermögen (Empathy), indem die relative Bedeutung der Dimensionen für die Qualitätswahrnehmung der Kunden bestimmt wird[513]. Da sich die Gesamtqualität mit einer Dienstleistung aus der kundenseitig wahrgenommenen subjektiven Zufriedenheit mit den einzelnen Elementen der Leistung zusammensetzt, wird der SERVQUAL-Ansatz in der Literatur auch als merkmalsorientiertes Verfahren zur Messung subjektiver Zufriedenheit verstanden[514].

Potenzialqualität von Dienstleistungen – Konzeptualisierung und empirische Prüfung, S. 135). Die Schritte der systematischen Vorgehensweise umfassen 1. Definition und Spezifizierung des zu untersuchenden Konzepts, 2. Entwicklung einer Ausgangsmenge an Dimensionen (qualitative Forschung), 3. und 4. Generierung von zu den Dimensionen gehörigen Indikatoren im Sinne einer empirischen Konzeptualisierung, Pre-Tests zu Verbesserung und Reduktion der Indikatoren (quantitative Forschung), 5.–8. Validierung der empirischen Konzeptualisierung (quantitative Forschung) (vgl. CHURCHILL (1979): A Paradigm for Developing Better Measures of Marketing Constructs, S. 66). Die Schritte 1 und 2 sind das Ergebnis der vorhergehenden Forschung von PARASURAMAN, ZEITHAML UND BERRY (PARASURAMAN/ ZEITHAML/ BERRY (1985): A Conceptual Model of Service Quality and Its Implications for Future Research) und legen mit den zehn an der GAP 5 anknüpfenden Dimensionen der Servicequalität den Grundstein für den SERVQUAL-Ansatz.

513 Vgl. PARASURAMAN/ ZEITHAML/ BERRY (1988): SERVQUAL, S. 29 & HALLER/ WISSING (2020): Dienstleistungsmanagement, S. 473. Die Messung der kundenseitig wahrgenommenen Dienstleistungsqualität erfolgt über einen standardisierten Fragebogen, in dem die Zufriedenheit mit den fünf Qualitätsdimensionen über die 22 Items in Form einer siebenstufigen Doppelskala abgefragt werden (vgl. BRUHN/ MEFFERT/ HADWICH (2019): Handbuch Dienstleistungsmarketing, S. 382 f.). Ein Teil der Doppelskala dient der Erfassung der Erwartungen (Soll-Profil im Sinne idealtypischer Zustände). Der andere Teil stellt eine Skala zur Erfassung der Wahrnehmung dar (Ist-Profil im Sinne der tatsächlichen Zustände). Aus der Item-Differenz zwischen Soll und Ist ergibt sich die wahrgenommene Dienstleistungsqualität pro Item.

514 Vgl. PEPELS (2013): Qualitäts- und Zufriedenheitsmessung als CRM Basis, S. 27 & 29 & BRUHN/ MEFFERT/ HADWICH (2019): Handbuch Dienstleistungsmarketing, S. 381 f. *„Die zufriedenheitsorientierte multiattributive Qualitätsmessung definiert die Zufriedenheit mit einer Dienstleistung als Reaktion auf eine Diskrepanz zwischen erwarteter und tatsächlich erlebter Dienstleistungsqualität"*. Siehe dazu auch Kapitel 2.2.2 und 2.2.3. Vgl. dazu auch TÖPFER (2020): Strategische Positionierung und Kundenzufriedenheit, S. 173 ff. & NERDINGER/ NEUMANN/

SERVQUAL unterstützt Dienstleistungsanbieter darin, Dienstleistungserwartungen und -wahrnehmungen ihrer Kunden konkret zu verstehen, indem die Bereiche der Dienstleistungserstellung ermittelt werden, die die Aufmerksamkeit des Managements und konkrete Maßnahmen zur Verbesserung der Dienstleistungsqualität erfordern. Zudem kann SERVQUAL im Rahmen des Managements filialisierter Einzelhandelsunternehmen dazu genutzt werden, das Serviceniveau einzelner Filialen zu vergleichen oder allgemein einen Vergleich mit den wichtigsten Wettbewerbern durchzuführen[515].

Auch wenn das Forschungsinteresse an GAP-Modell und SERVQUAL-Ansatz heute noch hoch ist, gehen damit immer wieder Kritik und Weiterentwicklung, speziell des SERVQUAL-Ansatzes, einher[516]. Dennoch lässt sich festhalten, dass die Forschung der Autoren, speziell in Bezug auf das GAP-Modell und die daran anknüpfende Entwicklung eines Messmodells, aufgrund ihrer Ganzheitlichkeit und des konkreten Praxisbezuges einen Wendepunkt und den Beginn einer anwendungsorientierten Dienstleistungsqualitätsforschung repräsentieren. Die damit einhergehende grundlegende Systematisierung und Erfassung von der Qualität zugrunde liegenden Defiziten macht sie zu entscheidenden Beiträgen mit immer noch hoher Relevanz[517].

2.2.1.3 Erlebnisqualität als Bestandteil unternehmerischer Leistungsqualität

Die in Kapitel 2.2.1.1 definierte Erlebnisqualität resultiert aus dem Abgleichsprozess zwischen den kundenseitigen Erwartungen an Interaktionen mit einem Unternehmen entlang aller Kontaktpunkte und den daraus tatsächlich

---

CURTH (2015): Kundenzufriedenheit und Kundenbindung, S. 129. Der Zufriedenheitsbegriff wird in Kapitel 2.2.2 genauer erläutert.

515 Vgl. PARASURAMAN/ ZEITHAML/ BERRY (1988): SERVQUAL, S. 33 & 35.

516 Vgl. BRUHN (2020): Qualitätsmanagement für Dienstleistungen, S. 173, & BRUHN/ MEFFERT/ HADWICH (2019): Handbuch Dienstleistungsmarketing 365. Die Kritik bezieht sich überwiegend auf die Operationalisierung der Qualitätsdimensionen, da bspw. unterschiedliche kundenseitige Interpretationen des Erwartungsbegriffs (reine Annahme der zu erwartenden Leistung, gewünschte Leistung, angemessene Leistung, Mindestniveau der Leistung, Idealniveau der Leistung, Ausdruck der Wichtigkeit der Leistung für den Kunden) zu unterschiedlichen Messergebnissen führen können. Außerdem zeigte sich, dass auch die universelle Einsetzbarkeit des Instruments nicht immer gegeben ist, da die SERVQUAL-Merkmale nicht immer auf die zugehörigen Dimensionen einzahlen.

517 Vgl. ebd., S. 386.

resultierenden, kundenseitig wahrgenommenen Erfahrungen[518]. Erlebnisqualität bezieht sich entsprechend der in Kapitel 2.2.1.1 erläuterten Leistungsqualität eines Unternehmens auf das Zusammenspiel von Produkt-, Dienstleistungs- und Nachhaltigkeitsqualität. Die Schaffung qualitativer Kundenerlebnisse zielt darauf ab, Kunden langfristig durch einzigartige, angenehme und einprägsame Erlebnisse einen Mehrwert zu bieten und sich dadurch dauerhaft vom Wettbewerb zu differenzieren[519]. Da Kundenerlebnisse, wie in Kapitel 2.1.1.2 aufgezeigt, von kunden-, unternehmens-, leistungs- und umfeldbezogenen sowie situativen Faktoren beeinflusst werden[520], ist Erlebnisqualität nicht generalisierbar und im jeweils spezifischen Kontext zu konkretisieren. Um das zu realisieren, ist das übergeordnete Management der Interaktionen im Sinne ihrer bewussten, zielgerichteten und systematischen Analyse und Gestaltung durch Customer Journey Mapping[521] ein geeignetes Instrument zur Professionalisierung der Kundenerlebnisse und damit zur Erzielung von Kundenerlebnisqualität[522]. Abbildung 25 bildet vor diesem Hintergrund, basierend auf der grundlegenden Struktur der Customer Journey, Kundenerlebnisqualität als Gesamtwahrnehmung der Kundenerlebnisse entlang aller Kontaktpunkte ab. Eine auf diese Weise optimierte Erlebnisqualität *„zeichnet sich durch ihre Erinnerungswürdigkeit und den Wunsch nach Wiederholung und Weiterempfehlung aus“*[523].

---

518 *„Its evaluation depends on the comparison between a customer's expectations and the stimuli coming from the interaction with the company and its offering in correspondence of the different moments of contact or touchpoints“* (GENTILE/ SPILLER/ NOCI (2007): How to Sustain the Customer Experience, S. 397).

519 Vgl. HOLLAND (2020): Customer Experience Management, S. 1 f. Als Kundenwert unterscheiden GENTILE, SPILLER UND NOCI (vgl. GENTILE/ SPILLER/ NOCI (2007): How to Sustain the Customer Experience, S. 399) den utilitaristischen (Zweckerfüllung) und den hedonistischen (Vergnügen) Wert. Mehrwerte für das Unternehmen können bspw. Kundenzufriedenheit, Kundenloyalität, Markenwert oder Kundenwert sein. Der daraus resultierende ökonomische Mehrwert kann im Sinne klassischer Leistungskennzahlen z.B. als Marktanteil, Umsatz oder Rentabilität bezeichnet werden (vgl. ebd., S. 399).

520 Vgl. STERNAD/ MÖDRITSCHER (2018): Qualitatives Wachstum, S. 127 f.

521 Siehe dazu auch Kapitel 2.1.1.2.

522 Vgl. HOLLAND (2020): Customer Experience Management, S. 3. Vgl. dazu Kapitel 2.1.2.3.

523 TIFFERT (2019): Customer Experience Management in der Praxis, S. 6.

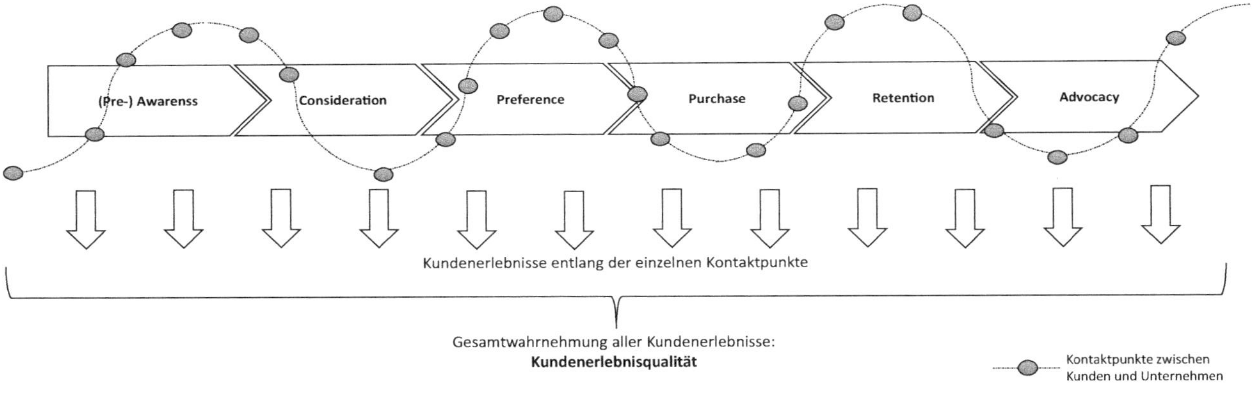

Abbildung 25: Erlebnisqualität als Gesamtwahrnehmung aller Kundenerlebnisse[524]

524 Eigene Darstellung in Anlehnung an STERNAD/ MÖDRITSCHER (2018): Qualitatives Wachstum, S. 123.

2.2.2 Der Zufriedenheitsbegriff

Zufriedenheit ist in ihrer grundlegenden Ausrichtung mit einer positiven Konnotation besetzt und von subjektiver Wahrnehmung geprägt[525]. Der Begriff stammt aus der Psychologie und bezeichnet eine integrierte emotionale und kognitive Reaktion im Sinne der *„Übereinstimmung einer bestimmten Erwartung eines Menschen vor einer Handlung mit deren tatsächlichem Erleben danach“*[526]. Im Unternehmenskontext ist Zufriedenheit *„das Ergebnis eines Vergleichsprozesses zwischen den Erfahrungen beim Gebrauch einer [unternehmerischen] Leistung – der Ist-Leistung – und einem Vergleichsstandard als Soll-Leistung“*[527] und wird als Kundenzufriedenheit bezeichnet. Das in der Literatur bedeutendste und am häufigsten angewandte Erklärungsmodell von Kundenzufriedenheit ist das Confirmation/Disconformation-Paradigma (C/D-Paradigma), das das Konstrukt als Ergebnis eines komplexen, psychischen Vergleichsprozesses konzeptualisiert (Abbildung 26)[528].

525 Vgl. RÜSCHEN/ VALLO (2017): Kundenzufriedenheit im Bio-Lebensmitteleinzelhandel, S. 43.

526 STANGL (n.d.): Zufriedenheit.

527 BRUHN (2022): Relationship Marketing – Das Management von Kundenbeziehungen, S. 94. Vgl. dazu auch OLIVER (2010): Satisfaction: A Behavioral Perspective on the Consumer, S. 6.

528 Vgl. HOMBURG/ STOCK-HOMBURG (2016): Theoretische Perspektiven zur Kundenzufriedenheit, S. 20 f. & GÖTZ et al. (2016): Der Einsatz von Customer Relationship Management zur Steuerung von Kundenzufriedenheit, S. 355. Vgl. dazu auch BRUHN (2020): Qualitätsmanagement für Dienstleistungen, S. 53 & BOSLAU (2009): Kundenzufriedenheit mit Selbstbedienungskassen im Handel, S. 17 f.

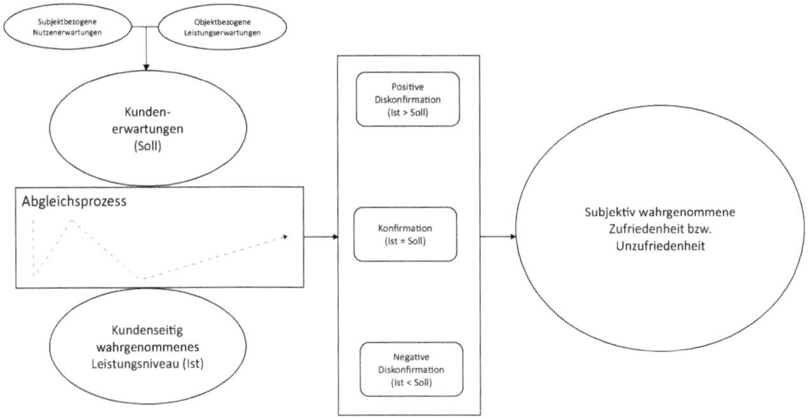

Abbildung 26: C/D-Paradigma der Kundenzufriedenheit[529]

Kundenzufriedenheit ist die Reaktion eines Kunden auf eine unternehmerische Leistung. Sie ist eine unabdingbare Voraussetzung für Loyalität und die Erreichung ökonomischer Unternehmensziele[530]. Ausgangspunkt für die Schaffung des Zufriedenheitsurteils sind Kundenerwartungen, die auch in Bezug auf Zufriedenheit zweidimensional als subjektbezogene Nutzen- und objektbezogene Leistungserwartung verstanden werden[531]. Je nach Ausmaß der Übereinstimmung von Ist- und Soll-Leistung resultieren unterschiedliche Diskonfirmationsniveaus, die zu (Un-) Zufriedenheit führen[532]. Sie können sich auf

529 Eigene Darstellung in Anlehnung an HOMBURG/ STOCK-HOMBURG (2016): Theoretische Perspektiven zur Kundenzufriedenheit, S. 21.

530 Vgl. SCHARNBACHER/ KIEFER (2003): Kundenzufriedenheit, S. 5 & WIEDER (2009): Kundenbindungsinstrumente im Handel – Erfolgspotentiale und Umsetzungsvoraussetzungen, S. 624.

531 *„Die Soll-Vorstellung tritt in Form von Wünschen beziehungsweise Idealvorstellungen und als Erfahrungsnorm auf“* (BRUHN (2022): Relationship Marketing – Das Management von Kundenbeziehungen, S. 93). Vgl. dazu auch BRUHN (2020): Qualitätsmanagement für Dienstleistungen, S. 53 & WIMMER/ ROLEFF (1998): Steuerung der Kundenzufriedenheit bei Dienstleistungen, S. 1244.

532 Vgl. BOSLAU (2009): Kundenzufriedenheit mit Selbstbedienungskassen im Handel, S. 18.

einzelne Kauf- oder Konsumerlebnisse beziehen (transaktionsspezifisch) oder die Beurteilung aller bisherigen Kauf- und Konsumerfahrungen umfassen (kumulativ bzw. global)[533]. Zufriedenheit kann auf dieser Basis als „*Erfüllung der Qualitätsvermutungen von Nachfragern an eine Leistung durch das Erlebnis der Leistung selbst*"[534] verstanden werden. TÖPFER[535] führt zudem an, dass der Abgleichsprozess u.a. vom Image eines Unternehmens beeinflusst wird.

Anknüpfend an die Statik des C/D-Paradigmas entwickelten STAUSS UND NEUHAUS[536] das Qualitative Zufriedenheitsmodell. Es basiert auf der Annahme, dass Methoden zur Messung der Zufriedenheit zwar berücksichtigen, dass Kundenzufriedenheit ein Erfahrungszustand ist, der jedoch nur in seiner Intensität, nicht aber in seiner Art variiert[537]. Das impliziert, dass Kunden, die den gleichen Zufriedenheitsgrad äußern, eine qualitativ identische Erfahrung machen und die gleichen Absichten in Bezug auf ihr zukünftiges Verhalten gegenüber dem Unternehmen verfolgen. Diese Annahmen befinden die Autoren aufgrund der Vernachlässigung der qualitativen Dimension von Zufriedenheit für falsch und zeigen theoretisch und empirisch auf, dass bestimmte Kombinationen von emotionalen, kognitiven und intentionalen Komponenten zu qualitativ unterschiedlichen Zufriedenheitstypen führen können (Abbildung 27)[538].

---

533 Vgl. FÜRST (2016): Verfahren zur Messung der Kundenzufriedenheit im Überblick, S. 128. Vgl. dazu auch KAISER (2005): Erfolgsfaktor Kundenzufriedenheit: Dimensionen und Messmöglichkeiten, S. 22 ff.

534 PEPELS (2013): Qualitäts- und Zufriedenheitsmessung als CRM Basis, S. 25. Dies setzt den Kontakt zwischen Anbieter und Nachfrager voraus.

535 Vgl. TÖPFER (2020): Strategische Positionierung und Kundenzufriedenheit, S. 155.

536 Vgl. STAUSS/ NEUHAUS (1997): The Qualitative Satisfaction Model, S. 236.

537 Vgl. ebd., S. 136. Die Autoren definieren die Qualitäten der Zufriedenheitserfahrung als „*satisfaction […] connected with different emotional and cognitive states […]. [T]hese different states influence future behaviour directed towards the company.*" Vgl. dazu auch BRUHN (2022): Relationship Marketing – Das Management von Kundenbeziehungen, S. 95.

538 Vgl. ebd., S. 95.

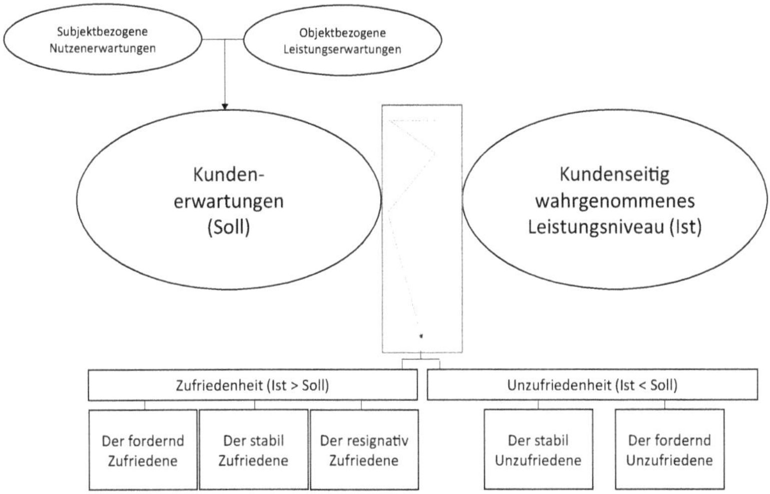

Abbildung 27: Das Qualitative Zufriedenheitsmodell[539]

Der fordernd Zufriedene ist sehr zufrieden, möchte jedoch, dass das Niveau gehalten wird. Der stabil Zufriedene ist zufrieden und möchte, dass alles bleibt, wie es ist. Der resigniert Zufriedene ist zufrieden und geht davon aus, dass er nicht mehr erwarten kann. Der stabil Unzufriedene ist unzufrieden, erwartet eigentlich mehr, zieht aber keine Konsequenzen daraus. Der fordernd Unzufriedene erwartet Verbesserung, sonst wird er die Beziehung mit dem Unternehmen abbrechen[540]. Das dem Modell zugrunde liegende Verständnis von Zufriedenheit ist demnach die „*Wahrnehmung bzw. Einstufung von Leistungen nach subjektiven Kriterien der Konsumenten*“[541], weshalb Zufriedenheit in diesem Kontext im Sinne von Qualität verstanden werden kann[542] und das Modell

539 Eigene Darstellung in Anlehnung an STAUSS/ NEUHAUS (1997): The Qualitative Satisfaction Model, S. 236, WIMMER/ ROLEFF (1998): Steuerung der Kundenzufriedenheit bei Dienstleistungen, S. 1244 & BRUHN (2022): Relationship Marketing – Das Management von Kundenbeziehungen, S. 95.

540 Vgl. STAUSS/ NEUHAUS (1997): The Qualitative Satisfaction Model, S. 236 & WIMMER/ ROLEFF (1998): Steuerung der Kundenzufriedenheit bei Dienstleistungen, S. 1243 f.

541 WIMMER/ ROLEFF (1998): Steuerung der Kundenzufriedenheit bei Dienstleistungen, S. 1243.

542 Vgl. ebd., S. 1243 f.

in der Literatur häufig als ein Modell der Dienstleistungsqualität geführt wird[543].

Die Dynamik der Zufriedenheit stellt zudem die Verbindung des bereits aufgezeigten Zusammenhangs zwischen der psychologischen Wirkung der Kundenzufriedenheit und der Verhaltenswirkung der Kundenloyalität dar und zeigt auf, dass Zufriedenheit nicht automatisch zu Kundenloyalität führt[544]. Anbieter sollten für eine positive Ausprägung von Zufriedenheit zumindest ein aus Kundensicht akzeptables Niveau der Bedürfnisbefriedigung gewährleisten[545]. Dies unterstreicht erneut die Relevanz, die Erwartungen der Kunden umfassend zu verstehen und zu berücksichtigen. Nur wenn Unternehmen die Bedürfnisse ihrer Kunden besser erfüllen als Wettbewerber, können dauerhafte Wettbewerbsvorteile im Sinne Komparativer Konkurrenzvorteile realisiert werden[546].

2.2.3 Der Zusammenhang von Qualität und Zufriedenheit in der Erfolgskette von Kundenbeziehungen

Die Grundstruktur der Erfolgskette von Kundenbeziehungen zeigt, dass die psychologischen Wirkungen kundenseitig wahrgenommener Leistungsqualität und Kundenzufriedenheit in engem Zusammenhang stehen[547]. Vor dem Hintergrund der vorangegangen Ausführungen lässt sich schlussfolgern, dass es sich bei subjektiv wahrgenommener Leistungsqualität und Zufriedenheit nicht um separate Konstrukte handelt, sondern dass sie gleichgesetzt werden können. Zufriedenheit ist demnach zentraler Maßstab der wahrgenommenen

---

543 Vgl. BRUHN/ MEFFERT/ HADWICH (2019): Handbuch Dienstleistungsmarketing, S. 373 & BRUHN (2020): Qualitätsmanagement für Dienstleistungen, S. 138.

544 Vgl. ebd., S. 95 f. & BRUHN (2020): Qualitätsmanagement für Dienstleistungen, S. 138.

545 Vgl. GLEITSMANN/ GUTTZEIT/ ROSCHK (2010): Die kundenseitige Wahrnehmung der Servicequalität bei der Nutzung von SST, S. 7, NERDINGER/ NEUMANN/ CURTH (2015): Kundenzufriedenheit und Kundenbindung, S. 128 & KAISER (2005): Erfolgsfaktor Kundenzufriedenheit: Dimensionen und Messmöglichkeiten, S. 21.

546 Vgl. SCHARNBACHER/ KIEFER (2003): Kundenzufriedenheit, S. 16.

547 Vgl. ebd., S. 94. Vgl. dazu auch MEYER/ ERTL (1996): Nationale Barometer zur Messung von Zufriedenheit, S. 208: *„Beide stellen […] ein hypothetisches Konstrukt dar, über das sich Individuen mehr oder minder genaue, individuelle Meinungen bilden.“* Siehe dazu auch Kapitel 2.2, Abbildung 20.

Qualität[548]. Da diese Meinung in der Literatur nicht einheitlich vertreten wird[549], wird im Folgenden die Argumentation des identischen Konstrukts erläutert[550].

Vor dem Hintergrund nomologischer Netzwerke[551] sind theoretische Konstrukte dann strukturell äquivalent oder logisch isomorph, wenn sie innerhalb eines Netzwerkes keine eindeutig unterschiedlichen Positionen einnehmen, sondern Einflussfaktoren und Folgen teilen. Eine Behandlung im Sinne zweier einzigartiger Konstrukte ist empirisch nicht überprüfbar und demzufolge unhaltbar[552]. Sowohl Qualität als auch Zufriedenheit konstituieren sich, wie in den Kapiteln 2.2.1 und 2.2.2 aufgezeigt, durch den Abgleich subjektbezogener Nutzenerwartungen und objektbezogener Leistungserwartungen. Zudem

---

548 Vgl. WIMMER/ ROLEFF (1998): Steuerung der Kundenzufriedenheit bei Dienstleistungen, S. 1243.

549 Die konzeptionellen Unterschiede, Gemeinsamkeiten und kausalen Zusammenhänge der Konstrukte beschäftigen die Forschung schon seit Mitte der 1980er Jahre. Sie stellen ein relevantes, aber kontrovers diskutiertes Forschungsfeld dar. Während über das grundlegende Verständnis der einzelnen Konstrukte überwiegend Einigkeit herrscht, ist das in Bezug auf deren Abgrenzung nicht der Fall (vgl. WIRTZ/ LOVELOCK (2016): Services Marketing. People, Technology, Strategy, S. 77). Der Kern der Diskussion setzt sich aus zwei Perspektiven zusammen: Qualität und Zufriedenheit als identische und als unterschiedliche Konstrukte. Vgl. dazu auch KAISER (2005): Erfolgsfaktor Kundenzufriedenheit: Dimensionen und Messmöglichkeiten, S. 20 f., KAISER (2004): Kundenzufriedenheit und Qualitätswahrnehmung, S. 40 & DABHOLKAR (1995): A Contingency Framework for Predicting Causality Between Customer Satisfaction and Service Quality, S. 101 f.

550 Speziell in Hinblick auf ihre Relevanz für die Entstehung von Kundenloyalität und dem daraus resultierenden Markt- und ökonomischen Erfolg eines Unternehmens ergibt sich aus dem Gebot unternehmerischer Wirtschaftlichkeit für die Unternehmenspraxis die Notwendigkeit, die Zusammenhänge zu klären, um eine kostenoptimale Allokation unternehmerischer Ressourcen zu ermöglichen (vgl. CRONIN/ TAYLOR (1992): Measuring Service Quality. A Reexamination and Extension, S. 56, KAISER (2004): Kundenzufriedenheit und Qualitätswahrnehmung, S. 40 & WILSON et al. (2016): Services Marketing – Integrating Customer Focus Across the Firm, S. 70).

551 Unter einem nomologischen Netzwerk werden „*Aussagen oder Gesetze verstanden, die die Beziehung zwischen Konstrukten, aber auch zwischen Konstrukten und Beobachtbarem beschreiben*“ (SCHMIDT-ATZERT/ KRUMM/ AMELANG (o.d.): Nomologisches Netzwerk).

552 Vgl. IACOBUCCI/ OSTROM/ GRAYSON (1995): Distinguishing Service Quality and Customer Satisfaction, S. 280.

wird beiden Verhaltenswirksamkeit unterstellt[553]. Daher nehmen sie keine eindeutigen Positionen im nomologischen Netzwerk ein, sondern sind strukturell austauschbar[554] und können als identisches Konstrukt verstanden werden[555]. Entsprechend konzeptualisieren MEYER UND ERTL[556] Zufriedenheit als

---

553 Vgl. HALLER/ WISSING (2020): Dienstleistungsmanagement, S. 65.

554 Vgl. IACOBUCCI/ OSTROM/ GRAYSON (1995): Distinguishing Service Quality and Customer Satisfaction, S. 280. „*The positions of quality and satisfaction in this nomological network are not unique, but structurally interchangeable*".

555 Speziell die einheitliche Definition der Erwartungen ist besonders relevant: „*Die Gleichsetzung von Kundenzufriedenheit und (Dienstleistungs-) Qualität liegt zwar nahe, führt aber zunächst zu einem paradoxen Ergebnis: Wenn ein Konsument vorab von einem Anbieter ein schlechtes Leistungsniveau erwartet und dann […] nach eigenem Urteil tatsächlich eine schlechte Leistung erhält, würde dies […] bedeuten, dass er zufrieden, zumindest aber nicht unzufrieden ist. […] Diese eher unrealistische Annahme kommt zustande, weil zwischen Erwartungen hinsichtlich des Leistungsniveaus des Anbieters (im Sinne einer subjektiven Wahrscheinlichkeit des Auftretens eines bestimmten Leistungsniveaus) und Anforderungen des Konsumenten, die aus seinen Wünschen und Bedürfnissen resultieren, nicht ausreichend differenziert wird. […] Mit diesem zweidimensionalen Erwartungsbegriff können Kundenzufriedenheit und (Dienst-) Leistungsqualität tatsächlich gleichgesetzt werden*" (WIMMER/ ROLEFF (1998): Steuerung der Kundenzufriedenheit bei Dienstleistungen, S. 1243 f.).

556 Vgl. MEYER/ ERTL (1996): Nationale Barometer zur Messung von Zufriedenheit, S. 209 f. „*Ein und dasselbe Ergebnis [kann so] aufgrund der Individualität der zugrundeliegenden Nutzenfunktion zu unterschiedlichen Zufriedenheitswerten [führen]. […] Kundenzufriedenheit entsteht somit durch die subjektive Wertung der subjektiv wahrgenommenen Qualität aufgrund einer individuellen Nutzenfunktion des Kunden.*" Ergänzend führen die Autoren zur Erklärung an: „*Lediglich für T = 1 (‚T' repräsentiert ein einzelnes Ereignis bzw. einen einzelnen Kontakt) liegt eine eindeutige Kausalbeziehung Qualität beeinflusst Kundenzufriedenheit vor. Für T >= 2 wird sowohl die Qualitätswahrnehmung als auch die Wertung der subjektiv wahrgenommenen Qualität durch die aus T = 1 resultierende Kundenzufriedenheit beeinflusst. Ebenso beeinflusst die subjektiv wahrgenommene Qualität aus T = 1 sowohl die Qualitätswahrnehmung als auch den Wertungsprozess in T = 2, indem bspw. die Soll-Komponente dynamisch angeglichen wird. Sowohl einzelne Ereignisse/ Kontakte als auch die Summe aller Ereignisse/Kontakte beeinflussen die subjektive Wahrnehmung der Qualität und die Zufriedenheit mit einem Anbieter insgesamt. Zufriedenheit und wahrgenommene Qualität ihrerseits beeinflussen das Beschwerdeverhalten sowie die Kundenbindung [hier ist Kundenloyalität gemeint, siehe dazu auch Fußnote 441], welche durch die Indikatoren Weiterempfehlung, Wiederkauf/-wahl und Cross Buying-Absichten repräsentiert werden. Vor diesem Hintergrund*

kundenseitig subjektive Wertung der Nutzenerfüllung durch subjektiv wahrgenommene Qualität, die aus dem Soll-Ist-Abgleich zwischen subjektivem Anspruchsniveau und subjektiv wahrgenommener Leistung entsteht[557].

Dieser Zusammenhang von Qualität und Zufriedenheit hat den Vorteil einer einfacheren Messmethodik und leichterer Dateninterpretation[558]. So liegt er bspw. auch dem 1992 von der Deutschen Marketing Vereinigung e.V. initiierten und seitdem durchgeführten Kundenmonitor Deutschland[559] zugrunde. Dieser erhebt jährlich die Kundenzufriedenheit privater Endverbraucher in mehr als 100 Branchen, um Auswirkungen auf zukünftige Kundenbeziehung in Bezug auf Waren und Dienstleistungen zu erfassen[560].

Abbildung 28 bildet den Zusammenhang zwischen Qualität und Zufriedenheit ab und ordnet beide Konstrukte in den zu Beginn des Kapitels 2.2 erläuterten Kontext der Erfolgskette der Kundenbeziehung[561] ein.

---

ergeben sich folgende Wirkungszusammenhänge: $Zuf_T = f_T(Qual_1)$ *und* $Qual_T = f_T(S_T, L_T)$ *für* $T = 1$. $Qual_T = f_T(S_T, L_T, Zuf_{T-1})$ *für* $T = 2, 3, \ldots, \infty$. $Zuf_T = f_T(Qual_T; Zuf_{T-1})$ *für* $T = 2, 3, \ldots, \infty$. *Mit Zuf = Zufriedenheit, Qual = subjektiv wahrgenommene Qualität, S = subjektiv formulierte Soll-Komponente, L = subjektiv wahrgenommene Leistung*" (ebd., S. 211 f.). Damit belegen die Autoren, dass die Konstrukte Qualität und Zufriedenheit, abgesehen vom ersten Kontakt, hoch interdependent sind.

557 Vgl. ebd., S. 209.

558 Vgl. BRUHN (2016): Nationale Kundenzufriedenheitsindizes, S. 179.

559 Der Kundenmonitor Deutschland ist ein Kundenbarometer (zu Beginn „Deutsches Kundenbarometer" genannt) im Sinne eines *„systematisch angelegte[n] Befragungsinstrument[s] durch Wellenerhebungen (Trackings) auf nationaler Ebene, in großer Fallzahl, branchenübergreifend und in regelmäßigen Abständen"* (PEPELS (2013): Qualitäts- und Zufriedenheitsmessung als CRM Basis, S. 31). Mittlerweile wird die Erhebung von der ServiceBarometer AG durchgeführt (vgl. BRUHN (2016): Nationale Kundenzufriedenheitsindizes, S. 178).

560 Vgl. ebd., S. 178. Vgl. dazu auch PEPELS (2013): Qualitäts- und Zufriedenheitsmessung als CRM Basis, S. 31: *„Ausgangspunkt ist die Überlegung, dass zwischen Leistungsqualität, Kundenzufriedenheit und Kundentreue bzw. Anbieterwechsel eindeutige Zusammenhänge bestehen. Übersteigt die vom Kunden wahrgenommene Leistung deren Erwartungen, wird sie als sehr zufriedenstellend beurteilt, umgekehrt entsteht Enttäuschung."*

561 Siehe dazu auch Abbildung 20.

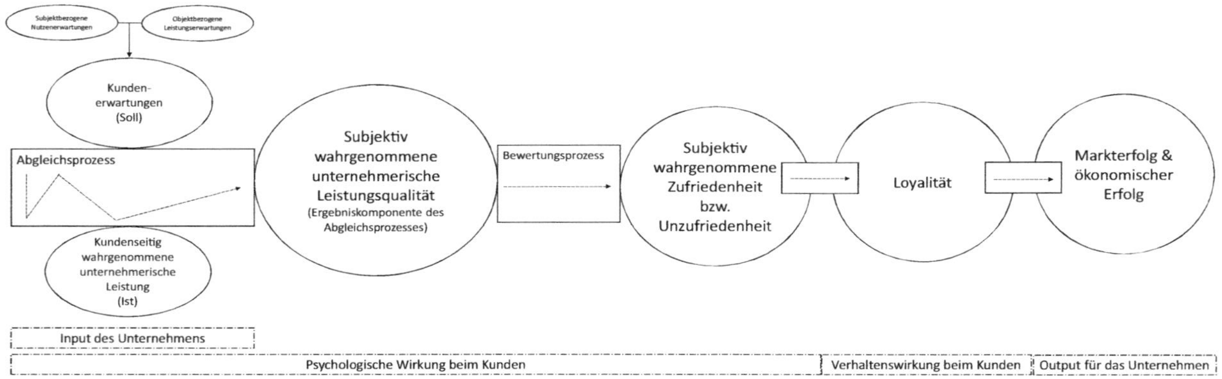

Abbildung 28: Zusammenhang von Qualität und Zufriedenheit im Kontext der Erfolgskette von Kundenbeziehungen[562]

562 Eigene Darstellung in Anlehnung an MEYER/ ERTL (1996): Nationale Barometer zur Messung von Zufriedenheit, S. 209 & BRUHN (2022): Relationship Marketing – Das Management von Kundenbeziehungen, S. 82.

Da bei Entstehung der subjektiv wahrgenommenen Qualität noch keine Wertung des Abgleichsergebnisses vorgenommen wurde, ergibt sich aus diesem Verständnis, dass Qualität ohne Zufriedenheit keine Bedeutung hat bzw. dass Zufriedenheit nicht ohne eine bewertende Person und deren Wahrnehmung von Qualität konzeptualisiert werden kann. Zusammenfassend lässt sich demnach festhalten, dass erst wahrgenommene Qualität und Kundenzufriedenheit zusammen als notwendige Voraussetzung der Kundenloyalität verstanden werden können.

2.3 Zwischenfazit zum konzeptionellen Bezugsrahmen von Nachhaltigkeit als shopperseitig wahrgenommenem Qualitätsfaktor im dt. LEH

Wie zu Beginn von Kapitel 2 aufgezeigt, sollen die relevantesten Inhalte des konzeptionellen Bezugsrahmens von Nachhaltigkeit als shopperseitig wahrgenommenem Qualitätsfaktor im dt. LEH nicht nur aufgearbeitet, sondern anschließend auch zusammengeführt werden, um so den Ausgangspunkt für eine theoretische und explorativ-empirische Konkretisierung zu schaffen. In einem ersten Schritt werden dazu die relevantesten Inhalte der vier zentralen Elemente des Bezugsrahmens in Tabelle 9 zusammengefasst.

Tabelle 9: Zusammenfassung der relevantesten Inhalte des konzeptionellen Bezugsrahmens von Nachhaltigkeit als shopperseitig wahrgenommener Qualitätsfaktor im dt. LEH

Zentrale Elemente des konzeptionellen Bezugsrahmens	Relevanteste Inhalte der zentralen Elemente
Grundlagen des Handelsverständnisses	• **Betriebsformen** des Handels beschreiben die Art, in der Händler ihr Geschäft im Markt betreiben, sind prägend für den Gesamteindruck, den Shopper von einem Händler haben und werden von ihnen als Bündelung von Einkaufsstätten wahrgenommen. • Die einheitliche Markierung von zu einem Handelsunternehmen gehörenden Einkaufsstätten erfolgt über **Retail Brands**. • **Retail Brands** fungieren als shopperseitig wahrgenommener **Stellvertreter** für die **Gesamtleistung** eines Händlers. Retail Brand und alle verbundenen Assoziationen sind wesentlich zu **Generierung Komparativer Konkurrenzvorteile**, wenn sie von den Shoppern als glaubwürdiger und vertrauensvoller Kompetenzpartner wahrgenommen werden. • Die relevantesten **Betriebsformen** (und **Retail Brands**) im **dt. LEH** sind **Supermarkt** (z.B. **Edeka**), **Bio-Supermarkt** (z.B. **Alnatura**), **Discounter** (z.B. **ALDI SÜD**), **SB-Warenhaus** (z.B. **Kaufland**) und **Fachgeschäft** (z.B. **Naturkostfachgeschäfte**). • In Hinblick auf ihre **grundlegende Positionierung** verfolgt **Edeka** eine Versorgungs- und Qualitätsstrategie, die durch Nachhaltigkeitsaspekte zunehmend Elemente einer Erlebnisstrategie aufweist, **ALDI SÜD** eine Discountstrategie, die u.a. durch Nachhaltigkeitsaspekte zunehmend Elemente einer Erlebnis-Discountstrategie aufweist, **Kaufland** eine Versorgungs- und Qualitätsstrategie, die aufgrund ausgeprägter Sonderangebots- bis hin zu Dauerniedrigpreispolitik und durch Nachhaltigkeitsaspekte eine Tendenz zur Erlebnis-Discountstrategie hat und **Alnatura** eine Erlebnisstrategie mit Nachhaltigkeit als grundlegend verankertem Erlebniswert. • **Shopper** haben eine **große Verhandlungsstärke** im dt. LEH: Sie sind sehr preissensitiv und haben gleichzeitig hohe Anforderungen an Lebensmittelqualität und -sicherheit. Zudem nehmen ihr Bewusstsein für ökologische und soziale Auswirkungen ihrer Kaufentscheidungen und daraus resultierend ihre Erwartungen an Händler stetig zu.
Grundlagen des Nachhaltigkeitsverständnisses	• Nachhaltigkeit ist **heterogen.** Die mehrdimensionale Konzeption von Nachhaltigkeit im Sinne des Drei-Säulen-Modells (Ökologie, Soziales, Ökonomie) kann als Grundmodell der Nachhaltigkeit verstanden werden. • Die konkrete **Integration von Nachhaltigkeit** in Strategien und Maßnahmen der **Unternehmenstätigkeit** im Sinne eines Managementansatzes gewinnt zunehmend an Bedeutung. Dies **wird durch die Stakeholder-Theorie** untermauert, bei der nachhaltiges unternehmerisches Handeln durch die Erwartung der Stakeholder geprägt und als ‚unaviodable costs of doing business' zu verstehen ist. • Als Beispiel eines Managementansatzes kann der **Entscheidungsorientierte Ansatz der Implementierung einer nachhaltigkeits- und marktorientierten Unternehmensführung** genannt werden. Dieser unterteilt die auf Nachhaltigkeit gerichtete Gestaltung der Unternehmens-Anspruchsgruppeninteraktion in verschiedene Aufgaben: Analyse des Spannungsfelds, normatives, strategisches und operatives Nachhaltigkeitsmanagement sowie Nachhaltigkeitscontrolling. • **Konsumenten** empfinden dabei häufig **Unsicherheit** in Bezug auf die tatsächliche Realisierung positiver ökologischer oder sozialer Mehrwerte eines Unternehmens, da **Nachhaltigkeit** aufgrund des normativen Charakters immateriell ist und eine **Vertrauens- sowie potemkinsche Eigenschaft** darstellt. • Unternehmens- und kundenseitiges Nachhaltigkeitsverständnis weichen häufig voneinander ab.
Nachhaltigkeit im dt. LEH	• **Alle Händler** des dt. LEH **adressieren Nachhaltigkeit** verstärkt durch vielfältige Aktivitäten und Initiativen. • Da **Nachhaltigkeit zu einem shopperseitig wahrgenommenen Qualitätsfaktor** geworden ist, ist es relevant, die **Erwartungen** der Shopper (wichtigste Stakeholder) zu **verstehen** und zu **berücksichtigen.** • Speziell im dt. LEH, der die Vertrauens- und potemkinschen Eigenschaften von Lebensmitteln und Nachhaltigkeit vereint, können **Retail Brands** durch den erfolgreichen Aufbau positiver Nachhaltigkeitsreputation als **übergeordnetes Signal einer kompetenten und glaubwürdigen Nachhaltigkeitsintegration** dienen. • **‚Konventionellen' Händler** wie Edeka, ALDI SÜD oder Kaufland, deren originäre Positionierung, anders als bspw. Alnatura, keine Nachhaltigkeit beinhaltet, fällt es schwerer, Nachhaltigkeit glaubwürdig mit dem Image ihrer Retail Brands in Einklang zu bringen.
Grundlagen der Qualitätsforschung	• **Qualität im Unternehmenskontext** meint die **von wesentlichen Anspruchsgruppen** wahrgenommene **Güte unternehmerischer Leistung** und entsteht aus dem **Abgleichsprozess** zwischen deren **Erwartungen** (Soll-Komponente) und deren **wahrgenommener Leistung** (Ist-Komponente). **Kundenseitig wahrgenommene unternehmerische Leistungsqualität** setzt sich zusammen aus **Produkt-, Dienstleistungs-, Nachhaltigkeits- und Erlebnisqualität.** • Speziell **Dienstleistungsqualität** ist aufgrund der Besonderheiten von Dienstleistungen (Immaterialität, Heterogenität und Integration des externen Faktors) komplexer und nur erschwert standardisiert zu ermitteln (nicht anhand inside-out messbarer Annahmekriterien, sondern nur durch das outside-in bestimmbare Ausmaß, in dem die Leistung den Kundenerwartungen entspricht), was zu einem kundenseitig wahrgenommenen höheren Risiko führt. • Das **GAP-Modell der Dienstleistungsqualität** setzt an dem aus dieser Problematik resultierenden Forschungsdefizit servicespezifischer Ansätze zur Qualitätsmessung und -sicherstellung an. Es zeichnet sich durch seine stark anwendungsorientierte Konzeptualisierung aus, die nicht nur zum Konzeptverständnis beiträgt, sondern auch die Ableitung konkreter Handlungsempfehlungen zur Realisierung von Dienstleistungsqualität ermöglicht. • **Kundenzufriedenheit**, die das Ergebnis eines Vergleichsprozesses zwischen unternehmerischer Ist- und Soll-Leistung darstellt, wird als **kundenseitig subjektive Wertung der Nutzenerfüllung durch subjektiv wahrgenommene Qualität** verstanden. Qualität hat demnach **ohne Zufriedenheit keine Bedeutung** bzw. **Zufriedenheit** kann **nicht ohne eine bewertende Person und deren Wahrnehmung von Qualität** konzeptualisiert werden.

Basierend auf dieser Zusammenfassung lässt sich festhalten, dass…

– … Nachhaltigkeitsqualität als Bestandteil kundenseitig wahrgenommener unternehmerischer Leistungsqualität Nachhaltigkeit nicht nur im Kontext marktorientierter Unternehmensführung, sondern auch vor dem Hintergrund des Qualitätsbegriffs betrachtet.

- … eine Ähnlichkeit zwischen der Ausgangssituation der aktuellen Nachhaltigkeitsqualitätsforschung und der von Parasuraman, Zeithaml und Berry[563] in den 1980er Jahren betriebenen Dienstleistungsqualitätsforschung[564] deutlich wird: Trotz zunehmender Relevanz von Nachhaltigkeit als shopperseitig wahrgenommenem Qualitätsfaktor im dt. LEH und eines grundlegenden Begriffsverständnisses von Nachhaltigkeitsqualität existiert auch hier ein forschungsseitiges Defizit konzeptueller und empirischer Konkretisierung, um das Konstrukt ganzheitlich abzubilden und dessen Entstehung, Analyse und Management zu verstehen. Wie auch bei Dienstleistungsqualität[565] resultiert dieses Defizit aus den Eigenschaften Immaterialität und Heterogenität: Aufgrund seiner Natur als normatives Leitkonzept entbehrt Nachhaltigkeit auch als Produkt-, Dienstleistungs-, Prozess- oder Unternehmenseigenschaft einer gegenständlichen Komponente, ist **immateriell** und wird als Vertrauens- bzw. potemkinsche Eigenschaft bezeichnet[566]. Dies führt dazu, dass die shopperseitige Qualitätsbeurteilung komplex und nur schwer standardisiert durchzuführen ist. Nachhaltigkeitsqualität kann nur in Teilen oder gar nicht anhand (inside-out) messbarer Annahmekriterien für Qualitätsmerkmale beurteilt werden[567]. Es lässt sich stattdessen nur ein (outside-in bestimmbares) Ausmaß ermitteln, inwieweit die Nachhaltigkeitsaktivitäten eines Händlers den Erwartungen der Shopper entsprechen. Gleichzeitig ist Nachhaltigkeit aufgrund von Branchen- und Stakeholder-Individualität ein **heterogenes** Konzept, dessen inhaltliche Interpretation und Erwartungen der Shopper sich nach Kontext und subjektiver

563 PARASURAMAN/ ZEITHAML/ BERRY (1985): A Conceptual Model of Service Quality and Its Implications for Future Research

564 Siehe dazu Kapitel 2.2.1.2.

565 Siehe dazu Kapitel 2.2.1.1und 2.2.1.2.

566 Vgl. SIMONS/ KLINK-LEHMANN/ HARTMANN (2021): Nachhaltigerer privater Konsum, S. 19) & SPILLER (2022): Kommunikation von Nachhaltigkeit an Verbraucherinnen und Verbraucher: Trends und Herausforderungen, S. 3. Siehe dazu Kapitel 2.1.2.4.

567 Vgl. STERNAD/ MÖDRITSCHER (2018): Qualitatives Wachstum, S. 146. Nachhaltigkeitsqualität eines Unternehmens ist nur bedingt objektiv messbar: „*Wie in anderen Bereichen der Qualität gibt es zwar auch hier eine Vielzahl von Möglichkeiten, ‚harte‘ Qualitätsmerkmale in Kennzahlen zu fassen – insbesondere auch im Bereich der ökologischen Nachhaltigkeit, zum Beispiel wenn Material- und Energieverbräuche oder Emissionen gemessen werden*“ (ebd., S. 146). Dies ist jedoch allein möglich, wenn es um Bereiche geht, die mittels harter Qualitätsmerkmale abgebildet werden können. Andere Bereiche, bspw. in Bezug auf die soziale Dimension

Perspektive unterscheiden[568]. Nachhaltigkeit erweist sich demnach als ähnlich komplexes Konstrukt wie Dienstleistungen. Das erschwert die Einschätzung der shopperseitigen Nachhaltigkeitsqualitätswahrnehmung und -bewertung.

Vor diesem Hintergrund ist Nachhaltigkeitsqualität Ausgangspunkt für die in den kommenden Kapiteln erläuterte theoretische und explorativ-empirische Konkretisierung von Nachhaltigkeit als shopperseitig wahrgenommenem Qualitätsfaktor im dt. LEH (Abbildung 29). Im Rahmen der zunächst durchgeführten theoretischen Konkretisierung (Kapitel 3) wird aufgrund der aufgezeigten Übereinstimmungen der Ausgangssituationen zudem das GAP-Modell der Dienstleistungsqualität als Basis der konzeptuellen Spezifizierung von Nachhaltigkeitsqualität herangezogen.

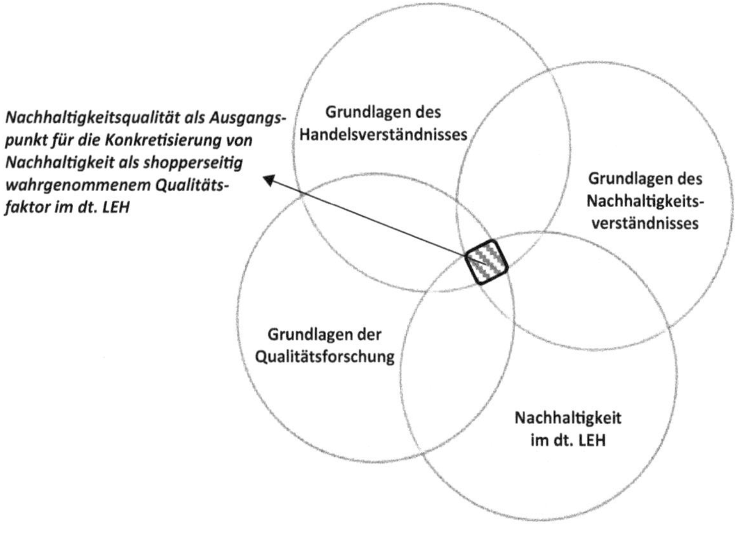

Abbildung 29: Schematische Darstellung des konzeptionellen Bezugsrahmens von Nachhaltigkeit als shopperseitig wahrgenommenem Qualitätsfaktor im dt. LEH

von Nachhaltigkeit, ermöglichen das nicht. Zudem sind objektiv messbare Qualitätskriterien auch für die Erfassung der subjektiven, shopperseitigen Perspektive der Nachhaltigkeitsqualität unzureichend (vgl. ebd., S. 146).

568 Vgl. HANDELSBLATT RESEARCH INSTITUTE (2022): Mehr ökologische Nachhaltigkeit im Einzelhandel, S. 37 f., VOEGTLINA et al. (2022): Grand Societal Challenges and Responsible Innovation, S. 1, BUNDESREGIERUNG (n.d.-a): Nachhaltigkeit als Querschnittsaufgabe & LUTHJE/ THIELE (2018): Nachhaltigkeit ist ein Omnibus, in dem jeder mitfahren darf!, S. 151 f. Siehe dazu auch Kapitel 1.1, 1.2 und 2.1.2.1.

3. Theoretische Konkretisierung von Nachhaltigkeitsqualität im filialisierten, stationären Lebensmitteleinzelhandel in Deutschland

Nachdem durch Erörterung und Zusammenführung der zentralen Elemente des konzeptionellen Bezugsrahmens von Nachhaltigkeit als shopperseitig wahrgenommenem Qualitätsfaktor im dt. LEH das Konstrukt Nachhaltigkeitsqualität als Ausgangspunkt einer Konkretisierung aufgezeigt wurde, erfolgt in diesem Kapitel die theoretische Konkretisierung im Sinne einer begrifflichen (Kapitel 3.1) und konzeptuellen (Kapitel 3.2) Spezifizierung. Dies führt zu einem ersten, grundlegenden Konzeptverständnis von Nachhaltigkeitsqualität im dt. LEH und ist Basis für die anknüpfende explorativ-empirische Konkretisierung.

3.1 Begriffliche Spezifizierung von Nachhaltigkeitsqualität im dt. LEH

Um eine begriffliche Spezifizierung von Nachhaltigkeitsqualität im dt. LEH vorzunehmen, ist in einem ersten Schritt das Verständnis shopperseitig wahrgenommener Leistungsqualität von Handelsunternehmen zu klären. Da die Funktion von Handelsunternehmen als Zwischennachfrager und Zwischenanbieter in der Überbrückung qualitativer, quantitativer, räumlicher und zeitlicher Spannungen zwischen ersten Anbietern und letzten Nachfragern liegt, ergibt sich deren Leistungsqualität aus den zugehörigen Kernleistungen. Das sind Bildung und Umschlag attraktiver Sortimente, Koordination von Warenfluss und Logistik, Verkauf an letzte Nachfrager durch die Gestaltung eigener Beschaffungs- und Absatzsysteme sowie die übergeordnete Koordination dieser Leistungen[569].

Anknüpfend an die in Abbildung 22 in Kapitel 2.2.1.1 dargestellte kundenseitig wahrgenommene unternehmerische Leistungsqualität, die sich aus Produkt-, Dienstleistungs-, Nachhaltigkeits- und Erlebnisqualität zusammensetzt, lässt sich, gemäß der auch im dt. LEH steigenden Relevanz von Nachhaltigkeit als shopperseitig wahrgenommenem Qualitätsfaktor[570], die Leistungsqua-

569 Siehe dazu auch Kapitel 2.1.1.1
570 Siehe dazu auch Kapitel 1.1 und 2.1.3.

lität von Handelsunternehmen im dt. LEH wie in Abbildung 30 dargestellt visualisieren.

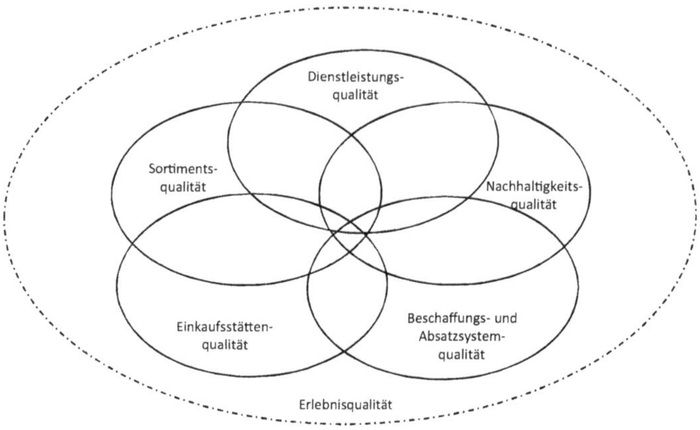

Abbildung 30: Shopperseitig wahrgenommene Leistungsqualität eines Handelsunternehmens im dt. LEH[571]

Nachhaltigkeitsqualität ist demnach auch Bestandteil der shopperseitig wahrgenommenen Leistungsqualität von Handelsunternehmen des dt. LEH und kann als wahrgenommene hohe Sozial- und Umweltverträglichkeit eines filialisierten, stationären Lebenseinzelhandelsunternehmen in Deutschland verstanden werden, das gleichzeitig in der Lage ist, sowohl kurz- als auch langfristig wirtschaftlich erfolgreich zu sein. Nachhaltigkeitsqualität bezieht sich dabei nicht nur auf das Handelsunternehmen selbst, sondern auch auf alle Auswirkungen seiner Aktivitäten entlang der gesamten Lieferkette.

Einhergehend mit dem allgemeinen Qualitätsverständnis im Unternehmenskontext[572] und dem speziellen Qualitätsverständnis von Dienstleistungen[573] entsteht Nachhaltigkeitsqualität im dt. LEH aus dem Abgleichsprozess

571 Eigene Darstellung in Anlehnung an STERNAD/ MÖDRITSCHER (2018): Qualitatives Wachstum, S. 19, MATTMÜLLER/ TUNDER (2004): Strategisches Handelsmarketing, S. 10 & WIRTZ (2016): Electronic Commerce, S. 299. Aufgrund der Besonderheiten des Handels hat Nachhaltigkeitsqualität im dt. LEH mehr Schnittstellen mit anderen Bereichen als im produzierenden Unternehmen.

572 Siehe dazu auch Kapitel 2.2.1.1.

573 Siehe dazu auch Kapitel 2.2.1.1 und 2.2.1.2.

zwischen der Soll-Komponente der Shoppererwartungen an die Nachhaltigkeit eines filialisierten, stationären Lebensmitteleinzelhändlers und der Ist-Komponente der shopperseitig wahrgenommener Nachhaltigkeit (Abbildung 31).

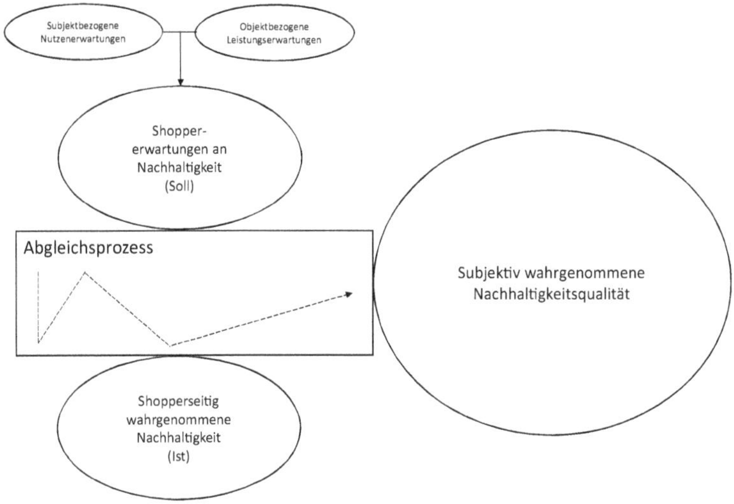

Abbildung 31: Transfer der Entstehung von kundenseitig wahrgenommener Leistungsqualität bzw. Dienstleistungsqualität auf die Entstehung von shopperseitig wahrgenommener Nachhaltigkeitsqualität im dt. LEH[574]

Basierend auf dieser begrifflichen Spezifizierung wird die Entstehung von Nachhaltigkeitsqualität in einem nächsten Schritt konzeptuell spezifiziert.

3.2 Konzeptuelle Spezifizierung der Entstehung von Nachhaltigkeitsqualität im dt. LEH mittels Adaption und Erweiterung des GAP-Modells der Dienstleistungsqualität

Wie bereits im Rahmen des Zwischenfazits in Kapitel 2.3 dargelegt, erweisen sich die Ausgangssituationen der Qualitätsforschung für Dienstleistungen in den 1980er Jahren und der aktuellen Nachhaltigkeitsqualitätsforschung

574 Eigene Darstellung basierend auf GRÖNROOS (1984): A Service Quality Model and its Marketing Implications, S. 40 & MEYER/ ERTL (1996): Nationale Barometer zur Messung von Zufriedenheit, S. 209.

als ähnlich. In beiden Fällen führt die aus Immaterialität und Heterogenität resultierende erschwerte Qualitätsbeurteilung anhand (inside-out) messbarer Annahmekriterien für Qualitätsmerkmale zu einem forschungsseitigen Defizit konzeptueller und empirischer Konkretisierung, um das Konstrukt ganzheitlich abzubilden und dessen Entstehung, Analyse und Management zu verstehen. Diese Übereinstimmungen legen nahe, die Entstehung von Nachhaltigkeitsqualität im dt. LEH analog dem in Kapitel 2.2.1.2 vorgestellten GAP-Modell der Dienstleistungsqualität von PARASURAMAN, ZEITHAML UND BERRY[575] anwendungsorientiert zu konzeptualisieren.

Abbildung 32 zeigt das entsprechend adaptierte und erweiterte GAP-Modell der Nachhaltigkeitsqualität, das die Wechselwirkung von Shopper- und Händlerperspektive abbildet und damit systematisch aufzeigt, welche möglichen Qualitätslücken es im Kontext der Implementierung von Nachhaltigkeit im dt. LEH zu überwinden gilt. Auf dieser Basis können Abweichung der **GAP 5 (Shopper GAP)** zwischen Shoppererwartungen an Nachhaltigkeit im dt. LEH (Ist-Komponente) und der von ihnen tatsächlich wahrgenommenen Nachhaltigkeit (Ist-Komponente) reduziert werden, um eine hohe shopperseitig wahrgenommene Nachhaltigkeitsqualität in Sinne der Zufriedenheit zu erreichen.

575 Vgl. PARASURAMAN/ ZEITHAML/ BERRY (1985): A Conceptual Model of Service Quality and Its Implications for Future Research, S. 44 ff.

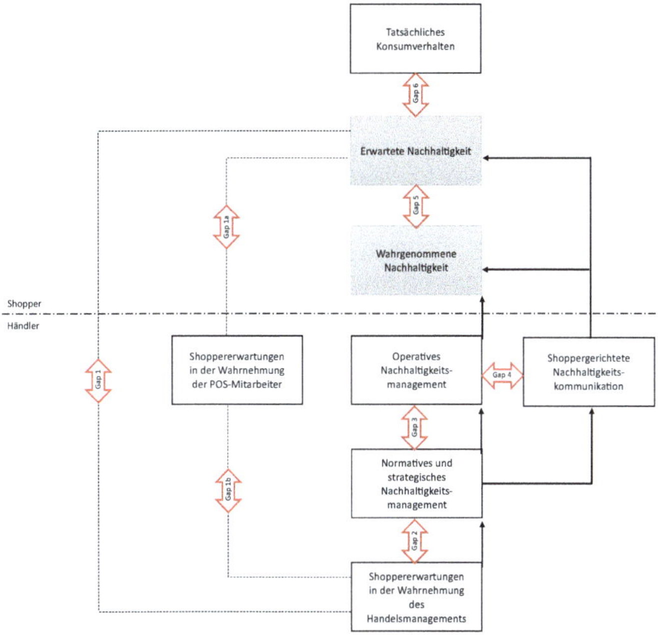

Abbildung 32: GAP-Modell der Nachhaltigkeitsqualität[576]

GAP 5 resultiert aus vier (analog den Provider Gaps des Dienstleistungsqualitätsmodells) vorgelagerten Händler-GAPs sowie einer, im Rahmen der Anpassung des Modells ergänzten, weiteren Shopper-GAP. Werden die Nachhaltigkeitserwartungen der Shopper sowohl durch POS-Mitarbeiter als auch durch das Management eines Lebensmitteleinzelhändlers unzureichend identifiziert, falsch priorisiert oder ist die Übermittlung der Erwartungen von POS-Mitarbeitern an das Management unzulänglich, dienen falsche Vorstellungen über shopperseitige Erwartungen als Basis für die handelsseitige Nachhaltigkeitsimplementierung (**GAP 1 / 1a / 1b, Knowledge Gap**)[577].

576 Eigene Darstellung in Anlehnung an PARASURAMAN/ ZEITHAML/ BERRY (1985): A Conceptual Model of Service Quality and Its Implications for Future Research, LUK/ LAYTON (2002): Perception Gaps in Customer Expectations, S. 113 & BELZ (2005): Nachhaltigkeits-Marketing, S. 20 ff.

577 Da der direkte Kontakt zwischen Shoppern und POS-Mitarbeitern ein wesentliches Merkmal des dt. LEH darstellt, werden auch in diesem Modell neben der GAP 1 die GAPs 1a und 1b berücksichtigt. (vgl. LEHNER (2015): Sustainability

In einem nächsten Schritt kann es dazu kommen, dass die Verankerung der shopperseitigen Nachhaltigkeitserwartungen in unternehmerische Entscheidungen fehlerhaft erfolgt. Diese **GAP 2 (Normativ-Strategische Gap)** konkretisiert sich in der Diskrepanz zwischen den durch das Management wahrgenommenen Kundenerwartungen und den daraus abgeleiteten Entscheidungen zu Leitbildern, Grundsätzen, Ziele und Strategien im Rahmen des normativen und strategischen Nachhaltigkeitsmanagements[578]. Dies kann dazu führen, dass die im Rahmen des normativen Nachhaltigkeitsmanagements erfolgende Zusammenführung von Leitprinzipien marktorientierter Unternehmensführung und nachhaltiger Entwicklung nicht stimmig durchgeführt wird und daraus unklare Zielsetzungen oder unzureichend verankerte Strategien entstehen. Das kann die nachhaltigkeitsbezogene Positionierung zur Wettbewerbsdifferenzierung eines Händlers schwächen.

Hieran anknüpfend kann **GAP 3 (Operative Gap)** entstehen, wenn die im nächsten Schritt abgeleiteten und implementierten Nachhaltigkeitsmaßnahmen nicht auf den zuvor definierten Vorgaben des normativen und strategischen Nachhaltigkeitsmanagements beruhen[579]. Die Wahrscheinlichkeit ist dann besonders hoch, wenn die zuvor definierte nachhaltigkeitsbezogene Strategie des Händlers überwiegend defensiv bzw. reaktiv ausgerichtet ist und nur punktuell durchgesetzt wird[580].

Eine weitere Qualitätslücke kann dadurch entstehen, dass die Kommunikation des Handelsunternehmens von dessen Nachhaltigkeitspraxis, sei es durch falsche Versprechungen oder Auslassungen relevanter Fakten, abweicht und zu falschen Erwartungen oder Enttäuschung der Shopper führt (**GAP 4, Communication Gap**). Gerade wenn Händler eine intensive Nachhaltigkeitskommunikation betreiben, ihre strategische Nachhaltigkeitsorientierung aber eher gering ausgeprägt ist, ist die Entstehung von GAP 4 wahrscheinlich[581].

---

in Store, S. 158). Einhergehend mit dem GAP-Modell der Dienstleistungsqualität (siehe dazu auch Kapitel 2.2.1.2) haben die GAPs 1a und 1b auch hier einen eher ergänzenden Charakter.

578 Diese Lücke bezieht sich auf die fehlerhafte Durchführung des normativen und strategischen Nachhaltigkeitsmanagements (siehe dazu auch Kapitel 2.1.2.3, Abbildung 12).

579 Diese Lücke bezieht sich auf die fehlerhafte Umsetzung des operativen Nachhaltigkeitsmanagements (siehe dazu auch Kapitel 2.1.2.3, Abbildung 12). Die Implementierung bezieht sich auf alle Kontaktpunkte entlang der Shopper Journey.

580 Siehe dazu auch Tabelle 4 und Tabelle 5 in Kapitel 2.1.2.3.

581 Siehe dazu auch Tabelle 5 in Kapitel 2.1.2.3. Hieraus resultiert die Gefahr, Greenwashing zu betreiben.

Wie anfangs erwähnt, enthält das GAP-Modell der Nachhaltigkeitsqualität im Vergleich zum GAP-Modell der Dienstleistungsqualität eine zusätzliche Lücke, die an die Erwartungen der Shopper anknüpft bzw. diesen zu Grund liegt: **GAP 6 (Attitude-Behavior-Gap)** beinhaltet die Diskrepanz zwischen Einstellungen und tatsächlichem Verhalten der Shopper und tritt speziell im Kontext der Nachhaltigkeit im dt. LEH häufig auf[582]. Die von Shoppern geäußerten Erwartungen entsprechen in diesem Fall bspw. wegen des hohen Preises, der Glaubwürdigkeit des Nachhaltigkeits- und Qualitätsversprechens, der Entfernung der Einkaufsstätten oder des Phänomens sozialer Erwünschtheit nicht ihrem tatsächlichen Konsumverhalten[583]. Auch das führt dazu, dass die Nachhaltigkeitsaktivitäten der Händler möglicherweise nicht erfolgreich sind.

Nur wenn alle aufgezeigten Schwachstellen der Nachhaltigkeitsimplementierung erkannt und kontinuierlich durch gezielte Maßnahmen minimiert werden, können Händler die GAP 5 zwischen Shoppererwartungen an Nachhaltigkeit im dt. LEH und der tatsächlich wahrgenommenen Nachhaltigkeit reduzieren. In Anlehnung an Meyer und Ertl[584] resultiert aus diesem Abgleichsprozess die Ergebniskomponente subjektiv wahrgenommener Nachhaltigkeitsqualität, die im anschließenden Bewertungsprozess im besten Fall als Zufriedenheit interpretiert wird und so zu Shopper-Loyalität und Markterfolg sowie ökonomischem Erfolg eines Handelsunternehmens beitragen kann (Abbildung 33)[585].

---

582 Vgl. BERG et al. (2022): Attitude-Behavior-Gap im LEH, S. 5 & 8. Siehe dazu auch Kapitel 2.1.2.4.

583 Vgl. ebd., S. 5. Auch wenn diese Lücke im zugrundeliegende GAP-Modell der Dienstleistungsqualität von PARASURAMAN, ZEITHAML UND BERRY (PARASURAMAN/ ZEITHAML/ BERRY (1985): A Conceptual Model of Service Quality and Its Implications for Future Research, siehe dazu auch Kapitel 2.2.1.2) nicht angeführt wird, ist es auch für Dienstleistungsanbieter durchaus relevant zu verstehen und zu berücksichtigen, dass Kunden sich, überwiegend aus Preisgründen, anders verhalten, als es ihre Einstellung nahelegt. Bspw. geben sie an, eine hohe Zahlungsbereitschaft für qualitativ hochwertige körpernahe Dienstleistungen zu haben, lassen die Dienstleistung dann aber doch von weniger qualitativen Dienstleistern zu geringeren Preisen durchführen. Die Attitude-Behavior-Gap stellt somit auch eine relevante Ergänzung des GAP-Modells der Dienstleistungsqualität dar, welche bisher nicht vorgenommen wurde.

584 Vgl. MEYER/ ERTL (1996): Nationale Barometer zur Messung von Zufriedenheit, S. 209.

585 Wie im Kontext von Abbildung 20 in Kapitel 2.2 bereits erwähnt, sind die Zusammenhänge innerhalb der Erfolgskette, somit auch zwischen der shopperseitigen Zufriedenheit mit Nachhaltigkeitsqualität und der resultierenden Loyalität, nie komplett eindeutig, da auch andere Einflussgrößen sowie unternehmensinterne und -externe moderierende Faktoren auf die entsprechenden Zusammenhänge wirken.

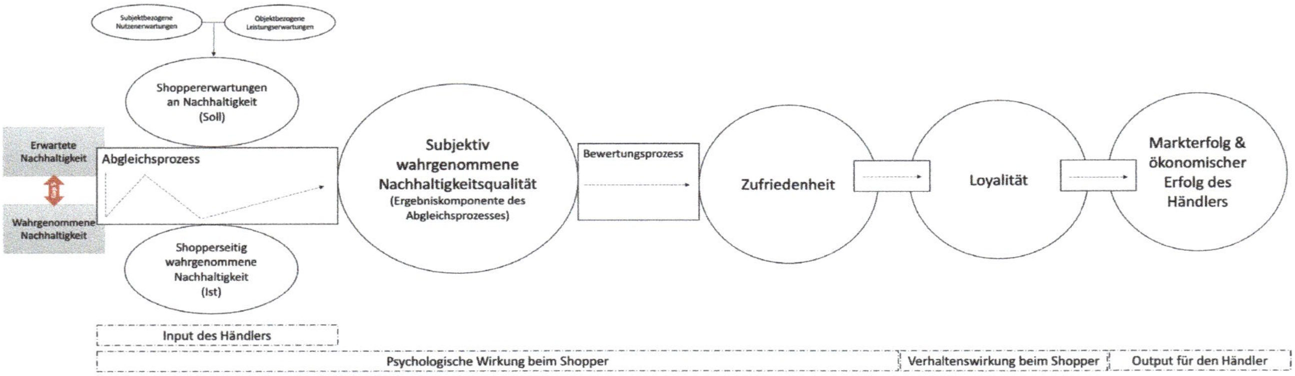

Abbildung 33: GAP 5 als zentrale Lücke für die Entstehung von Nachhaltigkeitsqualität[586]

586 Eigene Darstellung in Anlehnung an PARASURAMAN/ ZEITHAML/ BERRY (1985): A Conceptual Model of Service Quality and Its Implications for Future Research, MEYER/ ERTL (1996): Nationale Barometer zur Messung von Zufriedenheit, S. 209 & BRUHN (2022): Relationship Marketing – Das Management von Kundenbeziehungen, S. 82.

Basierend auf Kapitel 2.1.2.3 stehen im Kern der nachhaltigkeits- und marktorientierten Führung eines Handelsunternehmens alle Entscheidungen verantwortlicher Handelsmanager, die für die Nachhaltigkeitsimplementierung in Abstimmung mit relevanten Anspruchsgruppen, allen voran den Shoppern, erforderlich sind[587]. Der Entscheidungsorientierte Ansatz bildet diese Aufgaben auf den Ebenen Analyse, normatives, strategisches und operatives Nachhaltigkeitsmanagement sowie Nachhaltigkeitscontrolling ab[588]. Um das aus dem GAP-Modell resultierende Verständnis von Entstehung, Analyse und Management der Nachhaltigkeitsqualität in der nachhaltigkeits- und marktorientierten Führung eines Handelsunternehmens zu berücksichtigen, integriert Abbildung 34 die Entstehung von Nachhaltigkeitsqualität und die damit verbundenen Defizite (GAPs) in den Entscheidungsorientierten Ansatz.

587 Vgl. BALDERJAHN (2014): Entscheidungsorientierung im Sustainable Marketing Management, S. 138 & 155.

588 Vgl. BELZ (2005): Nachhaltigkeits-Marketing, S. 20 ff., BALDERJAHN (2014): Entscheidungsorientierung im Sustainable Marketing Management, S. 138 ff. & BALDERJAHN (2021): Nachhaltiges Management und Konsumentenverhalten, S. 85 ff.

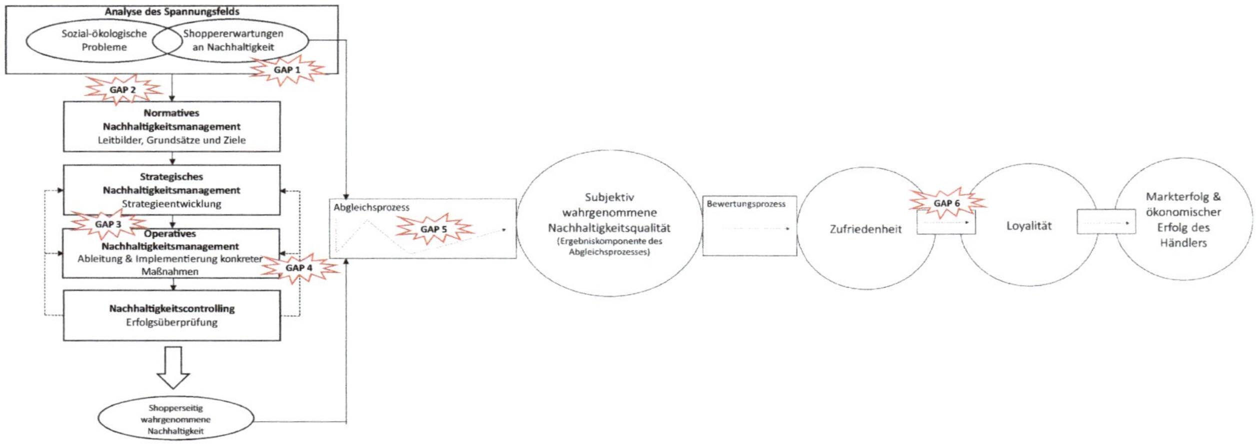

Abbildung 34: Die Entstehung von Nachhaltigkeitsqualität im Rahmen des Entscheidungsorientierten Ansatzes der Implementierung einer nachhaltigkeits- und marktorientierten Unternehmensführung[589]

589 Eigene Darstellung in Anlehnung an BELZ (2005): Nachhaltigkeits-Marketing, S. 20 ff., BALDERJAHN (2014): Entscheidungsorientierung im Sustainable Marketing Management, S. 138 ff. & PARASURAMAN/ ZEITHAML/ BERRY (1985): A Conceptual Model of Service Quality and Its Implications for Future Research.

Speziell das Erkennen und Reduzieren der GAP 1 ist grundlegend ausschlaggebend für die Reduzierung aller nachgelagerten Lücken. Im Einklang mit der in Kapitel 2.1.2.2 im Rahmen der Stakeholder-Theorie aufgezeigten Relevanz der detaillierten Auseinandersetzung mit Identifikation und Priorisierung relevanter Stakeholder-Gruppen und deren Erwartungen legt die GAP 1 den Grundstein für eine erfolgreiche Implementierung von Nachhaltigkeit in unternehmerisches Handeln. Fehleinschätzung der Shoppererwartungen können sich sukzessive durch den gesamten Prozess der Implementierung nachhaltigkeits- und marktorientierter Unternehmensführung ziehen. Letztendlich können sie dazu beitragen, dass die shopperseitigen Nachhaltigkeitserwartungen an einen filialisierten, stationären Lebensmitteleinzelhändler nicht mit der wahrgenommenen Nachhaltigkeit des Händlers übereinstimmen und somit keine Nachhaltigkeitsqualität im Sinne von Zufriedenheit entsteht. Darüber hinaus trägt, in Übereinstimmung mit Lehner[590], das Erkennen, korrekte Verstehen und glaubwürdige Erfüllen der shopperseitigen Nachhaltigkeitserwartungen dazu bei, einen Beitrag zur Förderung nachhaltigen Konsums und damit zu nachhaltiger Entwicklung zu leisten.

Zusammenfassend lässt sich festhalten, dass…

- … **Nachhaltigkeitsqualität im dt. LEH begrifflich** als die aus Shoppersicht wahrgenommene hohe Sozial- und Umweltverträglichkeit eines filialisierten stationären Lebensmitteleinzelhandelsunternehmens definiert werden kann, das gleichzeitig in der Lage ist, sowohl kurz- als auch langfristig wirtschaftlich erfolgreich zu sein.
- … **Nachhaltigkeitsqualität im dt. LEH** aus dem **Abgleichsprozess** zwischen Shoppererwartungen an Nachhaltigkeit eines filialisierten, stationären Lebensmitteleinzelhändlers (Soll-Komponente) und shopperseitig wahrgenommener Nachhaltigkeit des Händlers (Ist-Komponente) entsteht.
- … die **Entstehung** von **Nachhaltigkeitsqualität im dt. LEH** aufgrund der Gemeinsamkeiten zwischen Qualitätsforschung für Dienstleistungen und Nachhaltigkeit basierend auf dem GAP-Modell der Dienstleistungsqualität anwendungsorientiert als **GAP-Modell der Nachhaltigkeitsqualität** konzeptualisieren werden kann.

590 Vgl. LEHNER (2015): Sustainability in Store, S. 156: „*[…] for business to foster sustainable consumption it is necessary to create the right 'habitat' in which sustainable consumption can strive.*" Siehe dazu auch Kapitel 1.1.

- … die **GAP 1** dabei eine **grundlegende Relevanz** für die Entstehung positiver shopperseitig wahrgenommener **Nachhaltigkeitsqualität** im dt. LEH hat. Dies lässt sich wie folgt erklären:
    - o Die Wahrnehmung der nachhaltigkeitsbezogenen Shoppererwartungen durch das Handelsmanagement dient als Entscheidungsgrundlage aller anknüpfenden nachhaltigkeitsbezogenen Strategien und Maßnahmen.
    - o Die Reduzierung der GAP 1 durch eine möglichst exakte und korrekte Wahrnehmung und Erfassung der nachhaltigkeitsbezogenen Shoppererwartungen trägt damit grundlegend zur Reduzierung der nachgelagerten GAPs 2, 3 und 4 bei.
    - o Dies führt zu einer Reduzierung der zentralen GAP 5 und damit zur Entstehung positiver shopperseitig wahrgenommener Nachhaltigkeitsqualität im Sinne von Zufriedenheit. So wird es möglich, die Loyalität der Shopper zu gewinnen und Komparative Konkurrenzvorteile gegenüber dem Wettbewerb zu generieren.
- … die **shopperseitig erwartete Nachhaltigkeit** als **Soll-Komponente** nicht nur in den Abgleichsprozess mit der entsprechenden Wahrnehmung durch das Handelsmanagement und die POS-Mitarbeiter (**GAPs 1 / 1a / 1b**) und damit indirekt in die Entstehung von Nachhaltigkeitsqualität einfließt, sondern gleichermaßen als **Soll-Komponente** der **GAP 5** fungiert und damit auch einen direkten Einfluss auf die Entstehung von Nachhaltigkeitsqualität hat (Abbildung 35).

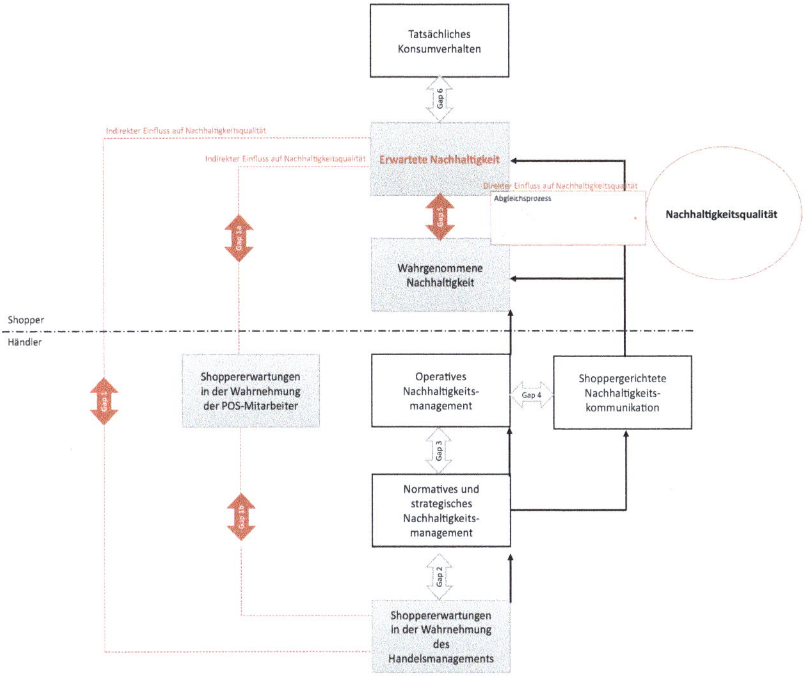

Abbildung 35: Der Einfluss shopperseitig erwarteter Nachhaltigkeit auf die Entstehung von Nachhaltigkeitsqualität[591]

Vor diesem Hintergrund erweist sich die Untersuchung der GAPs 1, 1a und 1b durch den Vergleich der shopperseitigen Nachhaltigkeitserwartungen und deren Wahrnehmung durch Handelsmanagement und POS-Mitarbeiter als notwendig, um das Fundament der Entstehung von Nachhaltigkeitsqualität im dt. LEH zu beurteilen. Aufgrund der Tatsache, dass shopperseitig erwartete Nachhaltigkeit nicht nur indirekt über die GAP 1, sondern auch direkt über die GAP 5 in die Entstehung von Nachhaltigkeitsqualität einfließt, können im Rahmen dieser Erhebung erfasste Merkmale und Dimensionen der Nachhaltigkeitserwartungen gleichzeitig als erste Ausgangsmenge relevanter Merkmale

591 Eigene Darstellung in Anlehnung an PARASURAMAN/ ZEITHAML/ BERRY (1985): A Conceptual Model of Service Quality and Its Implications for Future Research, LUK/ LAYTON (2002): Perception Gaps in Customer Expectations, S. 113 & BELZ (2005): Nachhaltigkeits-Marketing, S. 20 ff.

und Dimensionen von Nachhaltigkeitsqualität im dt. LEH verstanden werden. Die Untersuchung der gesamten GAP 1 ist damit geeignet, im Folgenden zur explorativ-empirischen Konkretisierung von Nachhaltigkeitsqualität im dt. LEH herangezogen zu werden.

4. Explorativ-empirische Konkretisierung von Nachhaltigkeitsqualität im filialisierten, stationären Lebensmitteleinzelhandel in Deutschland: Entwicklung eines Untersuchungsdesigns zur Analyse der GAP 1 des GAP-Modells der Nachhaltigkeitsqualität

Anknüpfend an die in Kapitel 1.4 beschriebene methodologische Einordnung des Forschungsvorhabens wird in diesem Kapitel das qualitative Untersuchungsdesign zur Analyse der GAP 1 und damit zur explorativ-empirischen Konkretisierung von Nachhaltigkeitsqualität im dt. LEH vorgestellt. Dieses umfasst die Methodik und Durchführung von Datenerhebung (Kapitel 4.1) und Datenauswertung (Kapitel 4.2).

4.1 Methodik und Durchführung der Datenerhebung

Wie in Kapitel 1 begründet, ist der dt. LEH das relevante Erhebungsumfeld für die Betrachtung der GAP 1 des GAP-Modells der Nachhaltigkeitsqualität. Da Nachhaltigkeitserwartungen der Shopper durch die Betriebsform und die Retail Brand beeinflusst werden können[592], ist zunächst das Erhebungsumfeld durch die Auswahl zu untersuchender Retail Brands einzugrenzen. Wie in Kapitel 2.1.1.2 beschrieben, sind auf Grundlage des Nettoumsatzes im Jahre 2021 Discounter, Supermärkte und SB-Warenhäuser die relevantesten Betriebsformen im dt. LEH[593]. Die zugehörigen umsatzseitig stärksten Retail Brands sind Edeka, Lidl und Kaufland[594]. Die nach Nettoumsatz führende Betriebsform zum alleinigen Verkauf von Bio-Artikeln ist der Bio-Supermarkt[595]. Dessen stärkste Retail Brand ist Alnatura[596]. Im Rahmen der durchgeführten Untersuchung wurden daher Edeka, Kaufland und Alnatura betrachtet. Weiterhin hat die Verfasserin für ihre Untersuchung ALDI SÜD

592 Vgl. dazu Kapitel 1.2.
593 Vgl. EHI RETAIL INSTITUTE (2022): EHI Handelsdaten aktuell, S. 78.
594 Vgl. ebd., S. 78 & 93.
595 Vgl. ebd., S. 90.
596 Vgl. ebd., S. 91.

ausgewählt, obwohl Lidl der umsatzstärkere Discounter ist. Diese Abkehr von Marktzahlen als Auswahlkriterium wird damit begründet, dass Kaufland und Lidl beide zur Schwarz Gruppe gehören. Um aber einen breiten Eindruck der shopperseitigen Nachhaltigkeitserwartungen und deren Wahrnehmung durch das Handelsmanagement im dt. LEH zu ermöglichen, erscheint es sinnvoller, Retail Brands unterschiedlicher Handelsunternehmen zu betrachten, da aus der übergeordneten Steuerung von Nachhaltigkeit durch das gemeinsame Mutterunternehmen Ähnlichkeiten resultieren können. Die Option, ein anderes SB-Warenhaus zu betrachten, schied aus, da das im Umsatzranking nächstplatzierte SB-Warenhaus Globus nur einen Anteil von 10 % am durchschnittlichen Umsatz der führenden Retail Brands hat[597]. Globus ist somit nicht so bedeutend im dt. LEH. Zudem gewinnt Kaufland durch die Übernahme der meisten real-Verkaufsstellen und auch der real-Website stark an Bedeutung im dt. LEH[598].

Die Datenerhebung umfasste die Erhebung von Primärdaten durch Fokusgruppendiskussionen und Experteninterviews sowie die Erhebung externer Sekundärdaten auf den Websites der Lebensmitteleinzelhändler. Gerade in Bereichen, die sich mit Nachhaltigkeit beschäftigen und daher schwer zu quantifizieren sind, ist es nach STERNAD UND MÖDRITSCHER[599] zielführend, diese im Austausch *„mit betroffenen Gruppen oder aber auch in Zusammenarbeit mit unabhängigen externen Experten einzuschätzen"*. Konkret ergänzen die Autoren: *„Mit Vertretern verschiedener Anspruchsgruppen innerhalb und außerhalb des Unternehmens einen Dialog über die Verbesserungspotenziale im Bereich der Nachhaltigkeitsqualität zu führen, kann in solchen Fällen zielführender sein als der Versuch, alles quantifizieren zu wollen"*[600].

Fokusgruppendiskussionen[601] können aufgrund der in der Gruppe entstehenden Gesprächsdynamik und Interaktion dazu beitragen, innerhalb kurzer

597 Vgl. ebd., S. 83.

598 Durch die Übernahme der real-Filialen gewann Kaufland in 2022 128 zusätzliche Einkaufsstätten (vgl. STATISTA (2022c): Aufteilung der Real-Märkte).

599 STERNAD/ MÖDRITSCHER (2018): Qualitatives Wachstum, S. 148.

600 Ebd., S. 146.

601 Fokusgruppendiskussionen sind geplante, entlang eines Leitfadens moderierte Diskussionen, mit dem Ziel, ein besseres und vor allem tiefes Verständnis von Motiven und Einstellungen der Teilnehmer *„zu einem bestimmten, durch das Forschungsinteresse definierten Bereich in einer offenen, freundlichen Atmosphäre zu erheben. Sie streben Natürlichkeit der [Gesprächssituation], Kommunikativität und Offenheit an"* (VOGL (2022): Gruppendiskussion, S. 913. Vgl. dazu auch BIT SCHULUNGSCENTER (2020): INTERVIEW- UND FOKUSGRUPPEN-LEITFADEN), was sie zu einer partizipativen Methode macht. Das inhaltliche

Zeit ein oftmals sogar auf tieferen Bewusstseinsschichten liegendes, breites und realistisches Spektrum an Informationen und Ideen aufzudecken[602]. Sie eignen sich besonders zur Bewertung und Einschätzung von Konzepten sowie zur Qualitätseruierung und -sicherung durch relevante Zielgruppen[603]. Gerade im Bereich der Nachhaltigkeitsforschung stellen sie einen wirksamen Ansatz dar, der Subjektivität und Heterogenität von Nachhaltigkeit umfassend gerecht zu werden[604]. Zur Erhebung der shopperseitigen Erwartungen an Nachhaltigkeit im dt. LEH wurden daher Fokusgruppendiskussionen angewandt.

Die Datenerhebung zur Erfassung der Shoppererwartungen in der Wahrnehmung des Handelsmanagements erfolgte durch Erfassung nachhaltigkeitsbezogener Informationen auf den Händlerwebsites mittels **Website-Analyse**[605].

Ergebnis der Diskussion entsteht rein aus dem Gruppenprozess zwischen den Teilnehmern. Fokusgruppendiskussionen eigenen sich speziell dazu, Ideen, Verständnisse und Erwartungen der Teilnehmer zu einem bestimmten Thema zu erfassen und zugleich Unterschiede in der Perspektive zwischen Gruppen von Einzelpersonen zu beleuchten (vgl. RABIEE (2004): Focus-group Interview and Data Analysis, S. 655). Die Aufgabe des Moderators besteht darin, das Thema an die Gruppe heranzutragen, den Gesprächsverlauf zu organisieren und Impulse zu setzen, nicht jedoch den sich ergebenden Inhalt zu steuern (vgl. VOGL (2022): Gruppendiskussion, S. 917 & BIT SCHULUNGSCENTER (2020): INTERVIEW- UND FOKUSGRUPPEN-LEITFADEN).

602 Vgl. VOGL (2022): Gruppendiskussion, S. 913.

603 Vgl. HENSELING/ HAHN/ NOLTING (2006): Die Fokusgruppen-Methode als Instrument in der Umwelt- und Nachhaltigkeitsforschung, S. 10 & 13.

604 Vgl. ebd., S. 24.

605 In Einklang mit dem abschließenden Fazit von Kapitel 3.2 beinhaltete der ursprüngliche Erhebungsplan, die shopperseitigen Nachhaltigkeitserwartungen mit der zugehörigen Wahrnehmung durch Handelsmanagement und POS-Mitarbeiter (GAPs 1 / 1a / 1b) abzugleichen. Die Datenerhebung sollte dazu mittels Interviews mit Nachhaltigkeitsmanagern und Customer Insights Managern bzw. mit Marktleitern der ausgewählten Retail Brands erfolgen. Allerdings blieben die diesbezüglichen Interviewanfragen, mit Ausnahme von Sven-Olov Vogt (Edeka) und je einer Markt- bzw. Verkaufsleitung von Kaufland, handelsseitig unbeantwortet. Da das Ziel dieser Arbeit eine erste, explorativ-empirische Konkretisierung darstellt und die GAP 1 den wesentlichen Bestandteil der Lücke zwischen Shoppererwartungen an Nachhaltigkeit und deren Wahrnehmung durch das Handelsunternehmen und damit des GAP-Modells der Nachhaltigkeitsqualität darstellt (siehe dazu auch Kapitel 2.2.1.2 und 3.2), wurde im Rahmen dieser Arbeit nur die GAP 1 ohne 1a oder 1b betrachtet. Die zugehörige Datenerhebung erfolgte, wie beschrieben, mittels Website-Analyse. Dennoch sollten GAP 1a und 1b in zukünftiger Forschung betrachtet werden. Die Interviews mit Vogt sowie Markt- und

Website-Analyse ist ein methodisches Vorgehen im Rahmen der qualitativen Online-Forschung[606]. Websites und die darin eingegliederten einzelnen Webpages werden dabei als non-reaktive und asynchrone Verhaltensspuren der verantwortlichen Website-Hosts verstanden und inhaltlich analysiert[607]. Im Rahmen einer solchen Analyse werden sie wie kommunikative Dokumente (Träger von prozessproduzierten Daten mit inhärenter kommunikativer Funktion) behandelt, da sie in der Regel allgemein zugänglich sind, sich an einen bestimmten Adressatenkreis richten und das Ziel haben, deren Verhalten zu stimulieren[608]. Vor diesem Hintergrund wurden nachhaltigkeitsbezogenen Informationen auf den Händlerwebsites als Verhaltensspuren des Managements der Lebensmitteleinzelhändler verstanden, die den Shoppern zugänglich sind, die Einkaufsstättenwahl beeinflussen und das Einkaufsverhalten stimulieren sollen. Diese Verhaltensspuren wurden im Sinne der Wahrnehmung der Shoppererwartungen durch das Handelsmanagement interpretiert.

Abschließend wurden **Experteninterviews** durchgeführt. Experteninterviews dienen der Rekonstruktion von für das Forschungsprojekt relevantem, explizitem Wissen[609]. Experten sind Personen, die über Wissen verfügen, über das zwar auch andere Personen Auskunft geben könnten, das aber nicht jedem zugänglich ist[610]. Im Mittelpunkt des Interesses stehen nicht die Experten als Person, sondern als Träger dieses Wissens[611]. Die im Rahmen der Erhebung durchgeführten Experteninterviews sind flankierender Natur und dienen der abschließenden Anreicherung, Untermauerung und Diskussion der zuvor erlangten Erkenntnisse.

Verkaufsleitung von Kaufland wurden, mit entsprechend adaptierten Leitfäden als ergänzende Experteninterviews geführt. Siehe dazu auch Kapitel 4.1.3.

606 Vgl. GNAMBS/ BATINIC (2020): Qualitative Online-Forschung, S. 99.

607 Vgl. ebd., S. 99.

608 Vgl. SCHÜNZEL/ TRAUE (2022): Websites, S. 1295 & 1305. Vor diesem Hintergrund wird das Internet nicht als Werkzeug mit dem Zweck der Sammlung qualitativer Daten (instrumentelle Perspektive), sondern vielmehr als eigener Untersuchungsgegenstand (phänomenologische Perspektive) betrachtet (vgl. GNAMBS/ BATINIC (2020): Qualitative Online-Forschung, S. 99).

609 Vgl. HELFFERICH (2022): Leitfaden- und Experteninterviews, S. 887. Dieses Expertenwissen wird durch die Führung von Eins-zu-eins-Gesprächen mit speziell ausgewählten Befragten erhoben, denen vom Forscher der Expertenstatus im Sinne der Erfüllung spezifischer, thematisch relevanter Kriterien zugeschrieben wird (vgl. ebd., S. 887 f.).

610 Vgl. LIEBOLD/ TRINCZEK (2009): Experteninterview, S. 34.

611 Vgl. ebd., S. 37.

Abbildung 36 visualisiert das Zusammenspiel der angewandten Datenerhebungsmethoden.

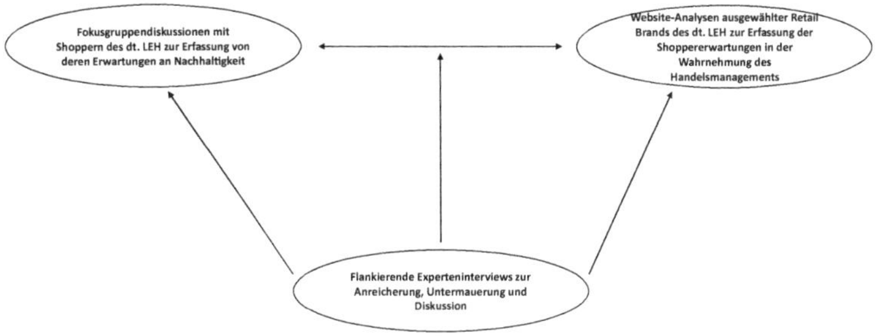

Abbildung 36: Integrierte Betrachtung der angewandten Datenerhebungsmethoden

Im Folgenden wird die Durchführung der Datenerhebungen erläutert.

4.1.1 Datenerhebung durch Fokusgruppendiskussionen

Zur Erhebung der shopperseitigen Erwartungen an Nachhaltigkeit im dt. LEH wurden insgesamt zehn ca. 90-minütige Fokusgruppendiskussionen mit je fünf bis sieben Shoppern des dt. LEH via Zoom durchgeführt (Tabelle 10). Da die Fokusgruppendiskussionen nicht nur Rückschlüsse darauf zulassen sollten, ob sich die Erwartungen der Shopper und deren Wahrnehmung durch das Handelsmanagement unterscheiden, sondern auch untersucht werden sollte, ob sich die Erwartungen nach Betriebsformen unterscheiden, wurden in jeweils zwei Fokusgruppendiskussionen Schwerpunkte auf Nachhaltigkeit bei Edeka, ALDI SÜD, Kaufland bzw. Alnatura gelegt. Zwei weitere Fokusgruppendiskussionen thematisierten die Nachhaltigkeit aller vier Retail Brands übergreifend.

Tabelle 10: Übersicht über die durchgeführten Fokusgruppendiskussionen

Inhalt der Fokusgruppendiskussion	**Anzahl der Teilnehmer**	**Datum und Dauer der Durchführung**
Erfassung der shopperseitigen Erwartungen an Nachhaltigkeit im dt. LEH Schwerpunkt **Edeka**	6	28.02.2023, 15:00 Uhr 90 Minuten
Erfassung der shopperseitigen Erwartungen an Nachhaltigkeit im dt. LEH Schwerpunkt **Edeka**	7	28.02.2023, 18:00 Uhr 80 Minuten
Erfassung der shopperseitigen Erwartungen an Nachhaltigkeit im dt. LEH Schwerpunkt **ALDI SÜD**	6	02.03.2023, 15 Uhr 90 Minuten
Erfassung der shopperseitigen Erwartungen an Nachhaltigkeit im dt. LEH Schwerpunkt **ALDI SÜD**	6	02.03.2023, 18 Uhr 85 Minuten
Erfassung der shopperseitigen Erwartungen an Nachhaltigkeit im dt. LEH Schwerpunkt **Kaufland**	7	08.03.2023, 15 Uhr 90 Minuten
Erfassung der shopperseitigen Erwartungen an Nachhaltigkeit im dt. LEH Schwerpunkt **Kaufland**	7	08.03.2023, 18 Uhr 90 Minuten
Erfassung der shopperseitigen Erwartungen an Nachhaltigkeit im dt. LEH Schwerpunkt **Alnatura**	5	09.03.2023, 15 Uhr 90 Minuten
Erfassung der shopperseitigen Erwartungen an Nachhaltigkeit im dt. LEH Schwerpunkt **Alnatura**	7	09.03.2023, 18 Uhr 90 Minuten
Erfassung der shopperseitigen Erwartungen an Nachhaltigkeit im dt. LEH Schwerpunkt **Edeka, ALDI SÜD, Kaufland, Alnatura übergreifend**	7	13.03.2023, 15 Uhr 90 Minuten
Erfassung der shopperseitigen Erwartungen an Nachhaltigkeit im dt. LEH Schwerpunkt **Edeka, ALDI SÜD, Kaufland, Alnatura übergreifend**	7	13.03.2023, 18 Uhr 100 Minuten

Auch wenn die Methode der Fokusgruppendiskussion im Rahmen des explorativen Untersuchungsdesigns Offenheit und Flexibilität benötigt, sollte sie strukturiert durchgeführt werden[612]. Daher wurden die Fokusgruppendiskussionen, anknüpfend an die forschungsleitenden Fragen des explikativen Partialziels[613], entlang in der qualitativen Forschung gängiger Ablaufschritte geplant und durchgeführt[614]. Speziell eine absichtsvolle Auswahl der Teilnehmer mit Kenntnissen zum und Erfahrungen mit dem Forschungsphänomen trug dabei zu einem zielgerichteten Erkenntnismehrwert bei[615]. Anzahl und Auswahl der Teilnehmer wurden dabei besondere Beachtung geschenkt. Wie die Literatur aufzeigt, wird vielfach eine homogene Gruppe in Bezug

612 Vgl. VOGL (2022): Gruppendiskussion, S. 915.

613 Die detaillierte Abstimmung der Durchführung auf Forschungsziele und forschungsleitende Fragen stärkt die Validität („Wird erhoben, was erfasst werden soll?“) (vgl. VOGL (2022): Gruppendiskussion, S. 916).

614 Das Vorgehen entlang gängiger Ablaufschritte trägt zu einer Stärkung der intersubjektiven Nachvollziehbarkeit des methodischen Vorgehens bei.

615 Vgl. ebd., S. 915 & MAYERHOFER (2009): Das Fokusgruppeninterview, S. 480 f.

auf Merkmale wie Geschlecht, Alter, Bildung, Einkommen etc. bei gleichzeitiger Vielfalt an Meinungen und Ansichten als erfolgsversprechend betrachtet[616]. Allerdings kann auch eine heterogenere Gruppe relevante Ergebnisse bringen, wenn ein breites Spektrum an Ideen und Meinungen erhoben werden soll[617]. Die besten Ergebnisse werden dann erzielt, wenn Teilnehmer nach bestimmten Gemeinsamkeiten, aber auch nach heterogenen Merkmalen ausgewählt werden, um die Diskussion durch einen Mix an übereinstimmenden und unterschiedlichen Meinungen im Fluss zu halten[618]. Im Falle einer stark heterogenen Gruppe wird empfohlen, mehr als eine Fokusgruppendiskussion durchzuführen[619].

Vor diesem Hintergrund und dem Ziel, Nachhaltigkeitserwartungen der Shopper im dt. LEH – speziell in Bezug auf Edeka, ALDI SÜD, Kaufland und Alnatura – zu erfassen, wurden die folgenden Selektionskriterien verwendet: Die Teilnehmer sollten (überwiegend) verantwortlich für den Lebensmitteleinkauf in ihrem Haushalt und vertraut[620] mit der Erledigung ihrer Einkäufe bei den in ihrer Gruppe fokussierten Retail Brands sein[621]. Die Rekrutierung der Teilnehmer nach diesen Selektierungskriterien erfolgte über das Marktforschungsinstitut Future One Market Research[622]. Die avisierte Gruppengröße

616 Vgl. BIRN (2000): The International Handbook of Market Research Techniques, S. 272.

617 Vgl. MAYERHOFER (2009): Das Fokusgruppeninterview, S. 842.

618 Vgl. BIT SCHULUNGSCENTER (2020): INTERVIEW- UND FOKUSGRUPPEN-LEITFADEN, S. 5.

619 Vgl. MAYERHOFER (2009): Das Fokusgruppeninterview, S. 482.

620 Vertrautheit bedeutet, dass die Teilnehmer bei der für die jeweilige Diskussion relevanten Retail Brand in der Regel ihren wöchentlichen (Haupt-) Lebensmitteleinkauf durchführen.

621 Da es das Ziel der Erhebung war, eine erste Übersicht über die Nachhaltigkeitserwartungen der Shopper zu erarbeiten und insgesamt zehn Diskussionen durchgeführt wurden, war es ausreichend, die Teilnehmer allein anhand dieser beiden Merkmale auszuwählen. Die Teilnehmer wurden so einerseits nach Gemeinsamkeiten ausgewählt, andererseits ermöglicht ihre Heterogenität gleichzeitig einen breiten Erkenntnisgewinn.

622 Future One Market Research ist seit 30 Jahren auf die Teilnehmerrekrutierung in der Marktforschung spezialisiert und hat ein ausführliches Exposee und Briefing zur Erhebung erhalten. Neben den genannten Segmentierungskriterien oblag es Future One Market Research, in Bezug auf weitere Kriterien wie Alter, Geschlecht, Einkommen, Bildungsgrad etc. eine erfahrungsgemäß ausgewogene Mischung pro Gruppe auszuwählen. Die angewandte Sampling-Technik entsprach dem bewussten Theoretical Sampling (vgl. VOGL (2022): Gruppendiskussion, S. 916).

umfasste sieben Teilnehmer. Auch wenn in der Literatur Gruppengrößen von bis zu zwölf oder sogar fünfzehn Teilnehmern zulässig sind, lag die Anzahl von sieben Teilnehmern innerhalb der in der Literatur als ideal bezeichneten Gruppengröße von fünf bis zehn Teilnehmern und ermöglichte angemessene Redezeit und -häufigkeit[623]. Die Gruppengröße von sieben Teilnehmern berücksichtigte zudem, dass Nichterscheinen in qualitativen Erhebungen keine Seltenheit ist[624]. Auch bei einer durchschnittlichen Ausfallrate von zehn bis 15 % umfasste die Gruppen immer noch die Mindestgröße für eine effiziente Diskussion[625].

Moderation und Durchführung aller Diskussionen erfolgte durch die Verfasserin selbst entlang eines Leitfadens[626]. Da je zwei Diskussionen unterschiedliche Retail Brand fokussierten, lagen den Diskussionen gleich aufgebaute, aber jeweils Retail Brand-spezifisch adaptierte Leitfäden zugrunde. Das allen Leitfäden zugrundeliegende Gerüst wird in Tabelle 11 beispielhaft skizziert und basiert auf BENIGHAUS UND BENIGHAUS[627], die in ihrem Grundmodell des

---

623 So verliert sich die Diskussion weder im Detail, noch entstehen Probleme, das Gespräch aufrecht zu erhalten (vgl. MAYERHOFER (2009): Das Fokusgruppeninterview, S. 481 & VOGL (2022): Gruppendiskussion, S. 916). Eine ungerade Anzahl zur Vermeidung der austauschhemmenden Lagerbildungen ist aufgrund der Zielsetzung des Projekts im Sinne der Erfassung einer ersten Ausgangsmenge an Qualitätsmerkmalen und Dimensionen von Nachhaltigkeitsqualität nicht notwendig (vgl. LAMNEK (2005): Qualitative Sozialforschung: Lehrbuch, S. 110).

624 Vgl. KÜHN/ KOSCHEL (2011): Gruppendiskussionen – Ein Praxis-Handbuch, S. 86.

625 Vgl. MAYERHOFER (2009): Das Fokusgruppeninterview, S. 481. Siehe dazu auch Tabelle 10.

626 Der Leitfaden diente als Ablaufplan der Gespräche. Dazu enthielt er offene Fragen, durch die die Diskussion strukturiert aber gleichzeitig flexibel gehalten wurde, ohne sie zu standardisieren oder Antwortmöglichkeiten vorzugeben (vgl. NASKRENT (2010): Verhaltenswissenschaftliche Determinanten der Spenderbindung, S. 312). Die Nutzung eines solchen Leitfadens trägt dazu bei, die intersubjektive Nachvollziehbarkeit von Vorgehen und erhobenen Daten zu stärken (vgl. SCHULZ (2012): Quick and Easy!? Fokusgruppen in der angewandten Sozialwissenschaft, S. 9).

627 Vgl. BENIGHAUS/ BENIGHAUS (2012): Moderation, Gesprächsaufbau und Dynamik in Fokusgruppen, S. 114 f. Die Fokusgruppendiskussion wird dazu in die fünf Phasen Begrüßung und Einführung, einführende Fragen, Übergangsfragen, Hauptfragen und Abschlussfragen unterteilt. Die Autoren lehnen ihr Vorgehen an das in der qualitativen Forschung verbreitete Ablaufschema nach KRUEGER UND CASEY (KRUEGER/ CASEY (2008): Focus Groups. A Practical Guide for Applied Research) an.

Gesprächsaufbaus von Fokusgruppendiskussionen speziell deren Gruppendynamik fokussieren und berücksichtigen.

Tabelle 11: Zugrundeliegendes Gerüst für die Leitfäden der Fokusgruppendiskussionen[628]

Phasen der Fokusgruppendiskussion	Ablauf	Themenblöcke und beispielhafte Fragen
Begrüßungsphase	• Willkommen • Vorstellung des Moderators • Kurzvorstellung des Projekts • Abfrage der relevanten Selektionskriterien • Abfrage Einverständnis Aufnahme (Ton und Bild) • Abfrage Teilnahmebereitschaft nach Verlesen Datenschutzaufklärung • Start Aufnahme • Infos zu Ablauf und allgemeinen Verhaltensregeln (PowerPoint-Slides 1-3)	
Aufwärm- und thematische Einführungsphase	• Vorstellung Projekthintergrund und Ziel (PowerPoint-Slides 4-6) • Ice Breaker: Vorstellungsrunde (PowerPoint-Slide 7)	• Meine liebste Abteilung im Lebensmittelgeschäft ist..., weil... • Am liebsten kaufe ich meine Lebensmittel zur Tageszeit... ein, weil...
Einstiegsphase (Übergang zur eigentlichen Diskussion)	• Einstiegsfragen zum Thema Lebensmitteleinkauf • Übergang zum Thema Nachhaltigkeit	• Entscheidungskriterien der Einkaufsstättenwahl? • Was ist bei Einkaufsstätten wichtig? • Spielt Nachhaltigkeit bei der Einkaufsstättenwahl eine Rolle?
Diskussionsphase	• Sammlung erster freier (ungestützter) Assoziationen zu Nachhaltigkeit im dt. LEH	• Fragen nach freien Assoziationen / Gedanken / Impulsen rund um den Begriff Nachhaltigkeit im dt. LEH • Welches Verhalten von Lebensmittelhändlern wird mit Nachhaltigkeit verbunden? • Was müsste passieren / sich verändern, damit ein Lebensmittelhändler als nachhaltig wahrgenommen wird?
	• Intro ins Thema Nachhaltigkeit (Beginn gestützter Teil, PowerPoint-Slides 8-9)	
	• Thematisieren von Nachhaltigkeit im dt. LEH allgemein und in Bezug auf die jeweils relevanten Retail Brands (PowerPoint-Slides 10-15)	**Themenblock 1: Nachhaltigkeitsslogan der jeweils relevanten Retail Brands** • Was wird in Hinblick auf diese Aussage konkret erwartet? • Wie könnte der Händler dieser Aussage gerecht werden? **Themenblock 2: Handlungsfelder der jeweils relevanten Retail Brands** • Was sind konkrete Assoziationen mit diesen Themenfeldern? • Fehlen Themenfelder oder Inhalte? **Themenblock 3: Lieferkette** • Wo im Rahmen der Lieferkette liegt die Verantwortung des Händlers? • Was könnte der Händler machen, um entlang der Lieferkette Verantwortung zu übernehmen?
Abschlussphase	• Recap • Fazit • Überleitung zur Verabschiedung	• Gibt es noch Ergänzungen? • Persönliche Priorisierung der zuvor gesammelten Nachhaltigkeitsaspekte? • Als wie nachhaltig wird/werden die jeweils fokussierte(n) Retail Brand(s) empfunden (im Vergleich zu den anderen drei untersuchten Retail Brands)?
Verabschiedungsphase	• Ausblick, was mit den Ergebnissen geschieht • Danke und Verabschiedung	

628 Eigene Darstellung in Anlehnung an BENIGHAUS/ BENIGHAUS (2012): Moderation, Gesprächsaufbau und Dynamik in Fokusgruppen, S. 114 f. Die Leitfäden waren dabei vielmehr Rahmen als Korsett (vgl. VOGL (2022): Gruppendiskussion, S. 915). Recap und Fazit tragen zur kommunikativen Validierung der Ergebnisse bei, da die Fokusgruppenteilnehmer an dieser Stelle die Möglichkeit hatten,

Während Begrüßungs-, Aufwärm- und Einführungsphase dazu dienten, die Teilnehmer der Gruppe mit der Gesprächssituation allgemein und mit dem Thema speziell vertraut zu machen[629], wurden in der Einstiegs-[630] und Diskussionsphase die shopperseitigen Erwartungen an Nachhaltigkeit im dt. LEH und damit die relevanten Daten zur Beantwortung der in Kapitel 1.3 formulierten, explikativen forschungsleitenden Fragen erhoben.

Die inhaltliche Strukturierung dieser Phasen basiert auf den zuvor in den Kapiteln 2.1.2.1 (begriffliche Grundlagen und Modelle der Nachhaltigkeit), 2.1.2.5 (Bestandsaufnahme der Forschung zur Bedeutung von Nachhaltigkeit im Kontext marktorientierter Unternehmensführung) und 2.1.3 (Nachhaltigkeit im dt. LEH) erarbeiteten Inhalten. Um die Nachhaltigkeitserwartungen der Shopper möglichst realitätsgetreu zu erfassen, erfolgte der erste Teil der Diskussion ungestützt[631]. Erst im zweiten Teil wurden den Shoppern mittels PowerPoint-Präsentation Informationen zum Nachhaltigkeitsbegriff und der Nachhaltigkeit bei den jeweils relevanten Retail Brands als Gesprächsgrundlage präsentiert[632]. Wie in der Literatur empfohlen, wurden die Themenblöcke im gestützten Teil von allgemein zu speziell angeordnet[633]. So war es möglich, einen roten Faden der Diskussion zu erzeugen und die einzelnen Themenblöcke mit den zugehörigen Inhalten flexibel zu platzieren, wenn sich im Rahmen

---

Richtigstellungen oder Ergänzungen vorzunehmen (vgl. FLICK (2022): Gütekriterien qualitativer Sozialforschung, S. 536).

629 Die Vorstellungsrunde dient bspw. der Selbstkonzeption der Teilnehmer: Jeder definiert sich selbst, stellt sich vor und hört seine Stimme zum ersten Mal in dieser Runde (vgl. BENIGHAUS/ BENIGHAUS (2012): Moderation, Gesprächsaufbau und Dynamik in Fokusgruppen, S. 116 f.).

630 Die Einstiegsphase ist wichtig, um eine Arbeitsbeziehungsebene zwischen Moderator und Teilnehmern sowie zwischen den Teilnehmern als Gruppe aufzubauen. So kann zum einen die Diskussionsphase effektiver moderiert werden. Zum anderen finden erste richtige Meinungsäußerungen der Teilnehmer statt, die sie damit vertraut machen, dass eine Brandbreite an Meinungen innerhalb der Gruppe existiert (vgl. ebd., S. 117 f.).

631 Es wurde nur der Begriff Nachhaltigkeit verwendet, ohne diesen zu definieren oder zu erklären. So wurde weitestgehend unverzerrt erfasst, was die einzelnen Teilnehmer darunter verstehen.

632 Diese sogenannten Inputs dienten dazu, den Teilnehmern Informationen zu geben und so das Gespräch zu stimulieren, ohne dabei bestimmte Meinungen vorzugeben (vgl. ebd., S. 119 f.).

633 Vgl. dazu auch VOGL (2022): Gruppendiskussion, S. 916. *„Die Diskussion sollte sich dabei – wie bei einem Trichter – zunehmend thematisch verengen.“*

der Diskussion die Notwendigkeit ergab. Bei Zeitknappheit wäre auch eine Kürzung möglich gewesen, ohne an Kontext und somit an Diskussionsqualität einzubüßen. Dies war jedoch nicht notwendig. In allen Diskussionen kamen alle Themen zur Sprache. Auch die Anwendung der sogenannte Questioning Route-Technik, bei der vor der Diskussion zu den Themenblöcken gehörige Leitfragen aufgestellt wurden, entlang derer sich die Moderatorin durch die Themen bewegen konnte, hat zur Flexibilität der Durchführung beigetragen[634]. Gerade bei der Durchführung mehrerer Diskussionen haben solche Strukturierungsmöglichkeiten mittels Themenblöcken und Questioning Route-Technik den Vorteil, dass die erhobenen Ergebnisse vergleichbar werden.

Da sich im Verlaufe der Diskussionen eine theoretische Sättigung der Erkenntnisse zeigte, erübrigte sich eine Durchführung weiterer Diskussionen[635].

Mit Einwilligung der Teilnehmer wurden die Diskussionen aufgezeichnet und anschließend transkribiert[636]. Im Anschluss an die Diskussion wurde allen Teilnehmern eine Aufwandsentschädigung in Höhe von 30 Euro zukommen gelassen. Dies wird in der Literatur empfohlen[637].

634 Vgl. BENIGHAUS/ BENIGHAUS (2012): Moderation, Gesprächsaufbau und Dynamik in Fokusgruppen, S. 119.

635 Hätte sich im Rahmen der Datenerhebung gezeigt, dass bis zum Schluss neue, wesentliche Erkenntnisse erhoben werden, wären solange weitere Diskussionen durchgeführt worden, bis sie zu keinen wesentlichen, neuen Erkenntnissen mehr beitragen und die theoretische Sättigung erreicht ist (vgl. SCHWEDES (2021): Fokusgruppen: Methodische Vorgehensweise, S. 10).

636 Eine Transkription bereitet die Daten für die anschließende Auswertung auf und dient neben der Vereinfachung der Auswertung der intersubjektiven Nachvollziehbarkeit des Forschungsvorgehens und der Ergebnisse (vgl. DRESING/ PEHL (2018): Praxisbuch Interview, Transkription & Analyse, S. 19). Die Transkription erfolgte computergestützt mit der Transkriptionssoftware Adobe Premiere Pro. Der Fokus lag dabei auf dem wörtlichen, semantischen Inhalt des Gesprächs, para- und nonverbalen Ereignisse wurden nicht erfasst (inhaltlich-semantische Transkription) (vgl. ebd., S. 17). In einem zweiten Schritt wurden die Transkripte nachtranskribiert, um die Texte nach den Regeln der inhaltlich-semantische Transkription zu glätten (Glättung bezieht sich hier bspw. nur auf Dialekte, Stottern, Interpunktion etc. im Rahmen der Lesbarkeit). Wortverschleifungen, syntaktische Fehler oder umgangssprachliche Partikel etc. wurden nicht geändert (vgl. ebd., S. 2).

637 Vgl. MAYERHOFER (2009): Das Fokusgruppeninterview, S. 480.

4.1.2 Datenerhebung durch Website-Analyse

Bei der Erhebung der Shoppererwartungen in der Wahrnehmung des Handelsmanagements wurden auf den Websites von Edeka, ALDI SÜD, Kaufland und Alnatura veröffentlichte Nachhaltigkeitsinhalte erfasst. Dazu wurden die Websites anhand der Navigationsleiste und einer Stichwortsuche durchsucht. Webpages, die, anknüpfend an die forschungsleitenden Fragen des explikativen Partialziels, relevantes Datenmaterial im Sinne nachhaltigkeitsbezogener Inhalte aufwiesen, wurden mittels MAXQDA-Web Collector in PDF-Dateien konvertiert gespeichert[638]. Um die Daten im Rahmen der anschließenden Auswertung erfassen zu können, wurden nur textliche Inhalte und keine Video- oder Bilddaten berücksichtigt. Auch die auf den Websites veröffentlichten Nachhaltigkeitsberichte der Händler wurden nicht erfasst, da diese aufgrund gesetzlicher Vorgaben einheitlich standardisierte Inhalte *„über ihre zentralen Strategien, Maßnahmen und Fortschritte in den drei Bereichen Ökonomie, Ökologie und Gesellschaft“*[639] beinhalten und kein realistisches Abbild der vom Handelsmanagement wahrgenommenen Shoppererwartungen darstellen. Um auch die Datenerhebung mittels Website-Analyse strukturiert und intersubjektiv nachvollziehbar durchzuführen, wurden Planung und Durchführung entlang systematischer Ablaufschritte ausgerichtet.

4.1.3 Datenerhebung durch Experteninterviews

Im Rahmen der Experteninterviews wurden fünf Gespräche mit Personen geführt, denen der Expertenstatus für einschlägige, nicht für jedermann zugängliche Einblicke in den dt. LEH, speziell zum Thema Nachhaltigkeit, zugesprochen wurde. Diese Interviews mit Experten sollten nicht nur dazu beitragen, Informationen zu Nachhaltigkeitserwartungen und deren Wahrnehmung durch das Handelsmanagement zu erfassen, sondern vor allem der Rekonstruktion von für das Forschungsvorhaben zusätzlich relevantem, explizitem Wissen zu Nachhaltigkeit im dt. LEH dienen[640]. Tabelle 12 gibt eine Übersicht über die Interviewpartner und deren Expertisen.

---

638 Es wurden zehn Webpages von Edeka, 14 Webpages von ALDI SÜD, fünf Webpages von Kaufland und sieben Webpages von Alnatura konvertiert.

639 BUNDESMINISTERIUM FÜR ARBEIT UND SOZIALES (n.d.-a): Standards der CSR-Berichterstattung. Siehe dazu auch Kapitel 2.1.3.

640 Vgl. HELFFERICH (2022): Leitfaden- und Experteninterviews, S. 887.

Tabelle 12: Gesprächspartner der Experteninterviews

Thema des Experteninterviews	Name & Position des Experten	Expertise	Datum und Dauer der Durchführung
Nachhaltigkeit im dt. LEH aus Händler- und Shopperperspektive Allgemein & Fokus Edeka	Herr Sven-Olov Vogt Geschäftsführer Edeka Hessenring, u.a. verantwortlich für den Themenbereich Nachhaltigkeit	20 Jahre Erfahrung im dt. LEH, überwiegend bei Edeka	14.03.2023 50 Minuten
Nachhaltigkeit im dt. LEH aus Händler- und Shopperperspektive Allgemein & Fokus Kaufland	N. N. (um Wahrung der Anonymität wurde gebeten) Marktleitung Kaufland	Seit sechs Jahren im dt. LEH tätig, überwiegend bei Kaufland	16.03.2023 45 Minuten
Nachhaltigkeit im dt. LEH aus Händler- und Shopperperspektive Allgemein	Herr Dr. Andreas Dold 1999 - 2021 Managing Director ALDI SÜD	Über 20 Jahre Erfahrung im dt. LEH, überwiegend bei ALDI SÜD	16.03.2023 50 Minuten
Nachhaltigkeit im dt. LEH aus Händler- und Shopperperspektive Allgemein & Fokus Kaufland	N. N. (um Wahrung der Anonymität wurde gebeten) Verkaufsleitung Kaufland	Seit acht Jahren im dt. LEH tätig, überwiegend bei Kaufland	27.03.2023 45 Minuten
Nachhaltigkeit im dt. LEH aus Händler- und Shopperperspektive Allgemein	Herr Nicolas Barthelmé Gründer und Geschäftsführer der Initiative ‚Du Bist Hier Der Chef – Die Verbrauchermarke' (Ziel der Initiative ist es, transparente Mitgestaltung von Produkten durch Verbraucher sowie faire und gerechte Vergütung von regionalen landwirtschaftlichen Erzeugern zu fördern)	Fokus Strategieentwicklung, Kommunikationskampagnen, Digitalisierung und Innovationsprozesse, insbesondere im Kontext nachhaltiger Lebensmittelproduktion und -konsum sowie landwirtschaftlichen Wertschöpfungsketten	30.03.2023 55 Minuten

Die Planung und Durchführung der Experteninterviews wurde, anknüpfend an die forschungsleitenden Fragen des explikativen Partialziels[641], entlang spezifischer, in der qualitativen Forschung gängiger Ablaufschritte vorgenommen[642]. Die Experteninterviews wurden semistrukturiert-leitfadengestützt durchgeführt[643]. Das allen Leitfäden zugrundeliegende Gerüst, welches in

641 Die detaillierte Abstimmung der Gesprächsstruktur auf Forschungsziele und forschungsleitende Fragen trägt zu Validität („Wird erhoben, was erfasst werden soll?") bei (vgl. ebd., S. 890).

642 Dies trägt zu einer Stärkung der intersubjektiven Nachvollziehbarkeit des methodischen Vorgehens bei.

643 Die Gesprächssituation eines Experteninterviews wird durch Offenheit des Gesprächs und die gleichzeitige Strukturierung anhand konzeptioneller Vorüberlegungen durch den Forscher charakterisiert. Diese geschlossene Offenheit wird durch einen flexibel handhabbaren Leitfaden realisiert. (vgl. LIEBOLD/ TRINCZEK (2009): Experteninterview, S. 38). Enthält der Leitfaden eine strukturierte Liste offener Fragen, wird er als semistrukturiert bezeichnet (vgl. ebd., S. 38). Speziell für Experteninterviews ist eine solche Vorbereitung eines Leitfadens und anschließende Durchführung anhand dessen sinnvoll, um die in Anspruch genommene Expertenzeit nicht auszureizen, effektiv relevantes Wissen zu erheben, aber auch um eine ausreichende Vorbereitung auf das Expertengespräch zu gewährleisten (vgl. HELFFERICH (2022): Leitfaden- und Experteninterviews, S. 888 f.).

Anlehnung an die grundlegende Gliederung von Experteninterviews nach Bähring et al.[644] konzipiert wurde, wird in Tabelle 13 beispielhaft skizziert.

Tabelle 13: Zugrundeliegendes Gerüst für die Leitfäden der Experteninterviews[645]

Phasen der Experteninterviews	Ablauf	Themenblöcke und beispielhafte Fragen
Begrüßungsphase	• Willkommen • Vorstellung des Moderators • Kurzvorstellung des Projekts • Abfrage Einverständnis Aufnahme (Ton und Bild) • Abfrage Teilnahmebereitschaft nach Verlesen Datenschutzaufklärung • Start Aufnahme	
Aufwärm- und thematische Einführungsphase	• Vorstellung Projekthintergrund und Ziel	
Einstiegsphase (Übergang zur eigentlichen Diskussion)	• Einstiegsfragen zu beruflichem Hintergrund und Nachhaltigkeitsverständnis	• Was genau umfasst das aktuelle, tägliche Aufgabengebiet? • Welche Berührungspunkte gibt es dabei mit Nachhaltigkeit? • Was verstehen Sie unter Nachhaltigkeit? • Einschätzung des Einflusses von Nachhaltigkeit auf die Einkaufsstättenwahl im dt. LEH?
Interviewphase	• Thematisieren von Nachhaltigkeit im dt. LEH allgemein und in Bezug auf die vier relevanten Retail Brands	**Themenblock 1: Nachhaltigkeit im dt. LEH allgemein** • Einschätzung der shopperseitig relevantesten Nachhaltigkeitsaspekte? Unterscheidet sich das nach Retail Brands? • Einschätzung der händlerseitig relevantesten Nachhaltigkeitsaspekte? Unterscheidet sich das nach Retail Brands? • Gibt es eine Diskrepanz beider Perspektiven? Wie groß ist sie? **Themenblock 2: Nachhaltigkeit im dt. LEH bei den unterschiedlichen Retail Brands** • Empfinden die Shopper verschiedene Retail Brands unterschiedlich nachhaltig? • Erwarten Shopper von Retail Brands unterschiedliche Nachhaltigkeitsaspekte? • Woraus resultiert die Einschätzung? • Sehen Sie die Händler in der Verantwortung für nachhaltigen Konsum? **Themenblock 3: Rahmenbedingungen und Perspektive von Nachhaltigkeit** • Welchen Einfluss haben Preise / Inflation auf Nachhaltigkeit? • Welchen Einfluss hat der Convenience Trend auf Nachhaltigkeit? • Welchen Einfluss haben Vertrauen in bzw. Glaubwürdigkeit der Retail Brands auf die shopperseitig wahrgenommene Nachhaltigkeit?
Abschlussphase	• Recap • Fazit • Überleitung zur Verabschiedung	• Was sind zukünftig relevante Handlungsfeld der Nachhaltigkeit im dt. LEH? • Zukünftig größte Herausforderung von Nachhaltigkeit im dt. LEH bzw. der einzelnen Retail Brands? • Wie könnten Retail Brands zukünftig eine Verantwortung für nachhaltigen Konsum wahrnehmen?
Verabschiedungsphase	• Ausblick, was mit den Ergebnissen geschieht • Danke und Verabschiedung	

644 Vgl. BÄHRING et al. (2008): Methodologische Grundlagen und Besonderheiten der qualitativen Befragung von Experten in Unternehmen: Ein Leitfaden, S. 94. Die Autoren empfehlen eine Gliederung nach den Phasen Einleitung, (Begrüßung und Einführung), Einstieg, Hauptteil und Abschluss.

645 Eigene Darstellung in Anlehnung an BÄHRING et al. (2008): Methodologische Grundlagen und Besonderheiten der qualitativen Befragung von Experten in Unternehmen: Ein Leitfaden, S. 94. Auch im Rahmen von Experteninterviews erhöht die an einem Leitfaden ausgerichtete Durchführung die intersubjektive

Auch im Rahmen der Experteninterviews wurden in der Einstiegs- und Diskussionsphase die für diese Arbeit relevanten Daten erhoben. Anders als bei den Fokusgruppendiskussionen oder Website-Analysen ging es im Rahmen der Experteninterviews jedoch nicht um die Erhebung von Nachhaltigkeitserwartungen oder deren Wahrnehmung aus Handelsperspektive, sondern vielmehr darum, die zuvor erhobenen Daten und damit die Beantwortung der explikativen forschungsleitenden Fragen mit den Einschätzungen der Experten anzureichen und zu untermauern. Aus diesem Grund wurden im Rahmen der Experteninterviews nicht nur deren spezielle Einschätzungen zum shopper- und händlerseitigen Verständnis von Nachhaltigkeit im dt. LEH sowie zu Unterschieden zwischen den einzelnen Retail Brands besprochen, sondern bspw. auch allgemeine Einschätzungen zu Nachhaltigkeit im dt. LEH thematisiert[646].

Auch im Rahmen der Leitfäden für die Experteninterviews basierte die inhaltliche Strukturierung auf den zuvor in den Kapiteln 2.1.2.1 (begriffliche Grundlagen und Modelle der Nachhaltigkeit), 2.1.2.5 (Bestandsaufnahme der Forschung zur Bedeutung von Nachhaltigkeit im Kontext marktorientierter Unternehmensführung) und 2.1.3 (Nachhaltigkeit im dt. LEH) erarbeiteten Inhalten. Zudem wurden auch hier die Themenblöcke von allgemein zu speziell angeordnet und die Questioning Route-Technik verwendet.

Mit Einwilligung der Gesprächspartner wurden die Interviews aufgezeichnet, um sie anschließend zu transkribieren[647].

Nachvollziehbarkeit von Vorgehen und erhobenen Daten (vgl. HELFFERICH (2022): Leitfaden- und Experteninterviews, S. 890). Auch hier tragen Recap und Fazit zu kommunikativen Validierung der Ergebnisse durch eine gezielte Zusammenfassung und Überprüfung der Inhalte bei (vgl. FLICK (2022): Gütekriterien qualitativer Sozialforschung, S. 536).

646 Dies deckt sich mit HELFFERICH (vgl. HELFFERICH (2022): Leitfaden- und Experteninterviews, S. 888), die daraufhinweist, dass das Forschungsinteresse im Sinne der Form des Expertenwissens in der Regel auf die Erhebung von praxis- und erfahrungsbezogenem, technischem Wissen ausgerichtet ist.

647 Eine Ausnahme stellt das Interview mit Vogt dar. Er hat einer Aufzeichnung nicht zugestimmt. Daher liegt der Datenauswertung kein Transkript, sondern ein Gesprächsprotokoll zugrunde. Aus Vereinfachungsgründen wird dennoch weiterhin von Transkripten gesprochen.

4.2 Methodik und Durchführung der Datenauswertung

Um aus dem erhobenen Datenmaterial Erkenntnisse zu gewinnen, ist in einem nächsten Schritt dessen Auswertung notwendig. Im Folgenden werden das gewählte Auswertungsverfahren (4.2.1) und die Durchführung der Datenauswertung (4.2.2) vorgestellt.

4.2.1 Datenauswertung mittels Qualitativer Inhaltsanalyse nach Mayring[648] und MAXQDA

Die Qualitative Inhaltsanalyse dient der Beschreibung von aus Kommunikation gewonnenem und fixiertem Datenmaterial durch Zuordnung relevanter Dateneinheiten zu Kategorien mit relevanten Bedeutungsaspekten im Sinne einer Kodierung[649]. Die Gesamtheit der entwickelten Kategorien lässt sich mittels Kategoriensystem organisieren[650]. Das Datenmaterial kann vorgefundenes (bspw. Internetmateriealien wie Websites) oder im Forschungsprojekt produziertes (bspw. Transkripte von Interviews und Fokusgruppendiskussionen), textliches Material sein[651]. Die Qualitative Inhaltsanalyse ist demnach geeignet zur Interpretation qualitativer Daten. Aufgrund ihrer Regelgeleitetheit[652] ermöglicht diese Methode es, auch große Datenmengen systematisch und damit intersubjektiv nachvollziehbar[653], aber gleichzeitig offen[654] auszuwerten

648 Vgl. MAYRING/ FENZL (2022): Qualitative Inhaltsanalyse.

649 Vgl. ebd., S. 691. Kategorien sind „*Analyseaspekte [im Sinne von] Kurzformulierungen [, die] in der Formulierung mehr oder weniger eng am Ausgangsmaterial orientiert sind und […] hierarchisch geordnet sein [können].*“

650 Vgl. RÄDIKER/ KUCKARTZ (2019): Analyse qualitativer Daten mit MAXQDA: Text, Audio und Video, S. 96.

651 Vgl. ebd., S. 691 & MAYRING/ BRUNNER (2009): Qualitative Inhaltsanalyse.

652 Die Regelgeleitetheit bezieht sich sowohl auf das Vorgehen entlang eines strukturierten Ablaufprozesses als auch auf die Definition von Regeln bei der Zuordnung relevanter Dateneinheiten zu den Kategorien. Außerdem werden vor der Analyse relevante Kodier-, Kontext- und Auswertungseinheiten festgelegt (vgl. MAYRING/ FENZL (2022): Qualitative Inhaltsanalyse, S. 691).

653 Vgl. MAYRING (2020): Qualitative Inhaltsanalyse, S. 502.

654 Trotz des regelgeleiteten Vorgehens gibt es keine fixierten Standards. Vielmehr müssen alle Entscheidungen, bspw. für ein Ablaufmodell, auf Forschungsfrage und Datenmaterial abgestimmt werden. Erst in Abhängigkeit davon kann entschieden werden, in welcher Reihenfolge welche Materialteile untersucht, wie das Material bearbeitet und wie die Kategorien gebildet werden sollen (vgl. MAYRING/ BRUNNER (2009): Qualitative Inhaltsanalyse, S. 673 & MAYRING (2015): Qualitative Inhaltsanalyse – Grundlagen und Techniken, S. 13).

und Rückschlüsse auf relevante Aspekte der Kommunikation zu ermöglichen[655]. Gerade das hebt die Qualitative Inhaltsanalyse maßgeblich von anderen Textanalyseverfahren ab[656].

In der Literatur sind zahlreiche Techniken Qualitativer Inhaltsanalyse bekannt, die sich aufgrund ihrer Ablaufmodelle unterscheiden. Die Verfahren der Strukturierenden, Zusammenfassenden und Explikativen Inhaltsanalyse nach MAYRING[657] werden als Basisvarianten verstanden. Die **Strukturierende Inhaltsanalyse** folgt einer deduktiven Kategorienanwendung, da das Kategoriensystem zuvor theoriegeleitet entwickelt und dann auf den Text übertragen wird. Ihr Ziel ist es, „*bestimmte Aspekte aus dem Material heraus[zu]filtern [und] unter vorher festgelegten Ordnungskriterien einen Querschnitt durch das Material zu legen oder das Material aufgrund bestimmter Kriterien einzuschätzen*“[658]. Bei der deduktiven Kategorienbildung werden die Kategorien aus dem bisherigen Forschungsstand entwickelt, was den vorab erstellten Kodierleitfaden zum wichtigsten Hilfsmittel der Technik macht[659].

Anders als die strukturierende Inhaltsanalyse folgt die **Zusammenfassende Inhaltsanalyse** einer induktiven Kategorienbildung, da der zugrunde liegende Text schrittweise auf seine Kernaussagen reduziert wird. Ihr Ziel ist es, „*das Material so zu reduzieren, dass die wesentlichen Inhalte erhalten bleiben [um] durch Abstraktion einen überschaubaren Corpus zu schaffen, der immer noch Abbild des Grundmaterials ist*“[660]. Im Gegensatz zur deduktiven Kategorienanwendung leitet die induktive Kategorienbildung die Kategorien aus dem

655 Vgl. ebd., S. 13.

656 Verfahren wie Objektive Hermeneutik, Sozialwissenschaftlich-Hermeneutische Paraphrase oder Psychoanalytische Textinterpretation sind offenere Verfahren, die ohne Kategorien arbeiten. (vgl. MAYRING/ FENZL (2022): Qualitative Inhaltsanalyse, S. 692).

657 Vgl. MAYRING (2015): Qualitative Inhaltsanalyse – Grundlagen und Techniken, S. 70 ff.

658 MAYRING (2000): Qualitative Inhaltsanalyse, S. 194. Aus diesem Grund wird die deduktive häufig auch als konzeptgesteuerte („concept-driven“) Kategorienanwendung bezeichnet (vgl. RÄDIKER/ KUCKARTZ (2019): Analyse qualitativer Daten mit MAXQDA: Text, Audio und Video, S. 98).

659 „*Die Kategorien fungieren analog zu Variablen, deren Ausprägung für jede relevante Textstelle erfasst wird*“ (SCHREIER (2014): Varianten qualitativer Inhaltsanalyse, S. 3).

660 MAYRING (2000): Qualitative Inhaltsanalyse, S. 193.

Material her, ohne sich dabei auf den bisherigen Forschungsstand zu beziehen[661].

Bei der dritten inhaltsanalytischen Grundtechnik, der **Explikation**, wird unklaren Textstellen mittels sukzessiver Analyse ihres Kontextes eine Bedeutung gegeben. Ziel dieser Technik ist es, *„zu einzelnen fraglichen Textteilen (Begriffen, Sätzen…) zusätzliches Material heranzutragen, das das Verständnis erweitert [und] die Textstelle erläutert, erklärt, ausdeutet“*[662]. Das iterative Ablaufmodell nach Mayring[663] (Abbildung 37) integriert alle Grundtechniken, in dem es die Kommunikationssituation der Entstehung des Datenmaterials berücksichtigt[664] und sowohl induktive Kategorienbildung als auch deduktive Kategorienanwendung nutzt[665]. Die Schritte eins bis vier umfassen die Vorbereitungen, die Schritte fünf-i bis sieben-i (bzw. fünf-d bis sieben-d)[666] und acht bis zehn die eigentliche Durchführung der Qualitativen Inhaltsanalyse. Schritt

661 Die induktive wird demnach häufig auch als datengesteuerte („data-driven“) Kategorienbildung bezeichnet (vgl. RÄDIKER/ KUCKARTZ (2019): Analyse qualitativer Daten mit MAXQDA: Text, Audio und Video, S. 98).

662 MAYRING (2000): Qualitative Inhaltsanalyse, S. 193.

663 Vgl. MAYRING/ FENZL (2022): Qualitative Inhaltsanalyse, S. 694.

664 Die Betrachtung des Kontexts, in dem das Material entstanden ist, wird von Mayring als Einordnung des Materials in ein Kommunikationsmodell bezeichnet. Sie umfasst Informationen zu Textproduzenten und deren sozio-kulturellem Hintergrund, Textentstehungssituation, Textwirkungen und Zielgruppe des Texts (vgl. ebd., S. 694). Von besonderem Interesse sind dabei der emotionale und kognitive sowie der Handlungshintergrund des Verfassers, die befragten Personen sowie die konkrete Entstehungssituation und die Zielgruppe des Materials (vgl. MAYRING (2015): Qualitative Inhaltsanalyse – Grundlagen und Techniken, S. 55).

665 Der Vorteil der integrierten Anwendung der Techniken liegt zum einen darin, dass die Ergänzung der deduktiven Kategorienanwendung um induktive Kategorienbildung ermöglicht, die Ergebnisse nicht auf bereits vorhandenes Wissen (Kategorienentwicklung rein aus dem bisherigen Forschungsstand) zu limitieren, sondern zusätzlich neues Wissen direkt aus dem Datenmaterial zu generieren. Die Ergänzung der induktiven Kategorienbildung um die deduktive Kategorienanwendung dient dem Abgleich des Materials mit bestehendem Wissen. Zum anderen trägt das Wissen um die Entstehungssituation des Materials dazu bei, dass Kategorienbildung und Kategorienanwendung sowie die Interpretation der Ergebnisse zielgerichteter vorgenommen werden können (vgl. MAYRING/ FENZL (2022): Qualitative Inhaltsanalyse, S. 694).

666 i bezeichnet die spezifischen Ablaufschritte der induktiven Kategorienbildung, d die spezifischen Ablaufschritte der deduktiven Kategorienanwendung.

elf beinhaltet die Evaluation des resultierenden Kategoriensystems und umfasst dessen Präsentation, Interpretation und Diskussion.

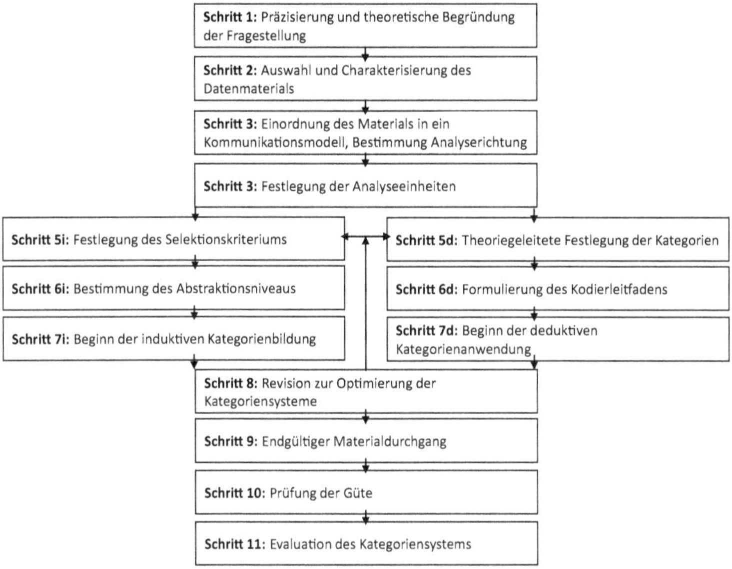

Abbildung 37: Integriertes Ablaufmodell Qualitativer Inhaltsanalyse nach MAYRING[667]

Zur Durchführung induktiver Kategorienbildung und deduktiver Kategorienanwendung kann unterschiedliche Software genutzt werden. MAXQDA ist eine qualitative Analysesoftware, die speziell entwickelt wurde, um qualitative Daten in Textform zu organisieren, zu kodieren bzw. Kategoriensysteme zu managen, zu analysieren und Ergebnisse zu visualisieren[668]. An dieser Stelle ist darauf hinzuweisen, dass die Software weder Kategorienanwendung und Kategorienbildung noch die anschließende Evaluation der Kategoriensysteme übernimmt und auch nicht automatisch durch die Schritte des

667 Eigene Darstellung in Anlehnung an MAYRING/ FENZL (2022): Qualitative Inhaltsanalyse, S. 699.

668 Es kann direkt in der Software kodiert und anschließend eine kategorienbasierte Auswertungen durchgeführt werden (vgl. FLICK (2021): Qualitative Sozialforschung, S. 464 f.).

gewählten Ablaufmodells führt. Die Anwendung von MAXQDA dient lediglich der Arbeitsvereinfachung und der besseren Übersicht im Sinne einer Systematisierungsleistung[669]. Dies wiederum trägt zu einer Erhöhung der intersubjektiven Nachvollziehbarkeit und Qualität von Vorgehen und Ergebnissen bei[670]. Interpretation sowie Einhaltung des systematischen und regelgeleiteten Vorgehens obliegen weiterhin der Sorgfalt des Forschers.

4.2.2 Durchführung der Datenauswertung

Vor dem Hintergrund der Analyse der GAP 1 des GAP-Modells der Nachhaltigkeitsqualität durch Erfassung der Nachhaltigkeitserwartungen der Shopper und deren Wahrnehmung durch das Handelsmanagements sowie der Ergänzung der Erkenntnisse um einschlägiges Expertenwissen erwiesen sich die Anwendung des in Kapitel 4.2.1 vorgestellten integrierten Ablaufmodells Qualitativer Inhaltsanalyse nach Mayring[671] (Abbildung 37) und der Software MAXQDA als geeignet, die zuvor erhobenen Daten auszuwerten und für die anschließende Evaluation aufzubereiten. Abbildung 38 visualisiert das Vorgehen der Datenauswertung. Sowohl das regelgeleitete Vorgehen entlang des Ablaufmodells als auch die Nutzung der Analysesoftware trugen zur intersubjektiven Nachvollziehbarkeit von Vorgehen und Ergebnissen bei.

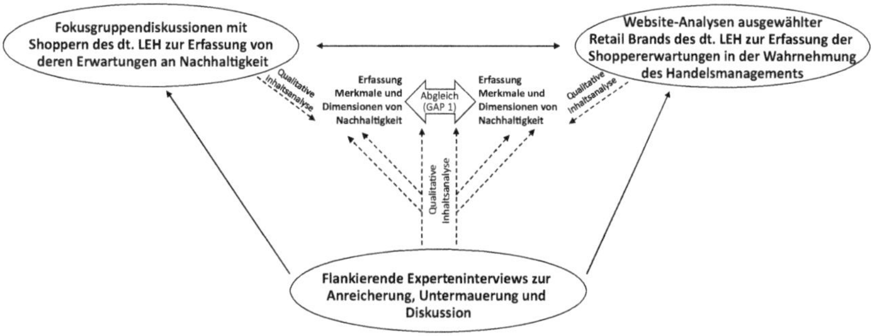

Abbildung 38: Vorgehen der Datenauswertung

669 Vgl. KUCKARTZ/ RÄDIKER (2020): Computergestützte Analyse qualitativer Daten (CAQDAS), S. 815.

670 Vgl. ebd., S. 827.

671 Vgl. MAYRING/ FENZL (2022): Qualitative Inhaltsanalyse, S. 699.

Nachfolgend wird die konkrete Durchführung der Analyse beschrieben. Im Rahmen der **Präzisierung und theoretischen Begründung der Fragestellung** (Schritt eins[672]) galt es, die Fragestellung der Auswertung und deren theoretische Begründung zu formulieren. Anknüpfend an die in Kapitel 1.3 formulierten forschungsleitenden Fragen des explikativen Partialziels und die Relevanz der Reduzierung der GAP 1 des in Kapitel 3.2 logisch-deduktiv hergeleiteten GAP-Modells der Nachhaltigkeitsqualität ergaben sich für die Auswertung folgende Fragestellungen: Welches sind shopperseitige Erwartungen an Nachhaltigkeit im dt. LEH? Wie lassen sie sich zu Dimensionen zusammenfassen? Wie werden diese Erwartungen durch das Management der Handelsunternehmen wahrgenommen? Wie lassen sich die Erwartungen in der Wahrnehmung des Handelsmanagements zu Dimensionen zusammenfassen? Unterscheiden sich die shopperseitigen Erwartungen und deren Wahrnehmung nach den Retail Brands Edeka, ALDI SÜD, Kaufland und Alnatura und wenn ja, wie? Unterscheiden sich die Shopper- und die Händlerperspektive und wenn ja, wie?

Die anschließende **Auswahl und Charakterisierung des Datenmaterials** (Schritt zwei) beschäftigte sich mit der Festlegung des der Analyse zugrundeliegenden Material-Corpus[673]. Im Rahmen dieser Arbeit bestand das zu analysierende Material aus zehn Transkripten der Fokusgruppendiskussionen, 36 Website-PDF-Dateien und fünf Transkripten der Experteninterviews.

Die **Einordnung des Materials in ein Kommunikationsmodell** (Schritt drei) bedurfte der Reflexion der Verfasserin, um den Einfluss der Kommunikationssituation auf die Entstehung des Materials zu erkennen. Tabelle 14 gibt einen Überblick über die Kommunikationssituation der durch die unterschiedlichen Methoden erhobenen Daten.

672 Die Schritte beziehen sich auf das in Kapitel 4.2.1, Abbildung 37 dargestellte Ablaufmodell der Qualitativen Inhaltsanalyse.

673 Vgl. MAYRING (2015): Qualitative Inhaltsanalyse – Grundlagen und Techniken, S. 54.

Tabelle 14: Einordnung des Materials in die jeweilige Kommunikationssituation[674]

Merkmale der Kommunikations-situation	Transkripte der Fokusgruppendiskussionen	PDFs der Websites	Transkripte der Experteninterviews
Verfasserin und an Entstehung Beteiligte	• Julia Elspaß • Fünf bis sieben Shopper des dt. LEH, die sowohl entscheidungsrelevante Person für den Lebensmitteleinkauf im eigenen Haushalt sind als auch regelmäßig (mind. 1x pro Woche) bei den für die jeweiligen Fokusgruppen relevanten Retail Brands einkaufen	• Handelsmanagement von Edeka, Aldi-Süd, Kaufland und Alnatura	• Julia Elspaß • Fünf Experten für den dt. LEH
Konkrete Entstehungssituation des Materials	• Ca. 90-minütige Fokusgruppendiskussionen (leitfadengestützt) via Zoom, an denen die Shopper freiwillig gegen Erhalt einer Aufwandentschädigung teilgenommen haben • Datenschutz und Anonymität wurde den Teilnehmern zugesichert • Inhalt und Ziel des Forschungsvorhabens waren den Teilnehmern bereits zu Beginn bekannt	• Von den Händlern online veröffentlichte Nachhaltigkeitsinhalte • Verhaltensspuren der Händler	• Ca. 45-minütige Experteninterviews (entlang semistrukturierter Leitfäden) via Zoom oder Teams, an denen die Experten freiwillig teilgenommen haben • Datenschutz und Anonymität wurden zugesichert, wenn gewünscht • Inhalt und Ziel des Forschungsvorhabens waren den Teilnehmern bereits zu Beginn bekannt
Emotionaler, kognitiver und Handlungshintergrund der Verfasserin	• Die Verfasserin erhebt die Daten im Rahmen ihrer Dissertation • Sie hat ein detailliertes Vorwissen im Bereich marketingorientierter Nachhaltigkeits- und Handelsforschung im dt. LEH sowie in Bezug auf den dt. LEH allgemein		
Zielgruppe des Materials	• Entscheider in Handelsunternehmen des dt. LEH • Akademia im Bereich marketingorientierter Nachhaltigkeits- und Handelsmarketingforschung		

Die **Analyserichtung** (Schritt drei) beinhaltete die die im Rahmen der Analyse zu betrachtenden Aspekte des Datenmaterials[675]. Im Rahmen dieser Erhebung fokussierte das Erkenntnisinteresse den thematischen Gegenstand der Transkripte und Website-PDF-Dateien im Sinne des expliziten Gehalts des Geschriebenen.

Im Rahmen der **Festlegung der Analyseeinheiten** (Schritt vier) wurden Kodier-, Kontext- und Auswertungseinheit bestimmt, um eine präzise Analyse sicherzustellen[676]. Die **Kodiereinheit** war ein einzelnes Wort, da die Bedeutung

674 Eigene Darstellung in Anlehnung an MAYRING/ FENZL (2022): Qualitative Inhaltsanalyse, S. 699.

675 Mögliche Aspekte sind der Text selbst, der thematische Gegenstand des Textes, die Textproduzenten, der soziokulturelle Hintergrund des Textes etc. (vgl. ebd., S. 697). Speziell im Rahmen der Analyse qualitativer Daten ist es ein wichtiges Gütekriterium, den Kontext der Textgenerierung einzubeziehen und in der Auswertung aufzugreifen, um sich so aller möglichen Einflüsse bewusst zu werden (vgl. MAYRING (2015): Qualitative Inhaltsanalyse – Grundlagen und Techniken, S. 55).

676 Die Kodiereinheit bzw. die Kontexteinheit legt, im Sinne des kleinsten bzw. größten auszuwertenden Materialbestandteils, fest, was der minimale bzw. maximale

von Nachhaltigkeit häufig durch einzelne Schlagworte erfasst wird[677]. Die **Kontexteinheit** hingegen wurde als vollständiger, sinnzusammenhängender Absatz definiert, um auch längere Verständnisse aus zusammenhängenden Aspekten zu erfassen. **Auswertungseinheiten** waren die Transkripte von Fokusgruppendiskussionen und Experteninterviews sowie die PDF-Dateien der Websites. Die (un-) gestützten Teile der Transkripte der Fokusgruppendiskussionen wurden als separate Auswertungseinheiten behandelt und entsprechend getrennt kodiert, um einer Mischung der Ergebnisse zu vermeiden[678].

Nach der Festlegung der Analyseeinheiten startete die eigentliche Auswertung im Sinne induktiver Kategorienbildung und deduktiver Kategorienanwendung. Tabelle 15 zeigt die **Selektionskriterien** und **Abstraktionsniveaus**[679] (Schritte fünf-i und sechs-i), mit denen die induktive Kategorienbildung vorbereitet wurde.

Tabelle 15: Selektionskriterien und Abstraktionsniveaus der induktiven Kategorienbildung

Vorbereitung induktiver Kategorienbildung	Transkripte der Fokusgruppendiskussionen	PDFs der Websites	Transkripte der Experteninterviews
Definition Selektionskriterium	• Zu kodieren sind alle Textstellen, die das Wissen der Sprechenden zum Thema Nachhaltigkeit im dt. LEH abbilden	• Zu kodieren sind alle Textstellen, die Kommunikation zu Nachhaltigkeit im dt. LEH abbilden	• Zu kodieren sind alle Textstellen, die das Wissen der Sprechenden zu shopperseitigen Nachhaltigkeitserwartungen im dt. LEH und deren Wahrnehmung durch das Handelsmanagement abbilden sowie sonstige relevante Einschätzungen oder Einsichten zum Thema Nachhaltigkeit im dt. LEH geben
Bestimmung Abstraktionsniveau	• Es sollen alle im Material enthaltenen expliziten und impliziten Äußerungen erfasst werden		

Textbestandteil ist, der unter eine Kategorie fallen darf. Sie bestimmen, welche Elemente für die Bildung von Kategorien herangezogen werden können. Die Auswertungseinheit definiert die einzelnen Textteile und bestimmt in welcher Reihenfolge sie ausgewertet werden (vgl. MAYRING/ FENZL (2022): Qualitative Inhaltsanalyse, S. 701 f. & MAYRING (2015): Qualitative Inhaltsanalyse – Grundlagen und Techniken, S. 61).

677 Bspw. Klimaschutz, Biodiversität oder Recycling. Siehe dazu auch Abbildung 17 in Kapitel 2.1.2.5.

678 Die Transkripte der Fokusgruppendiskussionen wurden dazu zwei Mal abgespeichert und als ungestützt und gestützt benannt. Zudem wurde im jeweiligen Dokument vermerkt, welche Zeilen den ungestützten und welche den gestützten Teil darstellen.

679 Während das Selektionskriterium bestimmt, zu welchen Inhalten Kategorien gebildet werden sollen, baut das Abstraktionsniveau darauf auf und trägt zu einer einheitlichen Kategorienbildung bei, indem es angibt, inwiefern die Paraphrasen zu verallgemeinern und auf ein abstraktes Sprachniveau zu heben sind (vgl. MAYRING/ FENZL (2022): Qualitative Inhaltsanalyse, S. 695 & 701).

Tabelle 16 zeigt die **Kategorien** und den zugehörigen **Kodierleitfaden**[680] zur deduktiven Kategorienanwendung (Schritte fünf-d und sechs-d). Die Kategorien stellten grundlegende Strukturierungsdimensionen dar, die an das Material herangetragen wurden, um die angesprochenen Textbestandteile systematisch zu erfassen, für die Extraktion zu kennzeichnen und dadurch unnötige Überschneidungen bei der Zuordnung zu vermeiden[681]. Im Kodierleitfaden wurden sie mittels Definition, Ankerbeispielen und Kodierregeln spezifiziert[682]. Das Kategoriensystem basierte auf dem Drei-Säulen-Modell der Nachhaltigkeit, da dieses die übergeordneten Handlungsfelder von Nachhaltigkeit abbildet und dazu beiträgt, dass weder relevante Aspekte vernachlässigt noch die Komplexität durch zu detaillierte Informationen zu hoch wird[683].

---

680 Zusammenstellung aller deduktiv anzuwendenden Kategorien (vgl. MAYRING (2015): Qualitative Inhaltsanalyse - Grundlagen und Techniken, S. 98). Der Kodierleitfaden formuliert Definitionen der enthaltenen Kategorien sowie entsprechende Ankerbeispiele im Sinne typischer Textstellen und Kodierregeln, durch die genau festgestellt werden kann, wann Materialbestandteile unter die entsprechenden Kategorien fallen. Das Kategoriensystem ist das Suchraster, mit dem die für die Auswertung relevanten Inhalte aus dem Datenmaterial herausgefiltert werden (vgl. ebd., S. 97).

681 Vgl. MAYRING (2015): Qualitative Inhaltsanalyse - Grundlagen und Techniken, S. 97.

682 Ankerbeispiele zeigen beispielhafte Textstellen für die jeweiligen Kategorien auf. Kodierregeln beschreiben, unter welchen Umständen Textstellen zu den einzelnen Kategorien zuzuordnen sind. Sie sind daher speziell bei Abgrenzungsproblemen hilfreich (vgl. MAYRING (2015): Qualitative Inhaltsanalyse - Grundlagen und Techniken, S. 97).

683 Siehe dazu auch Kapitel 2.1.2.1.

Tabelle 16: Kategorien und Kodierleitfaden der deduktiven Kategorienanwendung[684]

Kategorienkürzel	Kategorienbezeichnung	Definition	Ankerbeispiele Fokusgruppendiskussionen	Ankerbeispiele Händler-Websites	Kodierregel (Kodieren, wenn…)
Ökologische Aspekte	• Wahrnehmung von, Verständnis der und Erwartungen an ökologische(r/n) Nachhaltigkeit	• Alle Textstellen mit Angaben zu ökologischen Aspekten der Nachhaltigkeit im Sinne der Nutzung natürlicher Ressourcen (Naturkapital) in dem Maße, dass diese nie dauerhaft aufgebraucht sein werden	• „Es ging ja darum, dass man gesagt hat okay, man will nachhaltig sein, dass sie nur aus der Region beliefern und nur das verkaufen, was sie hier auch anbieten können." (Edeka) • „Keine Produktverschwendung. Und dass eben auch Produkte länger angeboten werden, über das Mindesthaltbarkeitsdatum hinaus." (ALDI SÜD) • „Strom für die Öfen oder für die Beleuchtung, für die Kühlung, also aus erneuerbaren Energien oder aus Solar oder Ökostrom." (Alnatura) • „ Nachhaltige Photovoltaik ist ja nun das, in was in aller Munde ist. Auf's Dach packen und den Strom selber erzeugen." (Kaufland)	• „Was mit einer Kooperation für nachhaltige Fischerei 2009 begann, ist mittlerweile zu einer weltweit einzigartigen Partnerschaft geworden, die Strahlkraft hat und den gesamten Lebensmittelhandel prägt. Die Zusammenarbeit von Edeka und der unabhängigen Umweltschutzorganisation WWF hat das Ziel, den ökologischen Fußabdruck von Edeka Stück für Stück zu reduzieren." (Edeka) • „Mit der ALDI Verpackungsmission haben wir 2018 gemeinsam mit ALDI NORD eine Offensive gegen Verpackungsmüll gestartet. Durch ‚Vermeiden. Wiederverwenden. Recyceln' verringern wir kontinuierlich Kunststoffabfälle und schützen so Klima und Umwelt. Derzeit liegt unser Fokus auf der Stärkung der Kreislaufwirtschaft." (ALDI SÜD) • „Als Einzelhandelsunternehmen tragen wir Verantwortung für unsere Umwelt – gerade im Hinblick auf Klimawandel, Ressourcenknappheit und Verlust der Artenvielfalt ist das wichtiger denn je!" (Kaufland) • „Die Fotovoltaikanlage auf dem Dach liefert rund ein Fünftel des benötigten Stroms; der übrige Strombedarf wird durch Ökostrom gedeckt." (Alnatura)	• Alle Aspekte müssen Auswirkungen auf das Ökosystem und dessen Überleben sowie Gesundheitszustand haben
Soziale Aspekte	• Wahrnehmung von, Verständnis der und Erwartungen an soziale(r/n) Nachhaltigkeit	• Alle Textstellen mit Angaben zu sozialen Aspekten der Nachhaltigkeit im Sinne des Wohlbefindens der Bevölkerung (Humankapital)	• „ Also ich würde es begrüßen, so was wie Food-Sharing. Es gibt ja so Apps - Too good to go." (Edeka) • „Also mir ist was eingefallen, das kenne ich von Aldi, dass die nur noch Fleisch aus Haltungsstufe zwei verkaufen und in naher Zukunft immer besser werden, bis sie wahrscheinlich irgendwann nur noch Biofleisch anbieten." (ALDI SÜD) • „ Spenden von Lebensmitteln." (Alnatura) • „Genau Mindestlohn, dass man etwas mehr Mindestlohn bekommt und dann auch wirklich faire Arbeitszeiten hat, faire Konditionen beim Arbeiten. Sagen wir mal eine Schulung nicht selbst zahlen müssen, sondern gezahlt bekommen." (Kaufland)	• „Wir gestalten mit unserem gesellschaftlichen und sozialen Engagement." (Edeka) • „Wir übernehmen Verantwortung für Mitarbeitende. […] Wir fördern Frauen, stärken Familie und bieten vielfältige Ausbildungsmöglichkeiten." (Edeka) • „Bis 2025 werden wir zwölf Human Rights Impact Assessments (HRIAs) durchführen, um [u.a.] die Arbeitsbedingungen in verschiedenen Lieferketten zu untersuchen. So erfahren wir konkret, welche Auswirkungen die Geschäftstätigkeit von ALDI auf Arbeitnehmer:innen sowie andere betroffene Rechteinhaber:innen wie z.B. lokale Gemeinschaften und Kleinbäuer:innen hat." (ALDI SÜD) • „Wir bieten eine große Auswahl an fair gehandelten Produkten." (Kaufland) • „Übrig gebliebene Lebensmittel spenden wir an gemeinnützige Einrichtungen wie die Tafel, Foodsharing-Initiativen oder Obdachlosenheime." (Alnatura)	• Alle Aspekte müssen Auswirkungen auf Menschen speziell oder die Gesellschaft allgemein haben
Ökonomische Aspekte	• Wahrnehmung von, Verständnis der und Erwartungen an ökonomische(r/n) Nachhaltigkeit	• Alle Textstellen mit Angaben zu ökonomischen Aspekten der Nachhaltigkeit im Sinne eines langfristig erfolgreichen Wirtschaftens (Sachkapital) innerhalb der gegebenen ökologischen Grenzen	• „ Ja, das ist ein wichtiger Punkt, Versorgungssicherheit." (Edeka) • „Aber ich kaufe zum Beispiel Biomilch immer, weil ich hoffe, dass der Bauer dann einfach mehr Geld bekommt." (ALDI SÜD) • „Indem lokale Bauern unterstützt werden." (Alnatura) • „ Dass sich jeder die Produkte leisten kann und dass jeder die gleiche Chance hat, die Sachen zu holen. […] Dass jeder, der in diesen Laden kommt, die Chance hat, eine Packung Milch zu bekommen." (Kaufland)	• „Wir stärken mittelständische Existenzen und die regionale Wirtschaft." (Edeka) • "Wir handeln im Rahmen unserer Geschäftstätigkeit verantwortungsvoll mit Blick auf unsere Mitarbeiter:innen und deren Familien, unsere Gesellschaft und Umwelt. Wir fördern die unternehmerische Freiheit und Eigenverantwortung der selbstständigen Kaufleute mit dem Ziel, wirtschaftlich gesunde Betriebe zu schaffen und langfristig zu erhalten." (Edeka) • „Wir fördern wirtschaftlich: ‚Nachhaltig wirtschaften' lautet das unternehmerische Credo und steht bei Edeka an erster Stelle. Dazu gehört die Stärkung des selbstständigen Einzelhandels sowie die Förderung von Existenzgründungen. Nur so können im intensiven Wettbewerb wirtschaftlich gesunde, voll existenzfähige Betriebe geschaffen und langfristig erhalten werden". (Edeka) • „Unternehmensführung beinhaltet Unternehmensethik und Integrität." (ALDI SÜD) • „Darüber hinaus haben wir uns dem UN Global Compact (UNGC) angeschlossen, der weltweit größten Initiative verantwortungsvoller Unternehmensführung." (Kaufland) • „Mit dem WE-CARE-Siegel zeigen wir, dass wir Verantwortung für Unternehmensführung übernehmen." (Alnatura)	• Alle Aspekte müssen Auswirkungen auf allgemeine oder unternehmens-spezifische wirtschaftliche Aspekte haben

Anschließend wurden alle Auswertungseinheiten sowohl durch **induktive Kategorienbildung** als auch durch **deduktive Kategorienanwendung** mit Hilfe von MAXQDA kodiert (Schritte sieben-i und sieben-d)[685]. Nach Kodierung

684 Eigene Darstellung basierend auf GRUNWALD/ KOPFMÜLLER (2022): Nachhaltigkeit, S. 53 ff. & KROPP (2019): Grundlagen der nachhaltigen Entwicklung, S. 11 f.

685 Im Rahmen der Fokusgruppendiskussionen wurde nach der induktiven Kategorienbildung die deduktive Kategorienanwendung durchgeführt. Dies lässt sich damit begründen, dass Shopper, wie in Kapitel 1.2 dargestellt, Nachhaltigkeit weniger als Ganzes, sondern als einzelne, inhaltlich konkrete Aspekte verstehen. Da Händler den Begriff entlang des theoretischen Nachhaltigkeitsbegriffs interpretieren, wurde im Rahmen der Analyse der Website-PDF-Dateien zuerst die deduktive Kategorienanwendung, danach die induktive Kategorienbildung durchgeführt (vgl. JOERß et al. (2017): Conzeptualizing Sustainability From a Consumer Perspective, S. 20). Im Rahmen der Transkripte der Experteninterviews wurde ebenfalls zuerst die induktive Kategorienbildung durchgeführt. Da der

von ca. 35 % des Materials wurde im Rahmen der **Revision zur Optimierung der Kategoriensysteme** (Schritt 8) überprüft, ob die gebildeten Kategorien Selektionskriterien und Abstraktionsniveaus sowie dem Kategoriensystem[686] entsprechen und der Beantwortung der definierten Fragestellung Rechnung tragen[687]. Nach einem positiven Ergebnis wurde die Kodierung im **endgültigen Materialdurchgang** (Schritt neun) auf das gesamte Datenmaterial angewandt. Die ungestützten Auswertungseinheiten der Fokusgruppendiskussionen wurden nur bis zum Ende des ungestützten Teils kodiert, sodass das daraus resultierende Kategoriensystem nur Merkmale und Dimensionen enthält, die die Shopper ungestützt genannt haben. Die gestützten Auswertungseinheiten wurden vollständig kodiert. Mehrfachnennungen von Haupt- und Unterkategorien wurden berücksichtigt.

In Schritt zehn erfolgte die **Prüfung der Güte**, bei der vor allem die Intracodereliabilität zu nennen ist: Das zu analysierende Material wurde an verschiedenen Stellen erneut kodiert, um zu überprüfen, ob veränderte Kategorien resultieren[688]. Es ergaben sich keinerlei Änderungen. Darüber hinaus trugen die theoriegeleitete Entwicklung von Kategorien und Kodierleitfäden der deduktiven Kategorienanwendung sowie die detaillierte Spezifizierung von Selektionskriterien und Abstraktionsniveaus der induktiven Kategorienbildung dazu bei, dass neben der Intracodereliabilität auch eine Validität der Ergebnisse ange-

---

Schwerpunkt hier auf einschlägigen, expertenabhängigen Einblicken in den dt. LEH zum Thema Nachhaltigkeit lag (siehe dazu auch Kapitel 4.1.3), sollte damit vermieden werden, dass relevante Aspekte durch eine zuerst durchgeführte deduktive Kategorienanwendung übersehen werden.

686 Speziell die Überprüfung des Kategoriensystems im Sinne der Angemessenheit der Kategoriendefinition, auch als semantische Gültigkeit bezeichnet, trägt nach KRIPPENDORFF (KRIPPENDORFF (1980): Content Analysis. An Introduction to Its Methdology.) zu Validität bei.

687 Vgl. MAYRING (2015): Qualitative Inhaltsanalyse – Grundlagen und Techniken, S. 87. Da dies im Sinne einer Probekodierung zu verstehen ist, hat die Verfasserin 35 % als ausreichend erachtet, die Güte festzustellen, aber als noch nicht zu umfangreich, um im Falle notwendiger Änderungen erneut zu beginnen.

688 Vgl. MAYRING/ BRUNNER (2009): Qualitative Inhaltsanalyse, S. 678. Nach KRIPPENDORFF (vgl. KRIPPENDORFF (1980): Content Analysis. An Introduction to Its Methdology) wird die Intracodereliabilität auch als Stabilität im Sinne der erneuten Anwendung einer Analysetechnik auf dasselbe Material bezeichnet.

nommen werden kann[689]. Nach Beendigung der Auswertung lagen als Ergebnis 18[690] hierarchische Kategoriensysteme vor[691].

Die **Evaluation der Ergebnisse** (Schritt elf) erfolgt im nachfolgenden Kapitel.

---

689 Vgl. MAYRING/ BRUNNER (2009): Qualitative Inhaltsanalyse, S. 678.

690 Aus den Fokusgruppendiskussionen resultieren zwölf Kategoriensysteme: Zwei übergeordnete Kategoriensysteme, die die Ergebnisse aller Fokusgruppendiskussionen umfassen (je eines ungestützt und eines gestützt) sowie je zwei Kategoriensysteme pro Retail Brand-Schwerpunkt der Fokusgruppendiskussionen (Edeka, ALDI SÜD, Kaufland, Alnatura und alle vier Retail Brands übergreifend), je ungestützt und gestützt. Aus den Website-PDF-Dateien der Händler resultieren fünf Kategoriensysteme: Ein übergeordnetes Kategoriensystem, das die Ergebnisse aller Website-PDF-Dateien umfasst und je ein Kategoriensystem pro Händler. Aus den Experteninterviews resultiert ein übergeordnetes Kategoriensystem, das die Ergebnisse aller Interviews umfasst. Statt der tabellarischen Aufbereitung ist dies aufgrund der untermauernden Funktion der Experteninterviews als Report visualisiert.

691 Hierarchische Kategoriensysteme bilden die enthaltenen Kategorien mittels Ober- und Subkategorien ab und sind eine sehr übersichtliche Möglichkeit der Kategorienpräsentation (vgl. RÄDIKER/ KUCKARTZ (2019): Analyse qualitativer Daten mit MAXQDA: Text, Audio und Video, S. 97). Die erhobenen Kategoriensysteme bestehen aus je einer Oberkategorie und zwei bis vier Subkategorien.

5. Ergebnisevaluation: Die GAP 1 zwischen Shoppererwartungen an Nachhaltigkeit und deren Wahrnehmung durch das Handelsmanagement im filialisierten, stationären Lebensmitteleinzelhandel in Deutschland

Die im Rahmen der Auswertung erarbeiteten Kategoriensysteme stellen den Kern der Ergebnisse dar. In diesem Kapitel werden sie präsentiert, interpretiert und diskutiert[692], um resultierende Erkenntnisse einzuordnen, zu bewerten und die Grundlage für sich anschließende, richtungsweisende Empfehlungen für die aktuelle marketingorientierte Handels- und Nachhaltigkeitsforschung sowie für das nachhaltigkeitsorientierte Handelsmanagement im dt. LEH zu erarbeiten. Kapitel 5.1 fokussiert die Ergebnisse der Fokusgruppendiskussionen. Kapitel 5.2 beinhaltet die durch Website-Analyse ermittelte Wahrnehmung der Shoppererwartungen durch das Handelsmanagement. In Kapitel 5.3 werden beide Perspektiven vergleichend betrachtet, um herauszuarbeiten, ob die Händler die Erwartungen ihrer Shopper an Nachhaltigkeit entsprechend wahrnehmen oder ob eine Diskrepanz zwischen den Erwartungen und der Wahrnehmung durch das Handelsmanagement im Sinne der GAP 1 des GAP-Modells der Nachhaltigkeitsqualität identifiziert werden kann. Die Erkenntnisse der Experteninterviews fließen entsprechend gekennzeichnet in diese Interpretation und Diskussion ein[693].

5.1 Shoppererwartungen an Nachhaltigkeit im filialisierten, stationären Lebensmitteleinzelhandel in Deutschland

Im Rahmen der Aufarbeitung der Ergebnisse aus den Fokusgruppendiskussionen werden im Folgenden zuerst die im Rahmen der Qualitativen Inhaltsanalyse ermittelten Dimensionen der shopperseitigen Nachhaltigkeitserwartungen und zugehörige Merkmale vorgestellt (Kapitel 5.1.1). Um ein erstes, der Realität entsprechendes Abbild aufzuzeigen, liegt der Fokus dabei auf den ungestützt ermittelten Kategoriensystemen[694]. Wenn Ergebnisse der gestützt ermittelten

---

692 Schritt elf der Abbildung 37 in Kapitel 4.2.1.

693 Die Expertenaussagen sind in dieser Verwendung flankierend und dienen als bekräftigende, verwerfende oder lenkende Untermauerungen.

694 Wie in Kapitel 4.1.1 erläutert, erfolgte der erste Teil der Fokusgruppendiskussionen ungestützt, um die Nachhaltigkeitserwartungen der Shopper möglichst

Kategoriensystemen erwähnt werden, wird dies entsprechend gekennzeichnet. Anschließend werden in Kapitel 5.1.2 die aus den Ergebnissen hervorgehenden shopperseitigen Erwartungen an die Implementierung von Nachhaltigkeit präsentiert.

5.1.1 Dimensionen und Merkmale der Nachhaltigkeitserwartungen

Übergeordnet[695] zeigt sich, dass sich die mittels Induktion und Deduktion[696] erhobenen Merkmale der shopperseitigen Nachhaltigkeitserwartungen sowohl zu inhaltlichen Dimensionen als auch zu Dimensionen von Handlungsfeldern der Nachhaltigkeit zusammenfassen lassen (Abbildung 39).

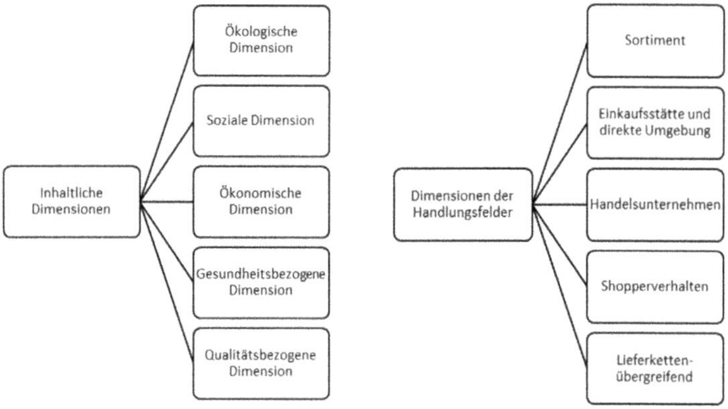

Abbildung 39: Dimensionen der shopperseitigen Nachhaltigkeitserwartungen im dt. LEH (ungestützt)[697]

realitätsgetreu zu erfassen. Erst der zweite Teil erfolgte gestützt. Im gestützten Teil wurden den Shoppern mittels PowerPoint-Präsentation Informationen zum Nachhaltigkeitsbegriff und der Nachhaltigkeit bei den jeweils relevanten Retail Brands als Gesprächsgrundlage präsentiert. Die ungestützten und gestützten Teile der Transkripte wurden als separate Auswertungseinheiten behandelt und somit separat kodiert, weshalb entsprechend auch gestützt und ungestützt ermittelte Kategoriensysteme resultierten.

695 Umfasst die Ergebnisse aller zehn Fokusgruppendiskussionen.

696 Siehe dazu auch Kapitel 4.2.2.

697 Die Dimensionen entsprechen den Oberkategorien der gebildeten Kategoriensysteme.

Es zeigt sich weiter, dass die Dimensionen das in Kapitel 2.1.2.1 als Grundlagenmodell der Nachhaltigkeit präsentierte Drei-Säulen-Modell[698] beinhalten, es aber um je eine gesundheits- und qualitätsbezogene Dimension ergänzen. Hierdurch wird untermauert, dass sich, wie in Kapitel 2.1.2.4 aufgezeigt, auch egoistischer Konsum in nachhaltigem Konsum manifestieren kann.

Die Merkmale, aus denen sich im Rahmen der Erhebung die aufgezeigten inhaltlichen Dimensionen ergeben haben, lassen sich wie in Tabelle 17 aufgezeigt anhand von vier Subkategorien spezifizieren.

698 Vgl. BATZ (2021): Nachhaltigkeit in der Sozialwirtschaft, S. 27.

Tabelle 17: Ungestütztes, hierarchisches Kategoriensystem: Inhaltlicher Dimensionen (Oberkategorie) und zugehörige Merkmale (Subkategorien) der shopperseitigen Nachhaltigkeitserwartungen im dt. LEH[699]

Oberkategorie	**Subkategorie I**	**Subkategorie II**	**Subkategorie III**	**Subkategorie IV**
Inhaltliche Dimensionen	**Merkmale**			
Ökologische Dimension (Zusammenfassung ökologischer Merkmale)	**Lebensmittelverschwendung reduzieren**			
	Klimaschutz	Optimierung der CO_2-Bilanz	**Erneuerbare Energien**	Ökostrom, Energieerzeugung auf dem Dach
			Effizienter Energieeinsatz	**Kürzere Transportwege durch regionale Lieferanten und Partnerschaften**
		Ressourcenschonung	Innovative Anbau-/ Produktionskonzepte, saisonaler Anbau, effizienter Wassereinsatz, regionaler Anbau	
	Reduzierung von Verpackungen bzw. Plastik			
Soziale Dimension (Zusammenfassung sozialer Merkmale)	**Tierwohl**			
	Menschlichkeit statt Kostenoptimierung			
	Faire Arbeitsbedingungen für Produzenten und Partner	Faire Bezahlung, keine Kinderarbeit		
	Lebensmittelverschwendung reduzieren	Lebensmittel spenden, Preisreduktion kurz vor Ablauf des MHD		
Ökonomische Dimension (Zusammenfassung ökonomischer Merkmale)	Kostenersparnis realisieren	Kürzere Transportwege durch regionale Lieferanten und Partnerschaften, Verpackungsreduktion, Foodsharing spart Müllgebühren		
	Langfristige wirtschaftliche Stabilität des Händlers			
	Unterstützung der regionalen Wirtschaft	Zusammenarbeit mit regionalen Produzenten		
Gesundheitsbezogene Dimension (Zusammenfassung gesundheitsbezogener Merkmale)	Ohne Gentechnik, ohne Zusatzstoffe, ohne Antibiotika, ohne Chemikalien			
Qualitätsbezogene Dimension (Zusammenfassung qualitätsbezogener Merkmale)	Frische, Geschmack			

699 Wie in Kapitel 4.2.2 beschrieben, entstand dieses Kategoriensystem durch induktives und deduktives Kodieren der Transkripte der Fokusgruppendiskussionen, in diesem Fall der ungestützten Teile der Transkripte. Die Merkmale ließen sich dabei von Subkategorie IV bis zur Oberkategorie der Dimensionen zusammenfassen.

Die zusätzlichen Dimensionen und die Vielzahl an Merkmalen pro Dimension untermauern, dass das Drei-Säulen-Modell zwar den Rahmen von Nachhaltigkeit als Leitkonzept darstellt, für dessen Konkretisierung, speziell im Unternehmenskontext, allerdings nicht ausreichend ist und detaillierter betrachtet werden sollte, um als konkrete Handlungsgrundlage dienen zu können[700].

Zwischen den einzelnen in Tabelle 17 aufgezeigten Merkmalen gibt es große Unterschiede in Bezug auf die Häufigkeiten ihrer Erwähnung[701]. Das lässt Rückschlüsse auf deren Präsenz und Relevanz für die Shopper zu. Die mit Abstand am häufigsten genannten Merkmale (in absteigender Reihenfolge) sind Reduzierung von Verpackungen bzw. Plastik, Reduzierung von Lebensmittelverschwendung[702], Optimierung der CO_2-Bilanz durch Regionalität[703], Tierwohl[704] und Optimierung der CO_2-Bilanz durch erneuerbare Energien. Während die Merkmale überwiegend der ökologischen, gefolgt von der sozialen Dimension zuzuordnen sind, ist die ökonomische Dimension gering mit Merkmalen hinterlegt. Die shopperseitige Relevanz der ökonomischen Dimension wird auch durch die in Kapitel 2.1.2.5 durchgeführte Bestandsaufnahme der Forschung zur Bedeutung von Nachhaltigkeit im Rahmen marktorientierter

700 Vgl. FISCHER (2019): Nachhaltigkeitskommunikation, S. 53 in Kapitel 2.1.2.1.

701 Die Häufigkeiten einzelner Merkmale wurden dimensionsübergreifend ermittelt. Mehrfachzuordnungen von einzelnen Merkmalen zu verschiedenen inhaltlichen Dimensionen sind so berücksichtigt. Die fünf am häufigsten genannten Merkmale sind in Tabelle 17 durch Fettdruck hervorgehoben.

702 Lebensmittelverschwendung wird sowohl im Kontext der ökologischen als auch der sozialen Dimension erfasst. Die Reduzierung von Lebensmittelverschwendung aus ökologischer Perspektive meint den Einfluss, den Lebensmittelreste und deren Vernichtung oder noch weiter gefasst eine Überproduktion auf das Klima haben. Vor dem Hintergrund der sozialen Dimension steht vor allem der Umgang mit übrig gebliebenen Lebensmitteln im Fokus und ob sie zu geringeren Preisen weiterverkauft, an Bedürftige gespendet oder vernichtet werden.

703 Regionalität wird hier aus ökologischer Perspektive verstanden. Diese meint den aus dem Transportweg resultierenden CO_2-Fußabdruck, der bei kürzeren Transportwegen geringer ist.

704 Tierwohl wird nur im Kontext der sozialen Dimension im Sinne des Vermeidens von Leid für die Tiere erfasst. Die hohe Relevanz von Tierwohl wird auch vom Experten Barthelmé gestützt, der im Rahmen seiner Verbraucherinitiative regelmäßig abfragt, welche Merkmale Verbrauchern in Hinblick auf ihre Lebensmittel wichtig sind. Tierwohl wird auch da häufig genannt.

Unternehmensführung[705] untermauert. Shopper bringen die ökonomische Dimension kaum mit dem Begriff Nachhaltigkeit in Verbindung.

Auch bei Betrachtung der Merkmale der Handlungsfelder, die sich anhand von zwei Subkategorien spezifizieren lassen (Tabelle 18), zeigen sich Unterschiede in der Häufigkeit[706]. Die fünf meistgenannten Merkmale (in absteigender Reihenfolge) sind Reduzierung von Verpackungen bzw. Plastik, regionale Artikel, Reduzierung von Lebensmittelverschwendung, erschwingliche Preise der Artikel[707] und Artikel mit Tierwohlkennzeichnung[708]. Auch im Rahmen der durchgeführten Bestandsaufnahme der Forschung fiel Recycling als für Kunden besonders relevantes Nachhaltigkeitsmerkmal auf[709].

705 Siehe dazu Abbildung 17.

706 Die Häufigkeiten einzelner Merkmale wurden dimensionsübergreifend ermittelt. Mehrfachzuordnungen von einzelnen Merkmalen zu verschiedenen inhaltlichen Dimensionen sind so berücksichtigt.

707 Den Preis verbinden Shopper mit Nachhaltigkeit im Sinne der eigenen Versorgungssicherheit.

708 Die fünf meistgenannten Merkmale sind in Tabelle 18 durch Fettdruck hervorgehoben.

709 Siehe dazu Abbildung 17 in Kapitel 2.1.2.5.

Tabelle 18: Ungestütztes, hierarchisches Kategoriensystem: Dimensionen der Handlungsfelder (Oberkategorie) und zugehörige Merkmale (Subkategorien) der shopperseitigen Nachhaltigkeitserwartungen im dt. LEH[710]

Oberkategorie	**Subkategorie I**	**Subkategorie II**
Dimensionen der Handlungsfelder	**Merkmale**	
Sortiment (Zusammenfassung sortimentsbezogener Merkmale)	Artikel mit Bio Siegel / Naturland Siegel / demeter Siegel / Fairtrade Siegel, Artikel vom Erzeuger, **regionale Artikel**, **Artikel mit Tierwohlkennezichnung**, frische Artikel, Geschmack der Artikel, Gesundheitseinfluss der Artikel	
	Preis der Artikel	**Erschwingliche Preise**
	Reduzierung von Lebensmittelverschwendung	Spenden bzw. Foodsharing, Too Good Too Go, Preisreduktion kurz vor Ablauf des MHD, nicht nur normschöne Obst-/ Gemüseartikel anbieten, Verpackungsgrößen anpassen, effizientes Bestandsmanagement
	Reduzierung von Verpackungen bzw. Plastik	Refill-Optionen, neuartige / optimierte Verpackungen, Upcycling, Recycling, Pfandsystem / Mehrweg, weniger Plastikverpackung, weniger Verpackung, unverpackte Produkte, eigene Verpackung mitbringen
Einkaufsstätte und direkte Umgebung (Zusammenfassung einkaufsstätten- und umgebungsbezogener Merkmale)	Ressourcenschonende Bauweise, Nutzung erneuerbarer Energien, effizienter Energieeinsatz, Innneneinrichtung, Fahrradparkplätze, Erreichbarkeit mit öffentlichen Verkehrsmitteln / zu Fuß / Fahrrad	
Handelsunternehmen (Zusammenfassung unternehmensbezogener Merkmale)	Kostenersparnis realisieren	Kürzere Transportwege durch regionale Lieferanten und Partnerschaften, Verpackungsreduktion, Foodsharing spart Müllgebühren
	Langfristige wirtschaftliche Stabilität des Händlers	
	Unterstützung der regionalen Wirtschaft	Zusammenarbeit mit regionalen Produzenten
	Menschlichkeit statt Kostenoptimierung	
Shopperverhalten (Zusammenfassung verbraucherverhaltenbezogener Merkmale)	Bedarfsgenaues Einkaufen	
	Verzicht / reduzierter Konsum	Weniger / kein Fleischkonsum
	Sasionales Einkaufen, regionales Einkaufen, gemeinsames Einkaufen	
	Umgang mit Verpackungen	Plastik reduzieren / vermeiden, eigene Verpackung mitbringen, Recycling, unverpackt kaufen
	Lebensmittelverschwendung reduzieren	Riechen, schmecken, sehen
	Anfahrt zur und geographische Auswahl der Einkaufsstätte	
	Ausgewogene Ernährung	
Lieferkettenübergreifend (Zusammenfassung lieferkettenbezogener Merkmale)	Transportumstände	Effizientes Logistikmanagement
	Faire Arbeitsbedingungen für Produzenten & Partner	Zusammenarbeit mit regionalen Produzenten

710 Auch dieses Kategoriensystem entstand durch induktives und deduktives Kodieren der Transkripte der Fokusgruppendiskussionen, in diesem Fall der ungestützten

Die Handlungsfelder Sortiment und Shopperverhalten sind mit den meisten Merkmalen hinterlegt. Die häufige Nennung shopperverhaltensbezogener Merkmale zeigt, dass die Shopper nicht nur die Händler, sondern auch sich selbst und ihr Verhalten als für Nachhaltigkeit im dt. LEH relevant verstehen[711]. *„Also die Verantwortung hat meiner Meinung nach der Konsument. Der Supermarkt bietet nur an, was gekauft wird"*[712]. Dies untermauert, dass, wie in Kapitel 2.1.2.4 aufgezeigt, die hedonistischen und utilitaristischen Konsummotive der Shopper (self-centered) um ethische (other-centered) Motive ergänzt werden[713]. Allerdings ist an dieser Stelle, wie auch von den Experten Vogt und Dold angemerkt[714], auf die Attitude-Behavior-Gap[715] zu verweisen. Auch wenn Shopper ihr Verhalten reflektieren, heißt das nicht, dass ein entsprechendes Verhalten an der Kasse folgt. Gerade vor dem Hintergrund der Inflation und der Preisentwicklung von Lebensmitteln[716] hat sich dies verstärkt. Das erkennen auch die Shopper und weisen darauf hin, dass der Preisanstieg nachhaltige Lebensmittel zu Luxusgütern macht:

> *„Der Preis ist eigentlich auch für mich wichtiger als die Nachhaltigkeit. Ich finde es auch toll. Also ich bin eigentlich voll dafür, aber da muss es preislich auch stimmen, dass man das dann dort kauft. Ich muss gestehen, dass ich vor zwei drei Jahren wesentlich mehr drauf geachtet habe als jetzt. Aber jetzt ist der Preis so dermaßen angestiegen, dass es einfach eine zweitrangige Rolle spielt."*[717]

Teile der Transkripte. Die Merkmale ließen sich dabei von Subkategorie II bis zur Oberkategorie der Dimensionen zusammenfassen.

711 Vgl. Fokusgruppendiskussion Alnatura II, Z. 601.

712 Fokusgruppendiskussion Edeka I, Z. 1108.

713 Vgl. STEINBIß/ FRÖHLICH (2021): Zur Steuerung nachhaltigen Konsums, S. 130 & BALDERJAHN (2021): Nachhaltiges Management und Konsumentenverhalten, S. 194 f.

714 Vgl. Experteninterview Vogt, Z. 32 ff. & Experteninterview Dold, Z. 264.

715 Vgl. STEINBIß/ FRÖHLICH (2021): Zur Steuerung nachhaltigen Konsums, S. 8. In Kapitel 3 als GAP 6 des GAP-Modells der Nachhaltigkeitsqualität konzeptualisiert.

716 Siehe dazu Kapitel 2.1.3.

717 Fokusgruppendiskussion ALDI SÜD II, Z. 246 ff. Vgl. dazu auch Fokusgruppendiskussion ALDI SÜD I, Z. 510 & Fokusgruppendiskussion Edeka, ALDI SÜD, Kaufland, Alnatura übergreifend I, Z. 438. *„Am Ende entscheidet der Preis. Der Kunde kauft immer nach Preis ein"* (Fokusgruppendiskussion Edeka II, Z. 369). *„Aber man muss auch [sagen]. Leider Gottes gibt es eben sehr, sehr viele Leute, die gezwungen sind eben zu Aldi und Lidl, Penny etc. und zu solchen Discounter zu gehen, weil sie eben beim REWE, Edeka, […] oder wie sie alle heißen, sich eben das Essen nicht leisten können"* (Fokusgruppendiskussion ALDI SÜD I, Z. 949 f.).

Entsprechend ist der Preis im Sinne von Erschwinglichkeit im Handlungsfeld Sortiment ein häufig erwähntes Merkmal. Auch die Experten Dold und Barthelmé bestätigen, dass die bestehende wirtschaftliche Situation Einfluss auf nachhaltigen Konsum und Preisbereitschaft der Shopper hat[718]. Vor dem Hintergrund der in Kapitel 2.1.2.4 diskutierten Relevanz von Labels zur Reduktion des in Bezug auf Nachhaltigkeit als hoch empfundenen Kaufrisikos[719] ist im Rahmen des Handlungsfelds Sortiment zudem interessant, dass Labels, bspw. Bio- oder Fairtrade-Siegel, in dieser Untersuchung selten mit Nachhaltigkeit in Verbindung gebracht werden.

Mit den wenigsten Merkmalen sind die Handlungsfelder Einkaufsstätte und Lieferkette hinterlegt. Das abstrakte Konstrukt „Lieferkette“ ist den Shoppern nicht bewusst.

Auch wenn für ein möglichst realitätsgetreues erstes Abbild der Nachhaltigkeitserwartungen die ungestützten Ergebnisse fokussiert werden, ist zu erwähnen, dass sich im Rahmen des aus dem gestützten Teil der Transkripte hervorgehenden übergeordneten Kategoriensystems zwar keine weiteren inhaltlichen Dimensionen, jedoch eine weitere Dimension der Handlungsfelder ergibt (Abbildung 40): Neben Sortiment, Einkaufsstätte, Handelsunternehmen, Shopperverhalten und Lieferkette ergeben sich gestützt auch Merkmale, die sich zur Dimension Mitarbeiter des Handelsunternehmens zusammenfassen lassen. Damit wird auch die soziale Dimension um das Merkmal der Mitarbeiter ergänzt, das im ungestützten Kategoriensystem nicht enthalten ist. Auch das ökonomische Merkmal Unterstützung wirtschaftlicher Entwicklung entlang der Lieferkette ist nur im gestützten Kategoriensystem vorhanden.

---

718 Vgl. Experteninterview Dold, Z. 72 & 237 & Experteninterview Barthelmé, Z. 125 f. & 333 ff.

719 Vgl. SIMONS/ KLINK-LEHMANN/ HARTMANN (2021): Nachhaltigerer privater Konsum, S. 21. Aufgrund der Immaterialität ist Nachhaltigkeit eine Vertrauens- und potemkinsche Eigenschaft (vgl. ebd., S. 19).

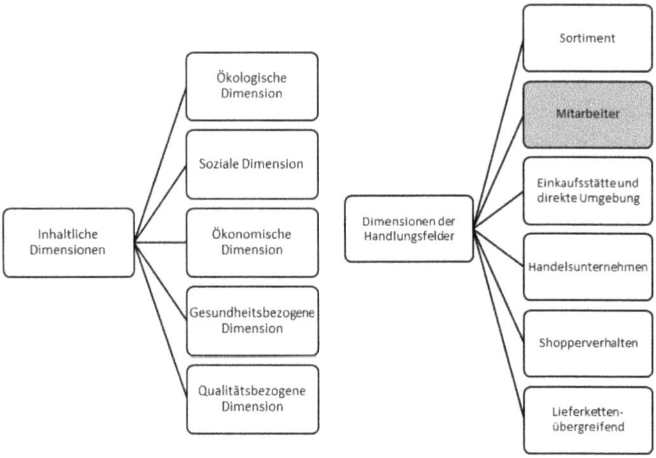

Abbildung 40: Dimensionen der shopperseitigen Nachhaltigkeitserwartungen im dt. LEH (gestützt)

Die zuvor aufgezeigten fünf meistgenannten Merkmale stimmen im ungestützten und im gestützten Kategoriensystem sowohl für die inhaltlichen Dimensionen als auch für die Dimensionen der Handlungsfelder überein. Es lässt sich darüber hinaus feststellen, dass die im gestützten Kategoriensystem erfassten Merkmale umfassender und detaillierter sind als diejenigen im ungestützten Kategoriensystem[720].

Bei der Untersuchung, ob sich die Shoppererwartungen nach den betrachteten Retail Brands Edeka, ALDI SÜD, Kaufland und Alnatura unterscheiden, wurden die ungestützten Kategoriensysteme der einzelnen Retail Brands verglichen. Es zeigen sich geringe Unterschiede zwischen Dimensionen und Merkmalen. Bspw. lässt sich für Alnatura und Kaufland keine qualitätsbezogene, für Edeka keine gesundheitsbezogene Dimension erfassen. Bei den Handlungsfeldern können für keinen Händler alle Dimensionen erfasst werden. Für ALDI SÜD und Kaufland ergeben sich keine Merkmale mit Bezug auf die Einkaufsstätte, für Edeka keine lieferkettenbezogenen Merkmale. Die inhaltlichen Dimensionen ökologisch, sozial und ökonomisch sowie die Handlungsfelder Sortiment, Handelsunternehmen und Verbraucherverhalten lassen sich für

720 Siehe dazu Tabelle 17 und Tabelle 18.

alle vier Retail Brands gleichermaßen bilden. Die zuvor für die inhaltlichen Dimensionen und Dimensionen der Handlungsfelder aufgezeigten fünf häufigsten Merkmale bleiben für die einzelnen Retail Brands unverändert. Speziell in Bezug auf Alnatura zeigt sich darüber hinaus, dass der Bio-Supermarkt einem höheren Anspruch an Nachhaltigkeit gerecht werden muss:

> *„[...] das Biosiegel ist für mich halt glaube ich entscheidend, wenn ich dann zum Beispiel mal in die Discounter oder so gehen würde [...]. Aber dann ist das halt so die höchste Stufe, sag ich mal, wenn ich dann aber im Biomarkt bin, alternativ Alnatura oder so was in die Richtung, achte ich dann eher auf so Siegel wie Demeter oder so, die eher noch ein bisschen strenger sind als das Biosiegel.“*[721]

Auch gestützt ergeben sich für die einzelnen Retail Brands ähnliche Ergebnisse. Der deutlichste Unterschied zwischen den ungestützten und gestützten Kategoriensystemen liegt auch hier im Umfang und Detailgrad der Merkmale.

Vor diesem Hintergrund lässt sich schlussfolgern, dass die vorhandenen merkmals- und dimensionsbezogenen Unterschiede zwischen den untersuchten Retail Brands, abgesehen von Alnatura, eher aus den unterschiedlichen Wissensständen resultieren, die die Shopper der einzelnen Fokusgruppen über Nachhaltigkeit haben, als daraus, dass sie von den einzelnen Retail Brands tatsächlich unterschiedliche inhaltliche oder handlungsfeldbezogenen Aspekte erwarten. Alnatura dagegen scheint höhere Standards erfüllen zu müssen. Dies stimmt mit der in den Kapiteln 2.1.1.2 und 2.1.3 aufgezeigten Positionierung mittels Erlebnisstrategie überein, wodurch Nachhaltigkeit als grundlegender prozess-, sortiments- und einkaufsstättenbezogener Erlebniswert verankert ist.

Trotz der aufgezeigten Unterschiede kann festgehalten werden, dass sich die Shoppererwartungen an Nachhaltigkeit im dt. LEH nicht grundlegend nach den Retail Brands unterscheiden. Dennoch sollten die jeweiligen Retail Brands und die zugehörige Positionierung bei nachhaltigkeitsbezogenen Entscheidungen der Händler nicht außer Acht gelassen werden.

Zusammenfassend lässt sich festhalten, dass...

– ... sich die **Nachhaltigkeitserwartungen** der Shopper zu **inhaltlichen Dimensionen** und zu **Dimensionen von Handlungsfeldern** der Nachhaltigkeit wie folgt zusammenfassen lassen:

721 Fokusgruppendiskussion Alnatura II, Z. 504. Vgl. dazu auch Z. 553 ff. *„Und daher denke ich auch Alnatura muss da in meinen Augen einem höheren Anspruch gerecht werden.“*

  - o Inhaltliche Dimensionen: Ökologisch, sozial, ökonomisch, gesundheitsbezogen, qualitätsbezogen.
  - o Dimensionen der Handlungsfelder: Sortiment, Mitarbeiter (nur gestützt erfasst), Einkaufsstätte und direkte Umgebung, Handelsunternehmen, Shopperverhalten, lieferkettenübergreifend.

- ... die **meistgenannten inhaltlichen Merkmale** Reduzierung von Verpackungen bzw. Plastik, Reduzierung von Lebensmittelverschwendung, Optimierung der CO_2-Bilanz durch Regionalität, Tierwohl und Optimierung der CO_2-Bilanz durch erneuerbare Energien sind.
- ... die **meistgenannten handlungsfeldbezogenen Merkmale** Reduzierung von Verpackungen bzw. Plastik, regionale Artikel, Reduzierung von Lebensmittelverschwendung, erschwingliche Preise der Artikel und Artikel mit Tierwohlkennzeichnung sind.
- ... die im **gestützten Kategoriensystem** erfassten Merkmale **umfassender und detaillierter** sind als diejenigen im ungestützten Kategoriensystem.
- ... sich die **Shoppererwartungen an Nachhaltigkeit im dt. LEH**, auch wenn von Alnatura höhere Standards erwartet werden, **nicht grundlegend nach den Retail Brands unterscheiden**.
- ... die jeweiligen **Retail Brands und deren Positionierung** bei nachhaltigkeitsbezogenen Entscheidungen der Händler dennoch stets **berücksichtigt** werden sollten.

5.1.2 Erwartungen an die Implementierung von Nachhaltigkeit

Auch wenn sich in Hinblick auf die konkreten inhaltlichen und handlungsfeldbezogenen shopperseitigen Nachhaltigkeitserwartungen im dt. LEH keine grundlegenden Unterschiede nach den Retail Brands ergeben, so zeigen sich deutliche Unterschiede in Bezug auf die shopperseitig wahrgenommenen Glaubwürdigkeit der Nachhaltigkeitsimplementierung einzelner Retail Brands. Alnatura und Edeka werden als glaubwürdiger wahrgenommen als ALDI SÜD und Kaufland[722]. Alnatura hat für die Shopper als Biomarkt eine besondere Position: *„Die Händler sind für mich alle gleich. Nur Alnatura sticht hervor,*

722 Vgl. Fokusgruppendiskussion Edeka, ALDI SÜD, Kaufland, Alnatura übergreifend I, Z. 414 ff. & 569 ff. & Fokusgruppendiskussion ALDI SÜD II, Z. 240.

würde ich sagen“[723]. Alnatura vertrauen die Shopper nicht nur wegen des reinen Bio-Sortiments mehr[724], sondern auch aufgrund der gesamten Positionierung:

> *„Auch generell die Firmenphilosophie. Also man hat wirklich so den Eindruck, wenn man in Alnatura reingeht, dass die Leute auch dahinterstehen.*“[725]

Alnatura hat aus ihrer Sicht den Anspruch, wirklich nachhaltig zu agieren[726], weshalb sie Alnatura eher einen Vertrauensvorschuss geben als bspw. ALDI SÜD[727]. Einhergehend mit dem in den Kapiteln 2.1.1.2 und 2.1.2.3 erläuterten Zusammenhang von Glaubwürdigkeit, Vertrauen und Reputation allgemein bzw. Nachhaltigkeitsreputation speziell lässt dies darauf schließen, dass Alnatura bereits von einer positiven Nachhaltigkeitsreputation profitiert, die zu einem Vertrauensvorschuss der Shopper und somit der shopperseitigen Beurteilung des Nachhaltigkeitsverhaltens als glaubwürdig führt. ALDI SÜD bspw. muss sich diese Reputation durch glaubwürdiges Nachhaltigkeitsverhalten und den daraus resultierenden Aufbau von shopperseitigem Vertrauen erst noch erarbeiten.

Auch Experte Dold sieht diese Unterschiede zwischen den einzelnen Retail Brands. Gerade bei Alnatura, bei der Nachhaltigkeit fester Bestandteil der grundlegenden Positionierung ist und Nachhaltigkeitsthemen zur DNA gehören, wundert ihn die shopperseitig wahrgenommene höhere Glaubwürdigkeit nicht[728]. Seiner Meinung nach müssen speziell Discounter und SB-Warenhäuser stärker kommunizieren, um glaubwürdig wahrgenommen zu werden[729]. Die Einschätzung der Shopper resultiert aus der wahrgenommenen Nähe von

723 Fokusgruppendiskussion Edeka, ALDI SÜD, Kaufland, Alnatura übergreifend II, Z. 513.

724 Vgl. ebd., Z. 513.

725 Fokusgruppendiskussion Edeka, ALDI SÜD, Kaufland, Alnatura übergreifend I, Z. 414 ff.

726 Vgl. Fokusgruppendiskussion Edeka, ALDI SÜD, Kaufland, Alnatura übergreifend II, Z. 513. Vgl. dazu auch: *„Bei Alnatura glaube ich schon eher, dass das auch aus der Natur ist oder dass es eine bessere Qualität ist*“ (Fokusgruppendiskussion Edeka, ALDI SÜD, Kaufland, Alnatura übergreifend I, Z. 414 ff.).

727 Vgl. Fokusgruppendiskussion Alnatura I, Z. 417 ff. Vgl. dazu auch Fokusgruppendiskussion ALDI SÜD II, Z. 246 ff.: *„Letztlich ist es da, wo es um die reine Kundenbeziehung zwischen Händler und Kunde geht. Ist es in solchen Sachen oder in solchen Branchen Vertrauenssache. Also es ist erst mal wichtig, dass man Vertrauen aufbaut zu dem jeweiligen Händler.*“

728 Vgl. Experteninterview Dold, Z. 279.

729 Vgl. ebd., Z. 348 ff.

Alnatura zu kleinen, einbetrieblich organisierten Naturkostfachgeschäften, Hofläden oder Marktständen[730], die wegen ihrer geringen Größe als nahbarer und persönlicher wahrgenommen werden[731] und für die unlauteres Verhalten zur Existenzgefährdung werden kann[732]. Shopper vertrauen bei Alnatura zudem auf Qualität:

> *„In einen Alnatura gehe ich ja mit einem ganz anderen Bewusstsein rein. Du gehst rein und weißt, ja, das wird ein teurer Einkauf, aber auf jeden Fall auch ein besserer Einkauf.“*[733]

Bei Alnatura hat somit auch die Preisstrategie Anteil daran, dass Shopper die Implementierung von Nachhaltigkeit als glaubwürdiger empfinden als bei anderen Retail Brands[734].

Gleiches gilt auch für Edeka, der als hochwertiger und hochpreisiger Supermarkt für glaubwürdiger gehalten wird[735]. Zudem wird Edeka aufgrund seiner dezentralen Organisationsstruktur als Genossenschaftsverband oft als Familienbetrieb wahrgenommen, was die Retail Brand nicht nur nahbarer macht, sondern auch verstärkt Bemühungen um Regionalität vermuten lassen[736].

---

730 Vgl. Fokusgruppendiskussion Alnatura II, Z. 589.

731 Vgl. Fokusgruppendiskussion ALDI SÜD I, Z. 373 ff. und Fokusgruppendiskussion Alnatura II, Z. 348. Vgl. dazu auch Fokusgruppendiskussion ALDI SÜD I, Z. 642: *„Also dadurch, dass alle ein Glaubwürdigkeitsproblem haben, bis auf Bioläden und die Märkte“.*

732 *„Aber von diesen kleinen Geschäften, die können sich das gar nicht erlauben, weil wenn das rauskommt, sind die zu. Komplette Existenzen hinfällig und und und“* (Fokusgruppendiskussion ALDI SÜD I, Z. 426).

733 Fokusgruppendiskussion Alnatura II, Z. 571.

734 Vgl. Fokusgruppendiskussion Alnatura I, Z. 429. Vgl. dazu auch Fokusgruppendiskussion Edeka II, Z. 804: *„Also ich sage jetzt einfach, ich sehe nicht einen deutlichen, aber eine signifikante Differenz zwischen den Niedrigpreissupermärkten und dem Label REWE, Edeka etc. Und dann sind da natürlich dann die, die Alnaturas dieser Welt, die sind dann natürlich drei Hubraumklassen darüber sozusagen.“*

735 Vgl. ebd., Z. 583 & Fokusgruppendiskussion Kaufland II, Z. 793.

736 *„Für mich ist Edeka ein bisschen mehr vertrauenswürdig als Aldi. Das sind ja oftmals Familienbetriebsunternehmen und da habe ich auch meistens mehr Vertrauen, dass da mehr drauf geachtet wird auf die Nachhaltigkeit und wo die Produkte herkommen. Ob es tatsächlich immer so ist, ist ja immer schwierig nachzuvollziehen. Aber zumindest für mich hat es den Eindruck, dass ich da mehr Vertrauen zu habe“* (Fokusgruppendiskussion Edeka, ALDI SÜD, Kaufland, Alnatura übergreifend I, Z. 474). Vgl. dazu auch Fokusgruppendiskussion Alnatura I, Z. 438 ff.: *„Und weil*

Bei ALDI SÜD und Kaufland dagegen wird Nachhaltigkeit von den Shoppern, nicht zuletzt aufgrund der geringen Preise und ihrer teils aggressiven Niedrigpreispolitik, häufig nur als Kommunikationsinhalt statt handfester Bemühungen wahrgenommen. Das führt dazu, dass Shopper sogar in Bezug auf das Bio-Siegel unsicher sind, ob sie diesem vertrauen können[737]. Zudem empfinden Shopper es schwieriger, Nachhaltigkeit bei ALDI SÜD oder Kaufland nachzuvollziehen. Speziell die Überprüfung der Produktherkunft wird als zeitaufwändiger wahrgenommen[738]. Die Shopper würden es begrüßen, die Nachvollziehbarkeit mittels QR-Codes für alle Artikel zu erleichtern. Allerdings schränken sie hier direkt ein, dass diese Möglichkeit nur dann einen wirklichen Mehrwert brächte, wenn ein grundlegendes Vertrauen gegenüber der Retail Brand vorhanden wäre[739]. Im Vergleich zu Edeka, die ihre Nachhaltigkeit mit Schwerpunkt Regionalität stark in ihrer Kommunikation betonen[740], gibt es aus Shoppersicht für ALDI SÜD und Kaufland *„schon viel Nachholbedarf“*[741] nachvollziehbarer und damit glaubwürdiger Nachhaltigkeitsaktivitäten. ALDI SÜD wird jedoch im Vergleich zu Kaufland als „aufholend“ angesehen:

> *„Wobei man sagen muss, der Aldi da, der holt da momentan eigentlich ziemlich auf, also die sind auch dabei, mehr auf die regionale Ecken zu gehen.“*[742]

---

die halt auch eigentlich versuchen, also meine Wahrnehmung, alles regional zu machen.“

737 *„Da ist das eher so Vermarktung, oder? Ja, da steht oft irgendwie Bio, aber keine Ahnung, ob das stimmt“* (Fokusgruppendiskussion Alnatura I, Z. 435). *„Ist das jetzt wirklich so? Also da habe ich schon manchmal meine Zweifel, wenn ich ehrlich bin“* (Fokusgruppendiskussion Alnatura II, Z. 553 ff.). Vgl. dazu auch Fokusgruppendiskussion Kaufland II, Z. 594 f.

738 Vgl. Fokusgruppendiskussion ALDI SÜD II Z. 240 & Z. 212 ff.

739 Vgl. Fokusgruppendiskussion ALDI SÜD I, Z. 396, Fokusgruppendiskussion Alnatura I, Z. 387 & Fokusgruppendiskussion Edeka I, Z. 982. Vgl. dazu auch Fokusgruppendiskussion Alnatura I, Z. 387 ff.: *„Wie willst du das kontrollieren? Oder wie kannst du es kontrollieren, ob der Kakao oder Kaffee in Kolumbien oder wo auch immer fair behandelt wird? Die Mitarbeiter oder das, das kann man als Konsument eigentlich fast gar nicht konsumieren. Du kannst eigentlich nur darauf vertrauen, dass das kontrolliert wird und dass das überprüft wird und dass das passt. Aber ob es wirklich so ist? Vielleicht ist er geschmiert worden.“*

740 Vgl. Fokusgruppendiskussion Kaufland I, Z. 725.

741 Fokusgruppendiskussion ALDI SÜD II, Z. 212 ff. Vgl. dazu auch Fokusgruppendiskussion Edeka, ALDI SÜD, Kaufland, Alnatura übergreifend I, Z. 841.

742 Fokusgruppendiskussion Alnatura I, Z. 438 ff.

Hierdurch bestätigt sich nicht nur, dass Shopper die Nachhaltigkeit bei den einzelnen Betriebsformen und Retail Brands als unterschiedliche glaubwürdig einschätzen[743]. Es zeigt sich darüber hinaus auch, dass Retail Brands, wie in Kapitel 2.1.3 aufgezeigt, das Potenzial bieten, ein übergeordnetes Signal einer kompetenten und glaubwürdigen Nachhaltigkeitsintegration zu sein und damit, wenn sie als transparenter und vertrauensvoller Kompetenzpartner wahrgenommen werden, Komparative Konkurrenzvorteile aufzubauen. Dies gibt auch der in Kapitel 2.1.1.2 angeführten Forderung von BÖTTCHER[744] recht, der postuliert, dass Retail Brands dazu geeignet sind, den Preiswettbewerb im dt. LEH abzumildern und echte Differenzierung gegenüber dem Wettbewerb anzustreben. Auch Experte Barthelmé sieht Transparenz und Vertrauen als entscheidend für Glaubwürdigkeit[745].

Unabhängig von diesen Retail Brand-spezifischen Glaubwürdigkeitsunterschieden fehlt es den Shoppern im dt. LEH jedoch an Transparenz und Konkretisierung der händlerseitigen Nachhaltigkeitsaktivitäten:

> *„Aber da muss auf jeden Fall transparenztechnisch einiges geschehen. Das finde ich auch. Hier müsste noch irgendwie konkret stehen, wir machen dies, wir machen das, wir machen jenes und dann wäre das zumindest ein bisschen vertrauenswürdiger.“*[746]

Dies ist eine Konsequenz aus der in Kapitel 2.1.3 aufgezeigten Kombination einer aus Vertrauens- und potemkinschen Eigenschaften bestehenden Nachhaltigkeit sowie überwiegend durch Vertrauenseigenschaften charakterisierten Lebensmitteln[747] und führt zu einem aus Shoppersicht als sehr hoch wahrgenommenen Kaufrisiko. Nachhaltigkeit soll aus Perspektive der Shopper von den Händlern nicht nur punktuell umgesetzt werden, sondern sich in allen Handlungen und in allen Handlungsfeldern konsequent und nachvollziehbar wiederfinden[748]. Dies untermauert die in Kapitel 2.1.2.3, Tabelle 4 erwähnte Typologie der Nachhaltigkeitsstrategien: Nur eine offensive und unternehmensweite Strategie trägt dazu bei, die Anerkennung der Stakeholder zu erlangen.

---

743 Vgl. UUSITALO (2001): Consumer Perceptions of Grocery Retail Formats and Brands, S. 217 & 224.

744 Vgl. BÖTTCHER (2012): Handelsmarken und Retail Brands, S. 25.

745 Vgl. Experteninterview Barthelmé, Z. 315.

746 Fokusgruppendiskussion ALDI SÜD I, Z. 570.

747 Siehe dazu Kapitel 2.1.1.2.

748 Vgl. Fokusgruppendiskussion Alnatura II, Z. 757 ff. *„Also das muss schon ein Gesamtkonzept sein.“* Vgl. dazu auch Fokusgruppendiskussion ALDI SÜD II, Z. 710.

Weiterhin ist es den Shoppern wichtig, dass sich die Händler um konkrete Aussagen bemühen[749], da sie sich selbst nicht der Lage fühlen, deren Nachhaltigkeitsbemühungen eigenständig zu überprüfen[750] und häufig Greenwashing befürchten[751]. Die Kommunikation ist für die Shopper dazu allerdings nicht ausreichend: *„Solange da nur ein Slogan steht, glaube ich denen nichts"*[752]. Als konkretes Beispiel kann an dieser Stelle das Versprechen von ALDI SÜD zu mehr Tierwohl angeführt werden. Die Aussage, bis zum Jahre 2030 das Frischfleisch-, Trinkmilch- und gekühlte Wurst- und Fleischwarensortiment schrittweise auf die tiergerechteren Haltungsformen drei und vier umzustellen, wird von den Shoppern zwar wohlwollend zur Kenntnis genommen, jedoch gleichzeitig als leere Floskel ohne konkreten Umsetzungsplan abgewertet[753]. Die Shopper bevorzugen statt visionärer Pläne ohne konkreten Umsetzungsplan kleine, konkrete und langfristig realisierbare Schritte. Ein Shopper zieht dazu einen Vergleich aus seinem Berufsalltag heran:

> *„Aber ich sage immer auch zu meinen Mitarbeitern: ‚Nein, wir müssen mit irgendwas anfangen'. Babbeln können wir den ganzen Tag und es ist ein Riesenaufgabengebiet. Aber ich bestehe darauf, dass wir uns aus dem Ganzen, was wir haben, ein Thema oder ein Aufgabengebiet rausziehen und das als erstes mal vernünftig und gut umsetzen und dann das nächste."*[754]

---

749 Vgl. Fokusgruppendiskussion ALDI SÜD I, Z. 393. *„Ja, vor allen Dingen, es muss transparent sein. Das heißt ich muss, wenn ich den Bock dazu habe, die Lust dazu habe, das nachprüfen können, ob, ob, ob das stimmt, was die da mir erzählen oder nicht und nicht einfach irgendwas machen."*

750 Vgl. ebd., Z. 546. *„Ich glaube, nicht alle nachhaltigen Maßnahmen können gesehen werden […] und deswegen müssen sie sie halt einfach offenlegen. Weil wir können nicht einfach sehen, wie die Transportwege sind und was sie alles im Hintergrund machen, wie sie Energie sparen. Und so weiter. Aber deswegen müsste man da ganz konkret sagen, wir machen das und das. Wir garantieren, dass wir uns bis dann und dann um soundso viel Prozent zu verbessern."* Vgl. dazu auch Fokusgruppendiskussion ALDI SÜD II, Z. 851, Fokusgruppendiskussion Alnatura I, Z. 609 & Fokusgruppendiskussion Alnatura II, Z. 757 ff.

751 Vgl. Fokusgruppendiskussion Edeka II, Z. 804.

752 Fokusgruppendiskussion ALDI SÜD I, Z. 549.

753 *„Ich meine beispielsweise Aldi, die hatten wir jetzt mit guter Fleischhaltung bis 2025. […] Aber da muss auf jeden Fall transparenztechnisch einiges geschehen. Das finde ich auch. Hier müsste noch irgendwie konkret stehen, wir machen dies, wir machen das, wir machen jenes und dann wäre das zumindest ein bisschen vertrauenswürdiger"* (Fokusgruppendiskussion ALDI SÜD I, Z. 567–570).

754 Fokusgruppendiskussion Edeka, ALDI SÜD, Kaufland, Alnatura übergreifend II, Z. 723 ff.

Dieses überträgt er dann auf den dt. LEH:

> *„[Gerade bei Händlern mit] einem Produktsortiment von zigtausend Artikeln […], die Kaufland, REWE und Edeka im Sortiment stehen haben. Wo willst du da anfangen, dass man sagt, okay, man nimmt ein Teil raus, […], was man vor allen Dingen auch dokumentieren kann, was man nachweisen kann. […] Und auch ehrlich ist und sagt, ich kann nicht alles machen, das geht überhaupt nicht. Aber dass wir sagen, okay, ich nehm das, was weiß ich, Äpfel, die ganzen Äpfel, die wir haben, wir haben ja 20, 30 verschiedene Sorten, also sagt okay, da fangen wir an, zu gucken, dass wir da nachhaltig sind.“*[755]

Experte Barthelmé sieht das ähnlich: Um die kommunizierten Pläne einzuhalten, müsste ALDI SÜD nicht nur in sieben Jahren sein Sortiment stark umstellen, es müssten auch alle Shopper, die heute nur Fleisch der Stufen eins und zwei kaufen, *„abgeholt, mitgenommen und überzeugt“*[756] werden, nur noch (teureres) Fleisch der Stufen drei und vier zu kaufen, um diese nicht an Wettbewerber zu verlieren.

Zudem würden die Shopper eine Offenlegung der Preise begrüßen. Shopper befürchten, dass die Implementierung von Nachhaltigkeit im dt. LEH mehr von egoistischen Beweggründen (bspw. Kosteneinsparung oder Erhalt von Fördergeldern) als vom Wunsch eines echten Beitrags zu einer nachhaltigen Entwicklung getrieben wird[757]. Sie haben das Gefühl, dass die Händler unter dem Deckmantel der Nachhaltigkeit höhere Margen erwirtschaften, statt ethischen Motiven zu folgen[758]. Daher führen die Shopper an, dass eine Offenlegung

---

755 Ebd., Z. 726 ff. Vgl. dazu auch Fokusgruppendiskussion Alnatura II, Z. 898 ff.: *„Das Feld muss langsam von hinten aufgerollt werden. Also wir brauchen auch da ein bisschen Zeit“*.

756 Experteninterview Barthelmé, Z. 93 ff.

757 *„Es geht halt um wirtschaftliche DNA, die wollen ihre Kohle machen am Ende des Tages und die werden sich jetzt nicht als Retter der Welt aufspielen und nachhaltig irgendwas, wenn es nicht zu deren Vorteil ist“* (Fokusgruppendiskussion Kaufland II, Z. 796 ff. Vgl. dazu auch Fokusgruppendiskussion ADLI SÜD I, Z. 936, Fokusgruppendiskussion Kaufland II, Z. 796 & Fokusgruppendiskussion Alnatura II, Z. 339). Diese Position stützt auch Barthelmé: *„Ich glaube immer noch, dass Nachhaltigkeit, dass der Handel sowieso nichts tut. Die machen alles, um Geld zu verdienen. Das also, es wird nichts geschenkt. Die machen, die machen nichts [in Punkto Nachhaltigkeit], um den Planeten zu retten, aber absolut nichts“* (Experteninterview Barthelmé, Z 87 ff.).

758 *„Was kostet das denn alles? Und ist das denn nachvollziehbar? Verdient der Bauer tatsächlich mehr oder gleich viel oder verdient er nur minimal und Aldi macht sich die Tasche voll oder was weiß ich jetzt?“* (Fokusgruppendiskussion ALDI SÜD I, Z. 812 ff.). Vgl. dazu auch Fokusgruppendiskussion ALDI SÜD II, Z. 921 ff. &

der Preise für nachhaltige Artikel diese nicht nur rechtfertigen und damit die Zahlungsbereitschaft erhöhen, sondern auch zu mehr Glaubwürdigkeit und Vertrauen beitragen würde[759]. Auch diese Unsicherheit lässt sich durch den überwiegenden Anteil an Vertrauens- und potemkinschen Eigenschaften von Nachhaltigkeit im dt. LEH erklären[760]. Speziell im Hinblick auf die Zahlungsbereitschaft sind sich die Shopper auch wieder der Verantwortung ihres Verhaltens bewusst:

> *„Ich glaube, solange wir keine vernünftigen Preise zahlen können oder wollen, wird sich an dem nichts ändern, weil die zu dem Preis nicht anders produzieren können. Und da hilft ja auch die ganze Aufklärung nicht.“*[761]

Dieses Problem sieht auch Experte Barthelmé: Fehlende Preisbereitschaft der Shopper führt seiner Meinung nach dazu, dass weniger Produzenten in der Lage sind, bspw. tierwohlorientiert zu produzieren, was wiederum dazu führt, dass das Angebot gering bleibt[762]. Allerdings knüpfen auch hier wieder Attitude-Behavior-Gap und Inflation an. Selbst wenn Shopper bereit wären, mehr Geld für nachhaltig produzierte Produkte auszugeben, können es sich die meisten vor dem Hintergrund der im Jahre 2023 bestehenden wirtschaftlichen Situation nicht leisten[763].

Im Rahmen des Wunsches nach Transparenz und Konkretisierung der Nachhaltigkeitsimplementierung fordern die Shopper zudem, dass speziell die POS-Kommunikation der Händler offensiver wird und sie dabei unterstützt, Nachhaltigkeitsaspekte zu erkennen und zu verstehen. Nur so sind sie in der Lage, nachhaltige Alternativen zu wählen und häufiger nachhaltiges Konsumverhalten in ihren Alltag zu integrieren:

Fokusgruppendiskussion Edeka II, Z. 804: „*Und der Kai hat ja ein gutes Beispiel genannt, dass er an der einen oder anderen Stelle zu Recht Greenwashing vermutet. Ja, wenn ich hingehe und sage, das ist mein Biosiegel und eigentlich in Wirklichkeit eigentlich nur meine Umsätze erhöhen will und nur ein ganz kleiner Teil von Bioland kommt […].*“

759 Vgl. Fokusgruppendiskussion ALDI SÜD I, Z. 812 ff. & 912 ff.

760 Siehe dazu Kapitel 2.1.1.2.

761 Fokusgruppendiskussion ALDI SÜD I, Z. 831.

762 Vgl. Experteninterview Barthelmé, Z. 54.

763 Vgl. Fokusgruppendiskussion ALDI SÜD II, Z. 246 ff. Vgl. dazu auch Fokusgruppendiskussion ALDI SÜD I, Z. 510 & Fokusgruppendiskussion Edeka, ALDI SÜD, Kaufland, Alnatura übergreifend I, Z. 438.

„Da könnte man wahrscheinlich mit einer positiven Sensibilisierung in Sachen Marketing auch mal vielleicht den einen oder anderen noch mehr erreichen.“[764]

An dieser Stelle untermauern die Ergebnisse der Erhebung das in Kapitel 1.1 und Kapitel 3.2 aufgezeigte große Einflusspotenzial der Händler des dt. LEH auf den nachhaltigen Konsum ihrer Shopper. Speziell realistisches und emotionales Storytelling sieht Experte Vogt diesbezüglich als Grundvoraussetzung, um die Shopper zu erreichen und etwas zu bewegen[765]. Dold sieht allerdings die Gefahr, dass sich die Händler auf ihrer Kommunikation ausruhen und die tatsächliche Umsetzung der kommunizierten Inhalte darüber vernachlässigen[766]. Eine authentische Nachhaltigkeitskommunikation bedingt, dass auch getan wird, was gesagt wurde[767]. Wie in Kapitel 2.1.2.3[768] aufgezeigt, kann nur dann die Gefahr von Greenwashing vermieden und die Wahrnehmung als Vocal Green Firm erreicht werden.

Aus dieser grundsätzlich als unzureichend bewerteten Transparenz und Konkretisierung resultiert, dass Nachhaltigkeit im dt. LEH von den Shoppern als *„eine leere Floskel [bezeichnet wird], mit der sich alle schmücken […], die [jedoch] nicht greifbar“*[769] ist. Das untermauert die bereits in Kapitel 1.2 aufgezeigte Problematik des normativen Leitkonzepts ohne konkreten Handlungsrahmen[770] und führt dazu, dass *„man unter Nachhaltigkeit verstehen kann, was*

764 Fokusgruppendiskussion Kaufland II, Z. 426 ff. Vgl. dazu auch Fokusgruppendiskussion Edeka II, Z. 651 ff.: *„Es wäre nicht schlecht, so einen Stand zu machen, wo Kunden manchmal über die Verpackungen aufgeklärt werden und wie kann man richtig entsorgen“*, Fokusgruppendiskussion ALDI SÜD II, Z. 368: *„[…] bei meinem REWE jetzt zum Beispiel, da läuft man rein, da hängen erst mal Schilder von verschiedenen Leuten, von dort kriegt man die Äpfel her, von da das ist das Fleisch her.“* Vgl. dazu auch Fokusgruppendiskussion Alnatura I, Z. 759: *„Ja, zum Beispiel stehen halt auch ab und zu mal Aufsteller ‚Aus der Region‘ und das wäre so zum Beispiel ein Hinweis, dass das direkt vom Bauern um die Ecke ist, ja so was.“* & Z. 792: *„Ein kleines Bild oder ein kleiner Spruch zum Thema Nachhaltigkeit“*. Vgl. dazu auch Fokusgruppendiskussion Edeka I, Z. 1063: *„Man könnte einen großen Saisonkalender aufhängen, wo die Läden aber auch mal zeigen, woher die Sachen kommen.“*

765 Vgl. Experteninterview Vogt Z. 30 & 40 ff.

766 Vgl. Experteninterview Dold, Z. 230 ff.

767 Vgl. ebd., Z. 330 ff.

768 Siehe dazu auch Tabelle 5.

769 Fokusgruppendiskussion ALDI SÜD I, Z. 246 ff. Vgl. dazu auch Fokusgruppendiskussion Edeka, ALDI SÜD, Kaufland, Alnatura übergreifend I, Z. 714 ff.

770 Vgl. GRUNWALD (2016): Nachhaltigkeit verstehen, S. 22 f.

man möchte oder alles hineininterpretieren"[771] kann. Statt klarer Aussagen und konkreter Statements im Sinne eines geschützten Begriffs ohne Auslegungsspielraum[772] wird Nachhaltigkeit als leere Worthülse wahrgenommen[773]. Die Shopper empfinden die Implementierung und Glaubwürdigkeit von Nachhaltigkeit im dt. LEH als für sie nicht überprüfbar[774] und stehen den Händlern des dt. LEH in Sachen Nachhaltigkeit zwar in unterschiedlichem Maße, aber grundlegend skeptisch gegenüber:

> *„Und solange es da nichts gibt, was a) wirklich unabhängig und b) ohne Skandale ist, glaube ich da keinem irgendwas."*[775]

Das wiederum resultiert in einer überwiegend negativen Besetzung des Begriffs der Nachhaltigkeit im dt. LEH[776]. Diese Meinung stützt auch Experte Barthelmé:

> *„Die Konsumenten müssen viel mehr Einblicke [und] Kontrollmöglichkeiten bekommen."*[777]

Trotz ihrer Kritik halten die Shopper es für wichtig, dass im dt. LEH die Entwicklung hin zu Nachhaltigkeit intensiviert wird, wenngleich sie dies noch als *„langen Weg*"[778] einschätzen. Gerade bei großen Handelsunternehmen wie ALDI SÜD sehen die Shopper eine besondere Verantwortung, etwas zu bewegen[779]. Auch Experte Barthelmé sieht bei ALDI SÜD, stellvertretend für die

771 Fokusgruppendiskussion Alnatura II, Z. 718.

772 Vgl. ebd., Z. 718 ff.

773 Vgl. Fokusgruppendiskussion Edeka I, Z. 1057. Vgl. dazu auch Fokusgruppendiskussion Alnatura II, Z. 718: *„Also immer so schwammige Sachen, das nervt mich generell bei allen Sachen*" & Fokusgruppendiskussion ALDI SÜD I, Z. 573 ff.: *„Ich finde es müsste viel strenger sein, solche Slogans einfach rauszuhauen. Ich finde, es müsste einfach mehr zu überprüfen sein, ob das wirklich an die Realität hinkommt.*"

774 *„Ja, aber das kann ich alles bei […], da ist es jetzt völlig egal, um welchen es geht, in keiner Weise kontrollieren*" (ebd., Z. 295).

775 Ebd., Z. 328.

776 Vgl. ebd., Z. 246 ff. Vgl. dazu auch Fokusgruppendiskussion Edeka, ALDI SÜD, Kaufland, Alnatura übergreifend II, Z. 714: *„Also für mich ist das alles Blabla. Das hört sich gut an, bedeutet aber eigentlich nichts.*"

777 Experteninterview Barthelmé, Z. 186.

778 Fokusgruppendiskussion Edeka II, Z. 774: *„Ja, ich bin froh, dass die in der richtigen Richtung unterwegs sind. Aber ich denke, sie sind gerade erst am Anfang. […]. „Ja, das ist noch ein langer Weg und viel Luft nach oben.*"

779 Vgl. Fokusgruppendiskussion ALDI SÜD I, Z. 917 f. Vgl. dazu auch Fokusgruppendiskussion Edeka II, Z. 804: *„Nein, ich glaube, dass Größe und Finanzkraft immer den Unterschied macht*".

Betriebsform Discounter, großes Potenzial. Seiner Meinung nach ist der Differenzierungsdruck im Discount so groß, dass den Händlern nichts anderes übrigbleibt, als in Sachen Nachhaltigkeit voranzugehen[780]. Ihre reduzierten Sortimente und die zentralisierte Struktur sieht Barthelmé als hilfreich, dies effizient umzusetzen[781]. Händler wie Edeka oder REWE dagegen, deren Differenzierungsdruck aufgrund von Mittelpreisstrategie und loyalerer Kundschaft geringer ist, sieht er weniger als Vorreiter von Nachhaltigkeit im dt. LEH. Speziell diese Händler erkennen seiner Meinung nach die Notwendigkeit einer umfassenden Integration von Nachhaltigkeit in die eigenen Strategien und Prozesse noch nicht ausreichend[782]. Ergänzend wird auch hier Experte Dold angeführt, der unterstreicht, dass eine Vorbildfunktion von den großen Händlern wahrgenommen werden sollte. Auch wenn bspw. Alnatura als Nachhaltigkeitspionier ein gutes Vorbild für eine nachhaltige Entwicklung im dt. LEH abgibt, ist das Unternehmen seiner Meinung nach zu klein und „nischig", um als Vorbild ernst genommen zu werden:

> *„die Nische ist es momentan noch nicht wert, anzugreifen. Der Hebel ist zu gering, [um], von Vorbildcharakter [zu] sprechen."*[783]

Des Weiteren sehen die Shopper Nachhaltigkeit im dt. LEH nicht nur als Aufgabe einzelner Händler, sondern als Gemeinschaftsaufgabe aller Händler[784]. Dies wird zum einen damit begründet, dass einzelne Händler gar nicht in der Lage sind, vorherrschende ökologische und soziale Probleme zu lösen. Zum anderen verlieren einzelne nachhaltig agierende Händler Kunden an andere nicht-nachhaltig agierende Händler, wie zuvor im Rahmen der Tierwohlstufen im Fall von ALDI SÜD aufgezeigt[785]. Dies stützen auch die Experten Barthelmé und der Marktleiter von Kaufland. Ihrer Meinung nach muss die Transformation zu Nachhaltigkeit im dt. LEH Hand in Hand zwischen den einzelnen Händlern geschehen, um diesen Effekt zu vermeiden.

> *„Um wirklich den Nachhaltigkeitsbegriff zu leben, […] müssen alle an einem Strang ziehen."*[786]

---

780 Vgl. Experteninterview Barthelmé, Z. 239 ff.

781 Vgl. ebd., Z. 239 ff.

782 Vgl. ebd., Z. 239 ff. Bei REWE und Edeka *„herrscht noch ein bisschen eine gewisse Arroganz"*.

783 Experteninterview Dold, Z. 303.

784 Vgl. Fokusgruppendiskussion Edeka II, Z. 354 ff.

785 Vgl. ebd., Z. 859–862 ff.

786 Experteninterview Verkaufsleitung Kaufland, Z. 261 ff. & 348.

Allerdings funktioniert dies im dt. LEH weniger, wie Barthelmé sagt. Seiner Meinung nach wird die Mehrheit der Händler bspw. die tierwohlbezogene Sortimentsanpassung bei ALDI SÜD abwarten und erst auf Basis der daraus resultierenden Erkenntnisse Entscheidungen über das eigene weitere Vorgehen treffen[787]. Darüber hinaus sieht Barthelmé auch die Zusammenarbeit aller Akteure der Lieferkette als wesentliche Voraussetzung für eine Nachhaltigkeitstransformation im dt. LEH[788]. Genau hier setzt seine Initiative „Du Bist Hier Der Chef – Die Verbrauchermarke" an. Im Rahmen eines co-kreativen und partizipativen Prozesses zur transparenten Mitgestaltung von Produkten bringt er die wichtigsten Akteure der Lebensmittellieferkette, Erzeuger, Industrie, Handel und Shopper, zusammen[789]. Gemeinsam soll über Eigenschaften und Preise der Produkte entschieden werden, um nicht nur faire Preise für die Erzeuger zu gewährleisten, sondern auch durch die entstandene Transparenz die Artikel erfolgreich zu vermarkten[790]. So will er mit Beteiligung und einem nachvollziehbaren, konkreten Fahrplan eine echte Transformation des dt. LEH hin zu substanzieller Nachhaltigkeit erreichen[791]. Gleichzeitig bedarf es dabei auch eines „Leuchtturms", der als Vorreiter vorangeht und so einen „Schneeballeffekt" auslöst[792]. In dieser Rolle sieht er im dt. LEH, wie bereits zuvor erläutert, ALDI SÜD[793]. Allerdings, so ergänzt Barthelmé, ist das notwendige Bewusstsein, dass der Begriff Einzelhandel nicht von „einzeln handeln" stammt, bei den Händlern des dt. LEH bisher kaum präsent[794].

Zusätzlich braucht es aus Shoppersicht erhöhten regulierenden Druck durch Politik und Gesetzgebung[795], ohne den es im dt. LEH keinen echte Nachhaltigkeitstransformation geben wird und Händler nur das umsetzen, was ihnen

787 Vgl. ebd., Z. 93 ff.
788 Vgl. Experteninterview Barthelmé, Z. 18 ff.
789 Vgl. ebd., Z. 18 ff. & 135 ff.
790 Vgl. ebd., Z. 18 ff. & 135 ff.
791 Vgl. ebd., Z. 135 ff.
792 Vgl. ebd., Z. 384 ff. Vgl. dazu auch Z. 93 ff.
793 Vgl. ebd., Z. 213 ff. & 239 ff. Als Beispiel führt er die Sonderangebotspolitik des dt. LEH an und würde sich wünschen, dass dies nicht nur bei Preisen, sondern auch in Bezug auf Nachhaltigkeit funktioniert: *„wenn Aldi oder Lidl sich [bewegen, hat sich] innerhalb von zwei Stunden […] die gesamte Bundesrepublik [bewegt]. Edeka, REWE etc., alle."*
794 Vgl. ebd., Z. 135.
795 Vgl. dazu die Erwähnung politischer und gesetzlicher Regulierungen in Kapitel 2.1.3.

selbst Vorteile wie Kostenersparnisse bringt[796]. In diesem Punkt sind sich die Experten uneins. Vogt sieht die Gefahr, durch Regulierungen von Politik und Nichtregierungsorganisationen in eine theoretische Parallelwelt abzudriften, in der Händler den Shoppern ein Angebot bieten müssen, das diese weder interessiert noch für das sie zu zahlen bereit sind[797]. Er sieht es nicht als Aufgabe des Handels, Shopper zu nachhaltigem Konsum zu erziehen. Auch wenn diese Erwartung in der Theorie schnell geäußert ist, sollten die tatsächlichen Sortimente das spiegeln, was Shopper auch wirklich zu kaufen bereit sind[798]. Ist dies nicht der Fall, wechseln Shopper seiner Meinung nach zu Händlern, die ihre Wunschartikel anbieten. Das bedroht die Renditen nachhaltig agierender Händler, wie es speziell im Jahre 2023 bei Bio-Supermärkten und Naturkostfachhändlern der Fall ist[799]. Demnach sieht er die Nachhaltigkeitsverantwortung von Edeka in erster Linie für die unternehmensinternen Prozesse und Aktivitäten und weniger in Bezug auf die Sortimentsstruktur oder gar im Sinne einer Gate Keeper-Funktion entlang der gesamten Lieferkette[800]. Dold und Barthelmé dagegen sehen nicht nur eine Gate Keeper-Verantwortung des Handels für alle Prozesse entlang der Lieferkette, sondern auch eine handelsseitige Verantwortung speziell für die Förderung des nachhaltigen Konsums der Shopper[801]. Regulierende Eingriffe der Politik halten sie in gewissem Maße für notwendig, um eine echte Transformation anzustoßen[802].

Zusammenfassend lässt sich festhalten, dass…

- … sich die **shopperseitig wahrgenommene Glaubwürdigkeit** der Nachhaltigkeitsimplementierung nach den einzelner **Retail Brands unterscheidet**. Alnatura und Edeka werden als glaubwürdiger wahrgenommen als ALDI SÜD und Kaufland.

---

796 Vgl. Fokusgruppendiskussion Edeka I, Z. 354 ff. & Fokusgruppendiskussion Kaufland II, Z. 616 f.

797 Vgl. Experteninterview Vogt, Z. 4 ff.

798 Vgl. ebd., Z. 4.

799 *„Alle Bio-Händler in Deutschland haben wirtschaftliche Schwierigkeiten, und nicht, weil sie schlecht wirtschaften. Sondern weil das Geschäftsmodell zusammengebrochen ist“* (ebd., Z. 32 ff.).

800 Vgl. ebd., Z. 16 f.

801 Vgl. Experteninterview Dold, Z. 408 ff. & Experteninterview Barthelmé Z. 186.

802 Vgl. Experteninterview Marktleitung Kaufland, Z. 201 & 210 & Experteninterview Barthelmé Z. 18 ff.

- … es den Shoppern des dt. LEH generell an **Transparenz** und **Konkretisierung** der händlerseitigen Nachhaltigkeitsaktivitäten **fehlt**. Daher erwarten die Shopper
    - o eine **konsequente und nachvollziehbare Implementierung** von Nachhaltigkeit,
    - o **konkrete Aussagen** mit **überprüfbaren Umsetzungsplänen** statt leerer Floskeln,
    - o die **Einhaltung** kommunizierter Aussagen,
    - o die **Offenlegung** der **Artikelpreise** und
    - o **offensive nachhaltigkeitsbezogene POS-Kommunikation**, um sie darin zu unterstützen, Nachhaltigkeitsaspekte zu erkennen und zu verstehen.
- … die Shopper speziell **große Händler** wie ALDI SÜD in der **besonderen Verantwortung** sehen, die **Transformation** zu mehr Nachhaltigkeit im dt. LEH im Sinne einer **Vorbildfunktion anzustoßen**. Gleichzeitig verstehen sie die **Realisierung** der **Transformation** als **Gemeinschaftsaufgabe** aller Lebensmitteleinzelhändler.
- … es aus Shoppersicht eines **erhöhten regulierenden Drucks** durch Politik und Gesetzgebung bedarf, um eine **echte Transformation** zu realisieren, da Händler ansonsten nur für sie selbst vorteilhafte Maßnahmen implementieren würden.

5.2 Shoppererwartungen an Nachhaltigkeit im filialisierten, stationären Lebensmitteleinzelhandel in Deutschland in der Wahrnehmung des Handelsmanagements

Das aus der Analyse der Website-PDF-Dateien der Händler resultierende, übergeordnete Kategoriensystem[803] zeigt, dass sich die Merkmale der Shoppererwartungen an Nachhaltigkeit in der Wahrnehmung des Handelsmanagements zu den in Abbildung 41 dargestellten inhaltlichen Dimensionen und Dimensionen der Handlungsfelder zusammenfassen lassen.

803 Umfasst die Website-PDF-Dateien aller Händler.

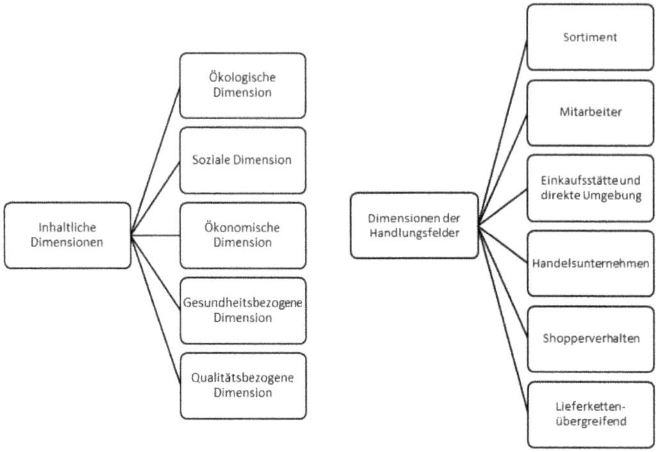

Abbildung 41: Dimensionen der shopperseitigen Nachhaltigkeitserwartungen in der Wahrnehmung des Handelsmanagements im dt. LEH[804]

Im Kontext der Merkmale inhaltlicher Dimensionen, die sich anhand von vier Subkategorien spezifizieren lassen (Tabelle 19), stellt die Verantwortung für Mitarbeiter das am häufigsten erfasste Merkmal dar, gefolgt von Reduzierung von Verpackungen bzw. Plastik, allgemeinem und regionalem gesellschaftlichen Engagement, Stärkung der (regionalen) Wirtschaft und Communities[805] sowie Verankerung von Nachhaltigkeit im Handelsunternehmen[806].

---

804 Die Dimensionen entsprechen den Oberkategorien der gebildeten Kategoriensysteme.

805 Regionalität wird hier als ökonomischer Aspekt erfasst. Bspw. soll durch regionale Lieferantenbeziehungen und Partnerschaften die regionale Wirtschaft gestärkt werden.

806 Die Häufigkeiten einzelner Merkmale wurden dimensionsübergreifend ermittelt. Mehrfachzuordnungen von einzelnen Merkmalen zu verschiedenen inhaltlichen Dimensionen sind so berücksichtigt. Die fünf am häufigsten erfassten Merkmale sind in Tabelle 19 durch Fettdruck hervorgehoben.

Tabelle 19: Hierarchisches Kategoriensystem: Inhaltliche Dimensionen (Oberkategorie) und zugehörige Merkmale (Subkategorien) von Nachhaltigkeit in der Wahrnehmung des Handelsmanagements im dt. LEH[807]

Oberkategorie	**Subkategorie I**	**Subkategorie II**	**Subkategorie III**	**Subkategorie IV**
Inhaltliche Dimensionen		**Merkmale**		
Ökologische Dimension (Zusammenfassung ökologischer Merkmale)	Lebensmittelverschwendung reduzieren			
	Klimaschutz	CO_2-Bilanz verbessern	Klimaneutralität	
			Transportumstände	Kurze Transportwege, optimierte bzw. innovative Transportformen
			Saisonaler Anbau	
			Effizienter Energieeinsatz	
			Erneuerbare Energien	
		Schonende Ressourcennutzung	Waldwirtschaft, Wasserverrbauch, Förderung Biodiversität, Fischzucht / Fischfang, Tierhaltung / Tierwohl, verantwortungsvoller bzw. biologischer Anbau / Produktion	
	Reduzierung von Verpackungen bzw. Plastik			
Soziale Dimension (Zusammenfassung sozialer Merkmale)	**Verantwortung für Mitarbeiter**	Arbeitsbedingungen, Diversität, Chancengleichheit, Unternehmenskultur, physisches und psychisches Wohlbefinden der Mitarbeiter, Mitarbeiterentwicklung, Benefits für Mitarbeiter		
	Gesellschaftliche Verantwortung	Tierwohl		
		Lebensmittelverschwendung reduzieren	Too Good To Go	
			Lebensmittel vor Ablauf des MHD im Preis reduzieren	
			Lebensmittelspenden bzw. Food-Sharing	
		Nahversorgungsfunktion		
		Schaffung (regionaler) Arbeitsplätze		
		Allgemeines und regionales gesellschaftliches Engagement	Sach-/Geldspenden, soziale Projekte	
		Arbeitsbedingungen entlang der Lieferkette		
		Beitrag zu allgemeinen Bedingungen in Ländern entlang der Lieferkette		
		Verantwortung für die Gesundheit der Gesellschaft		
Ökonomische Dimension (Zusammenfassung ökonomischer Merkmale)	Langfristig eigenen Unternehmenserfolg sichern	Fair und integre Partnerschaften		
		Strategische, abteilungsübergreifende Verankerung von Nachhaltigkeit	Wesentlichkeitsanalysen	Erfassung der Nachhaltigkeitswahrnehmung der Stakeholder
			Transparenz	
			Einbindung in (gesellschaftliche, wirtschaftliche, politische) Netzwerke	
			Controlling der Nachhaltigkeitsimplementierung	
		Kosteneinsparungen durch Nachhaltigkeit		
		Attraktiver Arbeitgeber sein	Förderung selbstständiger Kaufleute / Marktleiter	
	(Regionale) Wirtschaft und Communities stärken			
Gesundheitsbezogene Dimension (Zusammenfassung gesundheitsbezogener Merkmale)	Nutri Score, mehr Obst und Gemüse im Speiseplan, Reduzierung von Zucker, Ernährungsberatung, Veganuary			
Qualitätsbezogene Dimension (Zusammenfassung qualitätsbezogener Merkmale)	Hochwertige Lebensmittel, Lebensmittelsicherheit			

Auffällig ist, dass die Reduzierung der Lebensmittelverschwendung vom Handel überwiegend innerhalb der ökologischen Dimension und kaum als sozialer Aspekt verstanden wird:

> *„Jedes einzelne Nahrungsmittel, das im Müll landet, schädigt unser Klima und vergeudet wertvolle Ressourcen."*[808]

---

807 Wie in Kapitel 4.2.2 beschrieben, entstand dieses Kategoriensystem durch deduktives und induktives Kodieren der aus den Händlerwebsites gewonnenen PDF-Dateien. Die Merkmale ließen sich dabei von Subkategorie IV bis zur Oberkategorie der Dimensionen zusammenfassen.

808 Website PDF-Dateien ALDI SÜD, Abschnitt 2.

Generell wird dieses Merkmal von den Händlern eher untergeordnet behandelt. Gleiches gilt für das Tierwohl. Dieses wird überwiegend als sozialer Aspekt verstanden:

> *„Erstmalig in Deutschland setzen sich Unternehmen und Verbände aus Landwirtschaft, Fleischwirtschaft und Lebensmitteleinzelhandel gemeinsam für eine tiergerechtere Fleischerzeugung ein.“*[809]

Regionalität spielt vor dem Hintergrund des Einflusses kurzer Transportwege auf die CO_2-Bilanz und damit auf das Klima eine Rolle innerhalb der ökologischen Dimension, mehr aber noch im Rahmen der ökonomischen Dimension unter dem Gesichtspunkt der Förderung regionaler Wirtschaft und der Unternehmen durch regionale Lieferanten oder anderweitige Partnerschaften:

> *„Regionale Produkte schützen durch kürzere Transportwege die Umwelt und das Klima. Durch ihren Vertrieb stärken wir die heimische Landwirtschaft sowie kleine und mittelständische Handwerksbetriebe der Lebensmittelbranche.“*[810]

Der Fokus der ökonomischen Dimension liegt auf der strategischen, abteilungsübergreifenden Verankerung von Nachhaltigkeit im Handelsunternehmen:

> *„Immer dann, wenn Nachhaltigkeit konkret werden soll, ist Expertise gefragt. Nahezu jede unserer Unternehmensabteilungen, vom Einkauf über die Regionalgesellschaften oder Logistics & Services bis zu Finance & Administration oder Marketing, ist in entsprechende Lösungsprozesse eingebunden.“*[811]

Merkmale der gesundheitsbezogenen Dimension werden kaum erfasst. Zudem zeigt sich, dass die Händler die Erwartungen ihrer Shopper häufig auf Ebene der inhaltlichen Dimension verstehen und sogar den Obergriff Nachhaltigkeit nutzen, ohne ihn weiter zu differenzieren:

> *„Die verbundsinterne ‚Auszeichnung für verantwortungsvolles Handeln‘ ehrt einmal im Jahr besonders engagierte EDEKA-Kaufleute für ihr soziales und/oder ökologisches Engagement und rückt so den täglichen Einsatz der Kaufleute für mehr Nachhaltigkeit in den Fokus.“*[812]

In Bezug auf die Merkmale der Handlungsfelder, die sich anhand von zwei Subkategorien spezifizieren lassen (Tabelle 20), stellt die Reduzierung von

---

809 Website PDF-Dateien Kaufland, Abschnitt 3.

810 Website PDF-Dateien ALDI SÜD, Abschnitt 2.

811 Ebd., Abschnitt 2.

812 Website PDF-Dateien Edeka, Abschnitt 3. Ebd.: *„Der Unternehmensverbund schafft dadurch nachhaltigen Nutzen für Umwelt und Gesellschaft – und damit auch für sich selbst.“*

Verpackungen bzw. Plastik das am häufigsten erfasste Merkmal dar[813]. Es folgen (in absteigender Reihenfolge) Verankerung von Nachhaltigkeit im Handelsunternehmen, allgemeines und regionales gesellschaftliches Engagement, Arbeitsbedingungen entlang der Lieferkette sowie Stärkung von Wirtschaft und Communities[814]. Auch wenn die Händler ihre Verantwortung als die gesamte Lieferkette betreffend kommunizieren, um so eine transparente Basis für die Kaufentscheidungen ihrer Shopper zu schaffen[815], liegt der Fokus auf den Handlungsfeldern Sortiment und Handelsunternehmen. Merkmale der Dimensionen Einkaufsstätte, Verbraucherverhalten und Lieferkette werden weniger häufig thematisiert.

Die Händler der untersuchten Retail Brands haben es sich zur Aufgabe gemacht, ihren Shoppern den Beitrag zu mehr Nachhaltigkeit mit einem großen Sortiment verantwortungsvoller Produkte leicht zu machen[816]. Innerhalb des Handlungsfeldes Sortiment werden in erster Linie die Merkmale Reduzierung von Lebensmittelverschwendung, Reduzierung von Verpackungen bzw. Plastik und die Labels der Artikel[817] thematisiert.

Ein weiteres relevantes Merkmal ist der Preis. Neben der Erschwinglichkeit geht es dabei auch um die Fairness der Preise gegenüber den Herstellern oder anderen Partnern entlang der Lieferkette.

---

813 Dies wird auch im Experteninterview mit dem Marktleiter von Kaufland gestützt: *„Also was ich jeden Tag zu hören bekomme, ist das Thema Verpackungen, also Obst und Gemüse beispielsweise“* (Experteninterview Verkaufsleitung Kaufland, Z. 33).

814 Die Häufigkeiten einzelner Merkmale wurden dimensionsübergreifend ermittelt. Mehrfachzuordnungen von einzelnen Merkmalen zu verschiedenen inhaltlichen Dimensionen sind so berücksichtigt. Die fünf am häufigsten erfassten Merkmale sind in Tabelle 20 durch Fettdruck hervorgehoben.

815 Vgl. Website PDF-Dateien Edeka, Abschnitt 10.

816 Vgl. ebd., Abschnitt 10.

817 Labels für Ressourcenschonung bzw. Klimaschutz, Regionalität, Tierwohl, biologischen Anbau.

Tabelle 20: Hierarchisches Kategoriensystem: Dimensionen der Handlungsfelder (Oberkategorie) und zugehörige Merkmale (Subkategorien) von Nachhaltigkeit in der Wahrnehmung des Handelsmanagements im dt. LEH[818]

Oberkategorie	**Subkategorie I**	**Subkategorie II**	**Subkategorie III**	**Subkategorie IV**
Dimensionen der Handlungsfelder	**Merkmale**			
Sortiment (Zusammenfassung sortimentsbezogener Merkmale)	Saisonale Artikel, regionale Artikel, Artikel mit Siegel für Ressourcenschonung bzw. Umweltschutz, Artikel mit Siegel für faire Arbeitsbedingungen, soziale Marken bzw. Spendenartikel, vegane / vegetarische Artikel, Bio-Artikel, Artikel mit Tierwohlsiegel, Artikel mit Siegel für verantwortungsvolle Fischzucht/Fischfang, Lebensmittelqualität (hochwertige Lebensmittel), Lebensmittelsicherheit (sichere Lebensmittel), Natürlichkeit und Nährstoffgehalt (gesunde Lebensmittel)			
	Preis der Artikel	Erschwingliche Preise		
		Faire Preise		
	Lebensmittelverschwendung reduzieren	Optimiertes Bestandsmanagement		
		Retten statt wegwerfen	Preisreduzierung, nicht nur normschöne Obst-/Gemüseartikel anbieten, Too Good To Go, Spenden bzw. an Foodsharing teilnehmen, Tierfutter	
	Reduzierung von Verpackungen bzw. Plastik	Weniger Verpackung / Plastik		
		Optimierte bzw. innovative Verpackung		
		Unverpackte Artikel		
		Optimierte Entsorgung bzw. Recycling / Mehrweg		
Mitarbeiter (Zusammenfassung die Mitarbeiter betreffender Merkmale)	Arbeitsbedingungen, Diversität, Chancengleichheit, Unternehmenskultur, physisches und psychisches Wohlbefinden der Mitarbeiter, Mitarbeiterentwicklung, Benefits für Mitarbeiter			
Einkaufsstätte und direkte Umgebung (Zusammenfassung einkaufsstätten- und umgebungsbezogener Merkmale)	Inneneinrichtung, effizienter Energieeinsatz, erneuerbare Energien, ressourcenschonende Bauweise der Gebäude, Regenwassernutzung, E-Ladestationen			
Handelsunternehmen (Zusammenfassung unternehmensbezogener Merkmale)	Zeitbezug des Nachhaltigkeitsverständnisses	Heute und in Zukunft		
	Gesellschaftliche Verantwortung	Nahversorgungsfunktion		
		Schaffung (regionaler) Arbeitsplätze		
		Allgemeines und regionales gesellschaftliches Engagement	Sach-/ Geldspenden, soziale Projekte	
		Verantwortung für die Gesundheit der Gesellschaft		
	Langfristig eigenen Unternehmenserfolg sichern	Fair und integre Partnerschaften		
		Strategische, abteilungsübergreifende Verankerung von Nachhaltigkeit	Wesentlichkeitsanalysen	Erfassung der Nachhaltigkeitswahrnehmung der Stakeholder
			Transparenz	
			Einbindung in (gesellschaftliche, wirtschaftliche, politische) Netzwerke	
			Controlling der Nachhaltigkeitsimplementierung	
		Kosteneinsparungen durch Nachhaltigkeit		
		Attraktiver Arbeitgeber sein	Förderung selbstständiger Kaufleute / Marktleiter	
	(Regionale) Wirtschaft und Communities stärken			
Shopperverhalten (Zusammenfassung verbraucherverhaltenbezogener Merkmale)	Verantwortungsvoller Lebensstil, verantwortungsvoller Konsum, bewusste Ernährung, Lebensmittelverschwendung reduzieren, Verpackungsreduktion und Recycling			
Lieferkettenübergreifend (Zusammenfassung lieferkettenbezogener Merkmale)	Transportumstände	Klimaneutralität, kurze Transportwege, optimierte bzw. innovative Transportformen	E-Flotten, neuartige Transportmaterialien wie Papp-Paletten, effizienter Energieeinsatz, effizientes Logisitkmanagement	
	Arbeitsbedingungen entlang der Lieferkette			
	Beitrag zu allgemeinen Bedingungen in Ländern entlang der Lieferkette			

Die Betrachtung der Kategoriensysteme der einzelnen Retail Brands zeigt, dass keine von ihnen Merkmale zu allen erfassten Dimensionen kommuniziert.

818 Auch dieses Kategoriensystem entstand durch deduktives und induktives Kodieren der aus den Händlerwebsites gewonnenen PDF-Dateien. Die Merkmale ließen sich dabei von Subkategorie IV bis zur Oberkategorie der Dimensionen zusammenfassen.

Bspw. werden bei ALDI SÜD keine qualitätsbezogenen Merkmale und bei Edeka, Kaufland sowie Alnatura keine gesundheitsbezogenen Merkmale erfasst. Bei allen vier Retail Brands werden am häufigsten Merkmale der ökologischen und sozialen, dann erst der ökonomischen Dimension erfasst. In Bezug auf die Handlungsfelder gibt es bei Alnatura keine Merkmale, die das Handlungsfeld Shopperverhalten konstituieren. Die Kategoriensysteme von Edeka, ALDI SÜD und Kaufland enthalten Merkmale aller Handlungsfelder. Bei allen Retail Brands beziehen sich die meisten Merkmale auf die Handlungsfelder Sortiment und Handelsunternehmen. Innerhalb des Handlungsfelds Sortiment geht es bei Edeka, ALDI SÜD und Kaufland überwiegend um die Regionalität der Artikel, bei Alnatura um Artikel mit Bio-Siegel. Regionalität wird bei Alnatura nicht als Merkmal erfasst. Während Alnatura unter dem Merkmal Preis die Fairness gegenüber Herstellern oder anderen Parteien der Lieferkette versteht, sehen ALDI SÜD und Kaufland den Preis im Sinne von Erschwinglichkeit. Bei Edeka taucht das Merkmal Preis weder in der einen noch in der anderen Bedeutung auf.

Auch wenn sich die Wahrnehmung der Shopperwartungen durch das Handelsmanagement nicht grundlegend nach den untersuchen Retail Brands unterscheidet, zeigen sich sowohl in Bezug auf die inhaltlichen Dimensionen als auch die Dimensionen der Handlungsfelder kleinere Unterschiede.

Zusammenfassend lässt sich festhalten, dass…

- … sich die **Shoppererwartungen an Nachhaltigkeit in der Wahrnehmung des Handelsmanagements** zu inhaltlichen Dimensionen und zu **Dimensionen von Handlungsfeldern** der Nachhaltigkeit wie folgt zusammenfassen lassen:
  - o Inhaltliche Dimensionen: Ökologisch, sozial, ökonomisch, gesundheitsbezogen, qualitätsbezogen.
  - o Dimensionen der Handlungsfelder: Sortiment, Mitarbeiter, Einkaufsstätte und direkte Umgebung, Handelsunternehmen, Shopperverhalten, lieferkettenübergreifend.
- … die **am häufigsten erfassten inhaltlichen Merkmale** Verantwortung für Mitarbeiter, Reduzierung von Verpackungen bzw. Plastik, allgemeines und regionales gesellschaftliches Engagement, Stärkung der (regionalen) Wirtschaft und Communities sowie Verankerung von Nachhaltigkeit im Handelsunternehmen sind.
- … die **am häufigsten erfassten handlungsfeldbezogenen Merkmale** Reduzierung von Verpackungen bzw. Plastik, Verankerung von Nachhaltigkeit

im Handelsunternehmen, allgemeines und regionales gesellschaftliches Engagement, Arbeitsbedingungen entlang der Lieferkette sowie Stärkung von Wirtschaft und Communities sind.
- ... Händler die **Erwartungen** ihrer Shopper häufig **auf Ebene der inhaltlichen Dimension verstehen** oder sogar den **Oberbegriff Nachhaltigkeit** nutzen, ohne ihn weiter zu differenzieren.
- ... **keine** der untersuchten **Retail Brands Merkmale** zu **allen** erfassten **Dimensionen** aufweist.
- ... **kleinere Retail Brand-spezifische Unterschiede** erfasst werden, auch wenn sich die Wahrnehmung der Shopperwartungen durch das Handelsmanagement **nicht grundlegend** nach den untersuchen Retail Brands unterscheidet.

5.3 Vergleich der Shoppererwartungen an Nachhaltigkeit im filialisierten, stationären Lebensmitteleinzelhandel in Deutschland mit deren Wahrnehmung durch das Handelsmanagement

Eine vergleichende Betrachtung der zuvor aufgearbeiteten shopper- und händlerseitigen Kategoriensysteme[819] zeigt, dass sich sowohl die Nachhaltigkeitserwartungen der Shopper als auch deren Wahrnehmung durch das Handelsmanagement zu inhaltlichen Dimensionen und zu Dimensionen von Handlungsfeldern der Nachhaltigkeit zusammenfassen lassen. Lediglich das Handlungsfeld der Mitarbeiter kann shopperseitig nur gestützt erfasst werden. Das erhobene Gesamtbild von Nachhaltigkeit im dt. LEH lässt sich wie in Abbildung 42 dargestellt skizzieren. Die Handlungsfelder bilden die Bereiche (Wo? und Wie?), innerhalb derer die Umsetzung der inhaltlichen Aspekte von Nachhaltigkeit (Was?) erfolgt. Diese Systematisierung nach inhaltlichen Merkmalen und Merkmalen der Handlungsfelder findet sich auch im Ergebnis der in Kapitel 2.1.2.5 dargestellten Bestandsaufnahme der Forschung zur Bedeutung von Nachhaltigkeit im Rahmen marktorientierter Unternehmensführung[820].

819 Siehe Tabelle 17 und Tabelle 18 in Kapitel 5.1 sowie Tabelle 19 und Tabelle 20 in Kapitel 5.2.

820 Siehe dazu Abbildung 16.

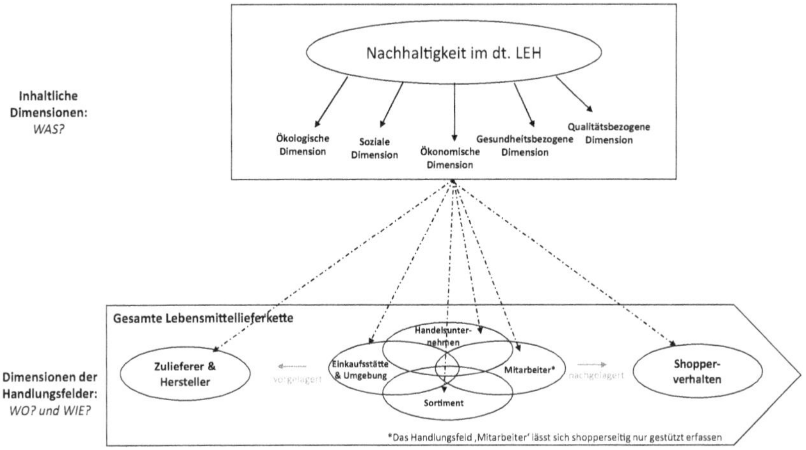

Abbildung 42: Dimensionen von Nachhaltigkeit im dt. LEH aus Händler- und Shopperperspektive

Bei Betrachtung dieser Visualisierung lässt sich auf den ersten Blick vermuten, dass es mit Ausnahme des Handlungsfeldes der Mitarbeiter keine größeren Unterschiede zwischen den Nachhaltigkeitserwartungen der Shopper und deren Wahrnehmung durch das Handelsmanagement gibt und die GAP 1 des GAP-Modells der Nachhaltigkeitsqualität somit widerlegt zu sein scheint. Eine genauere Betrachtung zeigt allerdings, dass es in Bezug auf die Inhalte der einzelnen Merkmale der Dimensionen, deren Umfang, Detailgrad und Priorisierung durchaus Unterschiede zwischen beiden Perspektiven gibt. Diese werden im Folgenden erläutert.

Der Blick auf die je fünf am häufigsten[821] erfassten Merkmale der inhaltlichen Dimensionen (Abbildung 43) zeigt, dass nur das Merkmal Reduzierung von Verpackung bzw. Plastik sowohl shopper- als auch händlerseitig erfasst wird. Während es shopperseitig das relevanteste Merkmal darstellt, folgt es händlerseitig erst an zweiter Stelle. Das händlerseitig am häufigsten erwähnte Merkmal, Verantwortung für Mitarbeiter, wird von den Shoppern ungestützt gar nicht als Nachhaltigkeitsmerkmal verstanden. Die weiteren vier für die

821 Die Häufigkeiten einzelner Merkmale wurden dimensionsübergreifend ermittelt. Mehrfachzuordnungen einzelner Merkmale zu verschiedenen inhaltlichen Dimensionen sind so berücksichtigt.

Shopper relevantesten Merkmale stimmen nicht mit der Händlerperspektive überein.

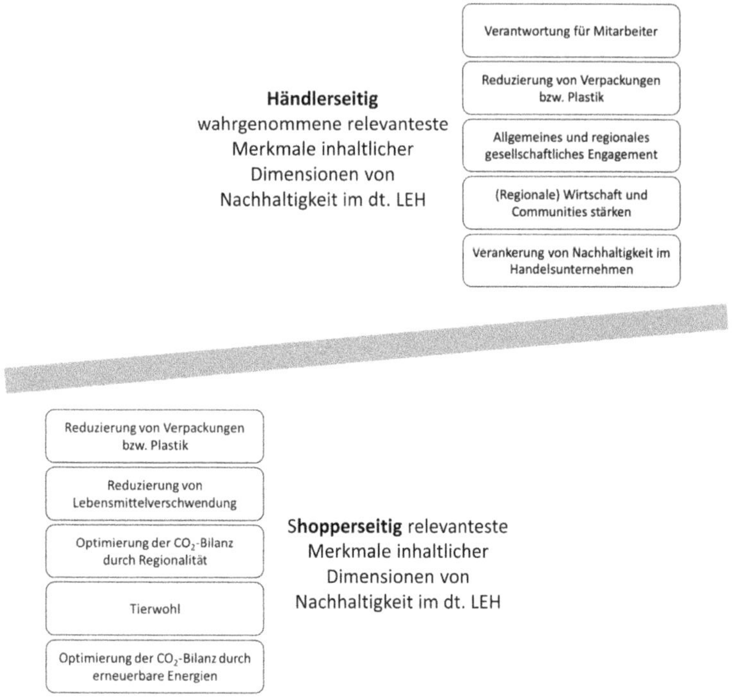

Abbildung 43: Gegenüberstellung der fünf shopper- und händlerseitig am häufigsten erfassten Merkmale inhaltlicher Dimensionen von Nachhaltigkeit im dt. LEH

Während der Fokus der Shoppererwartungen auf der ökologischen, gefolgt von der sozialen Dimension liegt, fokussiert die Erwartungswahrnehmung durch das Handelsmanagement überwiegend Aspekte der ökonomischen, gefolgt von der sozialen und ökologischen Dimension. Die ökonomische Dimension findet sich in den ungestützten Nachhaltigkeitserwartungen der Shopper kaum wieder, in den fünf häufigsten Merkmalen gar nicht. Diese fehlende Verbindung des shopperseitigen Verständnisses von Nachhaltigkeit mit der ökonomischen Perspektive spricht auch Experte Vogt an. Für ihn stellt ökonomische Nachhaltigkeit im Sinne der Sicherung der Ressourcen die wichtigste Dimension für langfristigen Unternehmenserfolg dar. Seiner Meinung nach ist der Zusammenhang zwischen Ressourcen und Rendite eines Unternehmens den Shoppern in der Regel nicht bewusst und wird nicht als Nachhaltigkeit verstanden[822]. Des Weiteren verstehen Shopper Lebensmittelverschwendung aus ökologischer (CO_2-Fußabdruck) und sozialer (Spenden oder Foodsharing) Perspektive, während Händler sie überwiegend als ökologische Dimension betrachten. Ebenso wird Regionalität unterschiedlich interpretiert. Während Shopper Regionalität aus ökologischer Perspektive verstehen (kurze Transportwege verringern den CO_2-Fußabdruck), geht es aus Händlerperspektive bei Regionalität überwiegend um die Realisierung ökonomischer Aspekte (bspw. Stärkung der regionalen Wirtschaft).

Auch die fünf am häufigsten[823] erfassten Merkmale der Dimensionen der Handlungsfelder (Abbildung 44) weisen Unterschiede zwischen Shopper- und Händlerperspektive auf. Auch wenn das shopperseitige Merkmal Reduzierung von Plastik und Verpackung in Inhalt und Priorisierung mit der händlerseitigen Wahrnehmung übereinstimmt, ist dies die einzige Gemeinsamkeit. Während die weiteren relevanten Merkmale der Shoppererwartungen überwiegend das Sortiment fokussieren, legen die händlerseitigen Merkmale den Schwerpunkt auf die Handlungsfelder Handelsunternehmen und Lieferkette. Diese sind jedoch im shopperseitigen Kategoriensystem mit den wenigsten Merkmalen hinterlegt.

822 Vgl. Experteninterview Vogt, Z. 18.

823 Die Häufigkeiten einzelner Merkmale wurden dimensionsübergreifend ermittelt. Mehrfachzuordnungen von einzelnen Merkmalen zu verschiedenen inhaltlichen Dimensionen sind so berücksichtigt.

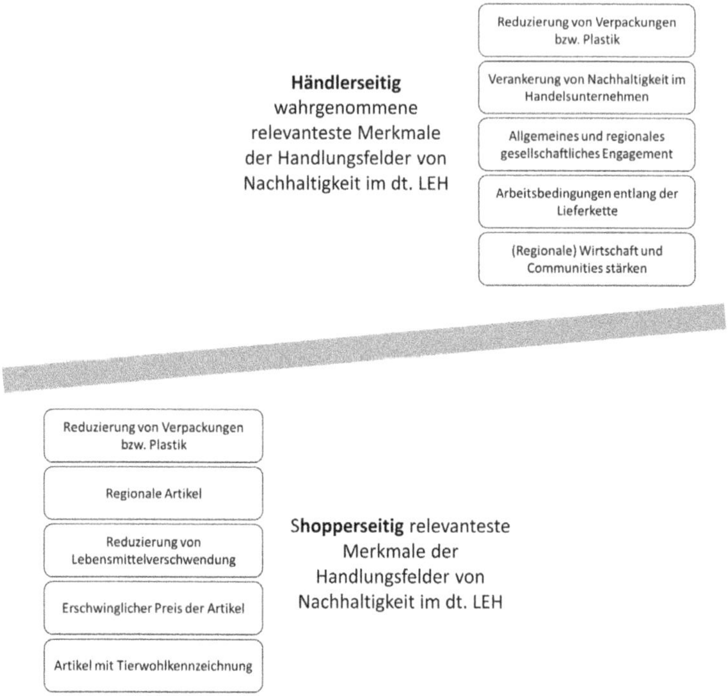

Abbildung 44: Gegenüberstellung der fünf shopper- und händlerseitig am häufigsten erfassten Merkmale der Dimensionen der Handlungsfelder von Nachhaltigkeit im dt. LEH

Innerhalb der Sortimentsdimension ist für die Shopper der Preis im Sinne von Erschwinglichkeit, speziell vor dem Hintergrund der Inflation, das relevanteste Merkmal und, wie in den Kapiteln 2.1.2.4 und 2.1.3 bereits aufgezeigt, notwendige Bedingung ihres nachhaltigen Konsums. Der Preis wird aus Händlerperspektive nur von ALDI SÜD und Kaufland gleichermaßen interpretiert.

Beim Vergleich der Perspektiven fällt zudem auf, dass die händlerseitigen Kategoriensysteme deutlich mehr Merkmale je Dimension aufweisen als die shopperseitigen. Die Nachhaltigkeitserwartungen der Shopper sind weniger umfassend und detailliert als ihr Verständnis durch das Handelsmanagement.

Dies stimmt mit der in Kapitel 2.1.2.5 durchgeführten Bestandsaufnahme der Forschung überein[824] und untermauert das Ergebnis dieser Erhebung.

Wie in Kapitel 5.1.1 aufgezeigt, sind die im gestützten Kategoriensystem erfassten shopperseitigen Merkmale der Nachhaltigkeitserwartungen umfassender und detaillierter als diejenigen des ungestützten Kategoriensystems. Diese Tatsache lässt sich an dieser Stelle als grundlegendes Potenzial verstehen, dass Handelsunternehmen durch gezielte, an bestehendem Wissen anknüpfende Nachhaltigkeitsmaßnahmen zu einer Erweiterung des Nachhaltigkeitsverständnis ihrer Shopper beitragen können (Shopper Education) und so eine Handhabe besitzen, nachhaltigen Konsum und damit eine nachhaltige Entwicklung im dt. LEH voranzutreiben.

Des Weiteren zeigt sich, dass sich die shopperseitigen Nachhaltigkeitserwartungen und deren Wahrnehmung durch das Handelsmanagement auch in Hinblick auf das Abstraktionsniveau der erfassten Merkmale unterscheiden. Shopper verbinden überwiegend konkrete Merkmale mit Nachhaltigkeit, die für sie nachvollziehbar sind (bspw. Reduzierung von Verpackungen oder Lebensmittelverschwendung, Tierwohl oder Nutzung erneuerbarer Energien). Händler hingehen verstehen die Erwartungen ihrer Shopper häufig anhand abstrakter Merkmale (bspw. regionales Engagement, regionale Wirtschaft stärken, Verankerung von Nachhaltigkeit im Handelsunternehmen), auf Ebene der inhaltlichen Dimensionen (bspw. ökologische Nachhaltigkeit) oder nutzen Nachhaltigkeit als übergeordneten Begriff. Das untermauert, wie in Kapitel 1.2 aufgezeigt, nicht nur, dass für Shopper speziell greifbare, nachvollziehbare Aspekte von Nachhaltigkeit im dt. LEH eine höhere Relevanz haben[825], sondern auch dass Händler Nachhaltigkeit anders interpretieren als Shopper: abstrakt oder entlang des übergeordneten, theoretischen Nachhaltigkeitsbegriffes[826].

Bei der vergleichenden Betrachtung der ungestützten Retail Brand-spezifischen Nachhaltigkeitserwartungen der Shopper und deren Wahrnehmung durch das jeweilige Handelsmanagement lassen sich ähnliche Unterschiede feststellen.

Shopperseitige Erwartungen an Nachhaltigkeit im dt. LEH und deren Wahrnehmung durch das Handelsmanagement unterscheiden sich demnach sowohl

824 Siehe dazu Abbildung 16 und Abbildung 17.

825 Vgl. HANDELSVERBAND DEUTSCHLAND (2021): Konsummonitor Nachhaltigkeit – Fleisch und Fashion, S. 17.

826 Vgl. JOERß et al. (2017): Conzeptualizing Sustainability From a Consumer Perspective, S. 20.

in Bezug auf Merkmale, Umfang und Detailgrad sowie Priorisierung der Merkmale inhaltlicher Dimensionen und der Dimensionen der Handlungsfelder als auch in Bezug auf die Ausgestaltung und Umsetzung dieser Merkmale (transparent und konkret vs. intransparent und abstrakt).

Dafür gibt es zwei unterschiedliche Ursachen: Zum einen bringen Shopper nicht alle Merkmale mit Nachhaltigkeit in Verbindung, die Händler als shopperseitig erwartete Nachhaltigkeit verstehen, zum anderen birgt das umfangreiche und detaillierte händlerseitige Verständnis von Nachhaltigkeit die Gefahr, dass die Händler die wahrgenommenen Erwartungen der Shopper nicht genauer hinterfragen und falsche Merkmale priorisieren. Auch wenn die Händler durch ihr umfangreiches und detailliertes Verständnis von Nachhaltigkeit die für Shopper relevanten Merkmale selten ganz vernachlässigen, werden diese vom Handelsmanagement dadurch nicht ausreichend priorisiert und fokussiert. Das unterstreicht auch Experte Barthelmé, der betont, dass es zwar viele verschiedene Nachhaltigkeitsprojekte und -initiativen seitens der Händler gibt, diese jedoch überwiegend nicht daran ausgerichtet werden, was Shopper unter Nachhaltigkeit verstehen[827]. Ursache dafür ist unter anderem die in Kapitel 1 erwähnte Mehrdimensionalität von Nachhaltigkeit[828]. Auch das stützt Barthelmé. Er sieht die Vielfalt des Themas Nachhaltigkeit als Möglichkeit für die Händler, sich „*Rosinen herauszupicken*"[829].

Zusammenfassend lässt sich festhalten, dass…

- … sich sowohl die **Nachhaltigkeitserwartungen der Shopper** als auch deren **Wahrnehmung durch das Handelsmanagement** zu **inhaltlichen Dimensionen** und zu Dimensionen von **Handlungsfeldern der Nachhaltigkeit** zusammenfassen lassen. Die Handlungsfelder bilden die Bereiche (Wo? und Wie?) ab, innerhalb derer die Umsetzung der inhaltlichen Aspekte von Nachhaltigkeit (Was?) erfolgt.
- … bei **genauerer Betrachtung** jedoch **Unterschiede** zwischen beiden Perspektiven sichtbar werden:
  - o Die zuvor aufgezeigten **meistgenannten bzw. am häufigsten erfassten Merkmale** inhaltlicher Dimensionen und Dimensionen der

827 Vgl. Experteninterview Barthelmé, Z. 87 ff.

828 Vgl. MEIER (2014): Nachhaltigkeitsbewertung, S. 6 & GRUNWALD (2016): Nachhaltigkeit verstehen, S. 22 f.

829 Experteninterview Barthelmé, Z. 171 ff.

Handlungsfelder **stimmen** in Inhalten der einzelnen Merkmale und Priorisierung überwiegend **nicht überein**.
- o Die **Shoppererwartungen in der Wahrnehmung des Handelsmanagements** sind **deutlich umfangreicher und detaillierter** als die tatsächlichen Nachhaltigkeitswartungen der Shopper. So werden **Erwartungen der Shopper** zwar nicht ganz vernachlässigt, aber häufig **nicht ausreichend priorisiert und fokussiert**.
- o Durch die in Kapitel 5.1.1 aufgezeigten Ergebnisse, dass die gestützten shopperseitigen Nachhaltigkeitserwartungen umfassender und detaillierter sind als die ungestützten, können Händler dieses **Potenzial** durch gezielte, an bestehendem Wissen anknüpfende Nachhaltigkeitsmaßnahmen nutzen und zu einer **Erweiterung des Nachhaltigkeitsverständnis ihrer Shopper** beitragen, um nachhaltigen Konsum und nachhaltige Entwicklung im dt. LEH voranzutreiben.
- o **Shopper** verbinden überwiegend **konkrete und nachvollziehbare Merkmale** mit Nachhaltigkeit, **Händler** verstehen die Erwartungen ihrer Shopper häufig anhand **abstrakter** Merkmale.

- … sich demnach die shopperseitige Erwartungen an Nachhaltigkeit im dt. LEH und deren Wahrnehmung durch das Handelsmanagement in **Inhalten, Umfang, Detailgrad und Priorisierung der Merkmale der Erwartungen** sowie in Bezug auf deren **Ausgestaltung und Umsetzung** unterscheiden.

5.4 Zwischenfazit zum explorativ-empirischen Teil: Die Beurteilung der GAP 1 des GAP-Modells der Nachhaltigkeitsqualität im dt. LEH

Nachdem im Rahmen der theoretischen Konkretisierung in Kapitel 3 Nachhaltigkeitsqualität im dt. LEH begrifflich und konzeptuell spezifiziert und die GAP 1 des GAP-Modells der Nachhaltigkeitsqualität als ausschlaggebend für die Reduzierung aller nachgelagerten Lücken, speziell der GAP 5, identifiziert wurde, erfolgte in einem nächsten Schritt die explorativ-empirische Untersuchung der GAP 1 im Kontext des dt. LEH. Dazu wurden in Fokusgruppendiskussionen die Shoppererwartungen an Nachhaltigkeit im dt. LEH erfasst und deren Wahrnehmung durch das Handelsmanagement mittels Analysen von Händlerwebsites ermittelt (Kapitel 4.1). Schließlich wurden die erhobenen Daten unter Anwendung Qualitativer Inhaltsanalyse ausgewertet (4.2). Zudem erfolgten flankierende Experteninterviews zur Anreicherung, Untermauerung und Diskussion der zuvor erlangten Erkenntnisse. Im Rahmen der Ergebnisevaluation (Kapitel 5.1 und 5.2) wurden, unter Berücksichtigung der Experteneinschätzungen, die Shoppererwartungen und deren Wahrnehmung durch das Handelsmanagement aufgezeigt und diskutiert. Anschließend wurden beide Perspektiven vergleichend betrachtet, um Gemeinsamkeiten und Unterschiede der zugehörigen Dimensionen und Merkmale aufzuzeigen (Kapitel 5.3). Dabei konnten, sowohl shopper- als auch händlerseitig, elf Dimensionen und zugehörige, konkretisierende Merkmale der shopperseitigen Nachhaltigkeitserwartungen erhoben werden, die sich wie in Abbildung 45 dargestellt schematisch aufarbeiten lassen.

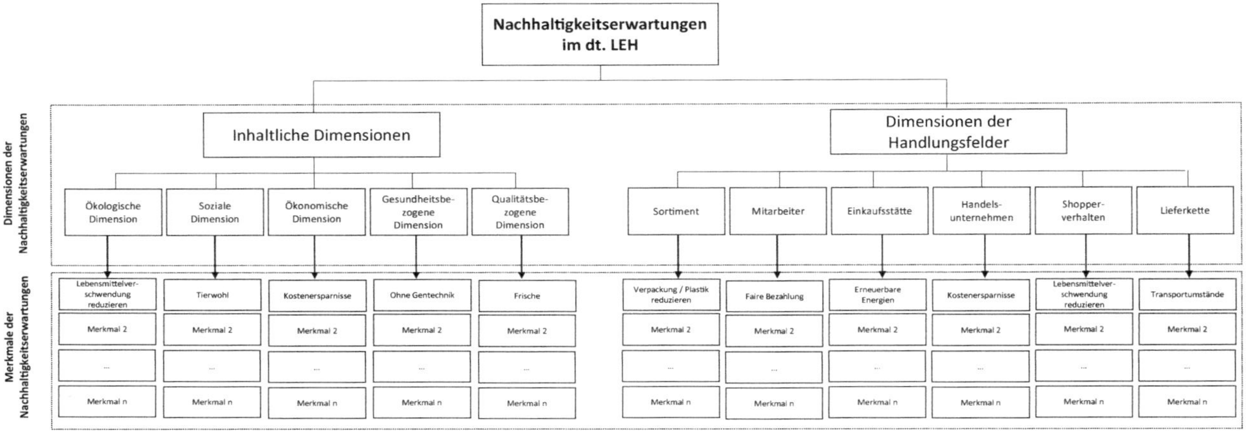

Abbildung 45: Schematische Darstellung der aus der Analyse der GAP 1 resultierenden Dimensionen und zugehöriger Merkmale shopperseitiger Nachhaltigkeitserwartungen und deren Wahrnehmung durch das Handelsmanagement[830]

830 Pro Dimension wird ein beispielhaftes Merkmal angeführt. Auch wenn die Dimension „Mitarbeiter“ shopperseitig nur gestützt erfasst wird, wird sie an diese Stelle erwähnt.

Bei genauerer, vergleichender Betrachtung (Kapitel 5.3) wurde, auch wenn sie sich zu den gleichen Dimensionen zusammenfassen lassen, jedoch deutlich, dass sich Inhalte, Umfang, Detailgrad und Priorisierung der shopperseitig ermittelten Merkmale, sowie die zugehörigen Erwartungen an deren Ausgestaltung und Umsetzung von der erfassten Wahrnehmung durch das Handelsmanagement unterscheiden. Zusammenfassend lässt sich demnach festhalten, dass die Shoppererwartungen an Nachhaltigkeit im dt. LEH in der Wahrnehmung des Handelsmanagements nicht korrekt identifiziert oder falsch priorisiert werden und damit das Vorhandensein der GAP 1 des GAP-Modells der Nachhaltigkeitsqualität für den dt. LEH nachgewiesen werden kann.

Die GAP 1 ist, wie in Kapitel 3 dargelegt, grundlegende Ursache dafür, dass die Verankerung der shopperseitigen Nachhaltigkeitserwartungen in unternehmerischen Entscheidungen der Lebensmitteleinzelhändler zu nachhaltigkeitsbezogenen Leitbildern, Grundsätzen, Zielen und Strategien fehlerhaft erfolgt (GAP 2). Das wiederum führt dazu, dass deren nachhaltigkeitsbezogene Positionierung zur Wettbewerbsdifferenzierung geschwächt wird und die aus den Strategien abgeleiteten und implementierten Nachhaltigkeitsmaßnahmen nicht den Erwartungen der Shopper entsprechen (GAP 3). Zusammen mit der Kommunikation von für die Shopper irrelevanten oder falschen Inhalten und Informationen zur Nachhaltigkeit (GAP 4) kann es in der Folge dazu kommen, dass die Shoppererwartungen nicht mit der shopperseitig wahrgenommenen Nachhaltigkeit der Händler übereinstimmen (GAP 5) und keine positive shopperseitig wahrgenommene Nachhaltigkeitsqualität im Sinne von Zufriedenheit entsteht. Ohne diese wird auch keine Loyalität der Shopper erreicht, die ausschlaggebend für den Markt- und ökonomischen Erfolg der Händler ist.

Die im Rahmen der explorativ-empirischen Erhebung aufgezeigte falsche Identifikation und falsche Priorisierung der Shoppererwartungen durch das Handelsmanagement im dt. LEH kann sich somit durch das gesamte Nachhaltigkeitsmanagement der Handelsunternehmen[831] ziehen und die Realisierung von Nachhaltigkeitsqualität und damit verbundener Potenziale entscheidend reduzieren.

831 Im Sinne des in Kapitel 2.1.2.3, Abbildung 12 aufgezeigten Entscheidungsorientierten Ansatzes der Implementierung einer nachhaltigkeits- und marktorientierten Unternehmensführung.

6. Implikationen für Theorie und Praxis

Anknüpfend an die durchgeführte theoretische und explorativ-empirische Konkretisierung von Nachhaltigkeitsqualität und den damit einhergehenden Nachweis der GAP 1 für den dt. LEH werden in diesem Kapitel richtungsweisende Empfehlungen für die aktuelle marketingorientierte Handels- und Nachhaltigkeitsforschung (Kapitel 6.1) sowie für das nachhaltigkeitsorientierte Handelsmanagement (Kapitel 6.2) im dt. LEH abgeleitet.

6.1 Forschungstheoretische Implikationen: Ableitung richtungsweisender Empfehlungen für die aktuelle marketingorientierte Handels- und Nachhaltigkeitsforschung

Wie in Kapitel 1 aufgezeigt, ist es für Handelsunternehmen des dt. LEH zunehmend wichtig, Nachhaltigkeit als shopperseitig wahrgenommenen Qualitätsfaktor zu erkennen, zu verstehen und glaubwürdig zu erfüllen, um die Anerkennung ihrer wichtigsten Stakeholder zu gewinnen. Nur so kann Nachhaltigkeit als relevante Wettbewerbsdeterminante nutzbar gemacht werden und darüber hinaus zu einer nachhaltigen Entwicklung im dt. LEH beitragen. Trotz dieser Relevanz und eines grundlegenden Begriffsverständnisses von Nachhaltigkeitsqualität zeigt sich, dass Nachhaltigkeit vor dem Hintergrund des Qualitätsbegriffs bisher kaum untersucht wurde und ein forschungsseitiges Defizit nachhaltigkeitsspezifischer Ansätze zur Sicherstellung shopperseitig wahrgenommener Qualität von Nachhaltigkeit besteht. Hier anknüpfend leistet die vorliegende Arbeit sowohl einen ersten theoretischen als auch explorativ-empirischen Beitrag, dieses Forschungsdefizit zu reduzieren und eine relevante Grundlage für künftige Forschungsvorhaben zu schaffen.

Der theoretische Beitrag im Sinne einer theoretischen Konkretisierung liegt in einer ersten **begrifflichen und konzeptuellen Spezifizierung von Nachhaltigkeit als shopperseitig wahrgenommenem Qualitätsfaktor im dt. LEH** mittels **Nachhaltigkeitsqualität** und **GAP-Modell der Nachhaltigkeitsqualität.** Dies trägt nicht nur dazu bei, ein erstes grundlegendes Konzeptverständnis von Nachhaltigkeitsqualität zu schaffen, sondern legt gleichzeitig die Grundlage zur weiteren, effektiven forschungstheoretischen Auseinandersetzung mit nachhaltigkeitsbezogenen Qualitätsproblemen – sowohl im dt. LEH als auch allgemein. Anders als bisherige Arbeiten geht diese Arbeit nicht nur über die reine Begriffsklärung von Nachhaltigkeitsqualität hinaus. Vielmehr nimmt sie auch eine anwendungsorientierte Konzeptualisierung zu deren Entstehung vor. Zu diesem Zweck wird, aufgrund der festgestellten Ähnlichkeiten mit der Ausgangssituation der von PARASURAMAN, ZEITHAML UND BERRY[832] in den 1980er Jahren betriebenen Dienstleistungsqualitätsforschung, das GAP-Modell der Dienstleistungsqualität herangezogen, adaptiert und erweitert. Diese konzeptuelle Spezifizierung mittels eines Modells trägt, einhergehend mit der für Modelle typischen, vereinfachenden Abbildung der Wirklichkeit[833], dazu bei, die im dt. LEH bis heute vorherrschende Komplexität des Nachhaltigkeitsbegriffs zu reduzieren.

Die auf Basis der theoretischen Konkretisierung durchgeführte **explorativ-empirische Konkretisierung von Nachhaltigkeitsqualität** mittels Untersuchung der GAP 1 des GAP-Modells der Nachhaltigkeitsqualität stellt den explorativ-empirischen Beitrag dieser Arbeit dar. Die dabei erfassten elf Dimensionen shopperseitiger Nachhaltigkeitserwartungen im dt. LEH[834] können, aufgrund der in Kapitel 3.2 erläuterten Tatsache, dass shopperseitig erwartete Nachhaltigkeit nicht nur indirekt über die GAP 1, sondern auch direkt über die GAP 5 in die Entstehung von Nachhaltigkeitsqualität einfließt[835], gleichzeitig als erste Ausgangsmenge relevanter Dimensionen von Nachhaltigkeitsqualität im dt. LEH verstanden werden.

Diese Ausgangsmenge von Dimensionen gibt dabei, im Sinne einer inhaltlichen Strukturierung des Konstrukts Nachhaltigkeitsqualität, nicht nur Auskunft darüber, was Shopper von Nachhaltigkeit im dt. LEH erwarten, sie kann über diese strukturierende Funktion hinaus auch als Anknüpfungspunkt für die Entwicklung eines Messkonzepts zur Erfassung shopperseitig wahrgenommener Nachhaltigkeitsqualität im dt. LEH dienen: Gemäß dem Ablaufmodell der etablierten systematischen Vorgehensweise empirischer Konkretisierung und Operationalisierung nach CHURCHILL[836] stellt sie das Ergebnis der darin

---

832 Vgl. PARASURAMAN/ ZEITHAML/ BERRY (1985): A Conceptual Model of Service Quality and Its Implications for Future Research.

833 Vgl. WEBER/ KABST/ BAUM (2018): Einführung in die Betriebswirtschaftslehre, S. 30. Siehe dazu auch Fußnote 125 in Kapitel 2.

834 Siehe dazu auch Abbildung 45, Kapitel 5.4.

835 Siehe dazu auch Abbildung 35, Kapitel 3.2.

836 Vgl. CHURCHILL (1979): A Paradigm for Developing Better Measures of Marketing Constructs, S. 66.

angeführten ersten beiden Schritte[837] dar. Diese Arbeit legt die Basis, die folgenden Schritte des Ablaufmodells[838] durchzuführen und eine Skala zur Messung shopperseitig wahrgenommener Nachhaltigkeitsqualität im dt. LEH zu entwickeln[839].

Zusammenfassend lässt sich festhalten, dass die Ausarbeitungen dieser Arbeit nicht nur zu einem ersten, grundlegenden Verständnis von Nachhaltigkeitsqualität und damit von Nachhaltigkeit als shopperseitig wahrgenommenem Qualitätsfaktor im dt. LEH beitragen, sondern darüber hinaus auch ein immaterielles und heterogenes Konzept aufarbeiten und für weitere forschungstheoretische Untersuchungen greifbar machen. Dies gilt in erster Linie für den dt. LEH, kann aber auch von der Nachhaltigkeitsforschung in anderen Branchen aufgegriffen und entsprechend inhaltlich konkretisiert werden.

Durch das im Rahmen der theoretischen und explorativ-empirischen Konkretisierung erarbeitete Verständnis von Entstehung, Analyse und Management von Nachhaltigkeitsqualität werden jedoch nicht nur Grundlagen für weitere wissenschaftliche Auseinandersetzungen mit Nachhaltigkeitsqualität geschaffen. Speziell die Visualisierung der Entstehung von Nachhaltigkeitsqualität mittels GAP-Modell im Rahmen des Entscheidungsorientierten Ansatzes der Implementierung einer nachhaltigkeits- und marktorientierten Unternehmensführung[840] spielt dabei eine wichtige Rolle: Die ohnehin schon anwendungsorientierte Konzeptualisierung von Nachhaltigkeitsqualität wird zusätzlich verstärkt und bildet eine Basis zur Ableitung konkreter, richtungsweisender Empfehlungen für das nachhaltigkeitsorientierte

---

837 1. Definition und Spezifizierung des zu untersuchenden Konzepts, 2. Entwicklung einer Ausgangsmenge an Dimensionen (qualitative Forschung). Siehe dazu auch Kapitel 2.2.1.2.

838 3.–4. Generierung von zu den Dimensionen gehörigen Indikatoren im Sinne einer empirischen Konzeptualisierung, Pre-Tests zu Verbesserung und Reduktion der Indikatoren (quantitative Forschung), 5.–8. Validierung der empirischen Konzeptualisierung (quantitative Forschung). Siehe dazu auch Kapitel 2.2.1.2.

839 Wie in Kapitel 2.2.1.2, Fußnote 512 erläutert, haben auch PARASURAMAN, ZEITHAML UND BERRY (vgl. PARASURAMAN/ ZEITHAML/ BERRY (1985): A Conceptual Model of Service Quality and Its Implications for Future Research & PARASURAMAN/ ZEITHAML/ BERRY (1988): SERVQUAL) ihre Dienstleistungsqualitätsforschung entsprechend zweistufig aufgebaut: Die Schritte eins und zwei sind Teil der der Veröffentlichung zum GAP-Modell der Dienstleistungsqualität und legen den Grundstein für die Schritte drei bis acht, die Thema der der Veröffentlichung zum SERVQUAL-Ansatz sind.

840 Siehe dazu auch Kapitel 3.2, Abbildung 34.

Handelsmanagement im dt. LEH. Die Ergebnisse dieser Arbeit sind daher auch für die Handelspraxis im dt. LEH und für die damit verbundene Realisierung konkreter Beiträge zu einer nachhaltigen Entwicklung von Bedeutung. Die entsprechend abzuleitenden praktisch-normativen Implikationen werden im folgenden Kapitel thematisiert.

6.2 Praktisch-normative Implikationen: Ableitung richtungsweisender Empfehlungen für das nachhaltigkeitsorientierte Handelsmanagement im filialisierten, stationären Lebensmitteleinzelhandel in Deutschland

Wurde im Vorfeld die Bedeutung von shopperseitig wahrgenommener Nachhaltigkeitsqualität im dt. LEH aufgezeigt, ergibt sich im Rahmen der explorativ-empirischen Untersuchung eine Diskrepanz zwischen Shoppererwartungen an Nachhaltigkeit und deren Wahrnehmung durch das Handelsmanagement. Das Vorhandensein dieser GAP 1 des GAP-Modells der Nachhaltigkeitsqualität, deren Reduzierung grundlegend für die Erreichung von Nachhaltigkeitsqualität ist, kann dadurch für den dt. LEH nachgewiesen werden. Vor diesem Hintergrund zeigt sich, dass Handelsunternehmen des dt. LEH die Analyse und das Management von Nachhaltigkeitsqualität in ihrem Handelsmanagement verankern und systematisch professionalisieren sollten. Um dies zu unterstützen und die daraus resultierende shopperorientierte Implementierung von Nachhaltigkeit im dt. LEH zu fördern, werden im Folgenden die gewonnenen Erkenntnisse als Ausgangspunkte richtungsweisender, praktischer Handlungsempfehlungen für das nachhaltigkeitsorientierte Handelsmanagement genutzt.

Damit Handelsunternehmen des dt. LEH im Rahmen ihrer unternehmerischen Verantwortung nicht nur erkennen, welche Verantwortlichkeiten sie für einen Beitrag zu einer nachhaltigen Entwicklung zu erfüllen haben, sondern, in Einklang mit dem Grundgedanken der Stakeholder-Theorie, zusätzlich verstehen, gegenüber wem und wie diese Verantwortlichkeiten zu erfüllen sind[841], zeigt Abbildung 46 einen Prozess auf, entlang dem Lebensmitteleinzelhändler die Analyse und das Management von Nachhaltigkeitsqualität effektiv in ihrem Handelsmanagement verankern und systematisch professio-

841 Vgl. JAMALI (2008): A Stakeholder Approach to Corporate Social Responsibility, S. 228 & HULTMAN/ ELG (2018): Developing CSR in Retail-Supplier Relationships: A Stakeholder Interaction Approach, S. 343.

nalisieren können. Dieser Prozess basiert auf dem in Kapitel 2.1.2.2 vorgestellten Stakeholder-Management[842] und fokussiert die Shopper als wichtigste Stakeholder eines Handelsunternehmens. Im **ersten Schritt** werden die Nachhaltigkeitserwartungen der Shopper erfasst und im **zweiten Schritt** mit der Wahrnehmung durch das Handelsmanagement abgeglichen. Dieser Abgleich wird anschließend bewertet, sodass eine systematische Ableitung grundlegender Handlungsoptionen vorgenommen werden kann[843]. Wie auch beim Stakeholder-Management erfolgt im **dritten Schritt** die daraus resultierende Reaktion des Handelsunternehmens. Reaktion bedeutet dabei die Konkretisierung, Umsetzung und Kommunikation der zuvor erarbeiteten Handlungsoptionen[844]. Anschließend erfolgen Überprüfung und Anpassung im Sinne des Nachhaltigkeitscontrollings.

Wie sich im Rahmen der Ergebnisse gezeigt hat, ist es bei der Durchführung aller drei Schritte und der zugehörigen Entscheidungen relevant, dass die Händler die jeweilig betroffene Retail Brand und die zugehörige Positionierung berücksichtigen, um die Nachhaltigkeitsimplementierung auf den Status Quo abzustimmen und die Gefahr von Greenwashing zu vermeiden. Speziell Unternehmen wie Alnatura, die von einer positiven Nachhaltigkeitsreputation profitieren, sollten sich dabei des höheren Anspruchs bewusst sein, den Shopper an ihre Nachhaltigkeit haben, um den zugehörigen Vertrauensvorschuss nicht zu verspielen. Unternehmen wie ALDI SÜD oder Kaufland dagegen sollten sich bewusst sein, dass ihre Retail Brands von den Shoppern noch nicht als glaubwürdiger und vertrauensvoller Kompetenzpartner und somit als übergeordnetes Signal einer kompetenten und glaubwürdigen Nachhaltigkeitsintegration wahrgenommen werden.

842 Siehe dazu Kapitel 2.1.2.2, Abbildung 10.

843 Die Schritte eins und zwei entsprechen der Analyse des Spannungsfelds des in Kapitel 2.1.2.3, Abbildung 12, dargestellten Entscheidungsorientierten Ansatzes der Implementierung einer nachhaltigkeits- und marktorientierten Unternehmensführung.

844 Schritt drei umfasst, im Sinne des Entscheidungsorientierten Ansatzes, die auf Nachhaltigkeit gerichtete Gestaltung und Abstimmung der Unternehmens-Shopperinterkationen auf den Ebenen des normativen, strategischen und operatives Nachhaltigkeitsmanagements.

Abbildung 46: Prozess zur systematischen Professionalisierung von shopperseitig wahrgenommener Nachhaltigkeitsqualität im dt. LEH[845]

845 Eigene Darstellung basierend auf FREEMAN (1984): Strategic Management: A Stakeholder Approach, S. 46 ff. & POLONSKY (1996): Stakeholder Management and the Stakeholder Matrix, S. 211 ff.

Die Durchführung des Prozesses sollte wegen der Vielschichtigkeit und Fluidität des Konzepts Nachhaltigkeit, dessen Bedeutung einem ständigen Wandel unterliegt und nie ein finales Verständnis erlangen wird[846], in regelmäßigen Abständen wiederholt werden.

Im Folgenden wird der Prozess detailliert erläutert, bevor konkrete, aus den Erkenntnissen der explorativ-empirischen Erhebung resultierende Handlungsempfehlungen für die Analyse und das Management von shopperseitig wahrgenommener Nachhaltigkeitsqualität im dt. LEH abgeleitet werden.

In **Schritt eins (Shopper-Analyse)** erfolgt die möglichst genaue Erfassung shopperseitiger Erwartungen an Nachhaltigkeit. Dazu bietet es sich nicht nur an, Marktforschung durchzuführen. Auch der direkte Kontakt zwischen Shoppern und Mitarbeitern am POS ist hilfreich und notwendig, ein realitätsgetreues und zielgerichtetes Verständnis der Shoppererwartungen zu erlangen[847]. Es ist daher wichtig, dass Handelsunternehmen ihren Mitarbeitern nicht nur ihre Nachhaltigkeitsziele und ihr Nachhaltigkeitsmanagement offenlegen, sondern sie auch durch gezielte Sensibilisierung aktiv in die Erfassung der Shoppererwartungen einbeziehen. Generell ist es in diesem Prozessschritt wichtig, sowohl Shoppererwartungen als auch zugehörige Prioritäten zu ermitteln. Das Hinzuziehen von Nachhaltigkeitsexperten trägt dazu bei, branchenindividuelle Rahmenbedingungen und Möglichkeiten von Nachhaltigkeit auszuloten und besser zu verstehen[848]. An dieser Stelle ist zu erwähnen, dass im Rahmen der Erfassung von Shoppererwartungen immer auch die Attitude-Behavior-Gap[849] zu berücksichtigen ist, die besagt, dass die vom Shopper geäußerte Einstellung nicht zwingend sein späteres tatsächliches Verhalten reflektieren muss. Des Weiteren kann es hilfreich sein, neben der Erfassung von Shoppererwartungen auch brancheninterne und branchenfremde Best Practice-Analysen durchzuführen, um nicht nur das eigene Nachhaltigkeitsverständnis zu erweitern, sondern auch Impulse für eine effiziente Implementierung zu sammeln.

Im **zweiten Schritt (Erfüllungsanalyse)** gilt es, einen Abgleich der zuvor erfassten Erwartungen mit der eigenen Wahrnehmung durchzuführen, um Defizite im Rahmen der GAP 1 zu erkennen und zu reduzieren. Dabei ist es wichtig, nicht nur inhaltliche Merkmale bzw. Merkmale der Handlungsfelder und deren

---

846 Vgl. LUTHJE/ THIELE (2018): Nachhaltigkeit ist ein Omnibus, in dem jeder mitfahren darf!, S. 151.

847 Vgl. HALLER/ WISSING (2020): Dienstleistungsmanagement, S. 68 f.

848 Vgl. STERNAD/ MÖDRITSCHER (2018): Qualitatives Wachstum, S. 96.

849 Im Rahmen des GAP-Modells der Nachhaltigkeitsqualität in Kapitel 3.2, Abbildung 32 auch als GAP 6 bezeichnet.

Priorisierung zu vergleichen, sondern auch Erwartungen an die konkrete Ausgestaltung und Umsetzung der Nachhaltigkeit zu erfassen. Um daraus grundlegende Handlungsoptionen abzuleiten, ist eine systematische Bewertung der Ergebnisse erforderlich. Anknüpfend an die in der Abbildung 11, Kapitel 2.1.2.2 dargestellte Wesentlichkeitsmatrix wird deren Grundidee auf die GAP 1 übertragen. Diese Matrix (Tabelle 21) kann zur systematischen Ableitung grundlegender Handlungsoptionen zur Reduzierung der GAP 1 herangezogen werden.

Tabelle 21: Matrix zur systematischen Ableitung grundlegender Handlungsoptionen

Relevanz für das Handelsunternehmen	Von Shoppern erwartete Nachhaltigkeitsmerkmale	Von Shoppern nicht erwartete Nachhaltigkeitsmerkmale
Vom Händler als Shoppererwartung verstandene Nachhaltigkeitsmerkmale	***Handlungsoption A:*** **Professionalisierung zur Differenzierung**	***Handlungsoption B:*** **Shopper Education**
Vom Händler nicht als Shoppererwartung verstandene Nachhaltigkeitsmerkmale	***Handlungsoption C:*** **Nachbesserung**	***Handlungsoption D:*** **Verantwortung zur Weiterentwicklung**

Relevanz für die Shopper

Werden die Nachhaltigkeitserwartungen der Shopper durch das Handelsmanagement inhaltlich richtig verstanden **(Handlungsoption A)**, gilt es, die Implementierung dieser Merkmale zu **professionalisieren** und über die Realisierung von Nachhaltigkeitsqualität zur **Differenzierung** gegenüber dem Wettbewerb zu nutzen. Zudem trägt die Professionalisierung dazu bei, dass die Gefahr von Greenwashing vermieden wird. Im Rahmen der durchgeführten Erhebung wurden keine Merkmale erfasst, die sowohl inhaltlich als auch hinsichtlich ihrer Priorisierung aus Shopper- und Händlersicht übereinstimmen[850].

850 Die Angaben beziehen sich auf die Gegenüberstellungen der jeweils fünf shopper- und händlerseitig am häufigsten erfassten Merkmale inhaltlicher Dimensionen und der Handlungsfelder von Nachhaltigkeit im dt. LEH. Sie stellen einen beispielhaften Auszug der Erkenntnisse aus der Erhebung dar. Dies gilt auch für die in den weiteren Quadranten angeführten Merkmale.

Verstehen Händler Merkmale als von den Shoppern erwartet, obwohl diese die betreffenden Merkmale gar nicht mit Nachhaltigkeit verbinden (**Handlungsoption B**), sollte das Handelsunternehmen, sofern sich dies nach eingehender Prüfung als sinnvoll erweist, dazu beitragen, das Nachhaltigkeitsverständnis der Shopper und damit auch die Möglichkeiten ihres nachhaltigen Konsums entsprechend zu erweitern. Wie in Kapitel 5.3 erläutert wurde, ist das grundlegende Potenzial für eine solche **Shopper Education** durch die Händler gegeben. Handelsunternehmen sollten dazu mit gezielten, an das Wissen der Shopper anknüpfenden Maßnahmen und Kommunikation das Nachhaltigkeitsverständnis der Shopper erweitern. Im Folgenden werden, aus den Ergebnissen der Erhebung abgeleitete, konkrete Beispiele für diese Handlungsoption B, im Sinne des dritten Schrittes, der Reaktion, angeführt.

- Speziell mitarbeiterbezogene Merkmale werden ungestützt gar nicht, lieferkettenübergreifende Merkmale kaum von Shoppern mit Nachhaltigkeit assoziiert. Zudem wird Regionalität nicht im Sinne der ökonomischen Dimension (Unterstützung der regionalen Wirtschaft) verstanden. Generell wird die ökonomische Dimension, bspw. die ganzheitliche, strategische Integration von Nachhaltigkeit, die dazu beiträgt, dass ein Unternehmen verantwortungsvoll mit eigenen Ressourcen umgeht, von Shoppern kaum mit Nachhaltigkeit assoziiert. Gleiches gilt für soziales Engagement als Merkmal der sozialen Dimension. Da diese Merkmale essenzielle Bestandteile des Nachhaltigkeitskonzepts darstellen, sollten Händler ihre Maßnahmen darauf ausrichten, den Shoppern diese Aspekte zu vermitteln.
- Auch Labels wie das Bio- oder Fair Trade-Siegel werden von Shoppern nicht direkt mit Nachhaltigkeit assoziiert. Hier bietet es sich an, diese für Handelsunternehmen wichtigen Nachhaltigkeitssignale zu erklären, mit den zugehörigen Inhalten und Artikeln zu verknüpfen und so in der Wahrnehmung der Shopper zu verankern.
- In Einklang mit den Ergebnissen aus Kapitel 5.1.2 sollten sich Handelsunternehmen im Rahmen der Durchführung der Shopper Education speziell auf den POS fokussieren. Da dort die eigentliche Kaufentscheidung der Shopper stattfindet, können sie hier durch offensive Kommunikation einen direkten Beitrag leisten, den Shoppern nachhaltige Konsumoptionen aufzuzeigen oder einkaufsstätten- und lieferkettenbezogene Nachhaltigkeitsaspekte zu veranschaulichen. Dies kann etwa durch konkrete, nachvollzieh- und überprüfbare Hinweise auf Artikeln, durch Displays, Plakate oder das Instore Radio, aber auch durch Informationsstände oder digitale, interaktive Servicepoints geschehen.

- Des Weiteren sind nachhaltigkeitsbezogene Schulungen der POS-Mitarbeiter wichtig, da diese durch ihren direkten Kontakt zu den Shoppern nicht nur die Möglichkeit haben, Nachhaltigkeitswissen persönlich zu vermitteln, sondern darüber hinaus auch auf die individuellen Wissensstände der Shopper reagieren können. Speziell an den individuellen Wissensständen der Shopper zu Nachhaltigkeit anzuknüpfen, ist eine wichtige Voraussetzung, um sie erfolgreich und langfristig zu überzeugen, ihr Konsum- und Einkaufsverhalten anzupassen.

Gelingt es den Händlern, durch diese oder weitere Maßnahmen das shopperseitige Nachhaltigkeitsverständnis zu erweitern, fallen auch diese Aspekte in den Quadranten der Handlungsoption A und sollten entsprechend professionalisiert werden.

Werden die Nachhaltigkeitserwartungen der Shopper durch das Handelsmanagement gar nicht bzw. falsch erfasst oder fehlerhaft priorisiert (**Handlungsoption C**), ist eine Nachbesserung notwendig. **Nachbesserung** bedeutet, dass Händler ihr Nachhaltigkeitsverständnis um die shopperseitig erwarteten Merkmale ergänzen oder ihren Fokus auf die für Shopper relevanten Merkmale richten. Nach erfolgter Nachbesserung fallen diese Merkmale in den Quadranten der Handlungsoption A und sollten entsprechend professionalisiert werden. Da Händler Nachhaltigkeit sehr umfassend und detailliert verstehen und, wie in Kapitel 5.3 aufgezeigt, die für Shopper relevanten Merkmale selten ganz vernachlässigen, bezieht sich die Nachbesserung im Falle des dt. LEH überwiegend auf die Verschiebung des händlerseitigen Fokus auf für Shopper relevante Merkmale. Basierend auf den Ergebnissen der Erhebung können, im Sinne des dritten Schrittes, der Reaktion, folgende Beispiele angeführt werden:

- Speziell die Reduzierung von Verpackungen bzw. Plastik sowie von Lebensmittelverschwendung, das Merkmal Tierwohl und die Nutzung erneuerbarer Energien sollten auf Basis der Ergebnisse der durchgeführten Erhebung von Händlern stärker fokussiert werden.
- Des Weiteren sollte neben dem ökonomischen Verständnis auch die ökologische Auslegung von Regionalität häufiger berücksichtigt werden.
- Auch das shopperseitig erwartete Nachhaltigkeitsmerkmal erschwinglicher Preise fällt in diesen Quadranten. Auch wenn der Preis, anders als die übrigen Merkmale, kein Nachhaltigkeitsaspekt ist, der von Händlern direkt nach Shopperwünschen angepasst werden kann und sollte, sollten Händler verstehen und berücksichtigen, dass Preise nicht nur ausschlaggebende, notwendige Bedingung für nachhaltigen Konsum sind, sondern dass Shopper Preise auch als ökonomischen Aspekt von Nachhaltigkeit im Sinne eines

Beitrages zu ihrer eigenen Versorgungssicherheit verstehen. Hier könnte bereits mehr Transparenz bei der Preisgestaltung dazu beitragen, dass Shopper sich berücksichtigt fühlen. Um einen ersten Schritt in diese Richtung zu unternehmen, könnten Händler die Lieferkette einzelner Produkte, stellvertretend für unterschiedliche Kategorien, skizzieren, um so aufzuzeigen, auf wie viele unterschiedliche Parteien der vom Shopper gezahlte Preis aufzuteilen ist. So wird gleichzeitig, wie im Rahmen von Handlungsoption B angesprochene, das shopperseitige Bewusstsein für die gesamte Lieferkette und deren einzelne Akteure sensibilisiert. Zudem könnten Händler ihre Shopper über die Veränderungen von Rohstoffpreisen informieren und dies in prozentuale Relation zu den von ihnen am POS ausgelobten Preisen bringen. Wenn Shopper die Schwankungen der Rohstoffpreise in den Preisen am POS wiederfinden, könnte dies dazu beitragen, dass sie solche nicht statischen Preise als fairer empfinden. Für hochpreisige Händler wie Alnatura und Edeka ist diese Transparenz von besonderer Relevanz, zumal Alnatura, einhergehend mit den Ergebnissen aus Kapitel 5.2, das Merkmal Preis im Sinne der Fairness gegenüber Herstellern oder anderen Parteien der Lieferkette versteht. Hier wäre eine Offenlegung der Lieferkette der logische nächste Schritt.

Werden Nachhaltigkeitsmerkmale weder von den Shoppern erwartet noch vom Handelsmanagement als Erwartung der Shopper verstanden (**Handlungsoption D**), handelt es sich um Merkmale, die nicht ohne Weiteres mit Nachhaltigkeit in Verbindung gebracht werden. Nur durch Betrachtung von Shopper- und Händlerperspektive können Nachhaltigkeitsmerkmale dieses Quadranten nicht eruiert werden. An dieser Stelle sind die Erkenntnisse der in Schritt eins des Prozesses hinzugezogenen Experten sowie die Durchführung von brancheninternen und branchenexternen Best Practice-Analysen von Bedeutung. Mit ihrer Hilfe können Handelsunternehmen durch externe Expertise und der Orientierung an Vorreitern ihr Nachhaltigkeitsverständnis erweitern und dazu beitragen, die Transformation hin zu Nachhaltigkeit fokussiert **weiterzuentwickeln**. Beispielhaft kann an dieser Stelle die vom Experten Barthelmé angeführte Partizipation aller Partner der Lieferkette genannt werden, die über die passive Berücksichtigung aller Akteure im Rahmen der erfassten lieferkettenübergreifenden Nachhaltigkeitsdimension hinaus geht und die gemeinsame, co-kreative Gestaltung der Nachhaltigkeitstransformation meint. Ist die Erweiterung des handelsseitigen Nachhaltigkeitsverständnisses erfolgt, ergibt sich daraus zunächst, dass Handelsunternehmen neue Merkmale unter Nachhaltigkeit verstehen, die von den Shoppern weiterhin noch nicht als solche erwartet werden. In einem nächsten Schritt sind diese Merkmale den Shoppern nahezubringen (Handlungsoption B), bevor auch diese Merkmale in den Quadranten der Handlungsoption A fallen und entsprechend professionalisiert werden können.

Zusammenfassend lässt sich festhalten, dass die Schritte eins und zwei des Prozesses und darin speziell die Handlungsoptionen B, C und D dazu beitragen, die GAP 1 zu reduzieren. Bei Handlungsoption A dagegen ist die GAP 1 nicht vorhanden oder wurde zuvor bereits durch Maßnahmen der anderen Handlungsoptionen reduziert bzw. geschlossen. Im Rahmen des dritten Schrittes (Reaktion) der **Professionalisierung** geht es darum, die GAPs zwei bis fünf zu reduzieren und so eine hohe shopperseitig wahrgenommene Nachhaltigkeitsqualität zu realisieren. Diese wiederum ist ausschlaggebend für eine positiv wahrgenommene, nachhaltigkeitsorientierte Erlebnisqualität.

Die nachhaltigkeitsbezogenen Entscheidungen auf normativer, strategischer und operativer Ebene im Rahmen der Professionalisierung sind von besonderer Relevanz, da Handelsunternehmen nur dann von ihren Shoppern als verantwortungsvoll handelnd wahrgenommen werden, wenn ihre strategische und operative Nachhaltigkeitsimplementierung und die zugehörige Kommunikation ausreichend abgestimmt und zudem mit der grundlegenden Positionierung ihrer Retail Brand vereinbar sind. Trifft dies zu, wird von Nachhaltigkeitsreputation gesprochen. Speziell bei „konventionellen" Händlern des dt. LEH, allen voran bei Discountern, in deren Retail Brand-Positionierung und Image Nachhaltigkeit nicht grundlegend verankert ist, mangelt es an Nachhaltigkeitsreputation. Das macht es schwierig, das Vertrauen der Shopper und die Wahrnehmung als glaubwürdiger Kompetenzpartner in Sachen Nachhaltigkeit zu gewinnen. Vertrauen muss hier, wie zu Beginn dieses Kapitels bereits angesprochen, vielmehr erst aufgebaut werden.

Um Nachhaltigkeitsqualität und nachhaltigkeitsorientierte Erlebnisqualität zu realisieren, ist es zudem wichtig, dass sich Nachhaltigkeit ganzheitlich im Handeln der Lebensmitteleinzelhändler wiederfindet und nicht nur punktuell umgesetzt wird.

Um das zu gewährleisten, sollte im Mittelpunkt der Umsetzung von Handlungsoption A die bewusste, systematische und zielgerichtete Analyse und Gestaltung einer händlerindividuellen nachhaltigkeitsorientierten Shopper Journey stehen. Abbildung 47 skizziert eine solche Shopper Journey zur Realisierung von positiv wahrgenommener, nachhaltigkeitsorientierter Erlebnisqualität im dt. LEH beispielhaft.

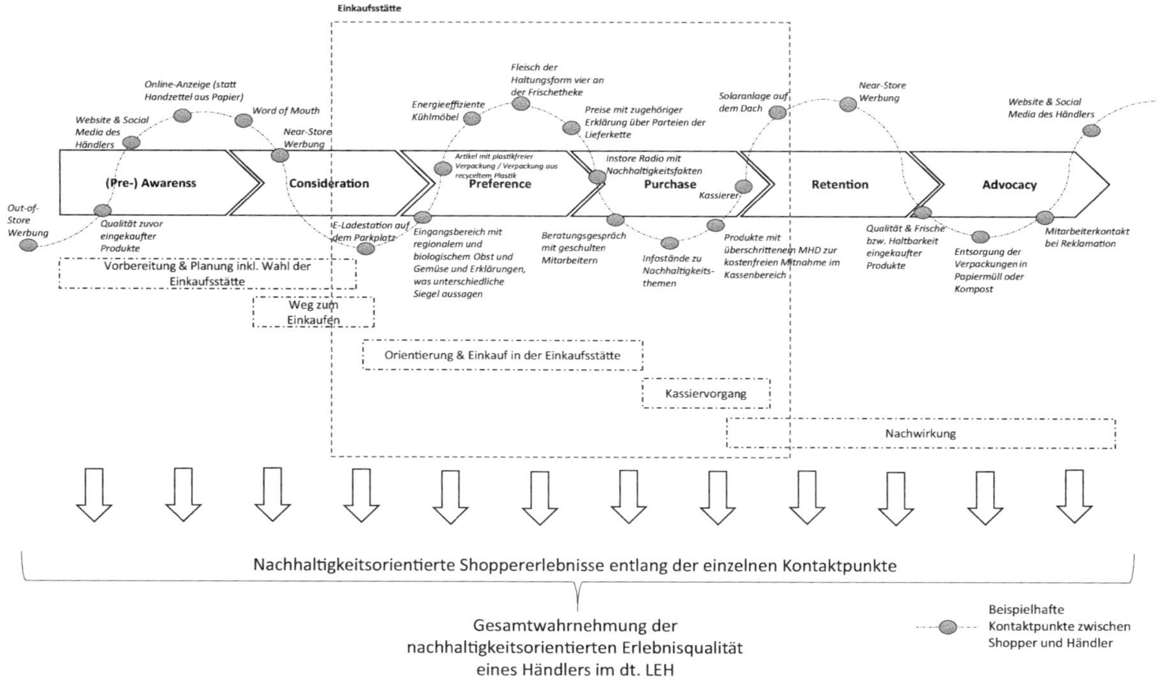

Abbildung 47: Prozessmodell der nachhaltigkeitsorientierten Erlebnisqualität im dt. LEH[851]

851 Eigene Darstellung in Anlehnung an SIGNORI et al. (2019): Sustainable Customer Experience, S. 161 & STERNAD/ MÖDRITSCHER (2018): Qualitatives Wachstum, S. 123.

Das in Abbildung 48 dargestellte Template zur Schaffung einer nachhaltigkeitsorientierten Shopper Journey kann dem Handelsmanagement der verschiedenen Händler als Orientierung dienen, eine nachhaltigkeitsorientierten Shopper Journey zu kreieren. Bei Nutzung des Templates werden den einzelnen zu implementierenden und zu kommunizierenden Nachhaltigkeitsmerkmalen relevante Shopperkontaktpunkte zugeordnet. So lässt sich überblicken, wie eine konkrete Ausgestaltung und Kommunikation entlang der Shopper Journey erfolgen kann, um shopperseitig wahrgenommene Nachhaltigkeitsqualität und positiv wahrgenommene, nachhaltigkeitsorientierte Erlebnisqualität zu realisieren.

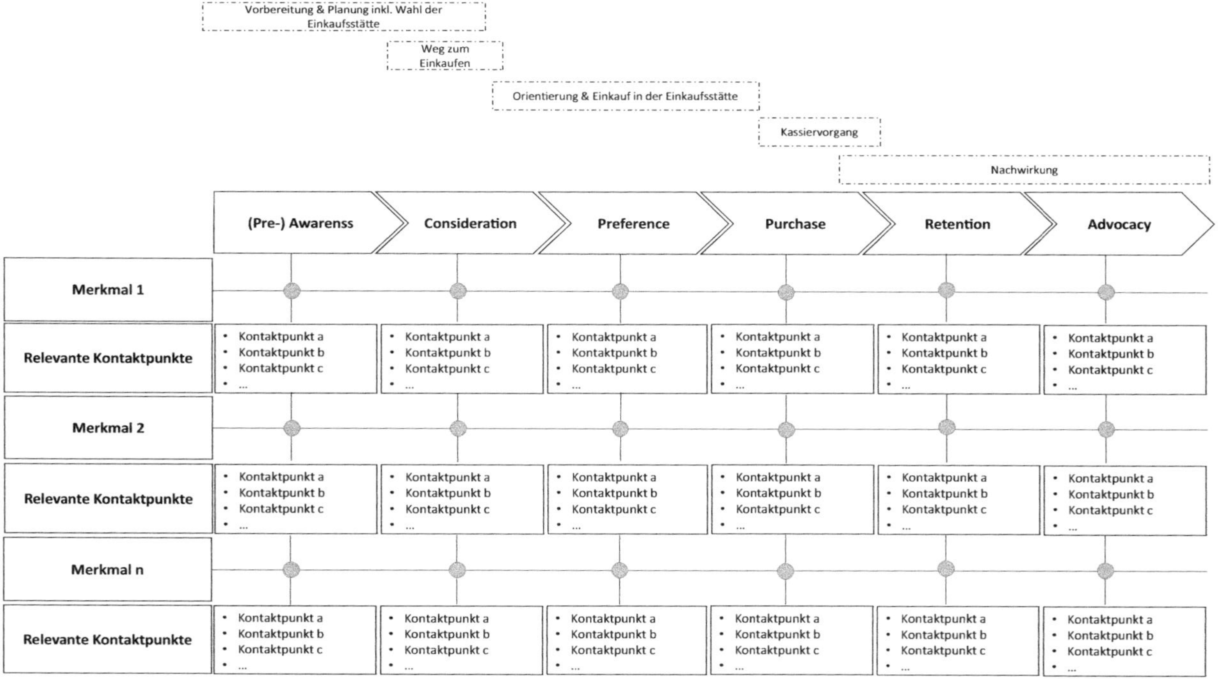

Abbildung 48: Template zu Schaffung einer nachhaltigkeitsorientierten Shopper Journey im dt. LEH

Durch die Spezifizierung unterschiedlicher, nachhaltigkeitsorientierter Buyer Personae und eine entsprechende Analyse und Gestaltung der Shopper Journey kann die Realisierung von Nachhaltigkeitsqualität und nachhaltigkeitsorientierter Erlebnisqualität zudem zielgerichteter und effektiver erfolgen.

Grundsätzlich sollten Handelsunternehmen in diesem Kontext beachten, dass sie die Nachhaltigkeitsmerkmale für ihre Shopper sowohl erlebbar als auch nachvollziehbar implementieren und kommunizieren. Kommunikation sollte konkret statt abstrakt erfolgen und den Mehrwert sowie das Zustandekommen des entsprechenden Nachhaltigkeitsmerkmals erklären. Realistisches und gleichzeitig emotionales Storytelling ist dabei von Vorteil. Allerdings sollte es nicht nur bei Kommunikation über Nachhaltigkeitsmaßnahmen bleiben. Der Kommunikation sollten zeitnah Taten und überprüfbare Belege folgen. Dies gilt insbesondere, wenn die Nachhaltigkeitsmerkmale für Shopper nicht intuitiv begreiflich oder abstrakt sind. Langfristige Pläne und abstrakte Ziele, wie bspw. die Umstellung der Tierwohlstufen bei ALDI SÜD, können als Vision durchaus kommuniziert werden, sollten allerdings durch nachvollziehbare „Meilensteine“ verständlich und überprüfbar gemacht werden. Ohne eine solche Operationalisierung nehmen Shopper das Ziel schnell nur als leere Floskel wahr. Zudem sollten Händler darauf achten, dass es von den Shoppern als glaubwürdiger wahrgenommen wird, wenn sie sich nicht allen Nachhaltigkeitsthemen zugleich widmen, sondern Schwerpunkte legen und diese nacheinander bearbeiten. Speziell Maßnahmen am POS und das dort angebotene Sortiment als direkte Interaktionspunkte zwischen Händlern und Shoppern spielen eine große Rolle bei der Realisierung von Nachhaltigkeitsqualität.

Vor dem Hintergrund der Schaffung einer nachhaltigkeitsorientierten Shopper Journey ist es darüber hinaus relevant, dass die Lebensmitteleinzelhändler diese nicht nur allein (autonom) gestalten. Für eine umfassende und effektive nachhaltigkeitsbezogene Professionalisierung ist es wichtig, auch von den in Kapitel 2.1.1.2 erwähnten Optionen Cooperation und Coopetition Gebrauch zu machen. Als Beispiele der Cooperation können sowohl ein co-kreativer Prozess aller relevanten Akteure der Lebensmittellieferkette, speziell Erzeuger, Produzenten, Handel und Shopper, aber auch die Kooperation der Händler des dt. LEH mit Nichtregierungsorganisationen oder Einzelhändlern anderer Branchen genannt werden. Im Rahmen der Coopetition sollten sich die Händler des dt. LEH gegenseitig nicht ausschließlich als Konkurrenten betrachten und abwarten, welche Nachhaltigkeitsmaßnahmen die Wettbewerber umsetzen, um erst dann über das eigene Vorgehen zu entscheiden. Vielmehr sollten sie versuchen, ihre Shopper Journeys gemeinsam zu stärken und so zu einer Transformation des dt. LEH hin zu mehr nachhaltigem Konsum und damit zu einer nachhaltigen Entwicklung beizutragen.

7. Zusammenfassende Schlussbetrachtung

Im letzten Kapitel dieser Arbeit erfolgt eine zusammenfassende Schlussbetrachtung. Zunächst werden die zentralen Untersuchungsergebnisse entlang der in Kapitel 1.3 formulierten Forschungsziele durch die Beantwortung der zugehörigen forschungsleitenden Fragen aufgearbeitet (Kapitel 7.1). Anschließend werden die Ergebnisse kritisch reflektiert und mögliche Anknüpfungspunkte für zukünftige Forschungsvorhaben betrachtet (Kapitel 7.2).

7.1 Zentrale Untersuchungsergebnisse

Ausgehend vom Forschungsdefizit einer Konkretisierung des als relevant und unzureichend untersucht identifizierten, komplexen Forschungsphänomens Nachhaltigkeit als shopperseitig wahrgenommener Qualitätsfaktor im dt. LEH ergab sich als **übergeordnetes Erkenntnisziel** dieser Arbeit die Ergründung von Nachhaltigkeit als shopperseitig wahrgenommenem Qualitätsfaktor im dt. LEH durch eine entsprechende theoretische und explorativ-empirische Konkretisierung. Dazu wurden Partialziele und zugehörige forschungsleitende Fragen zur Operationalisierung und anschließenden Überprüfung der Zielerreichung formuliert. Im Folgenden werden die forschungsleitenden Fragen aller Partialziele zusammenfassend beantwortet, um die zentralen Untersuchungsergebnisse aufzuzeigen und auf dieser Basis abschließend die zentrale forschungsleitende Frage zu beantworten sowie die Erreichung des übergeordneten Erkenntniszieles aufzuzeigen.

Das **deskriptive Partialziel** bestand darin, einen konzeptionellen Bezugsrahmen inklusive der Aufarbeitung relevanter theoretischer Grundlagen zu skizzieren, um so den Ausgangspunkt zur Ergründung von Nachhaltigkeit als shopperseitig wahrgenommenem Qualitätsfaktor im dt. LEH zu schaffen. Die **zugehörige, übergeordnete forschungsleitende Frage** lässt sich wie folgt beantworten:

Was sind die zentralen Elemente eines konzeptionellen Bezugsrahmens und die zugehörigen relevanten theoretischen Grundlagen zur Schaffung eines Ausgangspunkts der Ergründung von Nachhaltigkeit als shopperseitig wahrgenommenem Qualitätsfaktor im dt. LEH?

Als zentrale Elemente des konzeptionellen Bezugsrahmens wurden relevante Inhalte der folgenden Bereiche aufgearbeitet:

- Grundlagen des Handelsverständnisses: allgemein und im spezifischen Umfeld des dt. LEH
- Grundlagen des Nachhaltigkeitsverständnisses: allgemein und im Kontext marktorientierter Unternehmensführung unter Zuhilfenahme der Stakeholder-Theorie, bei der nachhaltiges unternehmerisches Handeln durch die Erwartungen der Stakeholder, allen voran der Kunden, erklärt wird
- Status quo von Nachhaltigkeit im dt. LEH: relevante Anspruchsgruppen und Nachhaltigkeitstreiber (spezieller Fokus auf politisch-gesetzliche Regulierungen und Shopper als Haupttreiber des Bedeutungszuwachses von Nachhaltigkeit)
- Grundlagen der Qualitätsforschung: Qualität im Unternehmenskontext allgemein und Dienstleistungsqualität speziell, Kundenzufriedenheit, Zusammenhang von Qualität und Zufriedenheit im Kontext der Erfolgskette von Kundenbeziehungen

Die relevantesten Erkenntnisse zu Schaffung eines Ausgangspunkts der Ergründung von Nachhaltigkeit als shopperseitig wahrgenommenem Qualitätsfaktor im dt. LEH lassen sich wie folgt zusammenfassen:

- Das Konzept der Nachhaltigkeitsqualität betrachtet Nachhaltigkeit nicht nur im Kontext marktorientierter Unternehmensführung, sondern auch vor dem Hintergrund des Qualitätsmanagements.
- Aufgrund der aus Immaterialität und Heterogenität sowohl von Dienstleistungen als auch von Nachhaltigkeit resultierenden erschwerten Qualitätsbeurteilung anhand (inside-out) messbarer Annahmekriterien für Qualitätsmerkmale entsteht in beiden Fällen ein forschungsseitiges Defizit konzeptueller und empirischer Konkretisierung, um das zugehörige Qualitätskonstrukt ganzheitlich abzubilden und dessen Entstehung, Analyse und Management zu verstehen. Die Ausgangssituationen der Qualitätsforschung für Dienstleistungen in den 1980er Jahren und der aktuellen Nachhaltigkeitsqualitätsforschung erweisen sich als ähnlich.

Nachhaltigkeitsqualität stellt einen Ausgangspunkt für die angestrebte theoretische und explorativ-empirische Konkretisierung dar. Darüber hinaus kann aufgrund der aufgezeigten Übereinstimmungen speziell im Rahmen der theoretischen Konkretisierung das GAP-Modell der Dienstleistungsqualität herangezogen werden, um die Entstehung von Nachhaltigkeitsqualität im dt. LEH zu konzeptualisieren. Das **deskriptive Partialziel** wird damit **erreicht**.

In einem nächsten Schritt bestand das **theoretisch-deduktive und explikative Partialziel** darin, eine theoretische Konkretisierung im Sinne einer begrifflichen und konzeptuellen Spezifizierung von shopperseitig wahrgenommener Nachhaltigkeitsqualität im dt. LEH vorzunehmen und im Rahmen einer explorativ-empirischen Konkretisierung eine erste Ausgangsmenge relevanter Merkmale und zugehöriger Dimensionen zu erheben. Die **zugehörigen forschungsleitenden Fragen** lassen sich wie folgt beantworten:

Wie lässt sich Nachhaltigkeitsqualität im dt. LEH begrifflich spezifizieren? Wie lässt sich auf Basis der begrifflichen Spezifizierung eine anknüpfende konzeptuelle Spezifizierung vornehmen?

Begrifflich lässt sich Nachhaltigkeitsqualität im dt. LEH als die aus Shoppersicht wahrgenommene hohe Sozial- und Umweltverträglichkeit eines filialisierten stationären Lebensmitteleinzelhandelsunternehmens spezifizieren, das gleichzeitig in der Lage ist, sowohl kurz- als auch langfristig wirtschaftlich erfolgreich zu sein. Nachhaltigkeitsqualität im dt. LEH entsteht aus dem Abgleichsprozess zwischen Shoppererwartungen an Nachhaltigkeit eines filialisierten, stationären Lebensmitteleinzelhändlers (Soll-Komponente) und der shopperseitig wahrgenommenen Nachhaltigkeit des Händlers (Ist-Komponente).

Diese Entstehung lässt sich, aufgrund der aufgezeigten Gemeinsamkeiten zwischen Qualitätsforschung für Dienstleistungen in den 1980er Jahren und aktueller Nachhaltigkeitsqualitätsforschung, durch die auf dem GAP-Modell der Dienstleistungsqualität basierende konzeptuelle Spezifizierung als GAP-Modell der Nachhaltigkeitsqualität anwendungsorientiert konzeptualisieren. Die GAPs eins bis fünf wurden dazu auf die Entstehung von Nachhaltigkeitsqualität adaptiert. Zudem wurde das Modell um eine zusätzliche GAP 6, die Attitude-Behavior-Gap, erweitert. Diese beinhaltet, dass die von Shoppern geäußerten Erwartungen, bspw. aufgrund höher Preise, der Glaubwürdigkeit des Nachhaltigkeits- und Qualitätsversprechens, der Entfernung der Einkaufsstätten oder des Phänomens sozialer Erwünschtheit, nicht deren tatsächlichem Konsumverhalten entsprechen. Die GAPs lassen sich mit den einzelnen Aufgaben des Entscheidungsorientierten Ansatzes einer nachhaltigkeits- und marktorientierten Unternehmensführung verbinden. So wird die ohnehin schon vorhandene Anwendungsorientierung des GAP-Modells durch die Verbindung mit den einzelnen Aufgaben der auf Nachhaltigkeit gerichteten Gestaltung der Händler-Shopper-Interaktion weiter konkretisiert.

Welche sind shopperseitig als relevant erachtete Qualitätsmerkmale von Nachhaltigkeit im dt. LEH? Wie lassen sich diese Qualitätsmerkmale zu

Dimensionen zusammenfassen? Unterscheiden sich diese Dimensionen und ihre Merkmale nach unterschiedlichen Betriebsformen des dt. LEH?

Die shopperseitig erwarteten Merkmale von Nachhaltigkeit sind vielfältig und lassen sich zu fünf inhaltlichen Dimensionen (ökologisch, sozial, ökonomisch, gesundheitsbezogen, qualitätsbezogen) und sechs Dimensionen der Handlungsfelder (Sortiment, Mitarbeiter[852], Einkaufsstätte, Handelsunternehmen, Shopperverhalten, Lieferkette) zusammenfassen.

Die im Rahmen der inhaltlichen Dimensionen am häufigsten erfassten Merkmale sind Reduzierung von Plastik bzw. Verpackungen, Reduzierung von Lebensmittelverschwendung, Optimierung der CO_2-Bilanz durch Regionalität, Tierwohl und Optimierung der CO_2-Bilanz durch erneuerbare Energien. Im Kontext der Handlungsfelder sind es Reduzierung von Plastik bzw. Verpackungen, regionale Artikel, Reduzierung von Lebensmittelverschwendung, erschwingliche Preise und Artikel mit Tierwohlkennzeichnung. Interessant ist, dass die im gestützten Kategoriensystem erfassten Merkmale umfassender und detaillierter sind als diejenigen im ungestützten Kategoriensystem.

Auch wenn es kleine merkmals- und dimensionsbezogenen Unterschiede zwischen den erfassten Erwartungen an die untersuchten Retail Brands Edeka, ALDI SÜD, Kaufland und Alnatura gibt, ist davon auszugehen, dass diese eher aus den unterschiedlichen Wissensständen der Shopper der einzelnen Fokusgruppen über Nachhaltigkeit resultieren als daraus, dass sie von den Retail Brands unterschiedliche inhaltliche oder handlungsfeldbezogene Aspekte erwarten. Unternehmen wie Alnatura scheinen aufgrund der grundlegenden Verankerung von Nachhaltigkeit jedoch höhere Ansprüche erfüllen zu müssen.

Allerdings unterscheidet sich die shopperseitig wahrgenommene Glaubwürdigkeit der Nachhaltigkeitsimplementierung stark nach den untersuchen Retail Brands. Unternehmen wie Alnatura und Edeka werden als glaubwürdiger wahrgenommen als etwa Unternehmen wie ALDI SÜD und Kaufland. Dies lässt

852 Merkmale dieser Dimension konnten nur gestützt ermittelt werden. Wie in Kapitel 4.1.1 erläutert, erfolgte der erste Teil der Fokusgruppendiskussionen ungestützt, um die Nachhaltigkeitserwartungen der Shopper möglichst realitätsgetreu zu erfassen. Erst der zweite Teil erfolgte gestützt. Im gestützten Teil wurden den Shoppern mittels PowerPoint-Präsentation Informationen zum Nachhaltigkeitsbegriff und der Nachhaltigkeit bei den jeweils relevanten Retail Brands als Gesprächsgrundlage präsentiert. Die ungestützten und gestützten Teile der Transkripte wurden als separate Auswertungseinheiten behandelt und somit separat kodiert, weshalb entsprechend auch gestützt und ungestützt ermittelte Kategoriensysteme resultierten.

sich mit der grundlegenden Retail Brand-Positionierung erklären, die bei konventionellen Händlern aus Shoppersicht, vor allem aber bei SB-Warenhäusern und Discountern, echter Nachhaltigkeit widerspricht.

Darüber hinaus fehlt es Shoppern im dt. LEH generell an Transparenz und Konkretisierung der händlerseitigen Nachhaltigkeitsaktivitäten. Zudem schreiben die Shopper speziell großen Händler wie ALDI SÜD eine besondere Verantwortung zu, die Transformation zu mehr Nachhaltigkeit im dt. LEH im Sinne einer Vorbildfunktion anzustoßen. Gleichzeitig verstehen sie die Realisierung der Transformation jedoch als Gemeinschaftsaufgabe aller Händler, die darüber hinaus eines erhöhten regulierenden Drucks durch Politik und Gesetzgebung bedarf.

Welche Qualitätsmerkmale von Nachhaltigkeit erachten die Händler des dt. LEH als für ihre Shopper relevant? Wie lassen sich diese Qualitätsmerkmale zu Dimensionen zusammenfassen? Unterscheiden sich diese Dimensionen und ihre Merkmale nach unterschiedlichen Betriebsformen des dt. LEH?

In der Wahrnehmung des Handelsmanagements von Edeka, ALDI SÜD, Kaufland und Alnatura lassen sich Shoppererwartungen an Nachhaltigkeit zu fünf inhaltlichen Dimensionen (ökologisch, sozial, ökonomisch, gesundheitsbezogen, qualitätsbezogen) und sechs Dimensionen der Handlungsfelder (Sortiment, Mitarbeiter, Einkaufsstätte, Handelsunternehmen, Shopperverhalten, Lieferkette) zusammenfassen.

Die am häufigsten erfassten Merkmale inhaltlicher Dimensionen sind Verantwortung für Mitarbeiter, Reduzierung von Verpackungen bzw. Plastik, allgemeines und regionales gesellschaftliches Engagement, Stärkung (regionaler) Wirtschaft und Communities sowie Verankerung von Nachhaltigkeit im Handelsunternehmen. In Bezug auf die Handlungsfelder sind es Reduzierung von Verpackungen bzw. Plastik, Verankerung von Nachhaltigkeit im Handelsunternehmen, allgemeines und regionales gesellschaftliches Engagement, Arbeitsbedingungen entlang der Lieferkette sowie Stärkung von Wirtschaft und Communities.

Auch wenn kleinere Retail Brand-spezifische Unterschiede erfasst werden, lässt sich festhalten, dass sich die Wahrnehmung der Shoppererwartungen durch das Handelsmanagement nicht grundlegend nach den untersuchen Retail Brands unterscheidet.

Werden die shopperseitig als relevant erachteten Qualitätsmerkmale und -dimensionen von Nachhaltigkeit im dt. LEH von den Händlern entsprechend wahrgenommen?

Auch wenn sich sowohl aus Shopper- als auch aus Händlerperspektive die gleichen inhaltlichen und handlungsfeldbezogenen Dimensionen bilden lassen, zeigt eine genauere Betrachtung beider Perspektiven, dass sich die einzelnen Merkmale der Dimensionen in Hinblick auf Priorisierung und Umfang sowie Detailgrad unterscheiden.

Händler verstehen die Nachhaltigkeitserwartungen ihrer Shopper deutlich umfangreicher und detaillierter, als sie tatsächlich sind. Da sich gezeigt hat, dass die gestützten shopperseitigen Nachhaltigkeitserwartungen umfassender und detaillierter sind als die ungestützten, können Händler dieses Potenzial nutzen und zu einer Erweiterung des Nachhaltigkeitsverständnis ihrer Shopper beitragen.

Während Shopper darüber hinaus überwiegend konkrete und nachvollziehbare Merkmale mit Nachhaltigkeit verbinden, verstehen Händler Nachhaltigkeit häufig anhand abstrakter Merkmale oder sogar auf Ebene der Dimensionen.

Zusammenfassend lässt sich festhalten, dass sich shopperseitige Erwartungen an Nachhaltigkeit im dt. LEH und deren Wahrnehmung durch das Handelsmanagement in Inhalten, Umfang, Detailgrad und Priorisierung der Merkmale der Erwartungen sowie in Bezug auf deren Ausgestaltung und Umsetzung unterscheiden.

Anhand der Beantwortung der zum theoretisch-deduktiven und explikativen Partialziel gehörenden forschungsleitenden Fragen lässt sich festhalten, dass…

- … Nachhaltigkeit als shopperseitig wahrgenommener Qualitätsfaktor im dt. LEH durch die Prägung des Begriffs Nachhaltigkeitsqualität und die Konzeptualisierung des GAP-Modells der Nachhaltigkeitsqualität theoretisch konkretisiert wurde.
- … die Entstehung von Nachhaltigkeitsqualität im dt. LEH, und damit Nachhaltigkeit als shopperseitig wahrgenommener Qualitätsfaktor, durch die sich anschließende Untersuchung der GAP 1 explorativ-empirisch konkretisiert wurde. Dabei konnten nicht nur die GAP 1 für den dt. LEH nachgewiesen, sondern darüber hinaus elf Dimensionen und zugehörige, konkretisierende Merkmale shopperseitiger Nachhaltigkeitserwartungen im dt. LEH erhoben werden.

Auch das **theoretisch-deduktive und explikative Partialziel** wird damit **erreicht**.

Daran anknüpfend besteht das **forschungstheoretische und praktisch-normative Partialziel** darin, aus den gewonnenen Erkenntnissen richtungsweisende Empfehlungen für die aktuelle marketingorientierte Handels- und

Nachhaltigkeitsforschung sowie für das nachhaltigkeitsorientierte Handelsmanagement im dt. LEH abzuleiten. Die zugehörigen **forschungsleitenden Fragen** lassen sich wie folgt beantworten:

Welche wissenschaftliche Relevanz haben die gewonnen Erkenntnisse dieser Arbeit? Welche konkreten Beiträge zu und Erweiterungen von bestehender Forschung werden geleistet?

Der Beitrag dieser Arbeit ist zum einen theoretischer Natur und liegt in der Ergründung von Nachhaltigkeit als shopperseitig wahrgenommenem Qualitätsfaktor im dt. LEH mittels der begrifflichen und konzeptuellen Spezifizierung von Nachhaltigkeitsqualität. Letztere wurde durch Adaption und Erweiterung des GAP-Modells der Dienstleistungsqualität zum GAP-Modell der Nachhaltigkeitsqualität umgesetzt. So wird nicht nur ein erstes, grundlegendes Konzeptverständnis geschaffen, sondern durch die anwendungsorientierte Konzeptualisierung in Verbindung mit dem Qualitätsbegriff darüber hinaus auch die Grundlage zur weiteren, effektiven forschungstheoretischen Auseinandersetzung mit nachhaltigkeitsbezogenen Qualitätsproblemen geschaffen.

Zum anderen leistet die vorliegende Arbeit durch die Erhebung von elf Dimensionen shopperseitiger Nachhaltigkeitserwartungen im dt. LEH einen explorativ-empirischen Beitrag: Dieser manifestiert sich nicht nur in einer inhaltlichen Strukturierung des bisher nur definitorisch erforschten Konstrukts shopperseitig wahrgenommene Nachhaltigkeitsqualität, sondern auch in einem konkreten Anknüpfungspunkt für die Entwicklung einer Skala zur Messung dieser im dt. LEH.

Die im Rahmen dieser Arbeit durchgeführte Ergründung von Nachhaltigkeit als shopperseitig wahrgenommenem Qualitätsfaktor im dt. LEH mittels theoretischer und explorativ-empirischer Konkretisierung von Nachhaltigkeitsqualität ist der erste Schritt, ein Verständnis von Entstehung, Analyse und Management nachhaltigkeitsbezogener Qualitätsprobleme zu erarbeiten und legt eine wichtige Grundlage für zukünftige Forschungsvorhaben in einem überaus relevanten, aber bisher unzureichend untersuchten Forschungsfeld.

Wie können Handelsunternehmen des dt. LEH Analyse und Management von Nachhaltigkeit als shopperseitig wahrgenommenem Qualitätsfaktor in ihrem Handelsmanagement verankern und systematisch professionalisieren? Welche konkreten, möglicherweise betriebsformenspezifischen Handlungsempfehlungen lassen sich für das Management von Nachhaltigkeit als shopperseitig wahrgenommenem Qualitätsfaktor im dt. LEH ableiten?

Basierend auf dem Stakeholder-Management und dem Entscheidungsorientierten Ansatz der Implementierung einer nachhaltigkeits- und marktorientierten Unternehmensführung lässt sich ein Prozess skizzieren, anhand dessen Händler des dt. LEH die Analyse und das Management von Nachhaltigkeitsqualität effektiv in ihrem Handelsmanagement verankern und systematisch professionalisieren können. Dieser Prozess besteht aus den drei Schritten (1) Analyse der Shoppererwartungen, (2) Abgleich der Shoppererwartungen mit der eigenen Wahrnehmung und Ableitung grundlegender Handlungsoptionen und (3) Reaktion des Handelsunternehmens im Sinne der Umsetzung der entsprechenden Handlungsoptionen.

Die in Schritt zwei enthaltenen grundlegenden Handlungsoptionen ergeben sich aus dem Abgleich der Shoppererwartungen ((nicht) erwartet)) und deren Wahrnehmung durch das Handelsmanagement ((nicht) als Shoppererwartung verstanden) und umfassen die folgenden vier Ausprägungen:

- **Handlungsoption A: Professionalisierung** der von Shoppern erwarteten und vom Handelsmanagement entsprechend verstandenen Nachhaltigkeitsmerkmale zur Differenzierung vom Wettbewerb
- **Handlungsoption B: Shopper Education** in Bezug auf Merkmale, die vom Handelsmanagement als Shoppererwartung verstanden, von Shoppern jedoch nicht mit Nachhaltigkeit assoziiert werden
- **Handlungsoption C: Nachbesserung**, wenn Merkmale von Shoppern erwartet, vom Handelsmanagement aber nicht entsprechend verstanden oder falsch priorisiert werden
- **Handlungsoption D: Weiterentwicklung** des Nachhaltigkeitsverständnisses durch das Hinzuziehen von Experten oder mittels brancheninternen sowie -externen Best Practice-Analysen, wenn Nachhaltigkeitsmerkmale weder von Shoppern erwartet noch durch das Handelsmanagement als solche wahrgenommen werden

Während die Handlungsoptionen B, C und D dazu beitragen, die GAP 1 zu reduzieren, dient die Handlungsoption A dazu, die GAPs zwei bis fünf zu reduzieren. Speziell dazu ist es relevant, Nachhaltigkeit ganzheitlich im Handeln der Lebensmitteleinzelhändler zu implementieren und nicht nur punktuell umzusetzen. Um das zu gewährleisten, sollte im Mittelpunkt der Reaktion im Rahmen von Handlungsoption A die bewusste, systematische und zielgerichtete Analyse und Gestaltung einer händlerindividuellen, nachhaltigkeitsorientierten Shopper Journey stehen. Dazu wurde ein Template erarbeitet, mit dem Handelsmanager den einzelnen zu implementierenden und zu kommunizierenden Nachhaltigkeitsmerkmalen relevante Shopperkontaktpunkte zuordnen und so die zielgerichtete Analyse und Gestaltung einer nachhaltigkeitsorientierten Shopper Journey planen, überblicken und steuern können. Handelsunternehmen sollten dabei beachten, dass sie ihre nachhaltigkeitsorientierte Shopper Journey nicht nur autonom, sondern auch in Kooperation mit anderen branchenheterogener Handelsakteuren und nicht-handelsbezogenen Akteuren (Cooperation) oder sogar gemeinsam mit branchenhomogenen Handelsakteuren (Coopetition) gestalten können und sogar sollten.

Mit der aufgezeigten Beantwortung der zum dritten, **forschungstheoretischen und praktisch-normativen Partialziel** gehörenden forschungsleitenden Fragen werden richtungsweisende Empfehlungen für die aktuelle marketingorientierte Handels- und Nachhaltigkeitsforschung sowie für das nachhaltigkeitsorientierte Handelsmanagement im dt. LEH abgeleitet. Damit wird auch dieses Partialziel **erreicht**.

Durch die Beantwortung aller forschungsleitenden Fragen und die damit einhergehende Erreichung der einzelnen Partialziele lässt sich die **übergeordnete forschungsleitende Frage** wie folgt beantworten:

Wodurch kann eine theoretische und empirische Konkretisierung zur Ergründung von Nachhaltigkeit als shopperseitig wahrgenommenem Qualitätsfaktor im dt. LEH vorgenommen werden, sodass sie zum Verständnis von dessen Entstehung, Analyse und Management beiträgt und gleichzeitig als Grundlage für weitere forschungstheoretische sowie handelspraktische Auseinandersetzungen mit Nachhaltigkeit im dt. LEH dienen kann?

Durch die theoretische und explorativ-empirische Konkretisierung von Nachhaltigkeitsqualität trägt diese Arbeit nicht nur dazu bei, eine relevante Grundlage zur weiteren, effektiven forschungstheoretischen Auseinandersetzung mit nachhaltigkeitsbezogenen Qualitätsproblemen – sowohl im dt. LEH als auch allgemein – zu schaffen, sondern ermöglicht durch die anwendungsorientierte konzeptuelle Spezifizierung mittels GAP-Modell und dessen Zusammenführung mit dem Entscheidungsorientierten Ansatz der Implementierung einer nachhaltigkeits- und marktorientierten Unternehmensführung zusätzlich die Ableitung konkreter Handlungsempfehlungen für Handelsunternehmen des dt. LEH. Somit sind die Ergebnisse dieser Arbeit nicht nur von wissenschaftlicher Relevanz, sondern haben auch für die Nachhaltigkeitspraxis des Handelsmanagements im dt. LEH und die zugehörige Realisierung konkreter Beiträge zu einer nachhaltigen Entwicklung in dieser Branche eine grundlegende Bedeutung.

Demnach wird auch das **übergeordnete Erkenntnisziel** dieser Arbeit **erreicht**.

7.2 Kritische Reflexion und Anknüpfungspunkte für zukünftige Forschungsvorhaben

Anknüpfend an die Zusammenfassung der zentralen Untersuchungsergebnisse, soll die Arbeit abschließend kritisch reflektiert werden, um einerseits Limitationen aufzuzeigen, die die Generalisierbarkeit der Ergebnisse einschränken könnten und andererseits mögliche aus der Arbeit resultierende Anknüpfungspunkte für zukünftige Forschungsvorhaben aufzuzeigen.

Da das GAP-Modell der Nachhaltigkeitsqualität im Rahmen einer logisch-deduktiven Herleitung durch Adaption und Erweiterung des GAP-Modells der Dienstleistungsqualität konzeptualisiert und nur die GAP 1 einer ersten explorativ-empirischen Untersuchung unterzogen wurde, bedarf es weiterer empirischer Validierung des Modells durch die Untersuchung der anderen Lücken, um die Eignung dieser Konzeptualisierung von Nachhaltigkeitsqualität im dt. LEH zu belegen. Speziell für die GAP 6 (Attitude-Behavior-Gap) wäre es aufgrund ihres relevanten Einflusses auf die Erfassung der Shoppererwartungen notwendig, deren Entstehung und Einflussfaktoren im Kontext der Nachhaltigkeit tiefergehend zu untersuchen sowie Möglichkeiten aufzuarbeiten, wie der Einfluss der Attitude-Behavior-Gap bei der Erfassung von Nachhaltigkeitserwartungen reduziert werden kann. Darüber hinaus wäre es interessant, neben der Attitude-Behavior-Gap weitere Einflussfaktoren und moderierende Variablen der shopperseitigen Nachhaltigkeitserwartungen im dt. LEH zu untersuchen.

Bezüglich der Datenerhebung im Rahmen der sich anschließenden explorativ-empirischen Konkretisierung von Nachhaltigkeitsqualität mittels Untersuchung der GAP 1 ist anzumerken, dass im Rahmen dieser Arbeit nur eine Auswahl von vier Retail Brands des dt. LEH (Edeka, ALDI SÜD, Kaufland und Alnatura) betrachtet wurde. Diese Auswahl sollte um die Untersuchung zusätzlicher Retail Brands des dt. LEH erweitert werden. Darüber hinaus wäre es interessant, das Forschungsfeld des dt. LEH, das zu Beginn als filialisierter, stationärer Lebensmitteleinzelhandel in Deutschland definiert wurde, um die Betrachtung von Naturkostfachhändlern, e-Food-Anbietern, ambulanten Händlern oder sogar Direktvermarktern zu erweitern. Daran anknüpfend stellt sich die Frage, ob und inwiefern Nachhaltigkeit ein Kriterium der shopperseitigen Anbieter- bzw. Einkaufsstättenwahl darstellt. Interessant wäre auch ein Vergleich des dt. LEH inkl. der genannten Erweiterungen mit anderen europäischen Ländern oder den USA.

Des Weiteren wurden die Fokusgruppen im Rahmen der Datenerhebung anhand von zwei Segmentierungskriterien heterogen zusammengestellt[853]. Die Zusammenstellung heterogener Gruppen erfolgte in dieser Arbeit bewusst, um einen ersten, möglichst umfassenden Eindruck der shopperseitigen Nachhaltigkeitserwartungen zu erhalten. Zukünftig könnten andere Gruppenzusammenstellungen, bei denen bspw. die persönliche Einstellung der Teilnehmer zu Nachhaltigkeit oder auch soziodemographische Kriterien berücksichtigt werden, eine genauere Spezifizierung der Shoppererwartungen aufzeigen.

Auch sollte bei der Interpretation und anschließenden Nutzung der aus den Fokusgruppen resultierenden Ergebnisse berücksichtigt werden, dass speziell bei der Erfassung nachhaltigkeitsbezogener Themen eine Verzerrung der Ergebnisse durch Attitude-Behavior Gap und Social Desirability Bias vorliegen kann.

In Bezug auf die Analysen der Händlerwebsites lässt sich festhalten, dass es sich bei der Interpretation der nachhaltigkeitsbezogenen Informationen im Sinne der Wahrnehmung der Shoppererwartungen durch das Handelsmanagement nur um einen ersten, aus der externen Perspektive gewonnenen Eindruck handelt. Interviews mit Nachhaltigkeitsmanagern oder Customer Insights Managern der Handelsunternehmen zur genaueren Erfassung der GAP 1, aber auch mit POS-Mitarbeitern wie z.B. Marktleitern zur zusätzlichen Erfassung der GAPs 1a und 1b können weitere relevante Einblicke in die handelsseitige Wahrnehmung der Shoppererwartungen an Nachhaltigkeit im dt. LEH ermöglichen[854].

Auch die aus der explorativ-empirischen Konkretisierung resultierenden Dimensionen und Merkmale von Nachhaltigkeit stellen aufgrund der angewandten qualitativen Forschungsmethoden nur eine erste Annäherung an das Verständnis von Nachhaltigkeitsqualität dar und bedürfen einer quantitativen Validierung. Da sie einen noch hohen Abstraktionsgrad aufweisen und nicht überschneidungsfrei sind, besteht zudem die Notwendigkeit, sie weiterführend empirisch zu konkretisieren. Wie in Kapitel 6.1 angemerkt, stellen die erhobenen Qualitätsdimensionen neben ihrer Strukturierungsfunktion zugleich die Basis für die Entwicklung einer Skala zur Messung shopperseitig wahrgenommener Nachhaltigkeitsqualität im dt. LEH dar. Zukünftige Forschung sollte

---

853 Siehe dazu auch Kapitel 4.1.1.

854 Wie in Kapitel 4.1 erläutert, war dies im ursprünglichen Erhebungsplan dieser Arbeit vorgesehen, konnte aber aufgrund fehlender handelsseitiger Rückmeldungen auf die Interviewanfragen nicht umgesetzt werden.

daran anknüpfen und mit quantitativen Methoden die Entwicklung zugehöriger Indikatoren sowie deren anschließende empirische Validierung vornehmen. Erst eine solche Entwicklung eines Messinstruments im Sinne einer Skala für shopperseitig wahrgenommene Nachhaltigkeitsqualität trägt dazu bei, die sich aus der shopperseitigen Zufriedenheit mit einzelnen Nachhaltigkeitsmerkmalen ergebende Nachhaltigkeitsqualität eines Lebensmitteleinzelhändlers zu ermitteln und Nachhaltigkeit als shopperseitig wahrgenommenen Qualitätsfaktor im dt. LEH zielgerichtet mess-, plan-, implementier- und kontrollierbar zu machen. Auf diese Weise werden Handelsunternehmen darin unterstützt, konkrete Nachhaltigkeitsmaßnahmen zu realisieren oder zu verbessern. Darüber hinaus können sie ihre eigene Nachhaltigkeitsqualität mit der von Wettbewerbern vergleichen oder die Nachhaltigkeitsqualität zwischen den eigenen Filialen vergleichbar machen.

Über die kritische Reflexion hinaus ergeben sich auf Basis der Ergebnisse dieser Arbeit zwei weitere Anknüpfungspunkte für künftige Forschungsvorhaben:

- Um die in Kapitel 6.2 erwähnte Entwicklung nachhaltiger Buyer Personae im dt. LEH zur effektiveren Realisierung von shopperseitig wahrgenommener Nachhaltigkeitsqualität und nachhaltigkeitsorientierter Erlebnisqualität zu unterstützen, bietet es sich an, im Rahmen zukünftiger Forschung eine Segmentierung der Shopper des dt. LEH anhand ihrer Einstellung zur Nachhaltigkeit und ihrer Nachhaltigkeitserwartungen vorzunehmen. Auch eine betriebsformenspezifische Konkretisierung der Shopper Journey kann dazu beitragen, die zugehörige Nachhaltigkeitsorientierung und -implementierung effektiv zu steuern.
- Vor dem Hintergrund, dass sich die Glaubwürdigkeit von Nachhaltigkeit im dt. LEH nach Betriebsformen und Retail Brands unterscheidet, sollte anknüpfend an diese Arbeit auch das Konzept der Nachhaltigkeitsreputation einer tiefergehenden, betriebsformen- bzw. Retail Brand spezifischen Betrachtung unterzogen werden: Was sind relevante Einflussfaktoren der Nachhaltigkeitsreputation, wie genau unterscheidet sie sich nach einzelnen Betriebsformen bzw. Retail Brands und welchen konkreten Einfluss hat sie auf die Entstehung von shopperseitig wahrgenommener Nachhaltigkeitsqualität?

Auch wenn sich im Rahmen der kritischen Reflexion zeigt, dass vertiefende Forschung notwendig ist, um das Konstrukt der shopperseitig wahrgenommenen Nachhaltigkeitsqualität im dt. LEH umfassender zu untersuchen und zielgerichtet mess-, plan-, implementier- und kontrollierbar zu machen, schafft diese Arbeit den Startpunkt einer anwendungsorientierten Nachhaltigkeitsforschung vor dem Hintergrund des Qualitätsbegriffs.

So erschließt diese Arbeit als entscheidender, erster Beitrag der Nachhaltigkeitsqualitätsforschung im dt. LEH nicht nur den Zugang zu einem überaus relevanten und gleichzeitig bisher unzureichend untersuchten Forschungsfeld, sondern dient auch als wichtiger Anknüpfungspunkt für zukünftige nachhaltigkeitsbezogene Forschungsvorhaben – sowohl im dt. LEH als auch in anderen Bereichen.

Literaturverzeichnis

Aachener Stiftung Kathy Beys (2015). Abgrenzung der Begriffe CR, CSR, CC, CS und CG. Abgerufen am 06.02.2022 von https://www.nachhaltigkeit.info/artikel/abgrenzung_cs_csr_cc_1501.htm.

Aachener Stiftung Kathy Beys (2015). Modelle und Konzepte der Nachhaltigkeit. Abgerufen am 02.02.2022 von https://www.nachhaltigkeit.info/artikel/modelle_und_konzepte_zur_nachhaltigkeit_2018.htm?sid=rqpve3702j2m8ed0mjj3jvm2m7.

Aguinis, H. (2011). Organizational Responsibility: Doing Good and Doing Well. In: Zedeck, S. (Hrsg.): APA handbook of industrial and organizational psychology: Maintaining, Expanding, and Contracting the Organization, Washington D.C.: American Psychological Association, S. 855–879.

Ahlert, D. / Kenning, P. (2005). Das Handelsunternehmen als Marke. In: Esch, F. R. (Hrsg.): Moderne Markenführung. Grundlagen, innovative Ansätze, praktische Umsetzungen, 4., vollst. überarb. und erw. Aufl., Wiesbaden: Springer Fachmedien, S. 1186–1208.

Ahlert, D. / Kenning, P. / Brock, C. (2018). Handelsmarketing – Grundlagen der marktorientierten Führung von Handelsbetrieben. 2., vollst. überarb. und erw. Aufl., Berlin: Springer Gabler.

Ahlert, D. / Schröder, H. (1990). Erlebnisorientierung im stationären Einzelhandel. In: Marketing ZFP, 12. Jg., Nr. 4, S. 221–229.

ALDI SÜD (2023). Über uns. Abgerufen am 14.02.2023 von https://www.aldi-sued.de/de/unternehmen/ueber-uns.html.

ALDI SÜD (2023a). Heute für morgen. Abgerufen am 02.02.2023 von https://www.aldi-sued.de/de/nachhaltigkeit.html.

ALDI SÜD (2023b). Arbeiten bei ALDI SÜD. Abgerufen am 21.08.2023 von https://karriere.aldi-sued.de/arbeitgeber.

Algermissen, J. (1981). Das Marketing der Handelsbetriebe. Würzburg: Physica-Verlag.

Alnatura (2023). Über uns. Abgerufen am 14.02.2023 von https://www.alnatura.de/de-de/ueber-uns/.

Alnatura (2023a). Nachhaltigkeit bei Alnatura: Wie wir Nachhaltigkeit verstehen. Abgerufen am 02.02.2023 von https://www.alnatura.de/de-de/ueber-uns/nachhaltigkeit-bei-alnatura/.

American Marketing Association (2017). Definition of Marketing. Abgerufen am von https://www.ama.org/the-definition-of-marketing-what-is-marketing/.

Amini, M. / Bienstock, C. C. (2014). Corporate Sustainability: An Integrative Definition and Framework to Evaluate Corporate Practice and Guide Academic Research. In: Journal of Cleaner Production, 76. Jg., Nr. 1, S. 12–19.

Ankele, K. / Winterstein, J. (2021). Besser wesentlich: Worauf es bei einer Wesentlichkeitsanalyse ankommt. In: Ökologisches Wirtschaften, 2. Jg., Nr. 26, S. 30–34.

Ausschuss für Definitionen zu Handel und Distribution (2006). Katalog E: Definitionen zu Handel und Distribution. Köln: Universität Köln Institut für Handelsforschung.

Aygün, T. (n.d.). E-Food. Abgerufen am 19.09.2022 von https://wirtschaftslexikon.gabler.de/definition/e-food-54212.

Bähring, K. et al. (2008). Methodologische Grundlagen und Besonderheiten der qualitativen Befragung von Experten in Unternehmen: Ein Leitfaden. In: Die Unternehmung, 62. Jg., Nr. 1, S. 89–111.

Balderjahn, I. (2004). Nachhaltiges Marketing-Management. Stuttgart: Lucius & Lucius.

Balderjahn, I. (2014). Entscheidungsorientierung im Sustainable Marketing Management. In: Meffert, H. / Kenning, P. / Kirchgeorg, M. (Hrsg.): Sustainable Marketing Management – Grundlagen und Cases, Wiesbaden: Springer Gabler, S. 135–158.

Balderjahn, I. (2021). Nachhaltiges Management und Konsumentenverhalten. 2. Aufl., München: UVK Verlag.

Barone, B. / Rodrigues, H. / Nogueira, R. M. (2020). What About Sustainability? Understanding Consumers' Conceptual Representations Through Free Word Association. In: International Journal of Consumer Studies, 44. Jg., Nr. 1, S. 44–52.

Barth, K. / Hartmann, M. / Schröder, H. (2015). Betriebswirtschaftslehre des Handels. 7., überarb. Aufl., Wiesbaden: Springer Gabler.

Basso, K. et al. (2019). Purchase Decision and Purchase Delay of Hedonic and Utilitarian Products in the Face of Time Pressure and Multiplicity of Options. In: Revista de Gestão, 26. Jg., Nr. 2, S. 112–125.

Basten, D. / Stavrou, G. / Pankratz, O. (2016). Closing the Stakeholder Expectation Gap: Managing Customer Expectations Toward the Process of Developing Information Systems. In: Project Management Journal, 47. Jg., Nr. 5, S. 70–88.

BATZ, M. (2021). Nachhaltigkeit in der Sozialwirtschaft – Eine Einführung. Wiesbaden: Springer Fachmedien.

BÄUMLER, K. (2022). The Role of Large Retailers in Scaling Up Sustainable Food Systems Solutions. Abgerufen am 01.04.2023 von https://www.sciencespo.fr/psia/chair-sustainable-development/wp-content/uploads/2022/05/sciencespo-2205-k-baumler-role-large-retailer-food-systems-solutions.pdf.

BELLENGER, D. N. / BERNHARDT, K. L. / GOLDSTUCKER, J. L. (1976). Qualitative Research in Marketing. Chicago: American Marketing Association.

BELZ, F.-M. (2003). Nachhaltigkeits-Marketing. In: Die Betriebswirtschaft, 63. Jg., Nr. 3, S. 352–355.

BELZ, F.-M. (2005). Nachhaltigkeits-Marketing: Konzeptionelle Grundlagen und empirische Ergebnisse. In: BELZ, F.-M. / BILHARZ, M. (Hrsg.): Nachhaltigkeits-Marketing in Theorie und Praxis, Wiesbaden: Deutscher Universitäts-Verlag, S. 19–39.

BELZ, F.-M. / BILHARZ, M. (2005). Einführung in das Nachhaltigkeits-Marketing. In: BELZ, F.-M. / BILHARZ, M. (Hrsg.): Nachhaltigkeits-Marketing in Theorie und Praxis, Wiesbaden: Deutscher Universitäts-Verlag, S. 3–15.

BENIGHAUS, C. / BENIGHAUS, L. (2012). Moderation, Gesprächsaufbau und Dynamik in Fokusgruppen. In: SCHULZ, M. / MACK, B. / RENN, O. (Hrsg.): Fokusgruppen in der empirischen Sozialforschung Von der Konzeption bis zur Auswertung, Wiesbaden: Springer Fachmedien, S. 111–132.

BENOIT, S. et al. (2022). The Differential Effects of CSR and CSI on Consumer Willingness to Pay: Implications for Service Providers and Retailers. In: Journal of Service Management Research, 6. Jg., Nr. 2, S. 82–103.

BERG, N. et al. (2022). Attitude-Behavior-Gap im LEH – eine empirische Analyse und Handlungsempfehlungen (Vergleich der Ergebnisse 2021 und 2022). In: Schriftenreihe Handelsmanagement Whitepaper #20. Heilbronn: Duale Hochschule Baden-Württemberg.

BHATTACHARYYA, S. S. (2010). Development of a Scale on Strategic Corporate Social Responsibility Constructs. In: International Journal of Indian Culture and Business Management, 3. Jg., Nr. 2, S. 181–207.

BIRK, S. (2020). Content Marketing Strategie entlang der Customer Journey. In der Reihe: ZERRES, C. (Hrsg.): Arbeitspapiere für Marketing und Management, Bd. 47. Offenburg: Hochschule Offenburg.

BIRN, R. J. (2000). The International Handbook of Market Research Techniques. 2. Aufl., London: Kogan Page.

BISSINGER, K. / TEUBER, R. (2020). Food Retail 2019 – Digitalisierung und Nachhaltigkeit als zentrale Herausforderung des deutschen

Lebensmitteleinzelhandels. In: Edmund Rehwinkel-Stiftung Der Landwirtschaftlichen Rentenbank (Hrsg.): Die künftige Rolle des Lebensmitteleinzelhandels in der Wertschöpfungskette – Chancen, Perspektiven, Risiken, Frankfurt am Main: S. 133–159.

BIT SCHULUNGSCENTER (2020). Interview- und Fokusgruppen-Leitfaden. Abgerufen am 22.03.2023 von https://www.fit4digiline.eu/uploaded-files/Interview%20and%20Focus%20Group%20Guide_%28DE%29_Interview%20und%20Fokusgruppen-Leitfaden.pdf.

BLOWFIELD, M. / FRYNAS, J. G. (2005). Setting New Agendas – Critical Perspectives on Corporate Social Responsibility in the Developing World. In: International Affairs, 81. Jg., Nr. 3, S. 499–513.

BOSLAU, M. (2009). Kundenzufriedenheit mit Selbstbedienungskassen im Handel – Der Erklärungsbeitrag ausgewählter verhaltenswissenschaftlicher Theorien. Wiesbaden: GWV Fachverlage.

BÖTTCHER, F. (2012). Handelsmarken und Retail Brands – Einfluss ausgewählter Handelsmarkenstrategien auf die Markenstärke des Händlers im deutschen Lebensmitteleinzelhandel. In der Reihe: MATTMÜLLER, R. (Hrsg.): Strategisches Marketingmanagement, Bd. 22. Frankfurt am Main: Peter Lang.

BOULDING, W. et al. (1993). A Dynamic Process Model of Service Quality: From Expectations to Behavioral Intentions. In: Journal of Marketing Research, 30. Jg., Nr. 1, S. 7–27.

BRANCO, M. C. / RODRIGUES, L. L. (2007). Positioning Stakeholder Theory within the Debate on Corporate Social Responsibility. In: Electronic Journal of Business Ethics and Organization Studies, 12. Jg., Nr. 1, S. 5–15.

BRÜGGEMANN, H. / BREMER, P. (2020). Grundlagen Qualitätsmanagement: Von den Werkzeugen über Methoden zum TQM. 3. Aufl., Wiesbaden: Springer Nature.

BRUGGER, F. (2010). Nachhaltigkeit in der Unternehmenskommunikation – Bedeutung, Charakteristika und Herausforderungen. Wiesbaden: Springer Fachmedien.

BRUHN, M. (2016). Nationale Kundenzufriedenheitsindizes. In: HOMBURG, C. (Hrsg.): Kundenzufriedenheit Konzepte – Methoden – Erfahrungen, 9. Aufl., Wiesbaden: Springer Gabler, S. 157–192.

BRUHN, M. (2020). Qualitätsmanagement für Dienstleistungen – Handbuch für ein erfolgreiches Qualitätsmanagement. Grundlagen – Konzepte – Methoden. 12., aktual. und erw. Aufl., Berlin: Springer Gabler.

BRUHN, M. (2022). Relationship Marketing – Das Management von Kundenbeziehungen. 6., überarb. Aufl., München: Vahlen.

Bruhn, M. / Meffert, H. / Hadwich, K. (2019). Handbuch Dienstleistungsmarketing – Planung, Umsetzung, Kontrolle. 2. Aufl., Wiesbaden: Springer Gabler.

Buber, R. / Klein, V. (2009). Zur Bedeutung qualitativer Methodik in der Marktforschungspraxis. In: Buber, R. / Holzmüller, H. H. (Hrsg.): Qualitative Marktforschung: Konzepte – Methoden – Analysen, 2. überarb. Aufl., Wiesbaden: GMV Fachverlage, S. 47–61.

Buchmann, C. (2015). Strategische Gestaltungsfelder der Filialorganisation im Handel – Strategiebetrachtung zur Ableitung organisatorischer Flexibilisierungsansätze. Wiesbaden: Springer Gabler.

Buddendiek, B. (2020). LEH setzt verstärkt auf das Qualitätsmerkmal Nachhaltigkeit. Abgerufen am 07.03.2023 von https://www.th-mann.de/leh-setzt-verstaerkt-auf-das-qualitaetsmerkmal-nachhaltigkeit.

Buerke, A. (2016). Nachhaltigkeit und Consumer Confusion am Point of Sale – Eine Untersuchung zum Kauf nachhaltiger Produkte im Lebensmitteleinzelhandel. Wiesbaden: Springer Gabler.

Buggert, S. (2022). Shopper Journey Studie 2022 – die Reise im Supermarkt. Abgerufen am 01.04.2023 von https://www.rheingold-marktforschung.de/rheingold-studien/shopper-journey-studie-2022/.

Bund Ökologischer Lebensmittelwirtschaft (2023). Branchenreport 2023: Ökologische Lebensmittelwirtschaft. Abgerufen am 04.05.2023 von https://www.boelw.de/fileadmin/user_upload/Dokumente/Zahlen_und_Fakten/Broschuere_2023/BOELW_Branchenreport2023.pdf.

Bundeskartellamt (2021). Das Bundeskartellamt – Organisation, Aufgaben und Tätigkeit. Abgerufen am 16.09.2022 von https://www.bundeskartellamt.de/SharedDocs/Publikation/DE/Broschueren/Informationsbroschuere.pdf;jsessionid=FD4C8B1914B47B6AD316BF9B916A25A1.1_cid362?__blob=publicationFile&v=12.

Bundesministerium für Arbeit und Soziales (n.d.-a). Standards der CSR-Berichterstattung. Abgerufen am 26.01.2022 von https://www.csr-in-deutschland.de/DE/Unternehmen/CSR-Berichterstattung/Standards/standards-artikel.html.

Bundesministerium für Arbeit und Soziales (n.d.-b). Corporate Sustainability Reporting Directive (CSRD). Abgerufen am 25.03.2023 von https://www.csr-in-deutschland.de/DE/CSR-Allgemein/CSR-Politik/CSR-in-der-EU/Corporate-Sustainability-Reporting-Directive/corporate-sustainability-reporting-directive-art.html.

Bundesministerium für Arbeit und Soziales (n.d.-c). CSR Grundlagen – Nachhaltigkeit und CSR. Abgerufen am 22.09.2022 von https://www.csr-in-deutschland.de/DE/CSR-Allgemein/CSR-Grundlagen/Nachhaltigkeit-und-CSR/nachhaltigkeit-und-csr.html.

Bundesministerium für Arbeit und Soziales (n.d.-d). Gesetz über die unternehmerischen Sorgfaltspflichten in Lieferketten. Abgerufen am 01.05.2023 von https://www.bmas.de/DE/Service/Gesetze-und-Gesetzesvorhaben/Gesetz-Unternehmerische-Sorgfaltspflichten-Lieferketten/gesetz-unternehmerische-sorgfaltspflichten-lieferketten.html.

Bundesministerium für Ernährung und Landwirtschaft (2023). Pakt gegen Lebensmittelverschwendung. Abgerufen am 09.08.2023 von https://www.bmel.de/SharedDocs/Downloads/DE/_Ernaehrung/Lebensmittelverschwendung/pakt-gegen-lebensmittelverschwendung.pdf?__blob=publicationFile&v=4.

Bundesministerium für Umwelt – Naturschutz – nukleare Sicherheit und Verbraucherschutz (n.d.). Die 2030-Agenda für Nachhaltige Entwicklung. Abgerufen am 13.01.2022 von https://www.bmuv.de/themen/nachhaltigkeit-digitalisierung/nachhaltigkeit/die-2030-agenda-fuer-nachhaltige-entwicklung.

Bundesministerium für Umwelt – Naturschutz – nukleare Sicherheit – Verbraucherschutz (2019). Nationales Programm für nachhaltigen Konsum – Gesellschaftlicher Wandel durch einen nachhaltigen Lebensstil. Abgerufen am 17.01.2022 von https://www.bmuv.de/fileadmin/Daten_BMU/Pools/Broschueren/nachhaltiger_konsum_broschuere_bf.pdf.

Bundesministerium für Umwelt – Naturschutz – nukleare Sicherheit – Verbraucherschutz (2020a). Plastiktüten-Verbot. Abgerufen am 14.04.2023 von https://www.bmuv.de/faqs/plastiktueten-verbot.

Bundesministerium für Umwelt – Naturschutz – nukleare Sicherheit – Verbraucherschutz (2021). Nachhaltiger Konsum. Abgerufen am 25.01.2022 von https://www.bmuv.de/themen/nachhaltigkeit-digitalisierung/konsum-und-produkte/nachhaltiger-konsum.

Bundesministerium für wirtschaftliche Zusammenarbeit (n.d.). Nachhaltigkeit (nachhaltige Entwicklung). Abgerufen am 14.01.2022 von https://www.bmz.de/de/service/lexikon/nachhaltigkeit-nachhaltige-entwicklung-14700.

Bundesministerium für wirtschaftliche Zusammenarbeit und Entwicklung (n.d.). Corporate Social Responsibility (CSR). Abgerufen am 06.02.2022 von https://www.bmz.de/de/service/lexikon/corporate-social-responsibility-csr-14190.

Bundesrat (2020). Erstes Gesetz zur Änderung des Verpackungsgesetzes. Abgerufen am 09.08.2023 von https://www.bundesrat.de/SharedDocs/beratungsvorgaenge/2020/0701-0800/0722-20.html.

Bundesregierung (2022). Grundsatzbeschluss 2022 zur Deutschen Nachhaltigkeitsstrategie. Abgerufen am 05.04.2023 von https://www.bundesregierung.de/resource/blob/975274/2146150/12252b200f7c6135ef5d13da16119d8c/2022-11-30-dns-grundsatzbeschluss-data.pdf?download=1.

Bundesregierung (n.d.-a). Nachhaltigkeit als Querschnittsaufgabe. Abgerufen am von https://www.bundesregierung.de/breg-de/themen/nachhaltigkeitspolitik/nachhaltige-entwicklung/laender-und-kommunen-480388.

Bundesverband Naturkost Naturwaren e.V. (2023). Die Bio-Erfolgsgeschichte. Abgerufen am 10.08.2023 von https://n-bnn.de/die-geschichte-von-bio-ist-die-geschichte-des-bnn.

Bundesvereinigung der Deutschen Ernährungsindustrie (2022). BVE Jahresbericht 2020/21. Abgerufen am 19.09.2022 von https://www.bve-online.de/presse/infothek/publikationen-jahresbericht/bve-jahresbericht-ernaehrungsindustrie-2021.

Burrell, G. / Morgan, G. (1979). Sociological Paradigms and Organisational Analysis – Elements of the Sociology of Corporate Life. London: Routledge.

Buschmann, A. (2021). Geschäftsmodellkonvergenz im Handel – Alternative, innovationsfördernde Ansätze zur Systematisierung und Erklärung der Entstehung und Entwicklung von Erscheinungsformen des Handels am Beispiel des Omnichannel-Handels. In der Reihe: Mattmüller, R. (Hrsg.): Strategisches Marketingmanagement, Bd. 34. Frankfurt am Main: Peter Lang.

Carroll, A. B. (1991). The pyramid of Corporate Social Responsibility: Toward the Moral Management of Organizational Stakeholders. In: Business Horizons, 34. Jg., Nr. 4, S. 39–48.

Cerri, J. / Thøgersen, J. / Testa, F. (2019). Social Desirability and Sustainable Food Research: A Systematic Literature Review. In: Food Quality and Preference, 71. Jg., S. 136–140.

Chkanikova, O. et al. (2013). Sustainability Landscape of Swedish Food Retailers in the European Context. In: IIIEE Reports, 2. Jg., S. 1–95.

Christen, M. / Schmidt, S. (2012). A Formal Framework for Conceptions of Sustainability – a Theoretical Contribution to the Discourse in Sustainable Development. In: Sustainable Development, 20. Jg., Nr. 6, S. 400–410.

Christopher, M. (1998). Logistics & Supply Chain Management: Strategies for Reducing Cost and Improving Service. London: Financial Times Professional Limited.

CHURCHILL, A. J. (1979). A Paradigm for Developing Better Measures of Marketing Constructs. In: Journal of Marketing Research, 16. Jg., Nr. 02, S. 64–73.

CLARKSON, M. B. E. (1995). A Stakeholder Framework for Analyzing and Evaluating Corporate Social Performance. In: Academy of Management Review, 20. Jg., Nr. 1, S. 92–117.

COMMERZBANK (2015). Einblicke: Die fünf Treiber für einen nachhaltigen Handel Den Wandel und seine Auswirkungen verstehen. Abgerufen am 05.02.2022 von https://www.commerzbank.de/media/nachhaltigkeit/iv__markt___kunden/Sustainable_Trade_Part_1_DE.pdf.

CORSTEN, H. / ROTH, S. (2012). Nachhaltigkeit als integriertes Konzept. In: CORSTEN, H. / ROTH, S. (Hrsg.): Nachhaltigkeit Unternehmerisches Handeln in globaler Verantwortung, Wiesbaden: Springer Fachmedien, S. 1–14.

CRESWELL, J. / PLANO CLARK, V. (2007). Designing and Conducting Mixed Methods Research. Thousand Oaks, CA: Sage.

CRONIN, J. J. J. / TAYLOR, S. R. (1992). Measuring Service Quality. A Reexamination and Extension. In: Journal of Marketing, 58. Jg., Nr. 3, S. 55–68.

CROSSAN, M. M. / APAYDIN, M. (2010). A Multi-Dimensional Framework of Organizational Innovation: A Systematic Review of the Literature. In: Journal of Management Studies, 47, 47. Jg., S. 1154–1191.

CUMMINGS, L. L. / BROMILEY, P. (1996). The Organizational Trust Inventory (OTI): Development and Validation. In: KRAMER, R. / TYLER, T. (Hrsg.): Trust in Organizations: Frontiers of Theory and Research, Thousand Oaks: SAGE, S. 302–330.

DABHOLKAR, P. A. (1995). A Contingency Framework for Predicting Causality Between Customer Satisfaction and Service Quality. In: Advances in Consumer Research, 22. Jg., S. 101–108.

DE FREITAS NETTO, S. V. et al. (2020). Concepts and Forms of Greenwashing: A Systematic Review. In: Environmental Sciences Europe, 32. Jg., Nr. 19, S. 1–12.

DELMAS, M. A. / BURBANO, V. C. (2011). The Drivers of Greenwashing. In: California Management Review, 54. Jg., Nr. 1, S. 64–87.

DENN'S BIOMARKT (2023). Über uns. Abgerufen am 14.02.2023 von https://www.biomarkt.de/ueber-uns.

DENN'S BIOMARKT (2023a). Sei Teil einer besseren Welt. Abgerufen am 02.02.2023 von https://www.biomarkt.de/teileinerbesserenwelt.

DESTATIS (2023). Verbraucherpreisindex für Nahrungsmittel und alkoholfreie Getränke. Abgerufen am 25.06.2023 von https://www.destatis.de/DE/Themen/Wirtschaft/Konjunkturindikatoren/Preise/kpre520.html#250160.

Deutsche Gesellschaft für Verbraucherstudien (2017). Vertrauen im Lebensmitteleinzelhandel. Abgerufen am 05.05.2023 von https://www.dtgv.de/tests/studie-vertrauen-im-lebensmitteleinzelhandel-leh-2017/.

Donaldson, T. / Preston, L. E. (1995). The Stakeholder Theory of the Corporation: Concepts, Evidence, and Implications. In: Academy of Management Review, 20. Jg., S. 65–91.

Dresing, T. / Pehl, T. (2018). Praxisbuch Interview, Transkription & Analyse. Anleitungen und Regelsysteme für qualitativ Forschende. 8. Aufl., Marburg: Dr. Dresing & Pehl GmbH.

Dürr, M. (2013). Nachhaltigkeit im Handel – Ein neuer Ansatz zur Profilierung von Handelsunternehmen. Hamburg: Diplomica Verlag.

Dusseldorp, M. (2017). Zielkonflikte der Nachhaltigkeit – Zur Methodologie wissenschaftlicher Nachhaltigkeitsbewertungen. Wiesbaden: Springer Fachmedien.

Dyllick, T. / Tomczak, T. (2009). Erkenntnistheoretische Basis der Marketingwissenschaft. In: Buber, R. / Holzmüller, H. H. (Hrsg.): Qualitative Marktforschung: Konzepte – Methoden – Analysen, 2. überarb. Aufl., Wiesbaden: GMV Fachverlage, S. 67–79.

Edeka (2022). Viele Unternehmer. Ein Unternehmen. Abgerufen am 14.02.2023 von https://verbund.edeka/.

Edeka (2023a). Wir übernehmen Verantwortung. Abgerufen am 02.02.2023 von https://verbund.edeka/verantwortung/.

Edmondson, A. C. / McManus, S. F. (2007). Methodological Fit in Management Field Research. In: Academy of Management Review, 32. Jg., Nr. 4, S. 1155–1179.

EHI Retail Institute (2022). EHI Handelsdaten aktuell – Struktur, Kennzahlen und Profile des Handels in Deutschland, Österreich und der Schweiz. Köln: EHI Retail Institute GmbH.

Elg, U. / Hultmann, J. / Welinder, A. (2021). Competing Corporate Sustainability Perceptions in a Global Retail Organization. In: International Journal of Retail & Distribution Management, 40. Jg., Nr. 4, S. 449–465.

Engert, S. / Rauter, R. / Baumgartner, R. J. (2016). Exploring the Integration of Corporate Sustainability Into Strategic Management: A Literature Review. In: Journal of Cleaner Production, 112. Jg., Nr. 4, S. 2833–2850.

Errichiello, O. / Zschiesche, Z. (2017). Grüne Markenführung – Erfolgsfaktoren und Instrumente nachhaltiger Brands. Wiesbaden: Springer Fachmedien.

Esser, S. (2023). Trendmonitor Deutschland: Inflation bremst nachhaltigen Konsum aus. Abgerufen am 02.05.2023 von https://www.markenartikel-magazin.de/_rubric/detail.php?rubric=marke-marketing&nr=62848.

European Commission (n.d.). Corporate sustainability reporting. Abgerufen am 26.01.2022 von https://ec.europa.eu/info/business-economy-euro/company-reporting-and-auditing/company-reporting/corporate-sustainability-reporting_en.

Evans, S. / Peirson-Smith, A. (2018). The sustainability Word Challenge. In: Journal of Fashion Marketing and Management: An International Journal, 22. Jg., Nr. 2, S. 252–269.

Faltins, R. (2012). Betrachtung des Marktes für Bio-Lebensmittel in Deutschland. Hamburg: Diplomica.

Fassin, Y. (2009). The Stakeholder Model Refined. In: Journal of Business Ethics, 84. Jg., Nr. 1, S. 113–135.

Fink, A. (2010). Research Literature Reviews: From the Internet to Paper. 3. Aufl., Thousand Oaks, CA: Sage.

Fischer, D. (2019). Nachhaltigkeitskommunikation. In: Zemanek, E. / Kluwick, U. (Hrsg.): Nachhaltigkeit interdisziplinär. Konzepte, Diskurse, Praktiken, Stuttgart: UTB, S. 51–69.

Flick, U. (2014). Qualitative Research. 5. Aufl., Thousand Oaks: SAGE Publishing.

Flick, U. (2021). Qualitative Sozialforschung. 10., völl. überarb. Aufl., Hamburg: Rowohlt Taschenbuch Verlag.

Flick, U. (2022). Gütekriterien qualitativer Sozialforschung. In: Baur, N. / Blasius, J. (Hrsg.): Handbuch Methoden der empirischen Sozialforschung, 1. Bd., 3., vollst. überarb. u. erw. Aufl., Wiesbaden: Springer Fachmedien, S. 533–547.

Freeman, R. E. (1984). Strategic Management: A Stakeholder Approach. Marshfield: Pitman Publishing Inc.

Fricke, V. / Schrader, U. (2014). Unternehmenskommunikation zur Förderung des nachhaltigen Konsums. In: Meffert, H. / Kenning, P. / Kirchgeorg, M. (Hrsg.): Sustainable Marketing Management – Grundlagen und Cases, Wiesbaden: Springer Fachmedien, S. 205–226.

Fürst, A. (2016). Verfahren zur Messung der Kundenzufriedenheit im Überblick. In: Homburg, C. (Hrsg.): Kundenzufriedenheit Konzepte – Methoden – Erfahrungen, 9. Aufl., Wiesbaden: Springer Gabler, S. 125–155.

Gentile, C. / Spiller, N. / Noci, G. (2007). How to Sustain the Customer Experience: An Overview of Experience Components that Co-create Value

With the Customer. In: European Management Journal, 25. Jg., Nr. 5, S. 395–410.

Ghosh, P. / Jhamb, D. (2022). The Role of Stakeholders in Enhancing Service Quality in Hospitality Education: An Application of Stakeholder Theory. In: Journal of Tourism & Development, Nr. 38, S. 9–21.

Glanze, E. / Nüttgens, M. / Ritzrau, W. (2021). Unternehmenserfolg durch Nachhaltigkeit – Reifegrad- und Vorgehensmodell zum Aufbau eines datenbasierten Nachhaltigkeitsmanagements. In: HMD Praxis der Wirtschaftsinformatik, 58. Jg., S. 155–166.

Gleitsmann, S. / Guttzeit, M. / Roschk, H. (2010). Die kundenseitige Wahrnehmung der Servicequalität bei der Nutzung von SST. In der Reihe: Technische Universität Ilmenau (Hrsg.): Ilmenauer Schriften zur Betriebswirtschaftslehre, Bd. 3. Ilmenau: Verlag proWiWi e. V.

Global Reporting Initiative (2015). G4: Leitlinien zur Nachhaltigkeitsberichterstattung: Umsetzungsanleitung. Amsterdam: Global Reporting Initiative.

Global Reporting Initiative (2016). GRI 101: Grundlagen 2016. Abgerufen am 30.11.2022 von https://www.globalreporting.org/standards/media/1671/german-gri-101-foundation-2016.pdf.

Glöckner-Holme, I. (1988). Betriebsformen-Marketing im Einzelhandel. Augsburg: Fördergesellschaft Marketing.

Gnambs, T. / Batinic, B. (2020). Qualitative Online-Forschung. In: Mey, G. / Mruck, K. (Hrsg.): Handbuch Qualitative Forschung in der Psychologie, 2. Bd., 2. erw. u. überarb. Aufl., Wiesbaden: Springer Fachmedien, S. 97–112.

Götz, O. et al. (2016). Der Einsatz von Customer Relationship Management zur Steuerung von Kundenzufriedenheit. In: Homburg, C. (Hrsg.): Kundenzufriedenheit Konzepte – Methoden – Erfahrungen, 9. Aufl., Wiesbaden: Springer Gabler, S. 349–376.

Graham, S. (2020). The Influence of External and Internal Stakeholder Pressures on the Implementation of Upstream Environmental Supply Chain Practices. In: Business & Society, 59. Jg., Nr. 2, S. 351–383.

Griese, K.-M. (2015). Einführung ins Nachhaltigkeitsmarketing – Fallstudie: followfish. In: Griese, K.-M. (Hrsg.): Nachhaltigkeitsmarketing Eine fallstudienbasierte Einführung, Wiesbaden: Springer Gabler, S. 3–30.

Grönroos, C. (1984). A Service Quality Model and its Marketing Implications. In: European Journal of Marketing, 18. Jg., Nr. 4, S. 36–44.

Gröppel-Klein, A. (2005). Entwicklung, Bedeutung und Positionierung von Handelsmarken. In: Esch, F. R. (Hrsg.): Moderne Markenführung.

Grundlagen, innovative Ansätze, praktische Umsetzungen, 4., vollst. überarb. und erw. Aufl., Wiesbaden: Springer Fachmedien, S. 1112–1137.

Grüner, S. L. (2022). Rahmenbedingungen der Entscheidungsfindung bei Gründer:innen – Untersuchung zu den Zusammenhängen zwischen Kontingenz, Kognition und Strukturdeterminanten in gründungsunternehmerischen Entscheidungsprozessen. Wiesbaden: Springer Gabler.

Grunwald, A. (2016). Nachhaltigkeit verstehen – Arbeiten an der Bedeutung nachhaltiger Entwicklung. München: oekom.

Grunwald, A. / Kopfmüller, J. (2022). Nachhaltigkeit. 3., aktual. und erw. Aufl., Frankfurt am Main: Campus Verlag.

GS1 (2011). Shopper Marketing. Abgerufen am 15.04.2023 von https://www.ecr.digital/book/demand-side-prozesse/shopper-marketing/.

Gupta, S. / Pirsch, J. (2008). The Influence of a Retailer's Corporate Social Responsibility Program on Re-conceptualizing Store Image. In: Journal of Retailing and Consumer Services, 15. Jg., Nr. 6, S. 516–526.

Hagen, L. / Münzer, C. (2019). Quick Guide Content. Der Weg zum perfekten Content für mehr Reichweite, Awareness, Leads und Social-Engagement. Wiesbaden: Springer Fachmedien.

Haleem, F. et al. (2022). Sustainable Management Practices and Stakeholder Pressure: A Systematic Literature Review. In: Sustainability, 14. Jg., Nr. 4, S. 1967–1989.

Haller, S. / Wissing, C. (2020). Dienstleistungsmanagement Grundlagen – Konzepte – Instrumente. 8., überarb. und erw. Aufl., Wiesbaden: Springer Fachmedien.

Handelsblatt Research Institute (2022). Mehr ökologische Nachhaltigkeit im Einzelhandel – Welchen Beitrag kann das Konsumverhalten leisten? Abgerufen am 10.01.2023 von https://veranstaltungen.handelsblatt.com/retail-circle/wp-content/uploads/2023/01/RZ_2023-01-02_rc_amazon_accenture.pdf.

Handelsverband Deutschland (2018). Nachhaltig Handeln – Der Beitrag des Einzelhandels zur Agenda 2030. Abgerufen am 17.01.2022 von https://einzelhandel.de/?option=com_content&view=article&id=11260.

Handelsverband Deutschland (2020). Handelsreport Lebensmittel – Corona-Update 2020. Abgerufen am 16.09.2022 von https://einzelhandel.de/index.php?option=com_attachments&task=download&id=10492.

Handelsverband Deutschland (2021). Konsummonitor Nachhaltigkeit – Fleisch und Fashion. Abgerufen am 16.01.2023 von https://einzelhandel.de/component/attachments/download/10577.

Hạnh, T. N. (2002). Frei sein, wo immer du bist. Bielefeld: Theseus.

HART, C. (2018). Doing a Literature Review: Releasing the Social Science Research Imagination. Thousand Oaks, CA: Sage.

HARTMANN, J. (2021). Toward a More Complete Theory of Sustainable Supply Chain Management: The Role of Media Attention. In: Supply Chain Management: An International Journal, 36. Jg., Nr. 4, S. 532–547.

HARTMANN, J. et al. (2022). A Consumer Perspective on Managing the Consequences of Chain Liability. In: Journal of Supply Chain Management, 58. Jg., Nr. 4.

HARTMANN, J. / MOELLER, S. (2014). Chain Liability in Multitier Supply Chains? Responsibility Attributions for Unsustainable Supplier Behavior. In: Journal of Operations Management, 32. Jg., S. 281–294.

HAZEL, D. / KANG, J. (2018). The Contributions of Perceived CSR Information Substantiality Toward Consumers' Cognitive, Affective, and Conative Responses. In: Clothing and Textiles Research Journal, 36. Jg., Nr. 2, S. 62–77.

HEINRICH, A. / CHRIST-MÜLLER, G. (2021). Unternehmen kommunizieren Suffizienz – Beispiele aus der Praxis für die Förderung eines genügsamen Konsums. In: WELLBROCK, W. / LUDIN, D. (Hrsg.): Nachhaltiger Konsum – Best Practices aus Wissenschaft, Unternehmenspraxis, Gesellschaft, Verwaltung und Politik, Wiesbaden: Springer Gabler, S. 185–207.

HELFERICH, H. (2016). Wissenschaftstheorie für Betriebswirtschaftler. Wiesbaden: Springer Fachmedien.

HELFFERICH, C. (2022). Leitfaden- und Experteninterviews. In: BAUR, N. / BLASIUS, J. (Hrsg.): Handbuch Methoden der empirischen Sozialforschung, 2. Bd., 3. vollst. überarb. u. erw. Aufl., Wiesbaden: Springer Fachmedien, S. 875–891.

HENKE, M. (2022). Die Bedeutung von Nachhaltigkeit in einem strategischen Kontext – Entwicklung eines Bezugsrahmens. Wiesbaden: Springer Fachmedien.

HENSELING, C. / HAHN, T. / NOLTING, K. (2006). Die Fokusgruppen-Methode als Instrument in der Umwelt- und Nachhaltigkeitsforschung. In: WerkstattBericht Nr. 82. Berlin: Institut für Zukunftsstudien und Technologiebewertung.

HERTEL, J. / ZENTES, J. / SCHRAMM-KLEIN, H. (2011). Supply-Chain-Management und Warenwirtschaftssysteme im Handel. 2., erw. und aktual. Aufl., Berlin: Springer-Verlag.

HETZE, K. (2016). Effects on the (CSR) Reputation: CSR Reporting Discussed in the Light of Signalling and Stakeholder Perception Theories. In: Corporate Reputation Review, 19. Jg., Nr. 3, S. 281–296.

Hiebl, M. R. W. (2021). Sample Selection in Systematic Literature Reviews of Management Research. In: Organizational Research Methods, 26. Jg., Nr. 2, S. 1–33.

Hilbert, S. (2019). Nachhaltigkeitscontrolling. In: Englert, M. / Ternès, A. (Hrsg.): Nachhaltiges Management: Nachhaltigkeit als exzellenten Managementansatz entwickeln, Wiesbaden: Springer Gabler, S. 521–549.

Hillebrand, B. / Driessen, P. H. / Koll, O. (2015). Stakeholder Marketing: Theoretical Foundations and Required Capabilities. In: Journal of the Academy of Marketing Science, 43. Jg., Nr. 4, S. 411–428.

Hofenk, D. et al. (2019). How and When Retailers' Sustainability Efforts Translate Into Positive Consumer Responses: The Interplay Between Personal and Social Factors. In: Journal of Business Ethics, 156. Jg., Nr. 2, S. 473–492.

Hoffmann, A. (2008). Die Akzeptanz kartenbasierter Kundenbindungsprogramme aus Konsumentensicht – Determinanten und Erfolgswirkungen. Wiesbaden: Gabler Edition Wissenschaft.

Holland, H. (2020). Customer Experience Management. In: Holland, H. (Hrsg.): Digitales Dialogmarketing: Grundlagen, Strategien, Instrumente, Wiesbaden: Springer Gabler, S. 1–10.

Homburg, A. / Matthies, E. (2010). Nachhaltiger Konsum – Einführung zum Themenschwerpunkt. In: Umweltpsychologie,, 14. Jg., Nr. 2, S. 4–9.

Homburg, C. / Becker, A. / Hentschel, F. (2017). Der Zusammenhang zwischen Kundenzufriedenheit und Kundenbindung. In: Bruhn, M. / Homburg, C. (Hrsg.): Handbuch Kundenbindungsmanagement: Strategien und Instrumente für ein erfolgreiches CRM, 5. Aufl., Wiesbaden: Springer Fachmedien, S. 93–123.

Homburg, C. / Bruhn, M. (2017). Kundenbindungsmanagement – Eine Einführung in die theoretischen und praktischen Problemstellungen. In: Homburg, C. / Bruhn, M. (Hrsg.): Handbuch Kundenbindungsmanagement – Strategien und Instrumente für ein erfolgreiches CRM, 9. Aufl., Wiesbaden: Springer Gabler, S. 3–36.

Homburg, C. / Stock-Homburg, R. (2016). Theoretische Perspektiven zur Kundenzufriedenheit. In: Homburg, C. (Hrsg.): Kundenzufriedenheit Konzepte – Methoden – Erfahrungen, 9. Aufl., Wiesbaden: Springer Gabler, S. 17–52.

Hult, G. T. M. et al. (2011). Stakeholder marketing: A Definition and Conceptual Framework. In: AMS Review, 1. Jg., Nr. 1, S. 44–65.

Hultman, J. / Elg, U. (2018). Developing CSR in Retail-Supplier Relationships: A Stakeholder Interaction Approach. In: The International Review of Retail, Distribution and Consumer Research, 28. Jg., Nr. 4, S. 339–359.

Iacobucci, D. / Ostrom, A. / Grayson, K. (1995). Distinguishing Service Quality and Customer Satisfaction: The Voice of the Consumer. In: Journal of Consumer Psychology, 4. Jg., Nr. 3, S. 277–303.

International Institute for Sustainable Development (n.d.). Business Strategies For Sustainable Development. Abgerufen am 20.12.2022 von https://www.iisd.org/system/files/publications/business_strategy.pdf.

Irion, T. (2007). Vertrauen in Transaktionsbeziehungen. In der Reihe: Mattmüller, R. (Hrsg.): Strategisches Marketingmanagement, Bd. 8. Frankfurt am Main: Peter Lang.

Islam, T. et al. (2020). The Impact of Corporate Social Responsibility on Customer Loyalty: The Mediating Role of Corporate Reputation, Customer Satisfaction, and Trust. In: Sustainable Production and Consumption, 25. Jg., Nr. 2, S. 123–135.

Jamali, D. (2008). A Stakeholder Approach to Corporate Social Responsibility: A Fresh Perspective into Theory and Practice. In: Journal of Business Ethics, 82. Jg., Nr. 1, S. 213–231.

Janz, M. (2003). Erfolgsfaktoren der Beschaffung im Einzelhandel. Wiesbaden: Springer Fachmedien.

Joerß, T. et al. (2017). Conzeptualizing Sustainability From a Consumer Perspective. In: uwf, 25. Jg., Nr. 1–2, S. 15–23.

Jonas, H. (1979). Das Prinzip Verantwortung: Versuch einer Ethik für die technologische Zivilisation. Frankfurt am Main: Suhrkamp.

Kaiser, M.-O. (2004). Kundenzufriedenheit und Qualitätswahrnehmung. In: Weiermair, K. / Pikkemaat, B. (Hrsg.): Qualitätszeichen im Tourismus – Vermarktung und Wahrnehmung von Leistungen, Berlin: Erich Schmidt Verlag, S. 39–62.

Kaiser, M.-O. (2005). Erfolgsfaktor Kundenzufriedenheit: Dimensionen und Messmöglichkeiten. 2. neu bearb. und erw. Aufl., Berlin: Erich Schmidt Verlag.

Kaufland (2023). Über Kaufland. Abgerufen am 14.02.2023 von https://unternehmen.kaufland.de/ueber-kaufland/unsere-werte.html.

Kaufland (2023a). Unsre CSR-Identität. Abgerufen am 02.02.2023 von https://unternehmen.kaufland.de/unsere-verantwortung/leitbild-csr.html.

Kaufland (2023b). Wir für Sie. Abgerufen am 21.08.2023 von https://unternehmen.kaufland.de/ueber-kaufland/wir-fuer-sie.html.

Keller, O. et al. (2022). Wie nachhaltig sind die deutschen Supermärkte? – Systematische Bewertung der acht umsatzstärksten Unternehmen des Lebensmitteleinzelhandels in Deutschland aus Umweltsicht. Abgerufen am

04.04.2023 von https://www.umweltbundesamt.de/sites/default/files/medien/479/publikationen/texte_107-2022_wie_nachhaltig_sind_die_deutschen_supermaerkte.pdf.

Kenning, P. (2014). Sustainable Marketing – Definition und begriffliche Abgrenzung. In: Meffert, H. / Kenning, P. / Kirchgeorg, M. (Hrsg.): Sustainable Marketing Management – Grundlagen und Cases, Wiesbaden: Springer Fachmedien, S. 3–20.

Kenning, P./ Blut, M. (2006). Vertrauen: Ein Objekt des Marketing-Managements?! In: Bauer, H. H. / Neumann, M. M. / Schüle, A. (Hrsg.): Konsumentenvertrauen: Konzepte und Anwendungen für ein nachhaltiges Kundenbindungsmanagement, München: Verlag Vahlen, S. 3–15.

Kepmer, J. A. / Ballantine, P. W. (2019). What Do We Mean By Sustainability Marketing? In: Journal of Marketing Management, 35. Jg., Nr. 10, S. 277–309.

Kianian, B. / Daly, E. / Andersson, C. (2018). Towards Guidelines for Selection of Production Performance Indicators to Measure Sustainability Performance. In: Procedia Manufacturing, 25. Jg., S. 570–577.

Kotler, P. (2011). Reinventing Marketing to Manage the Environmental Imperative. In: Journal of Marketing, 75. Jg., S. 132–135.

Kotler, P./ Bliemel, F. (2001). Marketing-Management: Analyse, Planung, Umsetzung und Steuerung. 10. Aufl., Stuttgart: Schäffer-Poeschel.

KPMG (2020). Auf dem Weg zum super Markt. So agieren Händler, die Kunden lieben. Abgerufen am 14.01.2023 von https://klardenker.kpmg.de/customer-insights-hub/auf-zum-super-markt/.

KPMG (2022). Consumer Barometer – Fokusthema Nachhaltigkeit. Abgerufen am 14.03.2023 von https://kpmg.com/de/de/home/themen/2022/09/consumer-barometer-2-2022.html.

Krippendorff, K. (1980). Content Analysis. An Introduction to Its Methodology. London: Sage.

Kropp, A. (2019). Grundlagen der nachhaltigen Entwicklung: Handlungsmöglichkeiten und Strategien zur Umsetzung. Wiesbaden: Springer Fachmedien.

Krueger, R. A. / Casey, M. A. (2008). Focus Groups. A Practical Guide for Applied Research. Thousands Oaks: Sage.

Księżak, P. / Fischbach, B. (2018). Triple Bottom Line: The Pillars of CSR. In: Journal of Corporate Responsibility and Leadership, 4. Jg., Nr. 3, S. 95–110.

Kuckartz, U. / Rädiker, S. (2020). Computergestützte Analyse qualitativer Daten (CAQDAS). In: Mey, G. / Mruck, K. (Hrsg.): Handbuch Qualitative Forschung in der Psychologie, 2 Bd., 3. vollst. überarb. u. erw. Aufl., Wiesbaden: Springer Fachmedien, S. 813–834.

Kühl, S. / Strodtholz, P. / Taffertshofe, A. (2009). Qualitative und quantitative Methoden der Organisationsforschung – ein Überblick. In: Kühl, S. / Strodtholz, P. / Taffertshofe, A. (Hrsg.): Handbuch Methoden der Organisationsforschung, Wiesbaden: VS Verlag für Sozialwissenschaften S. 13–27.

Kühn, T. / Koschel, K.-V. (2011). Gruppendiskussionen – Ein Praxis-Handbuch. Wiesbaden: VS Verlag.

Kumar, A. / Sing, R. K. (2022). Does a Retailer's Performance Depend on CSR Practices? A Stakeholder Theory Perspective From Developing Economy. In: Benchmarking: An International Journal of Brand Management, 29. Jg., Nr. 8, S. 2615–2638.

Kusterer, S. (2008). Qualitätssicherung im Wissensmanagement – Eine Fallstudienanalyse. Wiesbaden: GWV Fachverlage.

Lademann, R. P. (2013). Wettbewerbsökonomische Grundlagen des Betriebsformenwettbewerbs im Lebensmitteleinzelhandel. In: Riekhof, H.-C. (Hrsg.): Retail Business – Perspektiven, Strategien, Erfolgsmuster, 3., überarb. und erw. Aufl., Wiesbaden: Springer Gabler, S. 3–30.

Lamnek, S. (2005). Qualitative Sozialforschung: Lehrbuch. 4. Aufl., Weinheim: Beltz.

Lankoski, L. (2016). Alternative Conceptions of Sustainability in a Business Context. In: Journal of Cleaner Production, 139. Jg., S. 847–857.

Lehmann, K. / Drenz, D. / Huber, F. (2022). Nun sag', wie hast du's mit der Nachhaltigkeit? Abgerufen am 05.01.2023 von https://www.ey.com/de_de/consumer-products-retail/studie-nachhaltigkeit-deutscher-konsument-innen.

Lehner, M. (2015). Sustainability in Store – How Retailers Bring Sustainability to their Customers. Dissertation, Lund University (International Institute for Industrial Environmental Economics), Lund, Schweden.

Lehner, M. (2015). Translating Sustainability: The Role of the Retail Store. In: International Journal of Retail & Distribution Management, 43. Jg., Nr. 4/5, S. 386–402.

Leischner, E. (2004). Entwicklungslinien des Marketing in Deutschland: 25 Jahre im Spiegel der Zeitschrift „Marketing ZFP". In: Marketing: Zeitschrift für Forschung und Praxis, 26. Jg., Nr. 4, S. 345–365.

Lemon, K. N. / Verhoef, P. C. (2016). Understanding Customer Experience Throughout the Customer Journey. In: Journal of Marketing, 80. Jg., S. 69–96.

Lerchenmüller, M. / Vochezer, R. / Vogler, T. (2011). Lexikon Betriebsformen – Supermarkt, Discounter & Co.: Strukturen – Fakten – Trends. Frankfurt am Main: Deutscher Fachverlag.

LIDL (2023). Unternehmen. Abgerufen am 14.02.2023 von https://unternehmen.lidl.de/.

LIDL (2023a). Auf dem Weg nach morgen – Verantwortung übernehmen! Abgerufen am 02.02.2023 von https://unternehmen.lidl.de/verantwortung.

LIDL (2023b). Unsere Geschichte – Einfach erfolgreich. Abgerufen am 21.08.2023 von https://unternehmen.lidl.de/ueber-lidl/geschichte.

LIEBOLD, R. / TRINCZEK, R. (2009). Experteninterview. In: KÜHL, P. / STRODTHOLZ, P. / TAFFERTSHOFER, A. (Hrsg.): Handbuch Methoden der Organisationsforschung: Quantitative und Qualitative Methoden, Wiesbaden: VS Verlag, S. 32–56.

LIENBACHER, E. (2013). Corporate Social Responsibility im Handel – Diskussion und empirische Evidenz des alternativen Betriebstyps Sozialmarkt. Wiesbaden: Springer Fachmedien.

LILJANDER, V. / STRANDVIK, T. (1995). The Nature of Customer Relationships in Services. In: SWARTZ, T. A. / BOWEN, D. E. / BROWN, S. W. (Hrsg.): Advances in Services Marketing and Management, 4. Aufl., London: JAI Press, S. 141–167.

LIN-HI, N. / MÜLLER, K. / MEIER, A. (2018). Nachhaltige Geschäftsmodelle von etablierten Unternehmen: Die Bedeutung von CSR-Reputation. In: BUNGARD, P. (Hrsg.): CSR und Geschäftsmodelle – Auf dem Weg zum zeitgemäßen Wirtschaften, Berlin: Springer Nature, S. 153–164.

LINGNAU, V. / FUCHS, F. / BEHAM, F. (2021). Die Status quo-Falle – Oder: It Can Kill You Not Being 'Good' Enough. In: WELLBROCK, W. / LUDIN, D. (Hrsg.): Nachhaltiger Konsum – Best Practices aus Wissenschaft, Unternehmenspraxis, Gesellschaft, Verwaltung und Politik, Wiesbaden: Springer Gabler, S. 33–51.

LÜDEKE-FREUND, F. (2018). Unternehmerische Verantwortung und Nachhaltigkeit – Welche Rolle spielen Geschäftsmodelle? In: BUNGARD, P. (Hrsg.): CSR und Geschäftsmodelle – Auf dem Weg zum zeitgemäßen Wirtschaften, Berlin: Springer Nature, S. 29–55.

LUDIN, D. / WELLBROCK, W. (2021). Verbraucherökonomische Grundlagen eines nachhaltigen Konsums. In: LUDIN, D. / WELLBROCK, W. (Hrsg.): Nachhaltiger Konsum – Best Practices aus Wissenschaft, Unternehmenspraxis, Gesellschaft, Verwaltung und Politik, Wiesbaden: Springer Gabler, S. 3–15.

LUK, S. T. K. / LAYTON, R. (2002). Perception Gaps in Customer Expectations: Managers Versus Service Providers and Customers. In: The Service Industries Journal, 22. Jg., Nr. 2, S. 109–128.

LUTHJE, C. / THIELE, F. (2018). „Nachhaltigkeit ist ein Omnibus, in dem jeder mitfahren darf!" – Die Kommunikative Konstruktion von Nachhaltigkeit in der Wissenschaft. In: Dobrick, F., et al. (Hrsg.): Wissenschaftskommunikation: Die Rolle der Disziplinen, Baden-Baden: Nomos, S. 151–176.

Maisenbacher, N. (2008). Die Verantwortung des Marketing für Bezugsgruppen. In der Reihe: Mattmüller, R. (Hrsg.): Strategisches Marketingmanagement, Bd. 9. Frankfurt am Main: Peter Lang.

Marín-García, A. et al. (2023). Relationship sustainability-store equity across segments of retail customers. In: International Journal of Retail & Distribution Management, 51. Jg., Nr. 3, S. 366–385.

Marín-García, A. / Gil-Saura, I. / Ruiz-Molina, M.-E. (2021). Do innovation and sustainability influence customer satisfaction in retail? A question of gender. In: Economic Research-Ekonomska Istraživanja, 35. Jg., Nr. 4, S. 1–18.

Marín-García, A. / Gil-Saura, I. / Ruiz-Molina, M.-E. (2021). How Does Sustainability Affect Consumer Satisfaction in Retailing? In: Bhattacharyya, J., et al. (Hrsg.): Social and Sustainability Marketing – A Casebook for Reaching Your Socially Responsible Consumers through Marketing Science Oxfordshire: Productivity Press (Routledge), S. 225–248.

Marín-García, A. et al. (2021). Sustainability, Store Equity, and Satisfaction: The Moderating Effect of Gender in Retailing. In: Sustainability, 13. Jg., S. 1010–1030.

Matten, D. / Crane, A. / Chapple, W. (2003). Behind the Mask: Revealing the True Face of Corporate Citizenship. In: Journal of Business Ethics, 45. Jg., Nr. 1/2, S. 109–120.

Mattmüller, R. (2001). Marketingstrategien des Handels und staatliche Restriktionen – Geschäftsfeldsegmentierung, Wachstumsoptionen und rechtliche Rahmenbedingungen. 3. überarb. Aufl., München: FGM-Verlag, Verlag der Fördergesellschaft Marketing e.V.

Mattmüller, R. (2012). Integrativ-Prozessuales Marketing – Eine Einführung. Mit durchgehender Schwarzkopf & Henkel-Fallstudie. 4. überarb. und erw. Aufl., Wiesbaden: Springer Gabler.

Mattmüller, R. / Elspaß, J. / Matheis, J. (2023). Chancen zur Wiederbelebung des innerstädtischen Handels in deutschen Klein- und Mittelzentren. In: Rothe, L., et al. (Hrsg.): Marketing & Innovation 2023: Future Shopping – der Handel in der (Nach-) Coronazeit, Wiesbaden: Springer Fachmedien, S. 23–48.

Mattmüller, R. / Münzberg, H. / Elspaß, J. (2021). Goldgräberstimmung beim eFood. In: Markenartikel – Das Magazin für Markenführung, Nr. 4–5, S. 75–77.

MATTMÜLLER, R. / TUNDER, R. (2004). Strategisches Handelsmarketing. München: Vahlen.

MAURI, C. (2020). What Comes to Mind When You Think of Sustainability? Qualitative Research With ZMET. In: Worldwide Hospitality and Tourism Themes, 12. Jg., Nr. 4, S. 459–470.

MAURI, C. et al. (2022). How Do Consumers Perceive the Sustainability of Their Habitual Retailer? In: Search of an Index of Retail Perceived Sustainability. Abgerufen am 01.02.2023 von https://papers.ssrn.com/sol3/papers.cfm?abstract_id=4131275.

MAYERHOFER, W. (2009). Das Fokusgruppeninterview. In: BUBER, R. / HOLZMÜLLER, H. H. (Hrsg.): Qualitative Marktforschung: Konzepte – Methoden – Analysen, Wiesbaden: GMV Fachverlage, S. 477–490.

MAYRING, P. (2000). Qualitative Inhaltsanalyse. In: Forum: Qualitative Sozialforschung, 1. Jg., Nr. 2.

MAYRING, P. (2015). Qualitative Inhaltsanalyse – Grundlagen und Techniken. 12., überarb. Aufl., Weinheim: Beltz.

MAYRING, P. (2020). Qualitative Inhaltsanalyse. In: MEY, G. / MRUCK, K. (Hrsg.): Handbuch Qualitative Forschung in der Psychologie, 2. Bd., 3. vollst. überarb. u. erw. Aufl., Wiesbaden: Springer Fachmedien, S. 495–511.

MAYRING, P./ BRUNNER, E. (2009). Qualitative Inhaltsanalyse. In: BUBER, R. / HOLZMÜLLER, H. H. (Hrsg.): Qualitative Marktforschung: Konzepte – Methoden – Analysen, 2. überarb. Aufl., Wiesbaden: GMV Fachverlage, S. 669–680.

MAYRING, P. / FENZL, T. (2022). Qualitative Inhaltsanalyse. In: BAUR, N. / BLASIUS, J. (Hrsg.): Handbuch Methoden der empirischen Sozialforschung, 1. Bd., 3., vollst. überarb. u. erw. Aufl., Wiesbaden: Springer Fachmedien, S. 691–706.

MCNAIR, M. P. (1931). Trends in Large-Scale Retailing. In: Harvard Business Review, 10. Jg., Nr. 1, S. 30–39.

MEFFERT, H. / BURMANN, C. / KIRCHGEORG, M. (2012). Marketing: Grundlagen marktorientierter Unternehmensführung; Konzepte, Instrumente, Praxisbeispiele. 11., überarb. und erw. Aufl., Wiesbaden: Gabler.

MEFFERT, H. / RAUCH, C. (2014). Sustainable Branding – Konzept, Wirkungen und empirische Befunde. In: MEFFERT, H. / KENNING, P. / KIRCHGEORG, M. (Hrsg.): Sustainable Marketing Management – Grundlagen und Cases, Wiesbaden: Springer Fachmedien, S. 159–174.

MEIER, E. (2014). Nachhaltigkeitsbewertung – Logical Framework-Ansatz zur kontextbezogenen Operationalisierung von Nachhaltigkeit auf Basis gesellschaftlicher Nachhaltigkeitskonzepte. Dissertation, Universität Hamburg (Fachbereich Biologie), Hamburg.

MENNENÖH, J. et al. (2010). Customer Touchpoints im stationären Einzelhandel – Potenzial von Pervasive Computing. In: Marketing Review St. Gallen, 2. Jg., S. 37–42.

MENSAH, J. (2019). Sustainable Development: Meaning, History, Principles, Pillars, and Implications for Human Action: Literature Review. In: Cogent Social Sciences 5. Jg., Nr. 1, S. 1–21.

MERCK, J. / FLEISCHER, C. (2013). Strategische Positionierung durch Nachhaltigkeit am Beispiel der Otto Group. In: RIEKHOF, H.-C. (Hrsg.): Retail Business – Perspektiven, Strategien, Erfolgsmuster, 3., überarb. und erw. Aufl., Wiesbaden: Springer Gabler, S. 115–132.

MEYER, A. / ERTL, R. (1996). Nationale Barometer zur Messung von Zufriedenheit. Ein Vergleich ausgewählter grundlegender Aspekte des „Deutschen Kundenbarometers – Qualität und Zufriedenheit" und des „American Customer Satisfaction Index (ACSI)". In: MEYER, A. (Hrsg.): Grundsatzfragen und Herausforderungen des Dienstleistungsmarketing, Wiesbaden: Deutscher Universitäts-Verlag, S. 201–231.

MEYER, A. / MATTMÜLLER, R. (1987). Qualität von Dienstleistungen – Entwurf eines praxisorientierten Qualitätsmodells. In: MARKETING, Nr. 3, S. 187–195.

MEYER, A. / MATTMÜLLER, R. (1999). Marketing. In: CORSTEN, H. / REISS, M. (Hrsg.): Betriebswirtschaftslehre, 3. vollst. überarb. und wesentl. erw. Auflage. München: Oldenbourg, S. 809–890.

MEYER, P. W. / MATTMÜLLER, R. (1987). Ein Ansatz zur Systematik des Handels. In: TROMMSDORFF, V. (Hrsg.): Handelsforschung 1987, Heidelberg: Physica-Verlag, S. 123–137.

MILOVANOV, O. (2015). Marketing and Sustainability: Identifying the Profile of Green Consumers. In: Strategic Management, 20. Jg., Nr. 4, S. 54–66.

MITCHELL, R. K. / AGLE, B. R. / WOOD, D. J. (1997). Toward a Theory of Stakeholder Identification and Salience: Defining the Principle of Who and What Really Counts. In: Academy of Management Review, 22. Jg., Nr. 4, S. 853–886.

MOISESCU, O.-I. (2018). From Perceptual Corporate Sustainability to Customer Loyalty: A Multi-sectorial Investigation in a Developing Country. In: Economic Research-Ekonomska Istraživanja, 31. Jg., Nr. 1, S. 55–72.

MORSCHETT, D. (2002). Retail Branding und Integriertes Handelsmarketing. Wiesbaden: Deutscher Universitäts-Verlag.

Müller-Hagedorn, L. / Natter, M. (2011). Handelsmarketing. 5., überarb. & aktual. Aufl., Stuttgart: Kohlhammer.

Müller-Rehkopf, T. (2011). Marktorientierung und organisationales Lernen – Ansatzpunkte zur Gestaltung eines marktorientierten Unternehmenswandels auf der Basis des Integrativ-Prozessualen Marketingansatzes und einer radikal-sozialkonstruktivistischen Modellierung organisationalen Lernens. In der Reihe: Mattmüller, R. (Hrsg.): Strategisches Marketingmanagement, Bd. 21. Frankfurt am Main: Peter Lang.

Müller-Stewens, G. / Lechner, C. (2016). Strategisches Management. 5. Aufl., Stuttgart: Schäffer-Poeschel.

Murrar, A. / Batra, M. / Rodger, J. (2021). Service Quality and Customer Satisfaction as Antecedents of Financial Sustainability of the Water Service Poviders. In: The Total Quality Management Journal, 33. Jg., Nr. 8, S. 1867–1885.

Naskrent, J. (2010). Verhaltenswissenschaftliche Determinanten der Spenderbindung – Eine empirische Untersuchung und Implikationen für das Spenderbindungsmanagement. In der Reihe: Freter, H. (Hrsg.): Marktorientierte Unternehmensführung, Bd. 33. Frankfurt am Main: Peter Lang.

Nelson, P. (1970). Information and Consumer Behavior. In: Journal of Political Economy, 78. Jg., Nr. 2, S. 311–329.

Nerdinger, W. F. / Neumann, C. / Curth, S. (2015). Kundenzufriedenheit und Kundenbindung. In: Moser, K. (Hrsg.): Wirtschaftspsychologie, 2. Aufl., Berlin: Springer, S. 119–137.

Nieschlag, R. (1954). Die Dynamik der Betriebsformen im Handel. Essen: Rheinisch-Westfälisches Institut für Wirtschaftsforschung.

Nieschlag, R. / Kuhn, G. (1980). Binnenhandel und Binnenhandelspolitik. Berlin: Duncker & Humblot.

o.V. (n.d.). Erlebnis. Abgerufen am 01.05.2023 von https://www.spektrum.de/lexikon/psychologie/erlebnis/4332.

Öberseder, M. / Schlegelmilch, B. B. / Murphy, P. E. (2013). CSR Practices and Consumer Perceptions. In: Journal of Business Research, 66. Jg., Nr. 10, S. 1839–1851.

Öberseder, M. et al. (2014). Consumers' Perceptions of Corporate Social Responsibility: Scale Development and Validation. In: Journal of Business Ethics, 124. Jg., S. 101–115.

Oliver, R. L. (2010). Satisfaction: A Behavioral Perspective on the Consumer. 2. Aufl., New York: M. E. Sharpe.

Oosterveer, P. (2012). Restructuring Food Supply – Sustainability and Supermarkets. In: Spaargaren, G. / Oosterveer, P. / Loeber, A. (Hrsg.): Food

Practices in Transition: Changing Food Consumption, Retail and Production in the Age of Reflexive Modernity, New York: Routledge, S. 153–176.

Osranek, R. (2017). Nachhaltigkeit in Unternehmen – Überprüfung eines hypothetischen Modells zur Initiierung und Stabilisierung nachhaltigen Verhaltens. Wiesbaden: Springer Fachmedien.

Pagell, M. / Wu, Z. (2009). Building a More Complete Theory of Sustainable Supply Chain Management Using Case Studies of Ten Exemplars. In: Journal of Supply Chain Management, 45. Jg., Nr. 2, S. 37–66.

Parasuraman, A. / Zeithaml, V. A. / Berry, L. L. (1988). SERVQUAL: A Multiple-Item Scale for Measuring Consumer Perceptions of Service Quality. In: Journal of Retailing, 64. Jg., Nr. 1, S. 12–40.

Parasuraman, A. / Zeithaml, V. A. / Berry, L. L. (1985). A Conceptual Model of Service Quality and Its Implications for Future Research. In: Journal of Marketing, 49. Jg., Nr. 4, S. 41–50.

Pepels, W. (2013). Qualitäts- und Zufriedenheitsmessung als CRM Basis. In: Helmke, S. / Uebel, M. / Dangelmaier, W. (Hrsg.): Effektives Customer Relationship Management – Instrumente – Einführungskonzepte – Organisation, 5. Aufl., Wiesbaden: Springer Fachmedien, S. 25–49.

Pérez, A. / del Bosque, I. R. (2014). Customer CSR Expectations in the Banking Industry. In: International Journal of Bank Marketing, 32. Jg., Nr. 3, S. 223–244.

Pérez, A. / Martínez, P. / Rodríguez del Bosque, I. (2013). The Development of a Stakeholder-based Scale for Measuring Corporate Social Responsibility in the Banking Industry. In: Service Business, 7. Jg., Nr. 3, S. 459–481.

Polonsky, M. J. (1995). A Stakeholder Theory Approach to Designing Environmental Marketing Strategy. In: Journal of Business & Industrial Marketing, 10. Jg., Nr. 3, S. 29–46.

Polonsky, M. J. (1996). Stakeholder Management and the Stakeholder Matrix: Potential Strategic Marketing Tools. In: Journal of Market Focused Management, 1. Jg., S. 209–229.

Popper, K. R. (1994). Logik der Forschung. Tübingen: Mohr Siebeck.

Porter, M. E. (2013). Wettbewerbsstrategien (Competitive Strategies) – Methode zur Analyse von Branchen und Konkurrenten. 12. aktual. und erw. Aufl., Frankfurt am Main: Campus Verlag.

Purper, G. (2007). Die Betriebsformen des Einzelhandels aus Konsumentenperspektive. Wiesbaden: Deutscher Universitäts-Verlag, GWV Fachverlage.

Purper, G. / Weinberg, P. (2007). Betriebsformen des Einzelhandels: ein Wechsel von der Anbieter- zur Konsumentenperspektive. In: Schucker, M. / Toporowski, W. (Hrsg.): Theoretische Fundierung und praktische

Relevanz der Handelsforschung, Wiesbaden: Deutscher Universitäts-Verlag, S. 128–142.

Rabiee, F. (2004). Focus-group Interview and Data Analysis. In: Proceedings of the Nutrition Society, 63. Jg., S. 655–660.

Rädiker, S. / Kuckartz, U. (2019). Analyse qualitativer Daten mit MAXQDA: Text, Audio und Video. Wiesbaden: Springer Fachmedien.

REWE (2022). REWE als Arbeitgeber. Abgerufen am 21.08.2023 von https://karriere.rewe.de/arbeiten-bei-rewe.

REWE (2023). Struktur und Vertriebslinien: REWE. Abgerufen am 14.02.2023 von https://www.rewe-group.com/de/unternehmen/struktur-und-vertriebslinien/rewe/.

REWE (2023a). Nachhaltigkeit: Gemeinsam für ein gutes Leben. Abgerufen am 02.02.2023 von https://www.rewe.de/nachhaltigkeit/?ecid=sea_google_vs_brands_br-nh-%7c-nachhaltigkeit_rewe-nachhaltigkeit_text-ad_835621611_139024853995_kw:rewe%20nachhaltigkeit_mt:p_cr:607073218539_d:c&gclid=EAIaIQobChMI8MuW7ZXe_wIVTP53Ch1KhwnUEAAYASAAEgJ02vD_BwE&gclsrc=aw.ds.

Rhein, S. (2017). Stakeholder-Dialoge für unternehmerische Nachhaltigkeit – Eine qualitativ-empirische Studie zum Diskursverhalten von Unternehmen. Wiesbaden: Springer Gabler.

rheingold Marktforschungsinstitut (2019). Junge Käufer für den Fachhandel gewinnen. Abgerufen am 23.02.2023 von https://www.rheingold-marktforschung.de/weltleitmesse-fuer-bio-lebensmittel/.

Richter, N. (2021). Nachhaltigkeitsreporting: Warum die neue EU-Richtlinie wegweisend ist. Abgerufen am 26.01.2022 von https://www.ey.com/de_de/decarbonization/nachhaltigkeitsreporting-warum-die-neue-eu-richtlinie-wegweisend-ist.

Riedel, C. E. / Höhn, H.-P. (2020). Säulen und Strategien der Nachhaltigkeit. Abgerufen am 13.06.2022 von https://pbb.architektur.uni-siegen.de/pbb2019/resources/Nachhaltigkeit/MM8_Strategien-der-Nachhaltigkeit_SS20.pdf.

Riesenhuber, F. (2009). Großzahlige empirische Forschung. In: Alber, S., et al. (Hrsg.): Methodik der empirischen Forschung, 3., überarb. und erw. Aufl Aufl., Wiesbaden: Springer Fachmedien, S. 1–16.

Rinke, L. (2023). Professionelle Investor Relations-Kommunikation: Anforderungen an börsennotierte KMU in Deutschland. In der Reihe: Mattmüller, R. (Hrsg.): Strategisches Marketingmanagement, Bd. 38. Frankfurt am Main: Peter Lang.

Rothländer, M. (2023). Logistik im Lebensmittelhandel – Prozesse, Strukturen und Informationssysteme. Wiesbaden: Springer Nature.

Rowe, F. (2014). What Literature Review is Not: Diversity, Boundaries and Recommendations. In: European Journal of Information Systems, 23. Jg., Nr. 3, S. 241–255.

Runia, P. et al. (2019). Marketing – Prozess- und Praxisorientierte Grundlagen. 5. aktual. und ergänz. Aufl., Oldenbourg: De Gruyter.

Rüschen, S. / Vallo, V. (2017). Kundenzufriedenheit im Bio-Lebensmitteleinzelhandel. In der Reihe: Hierl, L. / Janz, O. / Rüschen, S. (Hrsg.): Schriftenreihe Handelsmanagement – Schriftenreihe der DHBW, Bd. 4. Norderstedt: BoD – Books on Demand.

Saber, M. (2019). Sustainable Retailing – German Grocery Retailers and their Challenge of Communicating Sustainability. Dissertation, HHL Leipzig Graduate School of Management (Deutsche Post Chair of Marketing, esp. E-Commerce and Cross-Media Management), Leipzig, Germany.

Saunders, M. / Lewis, P. / Thornhill, A. (2016). Research Methods for Business Students. 7. Aufl., London: Pearson Education Limited.

Schade, N. (2017). Stakeholder-Beziehungen als Erfolgsfaktor – Theoretische Herleitung sowie Begleituntersuchung zur Identifikation der Dimensionen von Beziehungskapital. Master-Thesis, Hochschule Hannover (Fakultät III Medien, Information und Design), Hannover.

Schaefer, A. / Crane, A. (2005). Addressing Sustainability and Consumption. In: Journal of Macromarketing, 25. Jg., Nr. 1, S. 76–92.

Schäfers, T. (2011). Konsumentenverhalten in Marktnischen: Theoretische Diskussion und empirische Befunde zu den Determinanten der Nischenorientierung von Konsumenten. In der Reihe: Mattmüller, R. (Hrsg.): Strategisches Marketingmanagement, Bd. 20. Frankfurt am Main: Peter Lang.

Scharnbacher, K. / Kiefer, G. (2003). Kundenzufriedenheit – Analyse, Messbarkeit und Zertifizierung. 3. unwesentl. veränd. Aufl., München: Oldenbourg Wissenschaftsverlag.

Schmidt, I. (2016). Consumer Social Responsibility – Gemeinsame Verantwortung für nachhaltiges Konsumieren und Produzieren. Wiesbaden: Springer Fachmedien.

Schmidt-Atzert, L. / Krumm, S. / Amelang, M. (o.d.). Nomologisches Netzwerk. Abgerufen am von https://lehrbuch-psychologie.springer.com/glossar/nomologisches-netzwerk-nomological-network-3.

Schmitt, R. / Pfeifer, T. (2015). Qualitätsmanagement: Strategien – Methoden – Techniken. 5. Aufl., München: Hanser.

Schramm, M. / Spiller, A. (2003). Farm-Audit und Farm-Advisory-System – Ein Beitrag zur Ökonomie von Qualitätssicherungssystemen. In: Berichte über Landwirtschaft, 81. Jg., Nr. 2, S. 165 – 191.

Schramm-Klein, H. (2018). Corporate Social Responsibility in the German Food Retailing Industry. In: Lavorata, L. / Sparks, L. (Hrsg.): Food Retailing and Sustainable Development – European Perspectives, Bingley: Emerald Publishing Limited, S. 45–66.

Schramm-Klein, H. et al. (2015). Retailer Corporate Social Responsibility. In: International Journal of Retail & Distribution Management, 43. Jg., Nr. 4/5, S. 403–431.

Schramm-Klein, H. et al. (2016). Retailer Corporate Social Responsibility Is Relevant to Consumer Behavior. In: Business & Society, 55. Jg., Nr. 4, S. 550–575.

Schreier, M. (2014). Varianten qualitativer Inhaltsanalyse: Ein Wegweiser im Dickicht der Begrifflichkeiten. In: Forum: Qualitative Sozialforschung, 15. Jg., Nr. 1, S. 1–27.

Schröder, H. (2012). Handelsmarketing – Strategien und Instrumente für den stationären Einzelhandel und für Online-Shops Mit Praxisbeispielen. 2. Aufl., Wiesbaden: Springer Gabler.

Schröder, H. (2022). Wahrnehmung von Nachhaltigkeit im Lebensmitteleinzelhandel. Abgerufen am 05.05.2023 von https://www.cm-net.wiwi.uni-due.de/forschungsgebiete/abgeschlossene-projekte/nachhaltiges-kaufverhalten-im-einzelhandel/wahrnehmung-von-nachhaltigkeit-im-lebensmitteleinzelhandel/.

Schulz, M. (2012). Quick and Easy!? Fokusgruppen in der angewandten Sozialwissenschaft. In: Schulz, M. / Mack, B. / Renn, O. (Hrsg.): Fokusgruppen in der empirischen Sozialforschung Von der Konzeption bis zur Auswertung, Wiesbaden: Springer Fachmedien, S. 9–22.

Schünzel, A. / Traue, B. (2022). Websites. In: Baur, N. / Blasius, J. (Hrsg.): Handbuch Methoden der empirischen Sozialforschung, 2. Bd., 3., vollst. überarb. u. erw. Aufl., Wiesbaden: Springer Fachmedien, S. 1295–1306.

Schwartz, S. (2016). Nachhaltigkeit als Komplexitätsfalle – Grundmuster eines politischen Diskurses zwischen Hoffnung und Enttäuschung. In der Reihe: Münster, U.-u. L. (Hrsg.): Wissenschaftliche Schriften der WWU Münster, Münster: Monsenstein und Vannerdat.

Schwedes, O. (2021). Fokusgruppen: Methodische Vorgehensweise. In: Mobilbericht. Berlin: Berlin, T. U.

SCHWEITZER, M. / SCHWEITZER, M. (2015). Betriebswirtschaftslehre als Realwissenschaft. In: SCHWEITZER, M. / BAUMEISTER, A. (Hrsg.): 10. völl. neu bearb. Aufl., Berlin: Erich Schmidt Verlag, S. 1–46.

SDG-PORTAL (n.d.). Die Agenda 2030 mit den 17 SDGs. Abgerufen am 02.02.2022 von https://sdg-portal.de/de/ueber-das-projekt/17-ziele?gclid=EAIaIQobChMIksOXkKCS_gIViOR3Ch1VGAQiEAAYAiAAEgJke_D_BwE.

SIDDAWAY, A. P. / WOOD, A. M. / HEDGES, L. V. (2019). How to Do a Systematic Review: A Best Practice Guide for Conducting and Reporting Narrative Reviews, Meta-Analyses, and Meta-Syntheses. In: Annual Review of Psychology, 70. Jg., S. 747–770.

SIEFKE, A. (1997). Zufriedenheit mit Dienstleistungen – Ein phasenorientierter Ansatz zur Operationalisierung und Erklärung der Kundenzufriedenheit im Verkehrsbereich auf empirischer Basis. In der Reihe: MEFFERT, H. (Hrsg.): Schriften zu Marketing und Management, Bd. 35. Frankfurt am Main: Peter Lang.

SIGLE, S. (2009). Corporate Social Sustainability – Eine Analyse der Wahrnehmung sozialer Werbekampagnen und deren Wirkung auf das soziale Kaufverhalten Theoretische Diskussion und empirische Befunde. In der Reihe: MATTMÜLLER, R. (Hrsg.): Strategisches Marketingmanagement, Bd. 18. Frankfurt am Main: Peter Lang.

SIGNORI, P. et al. (2019). Sustainable Customer Experience: Bridging Theory and Practice. In: ALKIS THRASSOU, A., et al. (Hrsg.): The Synergy of Business Theory and Practice Advancing the Practical Application of Scholarly Research, Cham (CH): Palgrave Macmillan, S. 131–174.

SIMONS, J. / KLINK-LEHMANN, J. / HARTMANN, M. (2021). Nachhaltigerer privater Konsum: Eine informations- und verhaltensökonomische Perspektive. In: WELLBROCK, W. / LUDIN, D. (Hrsg.): Nachhaltiger Konsum – Best Practices aus Wissenschaft, Unternehmenspraxis, Gesellschaft, Verwaltung und Politik Wiesbaden: Springer Gabler, S. 17–31.

SPILLER, A. (2022). Kommunikation von Nachhaltigkeit an Verbraucherinnen und Verbraucher: Trends und Herausforderungen. Abgerufen am 16.05.2023 von https://www.uni-goettingen.de/de/document/download/f1fa1db61e49fec5917c54218ba9670d.pdf/Vortrag%20spiller%20nachhaltigkeitskommunikation.pdf.

SPRENG, R. A. / MACKENZIE, S. B. / OLSHAVSKY, R. W. (1996). A Reexamination of the Determinants of Consumer Satisfaction. In: Journal of Marketing, 7. Jg., Nr. 1996, S. 15–32.

STANGL, W. (n.d.). Zufriedenheit. Abgerufen am 04.05.2023 von https://lexikon.stangl.eu/6737/zufriedenheit.

Statista (2022). Lebensmittelhandel. Abgerufen am 16.09.2022 von https://de.statista.com/statistik/kategorien/kategorie/20/themen/180/branche/lebensmittelhandel/#overview.

Statista (2022a). Nettoumsatz im Lebensmitteleinzelhandel in Deutschland in den Jahren 2002 bis 2021. Abgerufen am 05.04.2023 von https://de.statista.com/statistik/daten/studie/310089/umfrage/umsatz-im-einzelhandel-mit-fmcg-in-deutschland/.

Statista (2022b). Nettoumsatz von Alnatura in den Geschäftsjahren 2006/07 bis 2021/22. Abgerufen am 05.04.2023 von https://de.statista.com/statistik/daten/studie/218414/umfrage/umsatz-von-alnatura/.

Statista (2022c). Aufteilung der Real-Märkte auf die einzelnen Händler in Deutschland im Jahr 2022. Abgerufen am 02.01.2023 von https://de.statista.com/statistik/daten/studie/1248172/umfrage/aufteilung-der-real-maerkte-nach-haendler/.

Statista (2023). Relevanz von Nachhaltigkeit als Kaufkriterium in Deutschland. Abgerufen am 14.04.2023 von https://de.statista.com/statistik/daten/studie/1285879/umfrage/nachhaltigkeit-als-kaufkriterium/.

Statista (2023a). Umsatz mit Lebensmitteln im Online-Handel in Deutschland von 2014 bis 2022. Abgerufen am 02.05.2023 von https://de.statista.com/statistik/daten/studie/894997/umfrage/umsatz-mit-lebensmitteln-im-deutschen-online-handel/.

Statista (2023b). Umsatz im deutschen Naturkostfachhandel von 2013 bis 2022. Abgerufen am 03.05.2023 von https://de.statista.com/statistik/daten/studie/152028/umfrage/umsatz-im-naturkostfachhandel-in-deutschland/.

Statista (2023c). Marktanteile der führenden Unternehmen im Lebensmittelhandel in Deutschland in den Jahren 2009 bis 2022. Abgerufen am 01.06.2023 von https://de.statista.com/statistik/daten/studie/4916/umfrage/marktanteile-der-5-groessten-lebensmitteleinzelhaendler/.

Statista (2023d). Anzahl der Mitarbeiter von Alnatura in Deutschland in den Geschäftsjahren 2006/2007 bis 2021/2022. Abgerufen am 21.08.2023 von https://de.statista.com/statistik/daten/studie/372372/umfrage/mitarbeiter-von-alnatura-in-deutschland/.

Statista (2023e). Anzahl der Mitarbeiter von denn's Biomarkt in Deutschland in den Jahren 2007 bis 2021. Abgerufen am 21.08.2023 von https://de.statista.com/statistik/daten/studie/372471/umfrage/mitarbeiter-von-denn-s-biomarkt-in-deutschland/.

Stauss, B. / Neuhaus, P. (1997). The Qualitative Satisfaction Model. In: International Journal of Service Industry Management, 8. Jg., Nr. 3, S. 236–249.

STEFFEN, A. / DOPPLER, S. (2019). Building Consumer Trust and Satisfaction Through Sustainable Business Practices With Organic Supermarkets: The Case of Alnatura. In: CHAVICCHI, A. / SANTINI, C. (Hrsg.): Case Studies in Food Retailing and Distribution, Duxford: Woodhead Publishing by Elsevier, S. 205–228.

STEFFEN, D. (2006). Die Potenzialqualität von Dienstleistungen – Konzeptualisierung und empirische Prüfung. Wiesbaden: GWV Fachverlage.

STEIGEL, K. et al. (2019). Strategieanalyse des deutschen Naturkostfachhandels. In: MÜHLRATH, D., et al. (Hrsg.): Innovatives Denken für eine nachhaltige Land- und Ernährungswirtschaft. Beiträge zur 15. Wissenschaftstagung Ökologischer Landbau, Berlin: Verlag Dr. Köster, S. 448–451.

STEINBIß, K. / FRÖHLICH, E. (2021). Zur Steuerung nachhaltigen Konsums: Die Entwicklung einer nachhaltigen Customer Journey. In: WELLBROCK, W. / LUDIN, D. (Hrsg.): Nachhaltiger Konsum – Best Practices aus Wissenschaft, Unternehmenspraxis, Gesellschaft, Verwaltung und Politik, Wiesbaden: Springer Gabler, S. 129–145.

STERN, P. C. (2000). Toward a Coherent Theory of Environmentally Significant Behaviour. In: Journal of Social Issues, 56. Jg., Nr. 3, S. 407–424.

STERNAD, D. / MÖDRITSCHER, M. (2018). Qualitatives Wachstum – Der Weg zu nachhaltigem Unternehmenserfolg. Wiesbaden: Springer Gabler.

STEURER, R. et al. (2005). Corporations, Stakeholders and Sustainable Development I: A Theoretical Exploration of Business—Society Relations. In: Journal of Business Ethics, 61. Jg., Nr. 3, S. 263–281.

SUE, V. M. / RITTER, L. A. (2012). Conducting Online Surveys. 2. Aufl., Thousand Oaks, CA: SAGE Publications.

SUSTAIN (2018). 7 Erfolgsfaktoren für eine gute Wesentlichkeitsanalyse – Die Wesentlichkeitsanalyse als zentrale Grundlage einer Nachhaltigkeitsstrategie. Abgerufen am 01.12.2022 von https://systain.com/wp-content/uploads/2022/08/Systain_Whitepaper_Erfolgsfaktoren-fur-eine-gute-Wesentlichkeitsanalyse-1.pdf.

SUSTAINABLE DEVELOPMENT COMMISSION (2008). Green, Healthy and Fair – A Review of the Government's Role in Supporting Sustainable Supermarket Food. Abgerufen am 06.04.2023 von https://research-repository.st-andrews.ac.uk/bitstream/handle/10023/2369/sdc-2008-green-healthy-fair.pdf?sequence=1&isAllowed=y.

SWAEN, V. / DEMOULIN, N. / PAUWELS-DELASSUS, V. (2021). Impact of Customers' Perceptions Regarding Corporate Social Responsibility and Irresponsibility in the Grocery Retailing Industry: The Role of Corporate Reputation. In: Journal of Business Research, 131. Jg., S. 709–721.

Terlau, W. / Hirsch, D. (2023). Sustainable Consumption and the Attitude-Behaviour-Gap Phenomenon – Causes and Measurements towards a Sustainable Development. In: International Journal of Food System Dynamics, 6. Jg., Nr. 3, S. 159–174.

Thommen, J. P. (n.d.). Anspruchsgruppen. Abgerufen am 12.05.2023 von https://wirtschaftslexikon.gabler.de/definition/anspruchsgruppen-27010.

Thorisdottir, T. S. / Johannsdottir, L. (2020). Corporate Social Responsibility Influencing Sustainability within the Fashion Industry. A Systematic Review. In: Sustainability, 12. Jg., Nr. 21, S. 1–64.

Tietz, B. (1993). Binnenhandelspolitik. 2. Aufl., München: Vahlen.

Tietzel, M. / Weber, M. (1991). Von Betrügern, Blendern und Opportunisten – Eine ökonomische Analyse. In: Zeitschrift für Wirtschaftspolitik, 40. Jg., Nr. 2, S. 109–137.

Tiffert, A. (2019). Customer Experience Management in der Praxis: Grundlagen – Zusammenhänge – Umsetzung. Wiesbaden: Springer Gabler.

Töpfer, A. (2012). Erfolgreich Forschen – Ein Leitfaden für Bachelor-, Master-Studierende und Doktoranden. 3., überarb. u. erw. Aufl., Wiesbaden: Springer Fachmedien.

Töpfer, A. (2020). Strategische Positionierung und Kundenzufriedenheit: Anforderungen – Umsetzung – Praxisbeispiele. Wiesbaden: Springer Nature.

Umweltdialog (2022). Inflation bremst nachhaltigen Konsum. Abgerufen am 02.04.2023 von https://www.umweltdialog.de/de/verbraucher/leben-und-wohnen/2022/Inflation-bremst-nachhaltigen-Konsum.php.

Uusitalo, O. (2001). Consumer Perceptions of Grocery Retail Formats and Brands. In: International Journal of Retail & Distribution Management, 29. Jg., Nr. 5, S. 214–225.

van Raaij, F. W. (1991). The Formation and Use of Expectations in Consumer Decision Making. In: Kassarjian, H. H. / Robertson, T. S. (Hrsg.): Handbook of Consumer Behavior, Englewood Cliffs (New Jersey): Prentice Hall, S. 401–418.

Vaus de, D. A. (2001). Research Design in Social Research. Thousand Oaks: SAGE Publications.

Voegtlina, C. et al. (2022). Grand Societal Challenges and Responsible Innovation. In: Journal of Management Studies, 59. Jg., Nr. 1, S. 1–28.

Vogel, C. (2022). Nachhaltige Lieferkettengestaltung im Lebensmitteleinzelhandel. In: ifo Schnelldienst, 75. Jg., S. 69–72.

Vogl, S. (2022). Gruppendiskussion. In: Baur, N. / Blasius, J. (Hrsg.): Handbuch Methoden der empirischen Sozialforschung, 2. Bd., 3. vollst. überarb. u. erw. Aufl., Wiesbaden: Springer Fachmedien, S. 913–919.

Weber, W. / Kabst, R. / Baum, M. (2018). Einführung in die Betriebswirtschaftslehre. 10., aktual. u. überab. Aufl., Wiesbaden: Springer Fachmedien.

Wellbrock, W. / Ludin, D. (2021). Nachhaltiger Konsum: Best Practices aus Wissenschaft, Unternehmenspraxis, Gesellschaft, Verwaltung und Politik. Wiesbaden: Springer Fachmedien.

Wieder, M. (2009). Kundenbindungsinstrumente im Handel – Erfolgspotentiale und Umsetzungsvoraussetzungen. In: Hinterhuber, H. H. / Matzler, K. (Hrsg.): Kundenorientierte Unternehmensführung: Kundenorientierung – Kundenzufriedenheit – Kundenbindung, 6. überarb. Aufl., Wiesbaden: GWV Fachverlage, S. 620–637.

Willers, C. (2016). CSR in der Lebensmittelwirtschaft – eine Einleitung. In: Knoppe, M. (Hrsg.): CSR und Lebensmittelwirtschaft: Nachhaltiges Wirtschaften entlang der Food Value Chain, Heidelberg: Springer Gabler, S. 3–22.

Wilson, A. et al. (2016). Services Marketing – Integrating Customer Focus Across the Firm. 3. europ. Aufl., London: McGraw-Hill Education.

Wilson, J. P. (2015). The Triple Bottom Line. In: International Journal of Retail & Distribution Management, 43. Jg., Nr. 4/5, S. 432–447.

Wimmer, F./ Roleff, R. (1998). Steuerung der Kundenzufriedenheit bei Dienstleistungen. In: Meyer, A. (Hrsg.): Handbuch Dienstleistungs-Marketing, Band 2, Stuttgart: Schäffer-Poeschel, S. 1241–1254.

Wirtz, B. W. (2016). Electronic Commerce. 5., aktual. & überarb. Aufl., Wiesbaden: Springer Fachmedien.

Wirtz, J. / Lovelock, C. H. (2016). Services Marketing. People, Technology, Strategy. 8. Aufl., Hackensack: World Scientific.

Wood, D. J. / Jones, R. E. (1995). Stakeholder Mismatching: A Theoretical Problem in Empirical Research on Corporate Social Performance. In: The International Journal of Organizational Analysis, 3. Jg., Nr. 3, S. 229–267.

World Commission on Environment and Development (1987). Our Common Future. Abgerufen am 13.01.2022 von https://sustainabledevelopment.un.org/content/documents/5987our-common-future.pdf.

Zentes, J. / Bastian, J. / Lehnert, F. (2010). Handelsmonitor. Frankfurt am Main: dfv.

Zentes, J. / Swoboda, B. / Foscht, T. (2012). Handelsmanagement. 3., neu bearb. Aufl., München: Vahlen.

Zimmermann, S. (2019). Same Same but Different: How and Why Banks Approach Sustainability. In: Sustainability, 11. Jg., Nr. 8, S. 2267–2287.

Zinkin, J. (2004). Maximising the Licence to Operate. In: Journal of Corporate Citizenship, Nr. 14, S. 67–80.

Zollondz, H.-D. (2011). Grundlagen Qualitätsmanagement: Einführung in Geschichte, Begriffe, Systeme und Konzepte. 3. überarb. und aktual. Aufl., Oldenbourg: De Gruyter.

www.ingramcontent.com/pod-product-compliance
Ingram Content Group UK Ltd.
Pitfield, Milton Keynes, MK11 3LW, UK
UKHW021822290926
8980IPUK00004B/209

9 783631 918968